Norbert Mette
Einführung in die katholische Praktische Theologie

Norbert Mette

Einführung in die katholische Praktische Theologie

Wissenschaftliche Buchgesellschaft

Einbandgestaltung: Peter Lohse, Büttelborn.

Die Deutsche Bibliothek verzeichnet diese Publikation
in der Deutschen Nationalbibliografie;
detaillierte bibliografische Daten sind im Internet über
http://dnb.ddb.de abrufbar.

© 2005 by Wissenschaftliche Buchgesellschaft, Darmstadt
Die Herausgabe des Werkes wurde durch
die Vereinsmitglieder der WBG ermöglicht.
Gedruckt auf säurefreiem und alterungsbeständigem Papier
Printed in Germany

Besuchen Sie uns im Internet: www.wbg-darmstadt.de

ISBN 3-534-15200-X

INHALT

EINLEITUNG

Ursprünglich war daran gedacht, diese Einführung in die Praktische Theologie durch und durch ökumenisch anzulegen. Ein solches Konzept erwies sich jedoch bei der konkreten Umsetzung als (noch) undurchführbar, sollten sich die Ausführungen nicht nur auf abstrakte Theorieerörterungen beschränken, sondern auch jeweils soweit wie möglich an das Handeln von Kirche zurück gebunden werden. Diesbezüglich gibt es bei aller ökumenischen Annäherung weiterhin Differenzen zwischen den real existierenden Kirchen und ihrer Praxis; teilweise sind sie grundsätzlicher Art (wie insbesondere in der Amtsfrage), teilweise sind sie durch Gewohnheiten bedingt, die infolge der Trennungen zwischen den Kirchen entstanden sind. Von daher lag es nahe, den inhaltlichen Schwerpunkt dieser Einführung auf eine konkret vorfindbare Kirche und ihre Theologie zu legen, was in diesem Falle die katholische Kirche ist. Gleichwohl war und ist es ein Anliegen, konsequent eine ökumenische Ausrichtung durchzuhalten.

Hoffentlich lassen die Ausführungen und zusätzlich die Anmerkungen mit ihrer Fülle an Hinweisen auf Literatur aus dem evangelischen Raum erkennen, dass dies nicht im Sinne einer Höflichkeitsfloskel den „Anderen" gegenüber gemeint ist. Vielmehr entspricht das der Überzeugung, über die konfessionellen Grenzen hinweg einer gemeinsamen Sache verpflichtet zu sein und deswegen so viel wie möglich in Theorie und Praxis zusammenzuarbeiten. Einschränkend muss eingestanden werden, dass mit Ökumene in diesem Buch vorrangig die im hiesigen Kontext überwiegend präsente reformatorische und die römisch-katholische Ausprägung des Christentums im Blick sind; die Orthodoxie ist bestenfalls implizit berücksichtigt. Es ist eine Tragik, dass eine – wie auch immer sich näherhin ausgestaltende – Einheit der Christenheit immer noch auf sich warten lässt – eine Tragik möglicherweise weniger für die Kirchen in ihrer institutionalisierten, da ihnen vermeintlich Sicherheit gebenden Gestalt, aber auf jeden Fall für die Botschaft, die sie zu verkündigen haben; wird deren Glaubwürdigkeit für die Menschen doch durch die Trennung zwischen den Kirchen erheblich erschwert.

Die Bezeichnung „Einführung" gibt genau das wieder, was mit diesem Buch beabsichtigt ist: vor allem Theologiestudierenden, aber auch sonst an dieser Disziplin Interessierten einen Zugang zur Praktischen Theologie zu erschließen, indem sie vorrangig mit dem spezifischen Denk- oder Reflexionsansatz dieses Faches vertraut gemacht werden.[1] Aufgrund seiner breiten Ausdifferenzierung und den damit gegebenen Spezialisierungen auf die verschiedenen kirchlichen und kirchlich vermittelten Handlungsfelder stellt es sich für „Nicht-Eingeweihte" leicht als völlig disparat und unübersichtlich dar.

Mit dem theologischen Leitbegriff „Kommunikation des Evangeliums", der sich wie ein roter Faden durch die Gliederung und die einzelnen Kapitel hindurch zieht, wird versucht – ohne ihn deswegen als den einzig möglichen angeben zu wollen –, eine Art einheitliches Rahmenkonzept zu entwickeln, das dazu verhilft, Zuordnungen der verschiedenen Unterdisziplinen und ihrer Handlungsbereiche untereinander und Verbindungen zwischen ihnen zu ermöglichen. Die Konzentration darauf, die Praktische Theologie in der Weise, wie sie ihre Gegenstände reflektiert und dazu die Adäquatheit ihrer Theoriekonzepte erwägt, hat dazu geführt, dass der ganze Bereich, in dem es darum geht, ganz praktische Methoden für das pastorale oder religionspädagogische Tun zu entwickeln, vernachlässigt wird. Aber dies geschieht durchaus gewollt. Denn damit wird Erwartungen, die gern an die Praktische Theologie gerichtet werden, sie möge doch den später oder auch jetzt in der Kirche beruflich Tätigen Tipps zum Knowhow ihres Tuns geben, nicht entsprochen. Einerseits wäre es unmöglich gewesen, dies zusätzlich zu leisten. Dazu muss und kann auf die einschlägigen und umfangreicheren Handbücher der Praktischen Theologie sowie ihrer einzelnen Unterdisziplinen verwiesen werden. Andererseits versuchen die folgenden Kapitel davon zu überzeugen, dass und warum eine bewusste theoretische Distanz zur Praxis alles andere als praxisfern, sondern geradezu vonnöten ist, um vermeintlich bewährte kirchliche und pastorale Praktiken auf ihre Sinnhaftigkeit hin zu überprüfen und gegebenenfalls zu revidieren bzw. durch neue zu ersetzen. In Umbruchsituationen, in denen sich das Christentum und die Kirchen derzeit befinden, ist das umso not-wendiger.[2]

Danken möchte ich den Mitgliedern des Doktorandenkolloquiums, die sich zu einer kritischen Begleitlektüre bei der Entstehung dieses Manuskripts bereit erklärt und dabei hilfreiche und weiterführende Hinweise gegeben haben.

Münster – Dortmund, Pfingsten 2004

1. „KOMMUNIKATION DES EVANGELIUMS" ALS PRAKTISCH-THEOLOGISCHER LEITBEGRIFF

1.1 Annäherungen – Bestimmungen – Abgrenzungen

1.1.1 Kirchliche Praxis – ein komplexes Tätigkeitsfeld

Die praktische Theologie ist – so sei sie im Sinne einer ersten Annäherung umschrieben – jene Disziplin innerhalb der Theologie, die sich speziell mit der Praxis bzw. dem Handeln von Kirche befasst. Doch schon diese vorläufig gemeinte Bestimmung birgt eine Reihe von Problemen und Einzelfragen. Das beginnt bereits damit, dass nicht unbedingt klar ist, was mit „Kirche" gemeint ist, insbesondere wenn von einer Kirche die Rede ist, die handelt. Kann Kirche überhaupt handeln? Oder sind es nicht vielmehr immer Subjekte, die handeln? Wer aber sind dann die Subjekte, die gewissermaßen als Kirche handeln? Wo, wie, mit wem und wozu handeln diese Subjekte, wenn sie Kirche praktisch werden zu lassen versuchen? Wann lässt sich davon sprechen, dass solche Subjekte als Kirche handeln? Und nochmals: Was heißt dann Kirche? Handelt es sich um eine einheitliche Größe? Oder begegnet sie nicht vielmehr in vielfältigen Sozialgestalten? Darüber hinaus: Wie stellt sich die Praxis von Kirche faktisch dar? Soll sie sich so darstellen, wie sie sich darstellt? Der Fragereigen sei hier abgebrochen; es ließen sich mühelos etliche Aspekte ergänzen.

Noch einmal vielschichtiger wird die vorläufig gegebene Umschreibung der praktischen Theologie, wenn man sich einen möglichst umfassenden Überblick darüber zu verschaffen versucht, was unter der Überschrift „Handeln bzw. Praxis von Kirche" subsumiert werden könnte. Wo und in welcher Weise ereignet sich solches Handeln?

– Begonnen sei mit dem gesamten gottesdienstlichen Bereich; wird er doch landläufig am ehesten mit „Religion" assoziiert. Im Einzelnen handelt es sich dabei um die Feier der Eucharistie oder des Abendmahls mitsamt den einzelnen Vollzügen dieser Liturgie wie Beten, Singen, Verkündigen, Predigen, Kollektieren, Schuld-Bekennen, Vergeben, Segnen u. a. m.; hinzu kommen andere gottesdienstliche Formen wie Andachten, Rituale anlässlich einer Sakramentenspendung (Taufe, Versöhnung, Ehe, Krankensalbung etc.) oder ähnlicher ritueller Handlungen (Begräbnis, Einweihung von Gebäuden, Wallfahrten etc.).

– Die Glaubensverkündigung hat ihren Ort nicht nur im Gottesdienst, sondern darüber hinaus etwa in der katechetischen Unterweisung, im schulischen Religionsunterricht, in der religiösen oder theologischen Erwachsenenbildung, in Einkehrtagen, Exerzitien u. a. m.; sie beginnt bereits in der Familie, sofern Eltern ihre Kinder religiös erziehen.

– Schon aus dieser Auflistung ergibt sich, dass kirchliches Handeln an verschiedenen Orten passiert: in Kirchengebäuden, in Gemeindezentren, in Vereinshäusern, in

Familien, in Kindergärten, in Schulen, in kirchlichen Akademien, Exerzitienhäusern etc. und nicht zuletzt in theologischen Fakultäten sowie Instituten an Universitäten und Hochschulen.

– Entsprechend gibt es eine Vielzahl von Handlungsträgern: Priester und Laien im pastoralen Dienst, freiwillige (ehrenamtliche) Mitarbeiter und Mitarbeiterinnen, Erzieherinnen, (Religions-)Lehrer und -Lehrerinnen, Ordensleute, Referenten und Referentinnen, Professoren und Professorinnen.

– Weiterhin passiert im kirchlichen Bereich vieles, was man unter die Sammelbegriffe „Bildung und Erhalt von Gemeinschaft" und „Pflege von Geselligkeit" fassen könnte – etwa in dem weit verzweigten Vereins- und Verbandswesen u.ä., in Form von regelmäßigen Treffen und gelegentlichen gemeinsamen Unternehmungen wie z.B. Besichtigungsreisen.

– Die Vielfalt kirchlicher Praxis wird noch bunter, wenn die sozialen u. a. Einrichtungen, die von einem kirchlichen Träger unterhalten werden, in die Auflistung kirchlichen Handelns einbezogen werden: Krankenhäuser, Jugend- und Seniorenheime, Sozialstationen, Beratungsstellen, Wohnungslosenhilfe, Bahnhofsmissionen u.v.a.m.; in diesem Zusammenhang könnten auch noch die Telefonseelsorge u.ä. genannt werden. Die hier ausgeübten Tätigkeiten reichen vom Präsentsein und Dienen über Begleiten und Beraten bis zum Helfen und Heilen; sie richten sich auf die Sorge um Leib und Seele.

– Mehr als in der evangelischen Kirche spielen in der katholischen Kirche sowohl interne Ordnungsfragen und rechtliche Regelungen als auch die vertraglich festgelegte Beziehung zu externen Instanzen (z.B. Kirche-Staat-Verhältnis) eine Rolle, so dass juristisches Denken und Handeln einen durchaus wesentlichen Anteil an den kirchlichen Tätigkeiten ausmachen.

– Kirche bzw. kirchliche Gruppen oder Einrichtungen kümmern sich darüber hinaus darum, dass ihre Anliegen in die Öffentlichkeit hinein vermittelt werden – durch Informationsarbeit, durch Präsenz in der Medienlandschaft – bis ins Internet hinein.

– Auch im künstlerisch-ästhetischen Bereich stellt Kirche einen nicht unwichtigen Faktor dar – schon allein mit Blick auf die Kirchengebäude und ihre Ausstattung oder als bedeutende „Mäzenin" aller Arten von Musik.

– Weil davon nicht unerheblich der Spielraum ihres Handelns abhängig ist, ist man kirchlicherseits auch darum bemüht, auf politische Willensbildungs- und Entscheidungsfindungsprozesse Einfluss zu nehmen.

– Nicht zu unterschätzen ist schließlich das, was vonseiten der Kirche auf ökonomischem Sektor getan wird: etwa als Eigentümerin von Grund und Boden, als Unternehmerin in verschiedenen Sektoren, als Sachwalterin von Spenden, als Betreiberin von Banken und vor allem als Arbeitgeberin in einem für den Arbeitsmarkt höchst bedeutsamen Ausmaß; wirtschaftliche Gesichtspunkte spielen insgesamt im Denken und Handeln von Kirche eine erheblich größere Rolle, als es vielfach bewusst ist, und zeitigen beträchtliche Auswirkungen in alle übrigen Handlungsfelder hinein.

Wenn man sich vor Augen hält, dass all dieses und wahrscheinlich noch einiges mehr die Praxis von Kirche ausmacht, ist es verständlich, dass leicht der Eindruck einer völligen Unübersichtlichkeit aufkommt. Lässt sich das alles überhaupt noch unter einem einheitlichen Nenner zusammenbringen und strukturieren? Oder handelt es sich nicht um unverbunden nebeneinander stehende Bereiche und disparat sich vollziehende Tätigkeiten, so dass es nicht verwunderlich ist, dass sie kaum etwas voneinander wissen und sich noch seltener aufeinander beziehen. Was hat etwa eigentlich eine Erzieherin in einer kirchlichen Kindertageseinrichtung mit einem Restaurator von Kirchengebäuden gemeinsam?

Wenn schon in der Praxis die Lage dermaßen disparat und desolat erscheint, wie kann es dann in der Theorie anders sein? Kann es überhaupt eine einheitliche Theorie für ein so komplexes und kaum überschaubares Handlungsfeld geben? Und dazu noch: Ist damit die Theologie nicht sowieso überfordert? Ist es nicht nahe liegend, zur Reflexion der jeweiligen Spezialtätigkeiten die dafür kompetenten Wissenschaften heranzuziehen – wie etwa Pädagogik, Psychologie, Sozialarbeit, Medizin, Jura, Ökonomie?

In der Tat wäre es unverantwortlich, wenn Letzteres nicht geschähe. Darüber hinaus spiegelt sich seit einiger Zeit die Ausdifferenzierung der kirchlichen Handlungsfelder in einer Ausdifferenzierung der praktischen Theologie in die verschiedensten Unter- bzw. Teildisziplinen wider, die sich auf bestimmte Tätigkeiten – wie z. B. Predigen, liturgisches Gestalten, Unterrichten, seelsorgerliches Beraten, Gemeinde- und Kirchenentwicklung, Kirchenrecht – spezialisieren, u. a. auch um so besser zur Ausbildung der jeweils benötigten professionellen Kompetenzen beitragen zu können.

Im Zuge dieser Entwicklung droht nicht nur faktisch die Vorstellung einer einheitlichen praktischen Theologie verabschiedet zu werden, sondern sie wird auch von manchen als überflüssig angesehen. Das wiederum wird von anderen zum Anlass genommen, um so vehementer auf der Notwendigkeit einer die verschiedenen kirchlichen Tätigkeitsfelder integrierenden Theorie in Form einer einheitlich konzipierten praktischen Theologie zu insistieren. Dies wurde und wird gern mithilfe einer sei es eher formal gehaltenen, sei es material angereicherten Klammer, die alle Tätigkeiten miteinander in Verbindung bringt oder bringen soll, zu bewerkstelligen versucht. Formal wäre etwa die Klammer „Kirche als Arbeitgeberin", material „Praxis im Geiste Jesu".

Relativ einfach war dies – jedenfalls in der katholische Kirche – so lange, wie alles, was in der Kirche aktiv geschah, ausschließlich Sache des Klerus – angefangen von den Priestern über die Bischöfe bis hin zum Papst – war, die Pastoral also insgesamt in den Händen der dazu legitimierten „Pastöre" lag (was sich gewissermaßen in der damaligen Disziplinbezeichnung „Pastoraltheologie" widerspiegelte). Sie bildeten so etwas wie die verbindende Klammer innerhalb des zur damaligen Zeit auch noch vergleichsweise homogen sich darstellenden kirchlichen Handlungsfeldes (vgl. 60, 19–75). Im Zuge einerseits der theologischen Korrektur des klerikerzentrierten Kirchenverständnisses und andererseits der durch die gesellschaftlichen Wandel bedingten Ausdifferenzierung der kirchlichen Praxis musste eine neue verbindende Klammer gesucht werden, die dieser ihrer Ausweitung Rechnung zu tragen vermochte. Das während der Zeit des Zweiten Vatikanischen Konzils konzipierte und edierte fünfbändige „Handbuch der Pastoraltheologie" hatte sich den Vorschlag eines seiner Herausgeber, K. Rahners, zu eigen gemacht, den „Selbstvollzug der Kirche in der Gegenwart" als Formel für die Reichweite praktisch-theologischer Reflexion zu nehmen (vgl. ebd., 126–140). Das 1999/2000 veröffentlichte zweibändige „Handbuch Praktische Theologie" (vgl. 50) spannt diese Reichweite auf die „Praxis der Menschen" insgesamt aus, weil – so soll mit dieser Formel programmatisch ausgedrückt werden – die praktische Theologie sich nicht nur auf bestimmte Praxisformen und -bereiche von Menschen (z. B. Kirche oder Religion) erstrecken soll, sondern umfassend auf die Praxis eines jeden Menschen und die Praxis der Menschheit – geleitet von der Grundannahme, dass alle Menschen umfangen und getragen sind von der Gnade Gottes, der unbedingt ihr Heil will. Die Formel „Praxis der Menschen" soll also, auch wenn sie reflexiv nie gänzlich einholbar ist, die praktische Theologie vor jeder Reduktion oder einseitigen Fixierung ihres Reflexionsbereichs bewahren.[1] Damit wohnt ihr – ähnlich wie den beiden vorher genannten – neben einem deskriptiven zugleich ein normativer Aspekt inne.

Das im Folgenden zu entwickelnde Konzept von praktischer Theologie hält an der Idee dieser theologischen Disziplin als einer die gesamte kirchliche Praxis berücksichtigenden und sie integrierenden Theorie fest, wobei die kirchliche Praxis nicht losgelöst von ihren anthropologischen und soziokulturellen Voraussetzungen bzw. Kontexten gesehen werden kann. Als verbindende Klammer bzw. programmatische Formel greift es auf einen Begriff zurück, der es erlaubt, alles, was unter dem Vorzeichen von Kirche getan wird, sowohl deskriptiv zu erfassen als auch normativ zu qualifizieren: „Kommunikation des Evangeliums".

1.1.2 „Kommunikation des Evangeliums" – ein mehrperspektivischer Leitbegriff

„Kommunikation des Evangeliums" – ein Begriff, der Mitte der sechziger Jahre im evangelisch-theologischen Raum von Ernst Lange und Johannes C. Hoekendijk geprägt und in verschiedenen Zusammenhängen rezipiert worden ist, ohne allerdings eindeutig festgelegt zu sein (vgl. 89; 51)[2] – bietet sich deswegen als die praktisch-theologische Reflexion fokussierender Leitbegriff an, weil er es ermöglicht, verschiedene Aspekte miteinander zu verknüpfen:

– Wie bereits angedeutet, gibt er einerseits eine Perspektive an die Hand, unter der sich all das zusammenbündeln lässt, was Kirche faktisch tut: alles trägt demnach unmittelbar oder mittelbar dazu bei, Menschen in Kontakt mit dem Evangelium zu bringen. Es lässt sich damit auch gewichten, welches Handeln direkt auf die Kommunikation des Evangeliums abhebt und welches eher eine diese Kommunikation ermöglichende oder unterstützende Funktion hat. Andererseits lässt der Leitbegriff alles, was Kirche tut, kritisch daraufhin prüfen, ob es auch wirklich – sei es unmittelbar, sei es mittelbar – dazu beiträgt, dass die Menschen dem Evangelium so begegnen, dass sie dieses als für ihr Leben bedeutsam zu erfahren vermögen, ob es sich also wirklich um eine „Kommunikation des Evangeliums" im qualifizierten Sinne des Begriffs handelt.

– Mit dieser Eröffnung einer Doppelperspektive – empirisch und normativ – hängt zusammen, dass „Kommunikation des Evangeliums" ein diagnostisches und ein reformerisches Potential in sich birgt: diagnostisch insofern, als der Begriff intendiert, nicht nur das Gelingen oder Misslingen einer solchen Kommunikation zu konstatieren, sondern nach den Ursachen dafür zu suchen, und folgerichtig reformerisch insofern, als er von daher zum Engagement dazu anhält, sich gegebenenfalls um die Aufhebung von erkennbar gewordenen Kommunikationskrisen zu bemühen und die Kirche so zu gestalten, dass sie glaubwürdig das Evangelium zu kommunizieren vermag.

– Die zuletzt verwendete Formulierung – das Evangelium kommunizieren – lässt deutlich das Bemühen erkennen, das zentrale Ziel und die damit verbundenen Aufgaben kirchlichen Handelns in eine zeitgemäße Sprache zu bringen – wobei es allerdings um mehr geht als bloß um eine Frage von Wörtern und Begriffen. Traditionell wird mit Blick auf das Evangelium bzw. die Bibel von „verkündigen" gesprochen; eng damit verknüpft ist der Begriff „Mission". Es geht nicht darum, diese traditionelle Begrifflichkeit einfach zu verwerfen; sie behält weiterhin ihre Bedeutung, aber in einer spezifizierten Akzentuierung. Nicht zufällig hat die Redeweise „Kommunikation des Evangeliums" in den sechziger Jahren des vergangenen Jahrhunderts ihren Ursprung. Genau in diesem Jahrzehnt, insbesondere in seiner zweiten Hälfte, kam in weiten Teilen der Welt zunächst an den Universitäten unter den Studierenden, dann aber immer größere Kreise der Bevölkerung erfassend eine Bewegung zum Durchbruch, die allem von der Tradition her autoritär Vorgegebenem und Aufoktroyiertem skeptisch bzw. kritisch gegenüberstand und seinen Abbau betrieb. Davon waren auch und gerade die Kirchen betroffen; galten sie doch als die autoritären Garanten und Apologetinnen des Überkommenen schlechthin. Mit „Verkündigen", „Predigen" und „Missionieren" wurde das Bemühen der Kirche assoziiert, die Menschen zu indoktrinieren und zu bevormunden. Ein Streben nach Mündigkeit galt mit einer Kirche, die autoritär Gehorsam abverlangt, als unvereinbar. Wenn, dann war – auch für die Kirche – ein Umgang mit den Menschen angesagt, der sie in ihrer Mündigkeit ernst nimmt und der sie im Bemühen darum fördert statt daran hindert. Sich daran zu halten, heißt für die Kirche, dass sie die ihr aufgetragene Botschaft den Menschen nicht länger monologisch vermitteln kann, sondern dass dies in dialogischen Prozessen zu erfolgen hat; das Evangelium ist der Kommunikation – angefangen vom vertrauten Gespräch bis hin zur öffentlichen Auseinandersetzung – frei zu geben.

– Dabei drängt sich allerdings die Rückfrage auf, ob mit einem solchen Sich-Einlassen der Kirche auf Dialog und Kommunikation nicht allzu viel Tribut dem „Zeitgeist" gezollt und letztlich die Sache des Evangeliums verraten wird. Eine solche Besorgnis hat ihre Berechtigung: Die Kirche steht als ganze genauso wie jeder Christ und jede Christin immer wieder in der Versuchung, den einfacheren Weg der bloßen Anpassung an die jeweils vorherrschenden Gewohnheiten zu wählen und damit Verrat an der Einspruch erhebenden bzw. widersprechenden Kraft des Evangeliums zu üben. Genau das kann aber mit Dialog und Kommunikation nicht gemeint sein. Ist doch Voraussetzung dafür, dass sie in Gang kommen und für beide Gesprächspartner etwas erbringen, dass die beteiligten Seiten ihre je eigene Meinung zu Wort kommen lassen und nicht von

vornherein der eine dem anderen – etwa aus falsch verstandener Toleranz heraus –
„klein beigibt". Insofern hat „Kommunikation des Evangeliums" sehr wohl etwas
damit zu tun, dass dort, wo es sich vom Evangelium her ergibt, Einspruch und Widerspruch erhoben wird – allerdings ohne die Möglichkeit zu haben, dieses mit Zwang
auch durchsetzen zu können, sondern im Setzen darauf, dass den eigenen Argumenten
als solchen genügende Überzeugungskraft inne wohnt.

– Grundsätzlicher lässt sich allerdings noch fragen, ob nicht durch ein Sich-Einlassen auf Kommunikation und Dialog Gefahr gelaufen wird, die göttliche Offenbarung
zu sehr in die Hände von Menschen zu legen und ihr dadurch ihren spezifischen Charakter – nämlich dass sie Gottes Werk und eben nicht ein solches von Menschen ist –
zu entreißen. Dieser fundamentaltheologischen Frage soll im folgenden Absatz nachgegangen werden.

1.1.3 Kommunikation und Evangelium – miteinander vereinbar?
Zur theologischen Konturierung des Leitbegriffs

Dass das Geltend-Machen von Autorität nicht mehr einer zeitgenössischen Gefühls-
lage entspricht, ist als solcher in der Tat kein Grund, dem einfach Tribut zu zollen und
etwa statt Predigt und Mission nunmehr Kommunikation zu betreiben. Es muss vielmehr aufgewiesen werden können, dass und in welcher Weise ein solches Vorgehen
sachgerecht ist.[3]
Entscheidend dafür ist, was unter „Kommunikation" verstanden wird. Von der Vielzahl von Aspekten, die dieser Begriff – übernommen aus dem lateinischen Wort
„communicatio", das im Deutschen „Mitteilung" bezeichnet – beinhaltet und die näherhin zu erforschen ein Unternehmen ist, mit dem eine bunte Reihe von Wissenschaften (von der Biologie über die Psychologie bis hin zur Informatik) befasst ist,
seien hier nur einige für unsere Fragestellung zentrale Momente angeführt (vgl. überblicksartig 106):
– Der Grundvorgang der Kommunikation setzt drei Größen voraus: (1) jemand, der
etwas mitteilt; (2) jemandem, dem etwas mitgeteilt wird; (3) etwas, das mitgeteilt wird –
schematisch dargestellt als: Sender – Information – Adressat. Von vornherein sei bemerkt, dass es sich nicht um ein einseitiges Wirkungsmodell handelt, nach dem dem
Sender der aktive Part, dem Adressaten die Rezipientenrolle und dem Medium die
Vermittlungsfunktion zukäme. Es handelt sich vielmehr um ein komplexes Beziehungsgefüge, in dem die drei Größen wechselseitig aufeinander einwirken: Was und
wie kommuniziert wird, bestimmt nicht bloß der Sender, sondern Empfänger und Medien ebenfalls.
– Wenn man Kommunikation als einen zwischenmenschlichen Umgang – und nicht
als Umgang zwischen Mensch und Tier, Mensch und Pflanze o.ä. – spezifiziert, handelt
es sich bei „Sender" und „Adressaten" jeweils um mindestens eine Person (wenn man
den Fall, dass eine Person mit sich selbst kommuniziert, außer acht lässt). Weniger eindeutig ist es, was das Verbindungsglied „Information" beinhaltet bzw. beinhalten kann;

dies kann höchst Verschiedenes sein: angefangen von mehr oder weniger objektiven Wissensbeständen (Nachrichten, Wissensinhalte, Erklärungen, Urteile etc.) über subjektive Meinungen, Erlebnisse u.ä. bis hin zu Gefühlszuständen. Entsprechend vielfältig sind die Medien, mit denen etwas mitgeteilt wird: Die Sprache spielt eine zentrale Rolle, aber keineswegs die einzige; kommuniziert wird auch über Mimik, Gesten, Symbole, Riten u.v.a.m. Darüber hinaus gibt es eine Vielzahl von Medien, die eine Kommunikation zwischen Personen ermöglichen, die sich nicht unmittelbar gegenüber stehen: Briefe, Telefon, Zeitungen, Bücher und der ganze Bereich der sog. „neuen Medien". Was kommuniziert wird, spielt sich häufig nicht nur auf einer der genannten Ebenen ab und erfolgt nicht nur mithilfe eines Mediums. So wird beispielsweise die Mitteilung einer Neuigkeit zugleich mit persönlichen Einschätzungen versehen, und man merkt dem Mitteilenden die Freude, die Angst o.ä. an, die ihn dabei gefühlsmäßig bewegt. Verstehensschwierigkeiten kommen leicht dann auf, wenn diese Ebenen sich nicht kongruent zueinander verhalten, sondern untereinander differieren – bis hin zu der als „double-bind-situation" (P. Watzlawick) umschriebenen Ausweglosigkeit, die für den Adressaten dadurch entsteht, dass etwa durch die Mimik und Gestik etwas anderes mitgeteilt wird als verbal. (Bekanntes Beispiel: „Komm in meine Arme!", verbunden mit einer abwehrenden Handbewegung.)

– Es ist ersichtlich, dass sprachlich-symbolisch vermittelte Kommunikation eine der grundlegenden zwischenmenschlichen Umgangsformen darstellt. Sie ist damit ein elementarer Bestandteil menschlicher Praxis, also eine jener Weisen, wie Menschen sich angesichts der Wirklichkeit, die sie vorfinden, verhalten und sie gestalten. Insofern liegt es nahe, dass der Handlungsbegriff, der bis dahin nur etwa auf „Arbeiten" und ähnliche Aktivitäten bezogen wurde, seit der sog. „linguistischen Wende" auch auf das Sprechen und Sich-Verständigen ausgeweitet und dafür der Begriff „kommunikatives Handeln" geprägt wurde.

– Mit der Zuordnung der sprachlich-symbolisch vermittelten Kommunikation zur menschlichen Praxis insgesamt drängt sich die Frage auf, was zum einen darunter zusammengefasst werden kann und was sie zum anderen von anderen Praxisformen unterscheidet. Vor allem J. Habermas hat hierzu im Rahmen seiner grundlegenden Untersuchungen zur Handlungstheorie eine einprägsame Unterscheidung von drei Handlungstypen vorgenommen: (1) Als „instrumentales Handeln" bezeichnet er menschliche Verrichtungen, die sich auf seiner eigenen Verfügung unterliegenden sachhafte Objekte richten und mit denen beabsichtigte Wirkungen erzielt werden sollen; treten diese ein, war das Handeln erfolgreich. (2) Die Bezeichnung „strategisches Handeln" bezieht er auf Tätigkeiten, die ähnlich zweckrational und erfolgsorientiert ausgerichtet sind – allerdings nicht mit Blick auf sachliche Objekte, sondern auf Menschen; ihr Denken und Tun soll so beeinflusst und gesteuert werden, dass es den Erwartungen des Einflussnehmenden möglichst optimal entspricht. (3) Mit dem Ausdruck „kommunikatives Handeln" erfasst er jene Verhaltensweisen der Menschen, die wie das „strategische Handeln" sich in einem zwischenmenschlich-sozialen Umfeld vollziehen, die jedoch nicht zweckrational ausgerichtet sind, also kein vorher entschiedenes Erfolgskalkül verfolgen, sondern auf eine Verständigung der Beteiligten untereinander hinzu-

wirken bestrebt sind – ein Vorgang, über dessen möglichen Erfolg dann auch nicht einseitig entschieden werden kann, sondern deren mögliches Gelingen sich darin zeigt,
dass darüber eine Übereinkunft erreicht werden konnte (vgl. 501 [Bd.1], 384 f.).[4]

– Unter „kommunikativem Handeln" lässt sich somit keineswegs alles fassen, was
landläufig möglicherweise mit „Kommunikation" assoziiert wird. Vielmehr handelt es
sich um eine qualifizierte Bestimmung, die sich auf Prozesse der Verständigung von
Menschen untereinander – womöglich um in sie angehenden Angelegenheiten zu
einem Einverständnis zu gelangen – bezieht und deren Gegenteil in jeglicher Form der
einseitigen und letztlich (wie sublim auch immer vonstatten gehenden) gewaltsamen
Manipulation und Bemächtigung besteht. Damit handelt es sich nicht nur um einen
analytischen Begriff; sondern er ist zugleich auch normativ „aufgeladen".

– Dieser dem kommunikativen Handeln innewohnende normative Kern lässt sich
mit H. Peukert wie folgt umreißen: „Wenn ich überhaupt mit einem anderen in eine
Kommunikation eintrete, so akzeptiere ich ihn grundsätzlich als jemanden, der sprechen, sich verständlich artikulieren und mir widersprechen kann; ich akzeptiere ihn als
gleichberechtigten Partner und setze mich in dem, was ich sage, seiner Kritik und
Gegenrede so aus, dass ich mich verpflichte zu versuchen, mit ihm zu einer Übereinstimmung über die Wahrheit von Behauptungen oder die Richtigkeit von Normen zu
kommen. Diese grundlegenden und unausweichlichen Unterstellungen verlangen die
primäre Anerkennung des anderen, und diese muss sich in gemeinsam zu findenden
Handlungsanweisungen bewähren. Diese notwendig immer schon vorausgesetzte
gegenseitige Anerkennung kann im Prinzip keinen Kommunikationspartner ausschließen, sie zielt vielmehr auf eine unbegrenzte Kommunikationsgemeinschaft. Sobald ich
beginne zu sprechen, trete ich in ein universales Gespräch ein" (471, 52). So gesehen
ergeben sich von der kommunikativen Handlungstheorie her enge Anknüpfungspunk-
te für die gesamte Ethik und andere normativ dimensionierte Wissenschaften, wie vor
allem die Pädagogik.

– Auch zur Theologie hin ergeben sich explizite Bezüge. Denn kommunikatives
Handeln basiert auf einem normativen Fundament, das unbedingte Gültigkeit beansprucht, obwohl Handeln – auch und gerade von und zwischen endlichen Personen –
etwas Bedingtes ist. Wie ist es, um dies in aller Konsequenz zuzuspitzen, möglich,
einem anderen in seiner Andersheit unbedingte Anerkennung zukommen zu lassen
oder ihn gar zu lieben angesichts des Faktums, dass sowohl der andere als auch man
selbst aufgrund der je eigenen Bedingtheit, sprich: Endlichkeit, zur Einlösung oder Bewährung der vorausgesetzten Unbedingtheit gar nicht fähig ist? Von der Analyse kommunikativer Praxis her lässt sich somit eine Dimension aufweisen, die für die menschliche und zwischenmenschliche Existenz konstitutiv, aber der menschlichen Verfügbar-
keit entzogen ist, ihr vielmehr voraus liegt. Dies ergibt sich etwa – um einen möglichen
Begründungsstrang dafür wenigstens ansatzweise zu skizzieren –, wenn man sich ausdrücklich mit der fundamentalen Ambivalenz menschlichen Existierens konfrontiert
und im wahrsten Sinne des Wortes radikal mit dieser Gegebenheit auseinandersetzt.
„Diese Ambivalenz", so geht H. Peukert im Anschluss an S. Kierkegaard darauf ein,
„besteht ... zunächst darin, sich einfach in seiner faktischen Existenz gegeben zu sein,

ohne über den Grund und die Bedingungen dieses Gegebenseins verfügen zu können, und bei aller Beschränkungen des eigenen Bewußtseins sich doch unbedingt, wie durch einen Bruch hindurch, immer wieder zu dieser eigenen Existenz verhalten zu müssen … Die Erfahrung, sich selbst gegeben zu sein als etwas, das schlechthin vorgegeben ist, sich aber dennoch frei dazu verhalten zu können, ist die Wurzel der Idee, sich einer absoluten schöpferischen Freiheit zu verdanken, die aus dem Nichts ins Dasein ruft" (472, 521). Dass dies keine bloße Idee ist, sondern sie von Gott her, der sich als Schöpfer des Himmels und der Erde offenbart hat, bewahrheitet ist, ist die zentrale Glaubensaussage der Bibel (und auch des Korans). Das besagt: Durch Gott ist der menschlichen Existenz von ihrem Ursprung her ein kommunikativer Raum eröffnet, in dem sie angesprochen und somit unbedingt in die Situation des Antwortenden versetzt ist.

– Ein Missverständnis von Gottes offenbarendem Handeln den Menschen gegenüber wäre es, dieses als eine informativ gehaltene Mitteilung von Geheimnissen über die Schöpfungs- und Erlösungswirklichkeit aufzufassen, die dem Menschen ansonsten verschlossen blieben. Gottes Offenbarung, so hat vor allem der bedeutende Theologe des letzten Jahrhunderts, K. Rahner, das bis dahin vorherrschende Verständnis korrigiert, ist nicht eine Mitteilung von irgendetwas, sondern ist vielmehr Gottes Selbstmitteilung (vgl. 478). Gott teilt sich selbst den Menschen mit – und zwar nicht als sie okkupierende Macht, sondern als sie, seine in Freiheit gesetzten Ebenbilder unbedingt liebende Kraft. So lässt er ihnen die Erfahrung bedingungsloser Bejahung und Anerkennung zukommen – und zwar ohne dass sie dafür allererst etwas leisten müssen und selbst dann, wenn sie ihm gegenüber schuldig werden. Zur Freiheit befreit zu sein (vgl. Gal 5,1) macht die eigentümliche Würde der Menschen aus. Diese Erfahrung der Grundverfassung menschlicher Existenz lässt es nicht zu, dass sie egoistisch für sich behalten wird; sondern sie drängt darauf, mitgeteilt zu werden, genauer: in der Weise des eigenen kommunikativen Handelns bezeugt zu werden.

– Somit ergibt sich bereits vom Schöpfungsglauben her ein grundlegender Zusammenhang von Glaube und Handeln. Glaube ist Praxis und gibt zugleich der Praxis eine bestimmte Ausrichtung, insofern er das Subjekt davon entlastet, sich ständig sich selbst gegenüber als seiner selbst mächtig beweisen und den anderen gegenüber als sie bemächtigend ausweisen zu müssen, sondern er mit der für ihn konstitutiven Erfahrung unbedingter Anerkennung den Betroffenen bzw. die Betroffene dazu befähigt und bestrebt sein lässt, diese auch den anderen zuteil werden zu lassen. Für das christliche Verständnis von Glauben heißt das, ihn als eine Praxis zu begreifen, „die als Praxis, also im kommunikativen Handeln, Gott für die anderen behauptet und im Handeln zu bewähren versucht" (468, 66).

– Es ist allerdings bittere geschichtliche Erfahrung, dass Menschen, die in dieser Weise gehandelt haben, sich etwa für ein friedliches und gerechtes Zusammenleben engagiert haben, nicht nur gescheitert, sondern darüber hinaus verfolgt worden sind – bis hin zu ihrer Vernichtung. Wo war Gott in solchen Situationen? Lohnt es sich überhaupt, so zu handeln? Das sind Fragen, die in vielen der biblischen Schriften – und in anderen klassischen literarischen Zeugnissen – ihren dramatischen Niederschlag gefunden haben. Erst von hier aus wird wirklich nachvollziehbar, welche Radikalität mit der Glaubensaussage verbunden ist, dass Jesus von Nazaret, der genau ein solches Geschick durchlebt und durchlitten hat, in seiner konsequent gelebten und getätigten Bezeugung eines den Menschen herzlich zugetanen Gottes durch diesen Gott vom Tod zum Leben erweckt und damit in seinem Tun, das seine dadurch ihre religiösen, politischen und wirtschaftlichen Interessen bedroht sehenden Gegner ein für allemal haben ausmerzen wollen, rehabilitiert worden ist. Von diesem Erlösungsglauben her erstreckt sich somit gläubige Praxis bis hin auf ein Handeln, das durch die Grund- und Grenzerfahrungen intersubjektiven Handelns (Scheitern, Leid, Tod u.ä.) hindurch zu tragen vermag und aus der Zuversicht heraus, dass Gott sich in Jesus als der Gott des Lebens und nicht des Todes erwiesen hat, nicht resignieren lässt, sondern neue Handlungsmöglichkeiten aufschließt.

– In Erinnerung an diese Erfahrungen heute die frohe und befreiende Botschaft vom Handeln Gottes in der Geschichte, wie es in Jesus Christus unüberbietbar offenbar geworden ist, zu kommunizieren, heißt, die gegebene Wirklichkeit in einem anderen Lichte – metaphorisch gesprochen: mit den Augen des Gekreuzigten und Auferstandenen – zu sehen und sich selbst und die Verhältnisse zu verwandeln.

– Unter Rückverweis auf das Erfahrungspotential der biblischen Überlieferung findet nach E. Arens die kommunikationsermöglichende Kraft gläubigen Handelns insbesondere angesichts von solchen Extremsituationen ihre Bewährung, in denen es gilt, Kommunikationsbarrieren, die aus kulturellen, ökonomischen, religiösen, sexistischen u. a. Gründen zwischen Menschen errichtet worden sind und werden, zu überwinden, Kommunikationsbarrieren, Kommunikationsverhältnisse, die „die anderen" ausschließen, zugunsten einer Partizipation der „Ausgeschlossenen" aufzubrechen – bis hin zur erinnernden Einbeziehung („anamnetische Solidarität") des und der Unabgegoltenen der Vergangenheit in die Gegenwart und schließlich mutig und phantasievoll eine innovativen Praxis zu riskieren, die darum bestrebt ist, Entfremdung und Zerstörung bedingende Strukturen zu überwinden und zur Schaffung solcher Verhältnisse beizutragen, die ein gemeinsames Leben aller auf Zukunft hin ermöglichen (vgl. 427, 19ff.; 475, 220–224).

„Kommunikation des Evangeliums", so ergibt sich zusammenfassend, hat nichts mit einem Wechsel der Methode zu tun, um die Botschaft des christlichen Glaubens effektiver an die Leute heranzubringen; ein solches strategisches Kalkül, so dürfte deutlich geworden sein, stände dem, worum es geht, sogar diametral entgegen. Wenn das Evangelium – hier nicht nur im Sinne der vier ersten neutestamentlichen Schriften verstanden – das Gesamt der Selbstbekundung Gottes in seiner Liebe und Treue zu den Menschen, wie sie vor allem in der Bibel, aber auch darüber hinaus in anderen Religionen sowie in der Schöpfung insgesamt bezeugt ist, ausmacht, dann kann die Weise seiner Vermittlung nur so erfolgen, dass sie so gut wie möglich mit seinem Inhalt übereinstimmt, also in grundsätzlicher Anerkennung der Adressaten in ihrer ihnen von Gott (schon vor jeglicher Verkündigung) geschenkten Würde und Freiheit. Die „Kommunikation des Evangeliums" hat so zu erfolgen, dass die unbedingte Bejahung jedes Individuums durch Gott in der Struktur dieses kommunikativen Handelns bezeugt und bewahrt wird. Jede machtförmige Einflussnahme verbietet sich. Gerade das lässt allerdings sensibel werden für alle (psychischen und strukturellen) Arten der Deformierung von Menschen und führt zu einer besonderen Parteilichkeit für alle, denen ein Leben in Würde und Freiheit vorenthalten wird.

Was sich aus all dem für die praktisch-theologische Bestimmung von „Kommunikation des Evangeliums" ergibt, hat W. Engemann treffend wie folgt umrissen: „(1.) Die Kommunikation des Evangeliums ist ein Prozeß, der sich nicht in der Übermittlung von 'Heilsinformationen' erschöpft, sondern darauf abzielt, daß die Kommunikanden mit Gott und untereinander neu (bzw. überhaupt) in Beziehung treten sowie an seinem Reich und aneinander partizipieren, wodurch sie sich dann auch selbst in einem anderen Licht sehen können. Bei der Rede von der Kommunikation des Evangeliums ist (2.) nicht nur die verbale Dimension der Verkündigung in Form der Predigt im Blick, sondern es geht um alle Ebenen der Mit-teilung des Reiches Gottes, sei es 'in, mit und unter' der Mahlfeier, durch liturgische Gestaltung, durch Musik, diakonisches Handeln, seelsorgerliche Begleitung, durch zeugnishaftes politische Engagement usw." (38, 42; vgl. ebd. 40–49).

1.1.4 Auf dem Weg zu einer kommunikativ handelnden Kirche – ein Beispiel

Für eine Kirche, die sowohl in ihren eigenen Reihen als auch „nach außen" konsequent auf die Prinzipien des Dialogs und der Kommunikation setzt, kann der 1994 von der katholischen Kirche in Frankreich in Gang gesetzte Dialogprozess unter dem Motto „Proposer la foi dans la societé actuelle – Den Glauben vorschlagen in der heutigen Gesellschaft" (vgl. zum Folgenden 96 sowie 237, 238); als beispielhaft angeführt werden. Im Zentrum dieses Dialogprozesses steht die Frage nach einem für die heutige Zeit nachvollziehbaren Glaubensverständnis – in Anknüpfung und im Widerspruch zur „geistigen Situation der Zeit" (K. Jaspers) – und nach dessen individueller und kollektiver Verlebendigung. Es gilt, so lautet die Devise, sich bewusst der heutigen Zeit zu stellen und nicht irgendwelchen für die Kirche vermeintlich besseren Zeiten nachzutrauern und diese womöglich repristinieren zu wollen – eine, wie eingestanden wird, lange unter den Verantwortlichen in der Kirche vorherrschende Einstellung, die ein positives und konstruktives Verhältnis zur Gegenwart zu finden hat verhindern lassen. Als vorbildlich für ein solches Auf-der-Höhe-der-Zeit-Sein ist der in den vierziger Jahren des vergangenen Jahrhunderts begonnene Weg der Arbeiterpriester in lebendiger Erinnerung der katholischen Kirche Frankreichs: Als Arbeiter haben sie sich in die Welt der Arbeiter begeben und sind völlig in deren Welt – in die Welt also, die die Kosten der modernen Gesellschaft mit ihren technischen und sonstigen Errungenschaften aufgebürdet bekommt – eingetaucht, um in ihrer praktisch gelebten Solidarität den rücksichtslos ausgebeuteten Menschen etwas von der Liebe Gottes zu ihnen erfahrbar werden zu lassen. Mittlerweile wird diese Form christlich-kirchlicher Präsenz im Sinne einer stummen bzw. verborgenen Anwesenheit problematisch, weil sie auf Christinnen und Christen angewiesen ist, die ihrerseits genügend bewusst im Glauben leben und auch von ihm wissen, um ihn ausschließlich durch ihr Mitleben mit anderen diesen zu bezeugen, genau diese Voraussetzungen aber immer weniger gegeben sind. Das heißt, dass es erforderlich ist, neben der praktisch gelebten Solidarität sich ausdrücklich des sie begründenden Glaubens zu vergewissern und ihn zu thematisieren.

Sollte es dabei allerdings nur darum gehen, überkommene Glaubensformeln zu repetieren oder aus dem Katechismus auswendig gelernte Lehrsätze weiterzugeben, wäre ein Dialogprozess überflüssig. Anders ist es, wenn der Glaube als das ernst genommen wird, was er – wirklich zu eigen geworden – ist, nämlich eine zutiefst persönliche Angelegenheit, mit der jeweils eigenen Lebensgeschichte und ihrem sozialen Kontext durch und durch verwoben. Dann wird der gemeinsame Austausch über solchen Glauben in der Tat enorm wichtig, und zwar im Sinne des Sich-gegenseitig-bereichern-Lassens von den Erfahrungen und Einsichten der anderen. Reden über den Glauben erfolgt dann so, dass es zurückgebunden bleibt an die von den Beteiligten mit ihm gemachten Erfahrungen, befreiende ebenso wie niederdrückende, freudige ebenso wie leidvolle, kreativ-schöpferische ebenso wie beklemmende, mystisch-kontemplative ebenso wie politisch-praktische. In diesem Sinne bekräftigen die französischen Bischöfe: „Wir müssen vermehrt den Gläubigen das Wort geben, damit sie in Freiheit sagen können, wie ihre Zustimmung zum Gott Jesu Christi und ihre Praxis des Evangeliums ihre Existenz auf dauerhafte Weise gestaltet, wie sie Vertrauen bewahren auch in schwierigen Lebensabschnitten, warum sie in sich den Wunsch spüren, ihre Erfahrungen mit anderen zu teilen und bei ihnen den Geschmack an Gott und die Liebe zur Kirche zu wecken."[5]

Voraussetzung für einen Dialogprozess ist, dass sich alle – unbeschadet ihrer Position – auf ihn einlassen und nicht irgendwo über oder neben ihm stehen. Das gilt auch für die, die mit einem Amt in der Kirche betraut sind – bis hin zu den Bischöfen. Das französische „proposer la foi" klingt in der deutschen Übersetzung „den Glauben vorschlagen" ungewohnt und merkwürdig. Was gemeint ist, lässt sich an der Weise, wie die Bischöfe sich in den Dialogprozess eingebracht haben, modellhaft illustrieren: Auf der einen Seite positionieren sie sich. Das heißt: „Sie geben nicht vor, in dem, was sie vorschlagen, schon mit allen Katholikinnen und Katholiken oder gar mit aller Welt übereinzukommen. Vielmehr machen sie sich kenntlich, auch angreifbar. Z.B., indem sie sich absetzen von jeglichem Ressentiment gegenüber der gegenwärtigen, laizistischen französischen Gesellschaft oder indem sie dem Traum von der Rückkehr zu einer christlichen Gesellschaft eine Absage erteilen. Andererseits heißt Vorschlagen aber nicht weniger: lernen, lernen wollen. Der Vorschlag des Vorschlagens ist Resultat eines Lernprozesses, in dem die Bischöfe sich als lernbedürftig realisiert haben; und ihr Vorschlag zielt auf ein Voneinander-Lernen. Der Brief lässt nicht nur Reaktionen zu, sondern erfragt eine Antwort [von seinen Adressatinnen und Adressaten]" (183, 4f.). Die Bischöfe geben so zu verstehen, dass sie dem gelebten Glauben und dem Unterscheidungsvermögen des „ganzen Volkes der Getauften" (ver-)trauen. H. Müller bemerkt dazu: „Wenn sie (sc. die Bischöfe) die Katholiken dazu einladen, mit ihnen eine Kirche zu bilden, die in eigener Initiative zum Ausdruck bringt, welche Kraft zur Gestaltung und Erneuerung der Existenz der Glaube ist, so sagen sie damit, dass sie allein diese Kirche nicht bilden können, sie bekennen einen Mangel. Zusammen mit dem Bekenntnis ihres Mangels äußern die Bischöfe ihr Vertrauen, dass die von ihnen angesprochenen Katholiken Gaben haben, die ihrem Mangel abhelfen können. Sie wissen und achten dabei die Freiheit der Angesprochenen, ihre Bitte anzunehmen oder ihr gegenüber gleichgültig zu bleiben. Sie setzen sich Unverständnis und Ablehnung aus" (236, 15 f.). Zugrunde liegen dem eine Wertschätzung der persönlichen Freiheit und der Respekt vor ihr, jedoch nicht aus einem vordergründigen Zugeständnis an den „Zeitgeist" heraus, sondern in Wiederentdeckung und Ernstnahme des originären „Gesetzes des Evangeliums" selbst – einer Wiederentdeckung, die sich zugegebenermaßen der lange Zeit kirchlicherseits bekämpften neuzeitlichen Freiheitsgeschichte maßgeblich verdankt. „Die Zustimmung zum Gott Jesu Christi", so umreißt der den Dialogprozess koordinierende Bischof C. Dagens die diesen Prozess leitende Überzeugung, „zeigt sich vor allem als Akt der Freiheit, als eine persönlich verantwortete Stellungnahme, die Verschiedenheit bedeutet. Die Zustimmung zum Glauben darf nicht mit dem Eintritt in ein System verwechselt werden. Vielmehr ist sie ein freies Engagement" (164, 85.)

Wovon die Pastoral des Vorschlagens sich strikt abgrenzt, ist das „Paradigma von Angebot und Nachfrage", wie es vom ökonomischen Denken kommend auch in die pastorale Theorie und Praxis Einzug gehalten und weite Verbreitung gefunden hat. Es begegnet – wie der französische Religionssoziologe J.-M. Donegani erhellend aufzeigt (vgl. 495, 228 f.) – in zwei Varianten: In der ersten versteht sich die Kirche im Besitz der Heilsgüter und als beauftragt, sie den Menschen anzubieten, damit sie ihr Heil erlangen können, und wonach sie ihrerseits entsprechend nachfragen, wenn sie sich nicht völlig durch das Böse von sich haben entfremden lassen. Wie stark dieses Denken nachwirkt, zeigt sich darin, dass etwa auch die Soziologie gemeint hat, an den Zahlen der wahrgenommenen Nachfrage ihrer gottesdienstlichen, sakramentalen u. a. „Angebote" den Erfolg der Kirche messen zu können – was aufgrund der immer mehr sinkenden Zahlen eine allgemeine negative Stimmungslage innerhalb der Kirche begünstigte. Die religiös-moderne bzw. liberale Variante dieses Paradigmas besteht darin, dass die Kirche alles Mögliche unternimmt, bei den Menschen zu erkunden, was diese – wenn überhaupt – bei ihr nachfragen würden, um entsprechend ihre Angebote herzurichten. Während nach J.-M. Donegani die erste Variante sich darin irrt, dass sich die Kirche für die alleinige Inhaberin eines Heiles hält, das man ergreifen könne oder nicht, trägt die zweite schon allein nicht den einschlägigen empirischen Befunden Rechnung. Donegani schreibt: „Die Glaubenssätze sind nicht mit Marktgegenständen vergleichbar, weil sie zur Sinnfrage anregen und weil das gläubige Subjekt sich ihnen gegenüber niemals wie ein Verbraucher verhält, der die Qualität und den Preis der käuflichen Güter vergleicht. Die religiöse Suche entfaltet sich ausgehend von kognitiven, evaluierenden und affektiven Prozessen, bei denen das familiäre Erbe, soziale Verbindlichkeiten und psychische Dynamismen überwiegen. Die religiöse Suche mobilisiert Prozesse, in denen die Person und die Bezugnahme zu Gruppen sich aktiv aufbauen. Damit ist sie weit von jenen Haltungen entfernt, die bei einer Marktlogik ins Spiel kommen" (ebd., 229).

Soll Kirche sich wesentlich als Dialogprozess vollziehen und vollziehen können, hat das Rückwirkungen auch auf ihre Sozialgestalt bis hin zu ihrer strukturellen Organisationsform. Denn nicht zuletzt davon ist abhängig, ob die Freiheit des Einzelnen und dialogische Prozesse wirklich gefördert statt, wie es in der Vergangenheit vielfach der Fall war, behindert werden. Die überkommene monolithische Struktur gerade der katholischen Kirche entspricht einem monologisch-autoritären Verständnis des Glaubens. Dem Dialogprozess kommt es demgegenüber darauf an – und er fördert es auch zugleich –, die faktische Pluralität der Verständnisweisen und Ausdrucksformen des Glaubens zutage treten zu lassen. Indem diese zueinander gebracht werden, ohne zwanghaft auf eine Linie gebracht zu werden, wird ernst genommen, dass die Einheit des Glaubens nicht etwas ist, was vorgegeben werden kann, sondern was gerade in seiner gegenseitig sich bereichernden Verschiedenheit zum Vorschein kommt. So sehr somit die Meinung und Entscheidung des je Einzelnen unbedingt zu respektieren sind, so heißt das nicht schon, dass den Meinungen und Entscheidungen einer Mehrheit innerhalb der Kirche zugleich normative Kraft zukäme. Gerade hier ist Unterscheidungsarbeit notwendig; diese wiederum kann allerdings nicht von einer übergeordneten Instanz her vorgenommen werden, sondern ist wiederum von allen Beteiligten in gemeinsamer Auseinandersetzung zu leisten. Indem man sich auf dieses bisweilen durchaus mühsame Unterfangen einlässt, wird allererst und überzeugend beherzigt, dass die Wahrheit des christlichen Glaubens – wie J. M. Donegani es treffend formuliert hat – relational, d. h. beziehungsreich und somit alles anderes als relativ ist (vgl. ebd., 234f.).

Entscheidend ist in diesem Zusammenhang nochmals, dass der Dialogprozess über den Glauben kein kircheninterner Vorgang ist und bleibt, sondern dass er sich als Einladung an alle Menschen richtet – einerseits in der Zuversicht, dass das Evangelium eine für ihr Leben bedeutsame Botschaft beinhaltet, andererseits verbunden mit der Offenheit, dass die Begegnung mit den Anderen auf Lesarten dieses Evangeliums aufmerksam werden lassen kann, die man so bislang nicht wahrgenommen hat und von denen man neu in seinem Glauben lernen kann.

In solchem gemeinsamen Suchen und Ergründen der Bedeutung des Geheimnisses des Glaubens für die heutigen Menschen erwächst nicht zuletzt für die Kirche die Chance, ihr eigentliches Wesen neu sehen zu lernen. Deutlicher kommt zum Vorschein, was es heißt, dass – so wie es die Kirchenkonstitution des Zweiten Vatikanischen Konzil bestimmt hat – ihre Identität eine sakramentale ist: Abgehoben wird damit zum einen auf ihre für sie konstitutive Verwurzelung im Geheimnis, die es ihr verbietet, ihr Zentrum in sich selber zu suchen. Ebenso unzulässig ist zum anderen eine Spiritualisierung von Kirche, nimmt sie doch unweigerlich eine Sozial- und Organisationsgestalt an. Die entscheidende Frage ist, ob diese ihre gesellschaftlich erkennbare Verfassung auch ihrem sakramentalen Charakter entspricht. Um das am Fall der Auf- und Zuteilung der Verantwortlichkeiten innerhalb der Kirche zu veranschaulichen: Ausdrücklich werden in dem programmatischen Schreiben der Bischöfe dafür folgende zwei Kriterien in Anschlag gebracht (vgl. 27, bes. 57–63). Erstens darf – negativ betrachtet – keine utilitaristische bzw. funktionelle Logik Platz greifen, die Personen allein über ihre Funktionen identifiziert und danach ihre Leistungen evaluiert. Zweitens soll – positiv akzentuiert – jede und jeder in ihrem bzw. seinem Charisma zur Auferbauung des Ganzen anerkannt, geachtet und gefördert werden. In weiten Teilen der französischen katholischen Kirche ist als Konsequenz dessen eine Synodalisierung kirchlicher Beratungs- und Entscheidungsprozesse sowie eine weit gehende Beteiligung von Laien an den kirchlichen Aufgaben mit Übertragung der dazugehörigen Verantwortlichkeiten vorgenommen worden.[6]

1.1.5 Praktische Theologie als Theorie „gelebter Religion"?

„Kommunikation des Evangeliums" ist derzeit als Leitbegriff praktisch-theologischer Reflexion nicht konkurrenzlos; vor allem im evangelischen Raum wird seit einiger Zeit von einigen Vertretern und Vertreterinnen des Faches „gelebte Religion" als Programmbegriff favorisiert. Damit verbinden sich gehaltvolle und bemerkenswerte Ansätze der praktischen Theologie. Was Anlass ist, ihnen nur teilweise zu folgen und doch eher einen anders akzentuierten Ansatz vorzuziehen, bedarf darum wenigstens einer kurzen Erläuterung.

Wie durch den Plural angedeutet, begegnen unter dem Stichwort „gelebte Religion" unterschiedlich ansetzende und sich entfaltende Konzepte der praktischen Theologie (vgl. überblicksartig 48). Unbeschadet dessen lassen sich aber auch einige Gemeinsamkeiten ausmachen: „Wer nach der gelebten Religion fragt", so hat D. Rössler bereits 1976 einen solchen Ansatz gegenüber herkömmlichen normativen Konzepten abgegrenzt, „sucht nicht Programme oder Anweisungen für das, was Religion sein sollte. Er fragt vielmehr nach dem, was als Religion tatsächlich und lebendig ist … Tatsächliche und gelebte Religion wird dort greifbar, wo sie wahrgenommen wird, wo sie in Ereignissen, in Aktivitäten, in Gebräuchen, Gesinnungen und Einstellungen zum Ausdruck kommt und wo dieser Ausdruck allgemein und selbstverständlich eben als Religion gilt" (69, 13).[7] Deutlicher, als es Rössler seinerzeit vor Augen stand, ist damit die Konsequenz verbunden, dass die praktische Theologie, will sie sich keinen Wirklichkeitsverlust einhandeln, ihren herkömmlichen Denkrahmen ausweiten muss. Dieser Denkrahmen nämlich macht Religion ausschließlich an Kirche oder Christentum fest und ist von daher außer Stande, nachzuvollziehen, dass die neuzeitliche Gesellschaftsentwicklung durch einen enormen Prozess der Ausdifferenzierung auch der Religion und einen daraus resultierenden tief reichenden und folgenreichen Gestaltwandel von ihr – und nicht, wie es fälschlicherweise häufig behauptet wird, durch ihren Verlust – gekennzeichnet ist; diese Ausdifferenzierung vollzieht sich sowohl innerhalb als auch außerhalb der Kirche. Spätestens durch die Präsenz anderer Religionen im alltäglichen Nahbereich und zusätzlich durch das Aufkommen von neuen religiösen Bewegungen u. a. hat das Christentum seine frühere Monopolstellung in diesem Bereich, wie es ihn im europäischen Kulturkreis („Abendland" genannt) über Jahrhunderte hinweg innegehabt hat, verloren. Allerdings ist eine an den herkömmlichen dogmatischen Kategorien und Vorstellungen orientierte Theologie nicht in der Lage, diesen sozialen und religiösen Wandel adäquat zu erfassen. Darum muss auf nicht-theologische Konzepte und Methoden zur Wahrnehmung bzw. zum Verstehen dessen zurückgegriffen werden, was als Religion unter den gegenwärtigen gesellschaftlichen Bedingungen auszumachen ist, wo sie eine Rolle spielt und worin diese besteht, in welchen Ausdrucksformen sie sich dokumentiert u.ä.m. Der praktisch-theologische Ertrag einer solchen religionsphänomenologisch bzw. -hermeneutisch angelegten Vorgehensweise wird darin gesehen, dass man einerseits näher an die religiösen Vorstellungen, Fragen etc. gelangt, so wie die Menschen sie in ihrem Alltag erleben und bewegen, also an die von ihnen „gelebte Religion", und dass man andererseits die teilweise zwar zentralen und unaufgebbaren, aber in ihren überkommen Vorstellungsgehalten vielfach für heutige Menschen nicht mehr verständlichen und darum als lebensfern empfundenen Glaubensinhalte wieder als für zeitgenössisches Denken und Empfinden nachvollziehbar und womöglich hilfreich erschließen kann.

Es kann darauf verzichtet werden, an dieser Stelle die unter dem Programmbegriff „gelebte Religion" firmierenden praktisch-theologischen Ansätze im Einzelnen auszuführen.[8] Ein zentrales Anliegen verbindet sie auf jeden Fall mit dem hier bevorzugten Stichwort der „Kommunikation des Evangeliums": so gut wie möglich nahe bei dem zu sein, was die Menschen bewegt, was sie umtreibt etc., und zwar insbesondere dort, wo sich in ihrem Leben Fragen nach Unbedingtem und Unverfügbarem auftun. Um dazu fähig zu werden, ist es unerlässlich, sich den Menschen in ihren konkreten alltäglichen Lebenssituationen – unter Einbezug ihrer jeweiligen Lebensgeschichte und ihres lebensweltlichen Kontextes – zuzuwenden und darum bemüht zu sein, sie so zu verstehen, wie sie sind, und nicht so, wie man sie sich vorstellt oder wünscht.

So wenig hilfreich dafür herkömmliche dogmatische Begriffe aufgrund der hinter ihnen stehenden normativen Vorstellungen sein mögen, so kommt man prinzipiell nicht darum herum, für die Erfassung von Wirklichkeit auf bestimmte Kategorien zurückzugreifen, die ihrerseits erheblich die Perspektive, die man einnimmt, beeinflussen und ausrichten. Was man also als wirklich wahrnimmt, hängt entscheidend von der Wahl des kategorialen und damit theoretischen Bezugsrahmens ab. Das gilt auch für den Programmbegriff „gelebte Religion"; für sein näheres Verständnis und die Verständigung über ihn ist entscheidend, was als „Religion" bestimmt wird.

Von Interesse ist im Zusammenhang der hier anzustellenden Überlegungen die Reichweite dessen, was mithilfe des Begriffs „gelebte Religion" erfasst werden soll und kann. Damit erübrigt es sich, sich ein weiteres Mal auf die uferlos anmutende Debatte über eine angemessene Bestimmung des Religionsbegriffs überhaupt einzulassen. Auch kann die im letzten Jahrhundert heftig ausgefochtene Kontroverse um die prinzipielle Legitimität einer theologischen Inanspruchnahme dieses Begriffs vernachlässigt werden. Denn dass auch der christliche Glaube in der empirischen Wirklichkeit unweigerlich die Züge einer – mit anderen vergleichbaren – Religion annimmt, ist nie bestritten worden, sondern nur die Frage, ob das seinem eigentlichen Wesen entspricht oder nicht. Hier genügt es zu konstatieren, dass sich bis auf die biblische Tradition zurück der christliche wie auch der jüdische Glaube als religiöses Phänomen manifestiert, und zwar sowohl in individueller als auch in kollektiver Hinsicht. Das reicht bis dahin, dass beide Religionen – Judentum sowie Christentum – in ihren Vorstellungen

und Bildern, Festen und Riten nicht Weniges von den Religionen ihrer Umwelt übernommen haben und übernehmen, solange sie in einem religiös anders geprägten Kontext sich zu inkulturieren versuchen.

Zugleich ist aber auch festzustellen, dass das Religiöse gerade in der biblischen Tradition immerzu eine eigenartige Brechung erfährt, und zwar auf zweifache Weise: Es
wird einer geradezu schonungslosen Kritik unterzogen, wenn es in einer Weise in Anspruch genommen und praktiziert wird, auf die das, wozu es da ist, verfehlt und ver-
fälscht wird, wenn also beispielsweise gottesdienstliche Rituale zelebriert werden, mit
diesen aber nicht Gott die Ehre gegeben wird, sondern ganz andere Interessen verfolgt
werden. Überdies insistiert die Bibel auf eine untrennbare Verbindung von religiösem
und sozialem Verhalten. Insbesondere durch die ständig neu zu vergegenwärtigende
Erinnerung des Exodusereignisses wird festgehalten, dass der Gott, der sich als der
Gott Israels offenbart hat, ein Gott ist, der sein Volk aus dem Joch der Knechtschaft in
die Befreiung geführt hat. Dienst an Gott und Dienst an der Gerechtigkeit bilden von
daher für den jüdischen Glauben gewissermaßen die zwei Seiten ein und derselben
Medaille. Diese unabdingbare Einheit von Gottes- und Menschenliebe hat für den
christlichen Glauben durch Jesus von Nazaret seine nachhaltige Bekräftigung erfahren.

Insofern reicht das Praxisfeld der praktischen Theologie weiter und ist es umfassender, als was gemeinhin mit religiöser Praxis assoziiert wird. Deswegen wird hier „Kommunikation des Evangeliums" als programmatischer Leitbegriff von praktischer Theologie bevorzugt. „Evangelium" beinhaltet in der Version, wie das Wort hier gebraucht
wird, die Einheit von Religiösem und Sozialem, umfasst – wie es D. Bonhoeffer treffend formuliert hat, beides zugleich, das „Beten" und das „Tun des Gerechten unter
den Menschen" (vgl. 434, 328).

Um es nochmals zu betonen: Die Bedenken gegen die Rede von der „gelebten Religion" richten sich keineswegs gegen das Bemühen der praktischen Theologie, so umfassend und so differenziert wie möglich die heutigen Erscheinungsformen des Religiösen aufzuspüren und kennen zu lernen; im Gegenteil, dieses ist eine ihrer grundlegenden Aufgaben. Die Vorbehalte setzen nur dort ein, wo die Gefahr droht, dass der
religiöse Bereich apart gesetzt und alles andere ausgeblendet wird. Es reicht – genau
darauf wird hier insistiert – nicht aus, Anschluss zu gewinnen an alle möglichen Formen der im Alltag gelebten und ihn irgendwie transzendierenden Religion oder Sinn-
findung. Unverzichtbar ist es, sich auch der Religionskritik zu stellen und Unterschei-
dungen vorzunehmen. Kann Religion doch bekanntermaßen zur Entfremdung der
Menschen von sich selbst und der Wirklichkeit beitragen und damit den jeweils herrschenden Kräften dienen oder tiefster Beweggrund solidarisch gelebter Freiheit sein.
Von dieser Ambivalenz ist keine Religion ausgeschlossen. Bei aller Wertschätzung „gelebter Religion" hat die praktische Theologie darum eine Kriteriologie für religiöse
Phänomene auszuarbeiten, die es ihr erlaubt, Menschwerdung behindernde und sie
fördernde Religion voneinander zu unterscheiden. Bei einer bloß affirmativ bleiben-
den Bezugnahme auf aktuelle religiöse Phänomene und Tendenzen liefe sie zudem
Gefahr, einfach dem Individualisierungstrend auch im Bereich des Religiösen zu fol-

gen. Aus dem Blick geriete dabei leicht jener Bereich vielleicht nicht als religiös zu
identifizierender, aber zweifelsohne als christlich zu bestimmender sozialer und gesell-
schaftskritischer Praxis, in der sich entsprechend motivierte einzelne und Gruppen
solidarisch für einen gerechteren, versöhnteren und verträglicheren Umgang der Menschen untereinander, mit sich selbst und mit der Natur einsetzen, wie es der Verheißung der Reich-Gottes-Botschaft entspricht.

1.1.6 „Pastoral" im Verständnis des Zweiten Vatikanischen Konzils

In kaum zu überbietender Weise kann man das, was mit „Kommunikation des Evangeliums" gemeint ist, in dem programmatischen Einleitungssatz der Pastoralkonstitution des Zweiten Vatikanischen Konzils ausgedrückt finden: „Freude und Hoffnung,
Trauer und Angst der Menschen von heute, besonders der Armen und Bedrängten
aller Art, sind auch Freude und Hoffnung, Trauer und Angst der Jünger (sc. und Jünge-
rinnen) Christi" (GS 1).[9] Damit bekundet das Konzil, wie es die Überschrift zu diesem
einleitenden Teil der Konstitution ausdrückt, „die engste Verbundenheit der Kirche
mit der ganzen Menschheitsfamilie"; die Kirche ist in diese eingefügt und nimmt teil an
ihrer Geschichte. Sie ist nicht auf einem anderen Stern angesiedelt, von dem her sie
mehr oder weniger teilnahmevoll die auf dem Erdball ablaufenden Ereignisse verfolgen und gelegentlich versuchen würde, regulierend in sie einzugreifen. Sondern sie
steckt mitten in ihnen drin, ist nicht zuletzt auch an negativen Entwicklungen mitbetei-
ligt. Und ihr geht es um nichts anderes als um die „Verwirklichung des Heils der ganzen Menschheit", indem sie „das Geheimnis der Liebe Gottes zu den Menschen zugleich offenbart und verwirklicht" (GS 45).
      Jenseits einer vormals nicht selten an den Tag gelegten Besserwisserei und daraus
abgeleiteten Vormundschaftsansprüchen gesteht das Konzil freimütig ein, dass auch
die Kirche über keine fertigen Antworten für alle heutigen Fragen, die die Menschen
bewegen, verfüge (GS 33), und gibt darüber hinaus zu verstehen, dass sie ihrerseits von
der „Welt" noch und angesichts der rasanten Entwicklung immer neu Manches zu lernen habe (GS 44). Das Konzil erteilt jeglichem „irdischen Machtwillen" der Kirche
eine Absage (GS 3) und erklärt sich bereit, auf überkommene Privilegien in der Gesellschaft zu verzichten (GS 76). Was es einzig und allein will, ist, „allen Menschen unserer Zeit [zu] helfen, ob sie an Gott glauben oder ihn nicht ausdrücklich anerkennen,
klarer ihre Berufung unter jeder Hinsicht zu erkennen, die Welt mehr entsprechend
der hohen Würde des Menschen zu gestalten, eine weltweite und tiefer begründete
Brüderlichkeit (sc. und Schwesterlichkeit) zu erstreben und aus dem Antrieb der Liebe
in hochherzigem, gemeinsamem Bemühen den dringenden Erfordernissen unserer
Zeit gerecht zu werden" (GS 91).
      So zu handeln – „zu retten, nicht zu richten; zu dienen, nicht sich bedienen zu las-
sen" (GS 3) –, drängt sich der Kirche und ihren Gläubigen aus ihrer in Gottes Schöp-
fungsbund und Erlösungstat gestifteten Verbundenheit mit der ganzen Menschheit
heraus gleichsam zwangsläufig auf. Wie der in Jesus von Nazareth Mensch gewordene

Gott das Schicksal der Menschen seiner Zeit – und darüber hinaus – geteilt hat, so teilen es ihrerseits Menschen, die in seine Nachfolge gehen, Freude ebenso wie Trauer, Hoffnung ebenso wie Angst. Eine kriteriologische Funktion kommt dabei den Armen und Bedrängten zu; ihr Wohlergehen ist entscheidend für das Wohlergehen aller anderen – eine klare Absage an jene neoliberalistischen und sozialdarwinistischen Vorstellungsmuster, wie sie seit einiger Zeit immer unverhohlener propagiert und praktiziert werden.

Ein wesentlicher Anstoß zu einem solchen Verständnis von „pastoral" geht auf den das Konzil inauguriert habenden Papst Johannes XXIII. zurück: Den Sinn und den Auftrag dieses Konzils sah er darin, nicht länger vorrangig um die Bewahrung einer als „an sich" und absolut gültig, d. h. von jeder Bezogenheit gelöst betrachteten wahren Lehre besorgt zu sein und dabei die Menschen, der die Lehre eigentlich zu gelten hat, zu vernachlässigen. Eine Kirche, die sich so von den Menschen entfremdet habe, so betonte er selbstkritisch, dürfe sich nicht wundern, wenn sich die Menschen ihrerseits von der Kirche entfremden würden. Es müsse darum alles getan werden – und darum war es Johannes XXIII. zu tun –, dass sie zu ihrer in der Offenbarung, die um der Menschen willen und nicht „an sich" erfolgt sei, grundgelegten Sendung zurückfinde. Das Konzil sollte einen wesentlichen Impuls dazu setzen, indem es dem „vorrangig pastoralen Charakter" des Lehramtes konsequent Rechnung trug.

Pastoral – so muss der Deutlichkeit halber ausdrücklich vermerkt werden – bekommt hier eine völlig andere Bedeutung, als sie damals und teilweise immer noch innerkirchlich gängig war; stand dieser Begriff doch für alles das, was mit der Umsetzung und Anwendung der „rechten Lehre" (Orthodoxie) zu tun hatte. Es gab somit ein klares hierarchisches Gefälle: Die kirchliche Doktrin hat den höchsten und unangreifbaren Rang inne; aus ihr wird folglich alles andere – das „Disziplinäre" – abgeleitet. „Pastoral" im Sinne von Johannes XXIII. meint nicht einfach eine Umkehrung dieser Rangordnung, so als solle das Disziplinäre dem Doktrinären vorgegeben werden. Sondern pastoral zu sein, d. h. dort zu sein und zu wirken, wo Gott ist und wirkt, nämlich wo die Menschen sind und für sie da zu sein, und so Gott die Ehre zu geben, macht das Wesen der Kirche insgesamt aus – also nicht nur ihre praktische, sondern auch und gerade ihre lehrhafte Seite. Genau dieses beinhaltet der programmatische Aufruf Johannes XXIII. zu einem „aggiornamento" der Kirche, womit er auf alles andere als ihre „Anpassung an den Zeitgeist" zielte, wie ihm manche vorwarfen, sondern auf eine Kirche, die es versteht, den Glauben jeweils für die Menschen von heute als das, was er ist, also als heilend und befreiend erfahrbar werden zu lassen.

Für E. Klinger markiert dies nicht weniger als einen „Wendepunkt in der Kirche" mit entsprechenden tief greifenden und nachhaltigen Konsequenzen: „Sie stellt die Tradition vom Kopf auf die Füße; diese war bis dahin selbst eine Quelle der Offenbarung. Man konnte von ihr her alles, was nicht zu ihr gehört, bewerten. Nun aber heißt es: Die Kirche vermag dem eigenen Glauben und seiner Tradition nicht beredter Ausdruck zu geben, als wenn sie ihn von den Menschen her versteht, an die sie sich wendet, ihre Würde achtet, ihre Rechte anerkennt, Dialog mit ihnen führt; denn ihr Ziel ist die Rettung der menschlichen Person. Es geht ihr um den rechten Aufbau der

Gesellschaft. Der Mensch, der eine und ganze Mensch steht im Zentrum ihres Auftrags. Sie kann ihn nicht erfüllen, wenn sie ihn nicht vom Andern her versteht. Dieser
Perspektivenwechsel ... hat grundlegenden Charakter. Man kann seine Bedeutung
nicht hoch genug einschätzen ... Die Pastoralkonstitution ist eine Methode des
Wandels der Kirche von einer Kirche überhaupt zu einer Kirche der heutigen Welt"
(451, 77 f.).

1.1.7 Kirche – nicht nur Religionsgemeinschaft, sondern „Pastoralgemeinschaft"

Wenn der zitierte Einleitungssatz der Pastoralkonstitution Wesentliches über das
Christ-Sein aussagt, dann gilt dies auch für die Kirche. Negativ formuliert besagt er:
Wer sich nicht mit den Menschen um sich herum – nah und fern – freut und mit ihnen
hofft, wer nicht mit ihnen trauert und sich mit ihnen ängstigt, der mag sich zwar für
fromm und tugendhaft halten und mag dies auch sein; er oder sie kann allerdings nicht
für sich in Anspruch nehmen, Jünger oder Jüngerin Christi zu sein. Und eine Gemeinschaft von so eingestellten Menschen mag sich selbst durchaus als eine religiöse Gemeinschaft verstehen; sie ist aber keine, die in der Nachfolge Jesu Christi steht.
    In diesem Zusammenhang erweist sich die von H.-J. Sander getroffene Unterschei-
dung zwischen „Religionsgemeinschaft" und „Pastoralgemeinschaft" als weiterführend. „Kirche", so erläutert er, „ist dieses beides, eines ist die Kirche in ihrer göttlichen
Realität, aber das andere ist sie in ihrer geschichtlichen Wirklichkeit. Die Kirche steht
für eine Religion, das Christentum, und sie wird von einer Pastoral konstituiert, dem
Tun des Evangeliums. Sie hat allen Menschen Heil zu bieten und sie muss dafür wider
das Unheil auftreten, das alle bedroht" (485, 15). Folgt man der Konzilsterminologie
mit seiner Unterscheidung der Sichtweise von Kirche „ad intra" (nach innen) und „ad
extra" (nach außen), so entspricht nach Sander die Religionsgemeinschaft der Innen-
sicht von Kirche und die Pastoralgemeinschaft ihrer Außensicht. Ohne deswegen aufhören zu müssen bzw. zu können, religiös zu sein, so argumentiert Sander weiter, ist
vom Evangelium her eindeutig dem Pastoralen gegenüber dem Religiösen eine Prio-
rität einzuräumen. „In dieser Weise", so führt er aus, „ist die eigene Pastoralgemeinschaft der Kirche vorgegeben, und zwar von zwei Mächten, über die die Kirche nicht
verfügen kann, die aber ihrerseits über sie verfügen: Gott und die Situation der Menschen von heute. Für beide hat sie da zu sein ... In der Pastoral kann sie sich weder die
Menschen aussuchen, mit denen sie in Kontakt treten will, weil sie alle von Gott berufen sind, Menschen zu werden und nicht einfach Unmenschen zu sein. Entsprechend
kann diese Pastoralgemeinschaft nicht den Themen ausweichen, mit denen die humane
oder inhumane Lage der jeweiligen heutigen Zeit zu bestimmen ist. Vor Gott und den
Menschen ist die Kirche nicht das Subjekt ihrer selbst. Sie ist dem unterworfen, was
Gott ist und was die Lage der Menschen ist. Das ist ihre pastorale Konstitution, und
daraus baut sich die Pastoralgemeinschaft der Kirche auf" (ebd.).[10]
    In diesem Sinne schärft es die Pastoralkonstitution als wesentliche Aufgabe ein:
„Zur Erfüllung dieses ihres Auftrags obliegt der Kirche allzeit die Pflicht, nach den

Zeichen der Zeit zu forschen und sie im Licht des Evangeliums zu deuten" (GS 4). Für eine Kirche und eine Theologie, die ihre besondere Dignität darin sehen, dass sie sich mit den höchsten, nämlich den ewigen Wahrheiten beschäftigen, wäre es ein Unding und käme es einer unehrenhaften Degradierung gleich, sollten sie sich um Dinge des alltäglichen Lebens kümmern und sich damit auf Vorläufiges und Kontingentes einlassen. Genau das mutet jedoch nach der Pastoralkonstitution das Evangelium der Kirche zu: Eine Kirche, die nah bei den Menschen und unter ihnen sein willen, muss – um es metaphorisch auszudrücken – „den Puls der Zeit" erfühlen; sie muss erschnuppern, was „in der Luft liegt". Ein wegweisendes Beispiel dafür hatte Johannes XXIII. in seiner Enzyklika „Pacem in Terris" (1963) gegeben; aus der Vielfalt der die damalige Zeit bewegenden Phänomene charakterisiert er die folgenden ausdrücklich als „Zeichen der Zeit", also als etwas, was vom Glauben her als Hinweis Gottes gedeutet werden kann, dass das, was sich hier ereignet, in besonderer Weise mit seinem Willen in Verbindung steht: das Ringen der Arbeiterschaft um ihren wirtschaftlichen und sozialen Aufstieg, die Emanzipationsbewegung der Frauen, den Selbstbestimmungswillen der Kolonialvölker, die Forderung nach institutionell-juristischer Verankerung und Wahrung der Menschenrechte sowie die Entlarvung des Rüstungswahnsinns (vgl. PT 40–44. 126–129). Die Pastoralkonstitution knüpft daran an und führt ergänzend folgende „Zeichen der Zeit" an: die Menschenrechtsbewegung, die Einswerdung der Welt infolge wirtschaftlicher Verflechtungen und kommunikationstechnologischer Vernetzungen sowie die naturwissenschaftlich-technische Revolution (vgl. GS 9f. 26f. 36. 42 u. ö.).

Für die Kirche heißt das, dass sie sich von ihrem Auftrag her vorrangig genau in diesen Bereichen zu engagieren und mit den dort sich einsetzenden Protagonisten zu solidarisieren hat. Dass das nicht nach Art einer plumpen Anbiederung geschehen kann, versteht sich von selbst; selbstkritisch muss die Kirche vielmehr eingestehen, dass sie die „Zeichen der Zeit" nicht beachtet hat, weil sie viel zu sehr mit sich selbst beschäftigt war. Von daher hat sie allen Grund, erst einmal von den anderen zu lernen und ein Gespür für das Wirken des Heiligen Geistes auch außerhalb ihrer eigenen Reihen zu entwickeln. Ausdrücklich zeigt sich das Konzil für solche Begegnungen, die ihr „von außen" dazu verhelfen, ihre Wahrheit und ihre Sendung besser zu verstehen und auf eigene Versäumnisse und Fehler aufmerksam zu werden, dankbar (vgl. GS 43f.).

Was die Kirche „nach außen" praktiziert, kann für sie „nach innen" hin nicht ohne Rückwirkungen bleiben. Mehr noch: Letztlich lässt sich eine solche Aufteilung – nach innen und nach außen – gar nicht aufrechterhalten. Denn Kirche ist wesentlich das, was ihre Berufung ausmacht, nämlich den Menschen die sie frei machende Botschaft von der Liebe Gottes zu ihnen nahe zu bringen. Das muss sich bis in ihre interne Verfasstheit hinein niederschlagen; sie ist zu nichts anderem da, als der Kirche zur Erfüllung ihrer Berufung zu verhelfen, und muss, um dies glaubwürdig tun zu können, sich selbst nach den Prinzipien gestalten, die sie „nach außen hin" verkündigt. Ausdrücklich fordert die Pastoralkonstitution dieses in ihrem Schlusswort ein, das als bleibendes Vermächtnis des Konzils an die Kirche gelesen werden darf: „Die Kirche wird kraft ihrer Sendung, die ganze Welt mit der Botschaft des Evangeliums zu erleuchten und alle Menschen aller Nationen, Rassen und Kulturen in einem Geist zu vereinigen, zum

Zeichen jener Brüderlichkeit, die einen aufrichtigen Dialog ermöglicht und gedeihen lässt. Das aber verlangt von uns, dass wir vor allem in der Kirche selbst, bei Anerkennung aller rechtmäßigen Verschiedenheit, gegenseitige Hochachtung, Ehrfurcht und Eintracht pflegen, um ein immer fruchtbareres Gespräch zwischen allen in Gang zu bringen, die das eine Volk Gottes bilden, Geistliche und Laien. Stärker ist, was die Gläubigen eint als was sie trennt. Es gelte im Notwendigen Einheit, im Zweifel Freiheit, in allem die Liebe" (GS 92).

1.2 Zur Methodologie und Methode der Praktischen Theologie

1.2.1 Praktische Theologie nach der „hermeneutischen Wende"

Sofern ihnen bescheinigt werden kann, dass sie zeitgemäß sind, ist gemeinsames Charakteristikum aller praktisch-theologischen Ansätze, dass sie theologiegeschichtlich betrachtet hinter jener Zäsur anzusiedeln sind, die hier als „hermeneutische Wende" bezeichnet werden soll.[11] Das mag mittlerweile so selbstverständlich sein, dass es für überflüssig angesehen werden könnte, es eigens zu erwähnen. Dennoch ist es – wie zum Schluss dieses Abschnitts anhand eines Vorgangs innerhalb der katholischen Kirche in Lateinamerika aufgezeigt werden soll – eine Fehleinschätzung, wenn in dieser Hinsicht bereits ein allgemeiner Konsens unterstellt wird. Im Gegenteil, die Position einer vor-hermeneutischen Theologie findet kircheninternal (vor allem im katholischen Raum) immer noch beträchtliche Resonanz. Darüber hinaus ist der Einfluss, den immer noch, wenn nicht gar vermehrt fundamentalistische Strömungen ausüben, kaum zu unterschätzen.

Die Unerbittlichkeit, mit der sich die verschiedenen Positionen teilweise gegenseitig befehden, hängt mit der Unversöhnlichkeit der von ihnen vertretenen Theologiekonzepte zusammen:

– Auf der einen Seite – um es um der deutlicheren Pointierung willen auf zwei Positionen hin zuzuspitzen – wird Theologie verstanden als die direkte Auslegung der von Gott offenbarten Wahrheit, die die Menschen in ihrem Denken und Tun zu befolgen haben. Im Grunde genommen steht für diese Sichtweise alles, was als wahr zu gelten hat, fest und ist sogar bei gutem Willen für die menschliche Vernunft nachvollziehbar. Es kommt nur noch darauf an, für die Praxis die entsprechenden Konsequenzen zu ziehen. Was praktisch zu geschehen hat, ist in der Theorie vorgegeben und muss folglich aus ihr abgeleitet zu werden.

– Von der anderen Seite wird dieses Konzept völlig in Frage gestellt und abgelehnt, weil es Voraussetzungen mache, die zwar als gültig behauptet würden, allerdings ohne dies hinreichend als plausibel erweisen zu können. Als entscheidende Einsicht wird die Tatsache geltend gemacht, dass die Menschen geschichtliche Wesen sind und dass das auch Auswirkungen auf ihre Möglichkeiten hat, die Wirklichkeit zu erfassen und zu gestalten. Es ist darum ein Irrtum anzunehmen, dass es gewissermaßen ein Reich von absoluten, d.h. zeit- und kontextlos gültigen Wahrheiten gibt, die dem Menschen mithilfe von Vernunft und Offenbarung zugänglich sind und nach denen in möglichst optimaler Entsprechung die konkrete Wirklichkeit zu gestalten ist. Dies ist vielmehr von einem komplexen Bedingungsgefüge abhängig, das zudem noch von Fall zu Fall variiert; entsprechend vielfältig fallen die Wirklichkeitserfassungen und -gestaltungen aus, und zwar diachron ebenso wie synchron. Es kommt deshalb darauf an, um etwa einen bestimmten Fall nachvollziehen zu können, ihn so gut wie möglich in Zusammenhang mit dem für ihn maßgeblichen Bedingungsgefüge zu bringen – was vollständig zu erfassen, im sozialen Bereich nie so exakt gelingt und gelingen kann wie etwa bei naturwissenschaftlichen Experimenten; mehr als über ein annäherungsweise zutreffendes Interpretieren und Verstehen sowie ein Mit-anderen-darüber-sich-Verständigen kommt man dort nicht hinaus.

Ausgehend von den geschichtlich orientierten Disziplinen wie biblische Exegese und Kirchengeschichte hat dieses hermeneutische Bewusstsein nach und nach die gesamte Theologie durchdrungen. Außer den wissenschaftlich bedeutsamen Einsichten, die etwa in den Bibelwissenschaften mithilfe der historisch-kritischen Methode erzielt wurden und werden, hat sicherlich zu dieser Entwicklung beigetragen, dass die Theologie immer stärker mit der grundsätzlichen Frage konfrontiert wurde und wird, wie den heute lebenden und in der Regel mit den sich durchgesetzt habenden Rationalitätsstandards vertrauten und von ihnen geprägten Menschen überhaupt eine Dimension der Wirklichkeit plausibel gemacht und erschlossen werden kann, die zunächst einmal als mit den herrschend gewordenen Standards nicht oder nur schwerlich vereinbar empfunden wird. So etwas einfach als zu Glaubendes vorgeben zu wollen, wird von den Zeitgenossen nicht akzeptiert. Sowohl dass eine Person glaubt als auch was sie glaubt, muss darum zumindest als plausibel und besser noch als lebensbedeutsam nachvollzogen werden können. Von daher ist von der Theologie ein doppelter Erschließungsprozess zu leisten: zum einen eine für die heutigen Verstehensbedingungen nachvollziehbare und zugleich mit ihrer ursprünglichen Intention vereinbare Interpretation der überkommenen Glaubensinhalte und zum anderen eine Erschließung und Vergewisserung der existenziellen ebenso wie der gesamten soziohistorischen Bedingungen, wie es überhaupt dazu kommt und was es bedeutet, dass Menschen sich selbst, andere, die Wirklichkeit und – in all dem und darüber hinaus – Gott verstehen und sich mit anderen darüber verständigen.

Für die praktische Theologie hatte dieser Einzug des hermeneutischen Bewusstseins einen ganz speziellen Effekt. Wurde sie doch bis dahin auch seit und trotz ihrer Etablierung als Universitätsdisziplin von den anderen theologischen Disziplinen eher geringschätzig behandelt – als mehr oder weniger sinnvolles „Anhängsel" zu der von ihnen betriebenen eigentlichen wissenschaftlichen Theologie, das den angehenden Priestern bzw. Pfarrern kurz vor Abschluss ihres Studiums einige „Rezepte" an die Hand geben sollte, wie sie ihr erworbenes theoretische Wissen demnächst in die Praxis hinein umsetzen können. Als Fach, das sich mit der als bloßer Anwendungsfall der Theorie eingeschätzten Praxis zu befassen hatte, war es für die praktische Theologie prinzipiell ausgeschlossen, von den anderen Disziplinen als ebenbürtig angesehen zu werden.

Dieses einlinige Theorie-Praxis-Gefälle erscheint einem hermeneutisch gebildeten Bewusstsein allzu kurzschlüssig; es geht davon aus, dass neben der Theorie der Praxis eine eigene Dignität zukommt, die theoretisch nie völlig einholbar und erst recht nicht ableitbar ist. Das gilt auch und gerade für die theologische Reflexion; ist doch der Glaube keine Theorie, sondern allererst eine ihr voraus liegende Praxis, die theoretisch zu reflektieren durchaus Sinn macht, weil sie ohne eine solche kritische und konstruktive Sehhilfe leicht „betriebsblind" werden kann. Aber die Theologie bildet mit Blick auf den Glaubensvollzug grundsätzlich den zweiten Akt und hat einen entsprechenden nach-geordneten Stellenwert. Daran die anderen theologischen Disziplinen gegebenenfalls zu erinnern und vor allem neben der historischen Praxis auch die gegenwärtige Praxis verstärkt in die Theologie hineinzuholen, ist eine Aufgabe, die wahrzunehmen die praktische Theologie in besonderer Weise für sich beanspruchen darf, die sie sich dann aber auch konsequent angelegen sein zu lassen hat.

Je nach dem, was dabei als Praxis in den Blick genommen wird, kommt es innerhalb der praktischen Theologie zu stärker existenziellen oder kulturellen oder politischen Ausrichtungen. Mit ausdrücklicher Einbeziehung der Gender-Perspektive kann beispielsweise bewusster werden bzw. ist es mittlerweile geworden, dass Frauen etwa die Bibel anders lesen als die Männer und dass sie daraus auch innovative Gestaltungsformen für ihre Praxis finden, die unter der Dominanz von Männern nicht haben zur Geltung kommen können (vgl. 32, 65). Ähnlich gilt es sich anderer Unterschiede in ihren Implikationen und Konsequenzen für die praktisch-theologische Reflexion bewusst zu werden, wie z. B. Klerus – Laie, alt – jung, arm – reich, schwarz – weiß, behindert – nicht behindert; spielt sich doch die „Kommunikation des Evangeliums" nicht oberhalb von solchen Unterschieden ab, sondern findet sie gerade im Umgang mit ihnen ihre besondere Bewährungsprobe.

Wie zu Beginn dieses Abschnitts angekündigt, soll anhand eines Beispiels dokumentiert werden, wie sehr immer noch ein vor-hermeneutisches Bewusstsein innerhalb der katholischen Kirche verbreitet und mit welchen Auswirkungen dieses verbunden ist[12]: Sicherlich angeregt durch die erwähnte Pastoralkonstitution des letzten Konzils, aber in radikaler Weiterführung ihrer Intentionen hat sich in breiten Teilen der katholischen Kirche in Lateinamerika und auf der Karibik enorm schnell ein sozial und politisch ausgerichtetes hermeneutisches Bewusstsein ausgebildet, das bis in die Verfassung offizieller kirchlicher Dokumente hinein[13] seinen deutlichen Niederschlag fand: Die theologische und pastorale Reflexion nimmt ihren Ausgangspunkt bei der vorfindlichen gesellschaftlichen Realität; die darin angetroffenen und das alltägliche Leben prägenden Phänomene und Tendenzen, wie auf diesem Kontinent insbesondere Armut und Hunger und die immer breitere Ausmaße annehmende Verelendung, werden beschrieben und analysiert, werden in ihren Zusammenhängen und Hintergründen erforscht und ihre Ursachen werden ergründet. Dann wird diese gesellschaftliche Realität mit den in ihr ansichtig gewordenen „Zeichen der Zeit" im Lichte des Evangeliums zu deuten versucht, um so zu Optionen zu gelangen, aus denen schließlich Handlungsperspektiven unterschiedlicher Reichweiten – von lang- bis kurzfristig – zu entwickeln versucht werden. Der Prozess geht also von der Praxis aus, führt zu einer theoretischen Reflexion dieser Praxis und leitet schließlich wieder zu dieser über – und dieses Ganze im Sinne einer andauernden und gewissermaßen spiralförmig verlaufenden Weiterentwicklung.

An die Stelle dieser konsequent induktiv vorgehenden Arbeitsweise, die Glauben als einen Prozess versteht, der von dem Kontext, in dem er sich vollzieht, entscheidend mitgeprägt wird, versuchen seit einiger Zeit seine – teilweise kirchenintern sehr einflussreichen – Kritiker wieder das traditionelle Schema zu setzen, das an den Anfang eine kontextlos gefasste allgemeine theologische Aussage stellt, dann die sich aktuell stellenden Herausforderungen benennt und schließlich sich mehr oder weniger damit in Zusammenhang stehende pastorale Leitlinien benennt – ein Schema, das also klar deduktiv vorgeht und insgesamt statisch angelegt ist: Im Grunde weiß man aufgrund der theologischen Prinzipien eigentlich immer schon, was zu tun ist; der konkreten Realität kommt eine beiläufige Rolle zu – im Sinne von Rahmenbedingungen, auf die bei der praktischen Befolgung der Prinzipien Rücksicht zu nehmen ist.[14]

Dieser Vorgang ist deswegen so bedeutsam, weil es hier nicht bloß um eine Veränderung einer Arbeitsweise oder Methode handelt. Vielmehr geht es um einen Paradigmenwechsel, d. h. eine grundlegende Veränderung des Zugangs zur und der Erfassung von Wirklichkeit mit erheblichen praktischen Folgen. Macht es doch einen erheblichen Unterschied, ob sich die Kirche als inmitten der Menschheitsgeschichte mitsamt deren ganzen Widersprüchlichkeiten angesiedelt und darin verwickelt begreift oder ob sie für sich in Anspruch nimmt, damit gar nichts zu tun zu haben, weil sie auf eine Wahrheit bezogen ist, die durch kontingente Sachverhalte und Ereignisse nicht tangiert wird.

1.2.2 Wissenschaftstheoretische Konzepte im Widerstreit

Wie vermerkt, firmiert unter dem hier gewählten Sammelbegriff „hermeneutische Wende" eine Fülle von praktisch-theologischen Konzeptionen, die sich selbst teilweise nur mit Vorbehalt als „hermeneutisch" etikettieren würden, weil sie sich an andere wissenschaftstheoretische Traditionen anbinden. Teilweise begegnet auch eine „Mixtur" aus verschiedenen Methodologien. Einige wichtige neuere Ansätze seien überblicksartig im Folgenden vorgestellt.

– Ein inzwischen in einer beachtlichen Reihe von Forschungsarbeiten sich als bewährt ausweisender Ansatz ist unter der programmatischen Bezeichnung „empirische Theologie" seit Beginn der siebziger Jahre des vergangenen Jahrhunderts auf den Weg gebracht worden.[15] Von ihrem Selbstverständnis her lässt sich allerdings die „empirische Theologie" nicht als eine spezifische Disziplin in den theologischen Fächerkanon einordnen. Sondern sie bildet einen methodischen Ansatz des Theologie-Treibens insgesamt, neben den eingebürgerten literarischen, historischen und systematischen Methodiken. Ihr spezifisches erkenntnisleitendes Interesse richtet sich nicht auf historische Dokumente, sondern auf „living documents" (S. Hiltner), auf die in den Köpfen und Herzen der Menschen von heute vorkommende, ihre Einstellung prägende und in ihrem Verhalten sich ausdrückende „Theologie". Bewusst wird von Theologie in Anführungszeichen gesprochen. Denn es handelt sich hierbei nicht um so fest umrissene theologische Denkgebäude, wie man es üblicherweise mit diesem Begriff verbindet. Auch geht es nicht bloß darum, bei den Leuten herauszufinden, was sie von dem, was ihnen – etwa in Predigt, Unterricht etc. – vermittelt worden ist, zu reproduzieren wissen. Das kann zwar auch ein Forschungsanliegen sein, etwa wenn es um die Frage einer möglichen Verbesserung im Bereich der Glaubensvermittlung – konkret also etwa von Predigten oder Katechesen – geht. Aber im Vordergrund des Anliegens empirischer Theologie steht die originäre Theologieproduktion der Leute, die nicht so sehr reflex und logisch erfolgt, sondern sich in einer bestimmten Weise des Umgangs mit für ihr Leben relevanten Erfahrungen dokumentiert sie, klarer zu erfassen und kennen zu lernen. Diese so gewonnene „empirische Theologie", festgemacht an der Volks- bzw. Alltagsreligiosität bzw. ihren „Säkularisaten", kann und möchte eine Ergänzung und gegebenenfalls ein kritisches Korrektiv zu den anderen (also historischen und/oder systematischen) theologischen Paradigmen bilden. Das soll nicht heißen, dass nunmehr das Faktische zur normativen Instanz erhoben wird. Vielmehr geht es darum, die empirisch gewonnenen Befunde in einen kritisch-konstruktiven Dialog mit Einsichten aus den übrigen theologischen Disziplinen zu bringen mit dem Ziel, bewährte Orientierungshilfen für die Wahrnehmung und – möglicherweise zu verändernde – Gestaltung der Praxis an die Hand zu geben. Für ihre Forschungszwecke bedient sich die empirische Theologie einer differenziert ausgearbeiteten Methodologie, gemäß der innerhalb eines hermeneutischen Gesamtrahmens sowohl quantitative als auch qualitative Methoden der empirischen Sozialforschung zur Anwendung kommen. Leitend ist ein Verständnis von Praxis als kommunikativer Praxis, das die Selbstverständigung der an der Praxis Beteiligten zum maßgeblichen Kriterium erhebt; ausgeschlossen ist damit jeglicher Versuch, über ihre Köpfe hinweg oder gar hinter deren Rücken Maßnahmen vorzunehmen, die der vermeintlichen Effektivierung der Praxis dienen sollen, im Grunde aber deren technizistische Reduktion betreiben. Jede Art von Empirismus fällt darum unter das eindeutige Verdikt der empirischen Theologie.

– Bei der Erörterung des Programmbegriffs „gelebte Religion" ist darauf hingewiesen worden, dass mit ihm sich unterschiedlich akzentuierte praktisch-theologische Ansätze verbinden. Zwei seien näher vorgestellt: der religionshermeneutische und der phänomenologische Ansatz. Zunächst zur „Religionshermeneutik"[16]: Mit diesem Ansatz wird auf den Befund zu reagieren versucht, dass auf der einen Seite Menschen nach Sinn suchen, angesichts der Unübersichtlichkeit eines Lebens unter den heutigen Bedingungen vielleicht sogar mehr als je zuvor, und dass auf der anderen Seite jedoch die Institutionen, von denen zu erwarten wäre, dass sie den Menschen dazu Hilfestellungen geben, die Kirchen nämlich, in dieser Hinsicht mehr oder weniger versagen; sie kommen bei vielen Zeitgenossen mit ihrer für sie im Grunde höchst aktuellen und elementaren Botschaft von dem unbedingten Angenommen- und Bejahtsein jedes Menschen nicht mehr an. „Entweder", so hält W. Gräb ihnen vor, „begnügen sie sich mit der Kundgabe trivialmoralischer Grundsätze oder sie versteifen sich auf ihren überkommenen Wahrheitsabsolutismus. Zu zaghaft jedenfalls fällt bislang ihre Umstellung aus auf die konkreten Lebenslagen der Menschen und die Plausibilitätshorizonte gegenwärtigen Bewußtseins" (44, 17). Die mit der Orientierung kirchlichen Handelns in spezifischer Weise befasste praktische Theologie, so postuliert er, muss es sich darum angelegen sein lassen, die Kirche wieder stärker „religionsfähig" werden zu lassen, und zwar indem sie nahe bei dem Fragen und Suchen der heutigen Menschen ist und ihre Heil verheißende Botschaft konkret daraufhin zu entschlüsseln vermag. Dazu soll ihr das Konzept der „Religionshermeneutik" verhelfen: „Als Hermeneutik der gelebten Religion sucht die praktische Theologie deren kulturelle Ausdrucksgestalten zu verstehen, in ihren Motiven, in der Artikulation ihrer symbolischen Gehalte und rituellen Praktiken, immer am Leitfaden der kritischen Frage nach der lebensorientierenden Evidenz, die sie für die Menschen, ihre Welt und deren Gestaltung erfüllen können" (ebd., 44). Gräb weist somit der Kirche als wesentliche Aufgabe zu, „Sinnvermittlung" zu leisten. Dabei setzt er ein bestimmtes Verständnis von Sinn und dessen Beziehung zu Religion voraus: Sinnkonstitution erfolgt demnach in einem Prozess gewissermaßen zwischen zwei Polen, dessen einen das Subjekt bildet, das über die in Fragmenten zerstückelte Abfolge alltäglichen Verhaltens und Handelns nach umfassenderen Zusammenhängen und Beziehungen fragt, die Orientierung zu geben vermögen, und dessen anderer aus einem Arsenal von Deutungsmustern besteht, die im kulturellen Kontext vorzufinden sind und die sich ihrerseits der Tradierung von Sinnerfahrungen früherer Generationen und Epochen verdanken. Insofern mit der Sinndeutung des Lebens eine Suche nach unbedingt Tragfähigem und Letztverbindlichem verbunden ist, haften ihr religiöse Züge an. Manifest wird dieses Religiöse, wo es auf einem Gefühl eines absoluten Gegründet- und Gehaltenseins gründet. Dieses zutiefst innere und subjektive Gefühl artikuliert sich in Symbolgehalten, Ritualen und weiteren Objektivationen, die die sozial manifeste Gestalt von Religion ausmachen. Zum Verhängnis wird diese Entwicklung der Religion dann, wenn sie den Anschluss an die Lebensgeschichten und -welten, denen sie sich verdankt, verliert. Dann wird sie zu einem Lehrgebäude und zu einem Ritualsystem, das den Menschen fremd bleibt. Um der Kirche dazu zu verhelfen, „Sinnvermittlung" leisten zu können, postuliert Gräb für die Theologie, ein Verständnis auszubilden und es zu konzeptualisieren, mit dem sie genau dazu beitragen kann: „Es hat sein kennzeichnendes Merkmal darin", so führt er dazu aus, „daß es auf der ganzen Linie die Entsubstantialisierung herkömmlicher theologischer bzw. biblischer Begriffe wie Verkündigung, Gesetz, Sünde, Evangelium, Gnade usw. betreibt. Entsubstantialisierung meint, daß der Bedeutungsgehalt dieser theologischen Begriffe strikt auf die Funktion hin verstanden wird, den sie im Vollzug der religiösen Selbstdeutung humaner Subjekte für dieselben zu erfüllen vermögen. Diese Begriffe werden also als hermeneutische Konstrukte aufgefaßt, vermöge deren Deutungsrahmen und -gehalte für die religiöse Selbstdeutung humaner Subjekte vor allem in ihren Krisen- und Konflikterfahrungen aufgebaut werden. Sie stehen insofern nicht für eine andere, göttliche, geistliche oder kirchliche Wirklichkeit, die von der menschlichen Erfahrungswelt substanziell unterschieden wäre und in sie nur von außen, als 'Wort Gottes' hineinzusagen wäre, sondern für eine andere Sicht, eine andere Deutung dieser Wirklichkeit, eine solche, die im Horizont religiöser Fragen aufgebaut sein möchte" (ebd., 214f.). Abgesehen davon, dass dieses Theologieverständnis sicherlich noch klä-

rungsbedürftig ist, ist zu diesem Ansatz kritisch zurückzufragen, ob mit der Bestimmung von Religion als selbstreflexiver Deutung und Orientierung des Subjekts nicht
eine Tendenz zu einer völligen Individualisierung des Glaubens einhergeht und infolgedessen die strukturellen Gegebenheiten, die die Möglichkeit von (sinnvollem)
Leben nicht nur erschweren, sondern vielfach verhindern, vernachlässigt werden. Das
kann dazu führen, dass Religion und Glaube darauf beschränkt werden, einen eher
affirmativ ausgerichteten Beitrag zur Sinnsuche der Menschen beizubringen und die
prophetischen und zu den landläufigen Erfahrungen durchaus widerständigen Elemente der biblisch-christlichen Tradition ausgeblendet bleiben.[17]

– Ebenfalls von dem Bemühen, den durch die gesellschaftlichen Veränderungen bedingten religiösen Wandel mit den Neuartigkeiten, die damit einhergehen, überhaupt
erst einmal einigermaßen adäquat zu erfassen, ist der als zweiter genannte Ansatz der
praktischen Theologie geleitet, in dem programmatisch von „gelebter Religion" die
Rede ist. Er greift dafür allerdings auf ein anderes anspruchsvolles methodologisches
Konzept zurück, das seine Ursprünge in der Philosophie hat und dann von einer bestimmten Richtung der Soziologie aufgegriffen und weiterverfolgt worden ist, und versucht, dieses für die praktisch-theologische Theoriebildung einzusetzen, mit der Begründung, dass es den heutigen Erfordernissen dieser Disziplin geradezu entgegen-
komme: die Phänomenologie – die als „Wahrnehmungslehre" ihrerseits teilweise in
engem Zusammenhang mit der Ästhetik gesehen wird. Welche Vorteile eine phänomenologische Orientierung für die praktische Theologie mit Blick auf ihre verschiedenen
Aufgabenbereiche mit sich bringt, haben W.-E. Failing und H.-G. Heimbrock programmatisch wie folgt umrissen:

– „Sie kann erstens eine heuristische Funktion ausüben insofern, als Alternativen
zur traditionellen Vorgehensweise der Praktischen Theologie vorgeschlagen und in die
Forschungspraxis umgesetzt werden.

– Die zweite Funktion ist eine kritische, nämlich die Erfahrung zum Leitfaden der
praktisch-theologischen Forschung zu machen und anhand dieses Leitfadens verkür-
zende, falsch objektivierende, auf Funktionalität reduzierende oder dogmatistische
Konzepte und Modelle aufzudecken und zu artikulieren. Das Subjekt soll unverkürzt
in die Forschung eingebracht werden können und vor methodischem Reduktionismus
geschützt werden. Die Frontlinien verlaufen also einmal zu einem kirchen- oder reli-
gionssoziologischen Empirismus als einer Theorieform, die den Unterschied zwischen
Was und Wie der Erfahrung einebnet. Sie richtet sich aber auch gegen jede Art von
Formalismus und Konstruktivismus, die sich damit begnügen, die Gesichtspunkte, nach
denen religiöse Erfahrung sich ordnet, von außen heranzutragen wie Formeln, die mit
Materialien zu füllen wären. Das Was der religiösen Erfahrung ist aber stets reichhalti-
ger und vielschichtiger als ihre formale Verarbeitung. Das wird man gegen Struktura-
lismus wie systemtheoretischen Funktionalismus ins Feld führen müssen.

– Die dritte Funktion ist gegenstandstheoretischer Art und ermöglicht sowohl Öffnung für neue Phänomene als auch Offenhaltung subjektiver Erfahrung. Sofern neuere phänomenologische Ansätze den Lebenswelt- oder Alltagsbegriff zum Gegenstand
haben, können sie darauf verzichten, den durch die Alltagserfahrung selbst abgesteck-

ten Definitionsspielraum im Namen universalistischer Konzepte über Gebühr einzuengen. Weil neuere phänomenologische Beschreibungen Horizontanalysen sind, die nicht mehr mit einer einheitlichen Vernunft rechnen, sind sie grundsätzlich unabschließbare Vorgänge.

Die phänomenologische Methode ist dort stark, wo sie die Vieldeutigkeit und Offenheit von Erfahrungsgehalten und -horizonten festhält.

Dieser methodische Ansatz scheint eine Innovation insbesondere für diejenige Theologie, die im Respekt vor dem biblischen Bilderverbot bei ihren Versuchen der Wahrnehmung Gottes und der Menschen immer wieder mit Durch-Kreuzungen eigener Erkenntnisbemühungen rechnet" (79, 294).

Eine der Alternativen, von denen sich der phänomenologisch orientierte Ansatz absetzt, ist das handlungswissenschaftliche bzw. -theoretische Konzept der Praktischen Theologie. Die an diesem Konzept geäußerte Kritik hebt auf Mehrerlei ab: Das Interesse am Handeln bedinge, dass eine umfassende Wirklichkeitserkundung ausbliebe, sondern eine von einer institutionell-professionellen Optik bestimmte Perspektive maßgeblich bliebe. Damit einher gehe leicht – spätestens wenn „Handeln" mit „Herstellen" (ebd., 280) gleichgesetzt würde – die Tendenz zu einer „funktionalistischen Instrumentalisierung" oder gar „bemächtigenden Intervention" der Praxisfelder, für die Handlungskonzepte zu entwickeln versucht würden. Der eingeschränkten Wirklichkeitswahrnehmung korrespondiere ein reduziertes Verständnis von Praxis, das beispielsweise „zweckunabhängiges Sehen, Denken und Verhalten, empathische Bereiche wie Erleben und Erleiden" nicht einzubeziehen erlaube.[18]

– Wenn für das Konzept des in diesem Buch vorgelegten Entwurfes an dem handlungstheoretischen Ansatz festgehalten wird, so ist, um Missverständnissen zu begegnen, einzuräumen, dass die gerade vorgetragene Kritik auf etwas aufmerksam macht, was in der Tat in der einen oder anderen Variante des als „handlungswissenschaftlich" firmierenden Konzepts Praktischer Theologie übersehen wird. Zu voreilig wird vielleicht dem Drängen auf möglichst rezeptartig anwendbare Handlungsanleitungen nachgegeben, wie es von der „Nachfrageseite" her dieser Disziplin immer wieder entgegengebracht wird. Aber davon zu unterscheiden ist die im Rahmen der allgemeinen handlungstheoretischen Diskussion vorgenommene Grundlagenreflexion der Praktischen Theologie, die alles andere als einem kurzschlüssigen Aktionismus förderlich ist (vgl. 41).[19] Geht es ihr doch gerade darum, den Praxisbegriff dieser theologischen Disziplin so zu bestimmen und sie so zu konzipieren, dass sie sich eben nicht bloß auf einen bereits kirchlich vermessenen oder religiös zu identifizierenden Ausschnitt der Wirklichkeit beschränkt, sondern sich – um ein weiteres Mal den Einleitungssatz der Pastoralkonstitution zu zitieren – der „Freude und Hoffnung, Trauer und Angst der Menschen von heute, besonders der Armen und Bedrängten" (GS 1) verbunden weiß. Exakt in diese Richtung weisen die Anforderungen, die nach H. Peukert eine zeitgenössische praktische Theologie – konzipiert als explizite theologische Theorie kommunikativen Handelns – einzulösen hätte (99, bes. 77–79):

1. Die praktische Theologie kann sich nicht bloß auf ein Segment oder eine Region menschlicher Praxis beziehen, sondern muss die bedrängenden Fragen menschlicher

Praxis überhaupt im Blick haben. Sie hat sich die für Gegenwart und Zukunft entscheidenden Fragen, wie Menschen miteinander umgehen und zu sich selbst kommen sollen und wollen, angelegen sein zu lassen und daraufhin die Substanz der christlichen Überlieferung so durchzubuchstabieren, dass sie in ihrer transformatorischen Kraft angesichts individueller und gesellschaftlicher Krisen zur Geltung kommt.

2. Weil sie ansonsten gegen ihre eigene Grundlage, nämlich den Glauben als kommunikative Praxis verstieße, muss die praktische Theologie konsequent von jeglicher Form machtförmigen Denkens Abschied nehmen. Die ethische Grundnorm, die Freiheit des anderen anzuerkennen, hat sie, statt sie zu unterbieten, zu radikalisieren, „weil sie in ihrem Handeln die befreiende und Leben schenkende Macht Gottes für den anderen in der Struktur ihres Handelns zu bezeugen und zu bewahren hat" (ebd., 78).

3. Nicht zuletzt weil sich die Pathologien der Gesellschaft in den Pathologien der religiösen Systeme verdoppeln und zusätzlich verschärfen, darf die praktische Theologie sich nicht von der Frage dispensieren, ob die Organisationsform der Kirche(n), mit der sie in besonderer Weise befasst ist, der von ihr und durch sie mitzuteilenden und zu bezeugenden Sache angemessen ist oder ihr widerspricht.

4. Bis in ihre eigene – notwendigerweise interdisziplinär ausgerichtete – wissenschaftstheoretische Grundlegung hinein hat die praktische Theologie sich darüber Rechenschaft abzulegen, ob ihre Bestimmung christlichen und kirchlichen Handelns „den Anforderungen jenes Praxisbegriffs entspricht, der sich in den letzten zweihundert Jahren herausgebildet hat, dem Begriff einer Praxis, in der es um gemeinsames, befreiendes, innovatorisches, zu gemeinsamer Selbstbestimmung befähigendes und dabei systemische Widerstände und Widersprüche überwindendes Handeln geht" (ebd., 79).

Ohne auf den so für die praktische Theologie entworfenen paradigmatischen Referenzrahmen als dem allein gültigen und möglichen beharren zu wollen – im Gegenteil, eine Pluralität von Konzeptionen kann der Sache, um die es letztlich geht, nur dienlich sein –, muss der Billigkeit halber konstatiert werden, dass viele der Einwände, die sich gegen das handlungstheoretische Konzept richten, an ihm keinen Anhalt haben und ins Leere gehen, etwa die Maxime, dass das Wahrnehmen dem Handeln vorausgehe (vgl. 94) In methodischer Hinsicht ist dieses Konzept der Phänomenologie gegenüber ebenso offen wie der Hermeneutik oder strengen empirischen Verfahrensweisen.[20] Worauf es allerdings insistiert, ist, die Grundkategorien, die in der Theoriebildung gebraucht werden, und die Methoden, die angewendet werden, ständig daraufhin zu prüfen, ob sie dem „Gegenstandsbereich", um den es geht, angemessen sind – nämlich die Bestimmung und zugleich die Gestaltung einer Wirklichkeit, die einem menschenwürdigen „Leben in Fülle" (Jo 10,10) für alle – einschließlich der verstorbenen und der kommenden Generationen – förderlich ist. Dazu können, wie in den weiteren Kapiteln noch zu erläutern sein wird, ein seelsorgerliches Gespräch ebenso beitragen wie der konziliare Prozess der Kirchen für Gerechtigkeit, Frieden und Bewahrung der Schöpfung.

– Ein Punkt, der allerdings weniger die grundsätzliche Konzeptionsfrage der praktischen Theologie betrifft, sondern ihren Bezugspunkt – also die Frage, an wen sie sich vorrangig richtet –, muss zum Schluss dieses Abschnittes wenigstens in aller Kürze noch angesprochen werden: Es ist nahe liegend – und dies knüpft auch an ihrem traditionell vorherrschenden Verständnis an –, diese Disziplin als in besonderem Maße auf die spätere kirchliche bzw. pastorale Praxis der Theologiestudierenden bezogen anzusehen und entsprechend als Theorie pastoraler Professionalität zu konzipieren, wenn auch nicht länger als „Rezeptologie", sondern auf dem Stand heutiger berufstheoretischer Konzepte und Einsichten.[21] Das ist solange in Ordnung, wie dies nicht exklusiv geschieht. Denn die durch die praktische Theologie im Verbund mit den übrigen theologischen Disziplinen vermittelte Handlungskompetenz – im Sinne der Befähigung zu einem authentischen christlichen Handeln sowie der Sensibilisierung für eine Praxis, die die Vermittlung der Inhalte des Glaubens an den Vollzug elementarer Weisen kommunikativen und solidarischen Handelns bindet und dabei auf die ständig sich wandelnden Bedingungen sowohl in individueller als auch in sozialer und struktureller Hinsicht eigenständig und schöpferisch einzugehen versteht – kommt prinzipiell allen Gläubigen zu, wenn das Theologumenon vom „allgemeinen Priestertum" bzw. vom „gemeinsamen Priestertum aller" wirklich gilt. Paulinisch gesprochen geht es um die Entdeckung und Förderung aller Fähigkeiten, die zur Auferbauung von Gemeinde und Kirche beitragen (vgl. 1 Kor 12–14). Insofern hat sich die praktische Theologie als „Charismenlehre" zu verstehen.

1.2.3 Zur Methode praktisch-theologischer Reflexion und Theoriebildung

Im Anschluss an die bisherigen Darlegungen legen sich für die praktische Theologie mit Blick auf die „Kommunikation des Evangeliums" drei Hauptaufgaben nahe: eine Erkundung der „Zeichen der Zeit", deren Interpretation bzw. Deutung im Lichte des Evangeliums und ein konzeptionelles Entwerfen von daraus sich ergebenden Handlungsprioritäten. Daraus ergibt sich ein methodischer Dreischritt: Der Situationsbezug christlich-kirchlicher Praxis macht eine individual- und sozial-analytische Vermittlung erforderlich (Sehen); die für sie immer wieder neu zu findende Orientierung an Jesus Christus als ihrem Ausgangspunkt und Ermöglichungsgrund geschieht in hermeneutischer Vermittlung (Urteilen); ihre Prioritäten für Gegenwart und Zukunft gewinnt sie in der praktisch-pastoralen Vermittlung des in Analyse und Reflexion Erarbeiteten (Handeln).

Dieser Dreischritt „Sehen – Urteilen – Handeln" ist ursprünglich von J. Cardijn für die Arbeit in der von ihm gegründeten Christlichen Arbeiterjugend (JOC bzw. CAJ) entwickelt worden und hat, bekräftigt durch Johannes XXIII. in seiner Enzyklika „Mater et magistra" (1961, 236), inzwischen als bewährte Arbeitsweise in weiten Bereichen der Kirche Verbreitung gefunden. Er verdankt sich, wie dargelegt, der Einsicht, dass die Wahrheit im christlichen Verständnis „nicht im vorhinein durch Theorie erfunden und im nachhinein durch die Praxis bestätigt werden" (443, 207) kann, sondern dass sie sich in einem Theorie und Praxis dialektisch vermittelnden Vorgang der Bewahrheitung erweist. Der Weg des Reflektierens muss – so betont G. Gutiérrez – „eingeschlossen sein in den Weg, christlich zu leben, eingeschlossen in den Weg der Nachfolge Christi", wenn eben „Christ sein bedeutet, Jesus Christus nachzufolgen" (446,

56). So gesehen stellt der Dreischritt keine nachträgliche Methodik für die Anwendung des christlichen Glaubens in der Praxis dar, sondern eine analytische Rekonstruktion seiner fundamentalen Struktur: die in die jeweilige Situation hinein übersetzte und in Kontemplation und Aktion sich vollziehende Annahme der den Menschen gnadenhaft erschlossenen und sie heil und frei machenden Liebe Gottes.

Ziel von theoretischen Vermittlungsbemühungen in diesem Zusammenhang ist eine kritische Orientierung, die verhindert, dass die Praxis des Glaubens der Gefahr eines naiven Empirismus, Fundamentalismus oder Pragmatismus erliegt und damit ihr kritisch-aufklärendes und verändernd-innovatorisches Potential verliert. Das bedingt allerdings, dass die praktische Theologie an dieser Praxis partizipiert und darin ihre Subjekte zu eigenständiger, kritischer Reflexion ihres Handelns befähigt.[22] Als „Theologie aus der Praxis des Volkes" wird die praktische Theologie so Anwalt einer „Theologie des Volkes", indem sie das ganze Volk Gottes als Subjekt christlichen und pastoralen Handelns ernst nimmt und gerade so die verschiedenen Charismen zur Auferbauung von Gemeinde und Kirche zur Geltung kommen lässt. Deutlich wird so ein neues Paradigma christlich-kirchlicher Praxis angestrebt: von der herkömmlichen „Betreuungs- und Mitgliedschaftspastoral" zu einer subjekt- und partizipationsorientierten Pastoral.

Sehen …

Will die praktische Theologie dazu beitragen, dass die Kommunikation des Evangeliums der jeweiligen geschichtlichen Situation Rechnung trägt, gehört es zu ihren grundlegenden Aufgaben, zu einem reflexeren Bewusstsein der jeweiligen „Zeichen der Zeit" zu verhelfen. Wie eine solche „theologische Analyse der Gegenwartssituation" (K. Rahner) bzw. „Kairologie" (F. Klostermann) allerdings anzusetzen und durchzuführen ist, ist sowohl in erkenntnistheoretischer als auch in forschungslogischer Hinsicht noch nicht hinreichend geklärt. Unbestritten ist, dass dabei auf Human- und Sozialwissenschaften zurückgegriffen werden muss. Die Wahl des analytischen Schemas ist allerdings davon abhängig, dass es den grundlegenden Bestimmungen christlichen Handelns nicht zuwiderläuft.

Die biblische Redeweise von den „Zeichen der Zeit" (vgl. Mt 16, 1–4 und Lk 12, 54–56) umschreibt das Bemühen, die die jeweilige Situation kennzeichnenden Hauptfakten und Entwicklungstendenzen namhaft zu machen, die zu verfolgen und kritisch zu beurteilen der Kirche aufgetragen ist, will sie nicht die frohe Botschaft des Evangeliums zu einer zeit- und kontextlosen Predigt verfälschen. Die „Zeichen der Zeit" zu sehen heißt also, sensibel zu werden für die „Freude und Hoffnung, Trauer und Angst der Menschen von heute, besonders der Armen und Bedrängten" (GS 1), und sich mit diesen zu solidarisieren. So zu sehen ist nur möglich von einem bestimmten Standpunkt her, von einer Betroffenheit durch das Elend des Volkes und vom Hören seiner lauten Klagen. Diesen ihren Standpunkt kann die Kirche nicht beliebig wählen, sondern es „ist der Ort des gegenwärtigen Christus in der Welt" (435, 22). Wie wenig selbstverständlich diese Perspektive ist, geht schon daraus hervor, dass den Evangelien zufolge selbst den Jüngern Jesu immer wieder erst die Augen geöffnet werden mussten.

Die Bereitschaft, sich die Augen öffnen zu lassen, ist eine unabdingbare Grundvoraussetzung kirchlich-pastoralen Handelns, und zwar in allen Bereichen. Das ist nur möglich, wenn man sich dafür die Muße nimmt, die hektische Betriebsamkeit des Alltags zu unterbrechen und das gewohnte Blickfeld des eigenen Tuns einmal auch aus Distanz heraus zu betrachten, um den „blinden Flecken" auf die Spur zu kommen. Der vielfach durch den eigenen „Kirchturm" – hier auch metaphorisch mit Blick auf nichtpfarrliche Handlungsfelder gemeint – bestimmte Horizont theologischen Denkens und pastoralen Handelns muss aufgebrochen und erweitert werden, um wirklich die „Zeichen der Zeit" sehen zu können.

Wie der Mensch bei getrübter Sehfähigkeit der Sehhilfen bedarf, so kann das Heranziehen solcher Sehhilfen auch für die Pastoral äußerst hilfreich sein. Konkret bedeutet das etwa, Kontakt zu Leuten zu suchen, die am gleichen Ort tätig sind oder sich dort engagieren (z. B. Sozialarbeiter/innen, Ärzte/innen, Lehrer/innen, Gewerkschafter/-innen, Bürgerinitiativen, Parteien etc.), und sie nach ihren Erfahrungen und Situationseinschätzungen zu fragen. Insbesondere aber sollte man nicht versäumen, auf die Menschen, mit denen man es zu tun hat, zu hören. Denn die Aufmerksamkeit des christlichen Glaubens richtet sich gerade auf das Alltägliche und Unscheinbare ihrer personalen und sozialen Existenz. Sich darauf wirklich einzulassen ist gar nicht so leicht: heißt das doch, ein ganzes Stück weit von sich selbst abzusehen.

So wenig auf die unmittelbare Wahrnehmung und die dadurch ausgelöste Betroffenheit verzichtet werden kann, so sehr müssen aber auch die Grenzen eines noch so sensiblen „gesunden Menschenverstandes" respektiert werden. Die „Zeichen der Zeit" werden nicht selten durch den – in Kirche und Gesellschaft – vorherrschenden Zeitgeist dermaßen verdeckt, dass sie mühsam überhaupt erst einmal aufgedeckt werden müssen. Zur Aufschlüsselung solcher teilweise sehr sublimer Verblendungszusammenhänge bedarf es der Zusammenarbeit mit entsprechend empirisch arbeitenden und kritisch orientierten Humanwissenschaften.[23]

… Urteilen …

Es wurde bereits betont: Um in des Wortes eigentlicher Bedeutung wahrnehmen zu können, bedarf es immer der kritischen Überprüfung der eigenen „Vorurteile", die – bewusst oder unbewusst – das Sehen und Handeln leiten. Eigene Wünsche und Ängste spielen dabei eine elementare Rolle. Modetrends und Milieudruck tragen nicht selten ein Übriges dazu bei. Und so steht auch kirchliches und pastorales Handeln nicht selten in der Versuchung, sich an den gängigen Kriterien eines erfolgsorientierten Tuns messen zu lassen: Leistung, Effizienz, Breitenwirksamkeit.

Umso unerlässlicher ist, sich auch im pastoralen Alltag immer wieder des Grundes und des Zieles des Handelns zu vergewissern und zu fragen, wie dem in der Praxis entsprochen werden kann. Das ist alles andere als eine praxisferne Spekulation, sondern vielmehr ein zutiefst in die individuellen und kollektiven Handlungsmuster eingreifender geistiger und geistlicher Lernvorgang, insofern die gängigen Deutungen der Wirklichkeit in der Begegnung mit den biblischen Verheißungen mit der Fülle jenes Lebens konfrontiert werden, wie sie in den Bildern vom Reich Gottes umschrieben ist.

Dass diesen Verheißungen eine befreiende und Leben schenkende Kraft innewohnt, zeigt sich, wenn Einzelne oder christliche Gruppen und Gemeinden sich auf sie einlassen, d.h. es lernen und riskieren, die biblischen Erzählungen handelnd weiterzuerzählen, und sich damit in eine spannungsreiche Kommunikation zu ihrer Umwelt begeben. Denn die für den christlichen Glauben grundlegende Erfahrung des vorbehaltlosen Angenommen- und Bejahtseins bringt eine Umkehrung aller geläufigen Maßstäbe mit sich, angefangen bei dem individuellen Bestreben zur Selbstrechtfertigung bis hin zu dem Hang von Institutionen zur Selbstgerechtigkeit. Sie entlastet von der ansonsten völlig in Beschlag nehmenden Sorge um das eigene Dasein und macht frei, im solidarischen Kampf um ein Weniger an Not, Gewalt und Unfreiheit im Nahbereich und weltweit Gottes Liebe unter den Menschen zu bezeugen.

Dieses Engagement für den Menschen bedarf allerdings in der konkreten Situation der näheren Bestimmung. Es muss gemeinsam gefragt und entschieden werden, zu welchen Handlungsprioritäten das Evangelium in einer gegebenen historischen Situation und angesichts konkreter Umstände, die man sich nicht aussuchen kann, nötigt, wer also die bevorzugten Adressaten der Frohen Botschaft hier und jetzt sind. Damit steht jedoch spätestens außer einem Perspektivenwechsel auch die Frage nach einem entsprechenden Ortswechsel zur Debatte: Auf welcher Seite stehen die Christen und ihre Kirchen sowie Gemeinden?

… Handeln

Was bleibend gültiger Maßstab christlichen und damit auch pastoralen Handelns ist, ist im Synodenbeschluss „Unsere Hoffnung" mit nur zwei Worten formuliert: „Nachfolge genügt." (12, 103) Wie es auszusehen hat, bleibt darum auch an Jesus Christus zu lernen. So wie in der Verkündigung Jesu Wort und Verhalten untrennbar verbunden waren, so lässt sich auch nur durch Wort und Tat gemeinsam bezeugen, dass in diesem Jesus Christus die Liebe Gottes zu jedem Menschen ein für allemal offenbar geworden ist. Diese froh machende Botschaft wird nur verkündigt, wenn ihr auch in der Weise ihrer Vermittlung entsprochen wird. Überzeugende Modelle dafür sind in den Evangelien und ihrer Wirkungsgeschichte überliefert: sie bedürfen der aktuellen Übersetzung in die vorfindlichen Situationen hinein.

Das bedeutet nicht, dass in der Pastoral ständig etwas grundlegend Neues begonnen werden müsste. Es heißt vielmehr zu tun, was immer schon getan worden ist und was zu Recht als Grundvollzüge dieser Kirche bezeichnet wird: Gottes Wort hören und preisen, daraus untereinander Gemeinschaft werden lassen und den Bedrängten helfen. Aber indem das in der Zuwendung zu den Menschen in ihrer konkreten Lebenswelt geschieht, verändert sich dieses Tun zugleich: Aus der kontextlosen Predigt wird ein situationsklärendes Glaubensgespräch; aus der „von oben" verwalteten Pfarre wird eine von der Vielfalt der Charismen her auferbaute und partizipativ strukturierte Gemeinde; aus einer in Abhängigkeit haltenden Hilfe werden Bewusstseinsbildungsprozesse, die die Betroffenen zur Selbsthilfe befähigen.

Dass solche Veränderungen von – sowohl gesellschaftlichen als auch innerkirchlichen – Störungen und Konflikten begleitet werden, lässt sich nicht vermeiden; es gilt, die darin steckenden Lernchancen zu nutzen. Ansonsten müsste sich die Pastoral darauf beschränken, entsprechend den an sie gerichteten gesellschaftlichen Erfordernissen funktionalisiert zu werden. Sie begäbe sich damit jedoch der Möglichkeit und verriete ihren Auftrag, „Wirklichkeit aus dem Glauben heraus in der Kraft und in der Gnade des Geistes Gottes zu gestalten, um auf diese Weise das verheißende Reich Gottes anzusagen" (245, 34).

Der Vollständigkeit halber sei vermerkt, dass im Verlauf des Reflexionsprozesses die drei Schritte kaum säuberlich voneinander getrennt werden können, sondern sich gegenseitig durchdringen. So sehr beispielsweise die vorgenommene Situationsanalyse methodisch nachprüfbar sein muss, so erfolgt sie niemals neutral, sondern ist sie bereits interesse- bzw. optionsgeleitet. Ähnlich sind auch die übrigen Schritte miteinander verquickt. Hinzukommt, dass der Dreischritt nicht einfach mit dem letzten Schritt abgeschlossen ist, sondern dass er sich, wie schon angedeutet, gewissermaßen spiralförmig immer weiter entwickelt, so dass der dritte Schritt des durchgeführten Dreischritts jeweils zum ersten Schritt des neuen Dreischritts wird.[24]

1.3 „Kommunikation des Evangeliums"
unter den gesellschaftlichen Bedingungen der Gegenwart –
Auf der Suche nach Glaubenszugängen für Zeitgenossen

1.3.1 Zur Situation von Religion und Glauben
im Kontext aktueller gesellschaftlicher Entwicklungen

Welcher Befund aus einer Diagnose gewonnen wird, hängt davon ab, mit welchem Ziel und entsprechend mit welchem Blickwinkel diese vorgenommen wurde. So kann es auch im Folgenden ersten Schritt dieser Überlegungen nicht darum gehen, eine umfassende Diagnose aktuell vorfindbarer individueller oder kollektiver Befindlichkeiten vornehmen zu wollen. Vielmehr soll versucht werden, einzuschätzen, welche Schwierigkeiten das Anliegen, den christlichen Glauben mit heutigen Zeitgenossen und Zeitgenossinnen zu kommunizieren, einkalkulieren muss, aber auch welche Anknüpfungsmöglichkeiten dafür gegeben sind. Dabei geht es im ersten Schritt nicht um die Frage, wie die einzelnen Bekenntnisinhalte dieses Glaubens, die bekanntlich eine lange Geschichte hinter sich haben, so aus- und dargelegt werden können, dass sie für Menschen des 21. Jahrhunderts nachvollziehbar sind, also – traditionell formuliert – um die Frage nach den Bedingungen der Möglichkeit für die fides quae. Sondern allererst muss nach den Voraussetzungen für die fides qua gefragt werden, also danach, ob und inwiefern heutige Menschen von ihren Lebensumständen her überhaupt dafür disponiert sind, sich auf so etwas wie Glauben oder – allgemeiner betrachtet – Religion einzulassen.

Speziell für den Glauben wird davon ausgegangen, dass er die oder den, mit der oder dem er es zu tun hat, gewissermaßen „mit Haut und Haaren" in Beschlag nimmt, es sich also nicht um eine vorübergehende und jederzeit austauschbare Angelegenheit handelt. Hinzukommt als weiteres Merkmal, dass Glauben zumindest christlichem Verständnis gemäß, so sehr er in das Innerste des jeweiligen Individuums hineinreicht, doch nicht bloß Privatsache ist, sondern auf ein Zusammenleben und -glauben hin mit anderen ausgerichtet ist. Gemeinsam mit anderen gelebt und praktiziert kann es sich nicht um eine kurzweilige und unverbindliche Angelegenheit handeln.

Auch wenn diese formale Bestimmung des Glaubens alles andere als erschöpfend ist, macht sie einige Voraussetzungen kenntlich, die auf der Seite des Menschen gegeben sein müssen, damit er diesen Akt vollziehen kann. Im Glaubensvollzug ist die betroffene Person existenziell involviert, voll und ganz beteiligt. Er kann für jemanden die Erfüllung des Lebens beinhalten; er kann aber auch in einem lebenslangen Suchen und Ringen bestehen – bis hin zu der Erfahrung der totalen Finsternis. Was ihn ausmacht, ist nicht so sehr ein Wissen, erst recht nicht ein Bescheidwissen über das Geheimnis des Lebens. Sondern er hat es mit einem Erleben und Handeln zu tun, das einen unbedingt angeht sowie voll und ganz in Beschlag nimmt. Nicht zufällig bringt das christliche Verständnis ihn mit den Existenzvollzügen des Hoffens und Liebens zusammen und macht damit zugleich deutlich, dass ein Glauben nur für sich selbst nicht möglich ist. Er richtet sich nicht nur auf die anderen, sondern verdankt sich allererst der Begegnung mit dem Anderen. Insofern wohnt ihm nicht nur eine Verbindlichkeit und Unbedingtheit für sich selbst inne, sondern auch für andere und mit ihnen.

Damit sind die Stichworte geliefert, um die es zentral im folgenden Versuch einer Gegenwartsdiagnose geht: Wie ist es um die Möglichkeit solcher Existenzvollzüge wie Glauben, Hoffen und Lieben bestellt? Was wird von heutigen Menschen als für sie und andere Verbindliches erlebt und gelebt? Was ist es, wovon sie sich unbedingt betreffen lassen, und was heißt das für ihr Leben? Wie gehen sie mit der darin inbegriffenen Wahrheitsfrage um? Welche Schwierigkeiten und Hindernisse lassen sich ausmachen, um solche Fragen möglicherweise überhaupt erst aufkommen zu lassen oder sich von ihnen wirklich betreffen zu lassen?

Es ist unmöglich, beim Aufwerfen und Nachgehen solcher Fragen eine neutrale Zuschauerposition einzunehmen. Unvermeidlich kommen eigene Erfahrungen und damit zusammenhängende Sichtweisen, Wertungen etc. mit ins Spiel. Leicht schleicht sich dabei u. a. die Tendenz ein, gegenwärtige Phänomene im Lichte der Vergangenheit zu beleuchten und zu beurteilen. Wenn im Folgenden eine Reihe von Voraussetzungen namhaft zu machen versucht wird, die einem Glauben-Können und der Kommunikation darüber mit anderen im angedeuteten Sinne eher im Wege stehen als ihm förderlich sind, so ist damit nicht gesagt, dass es in der Vergangenheit darum besser bestellt war. Eine solche Einschätzung wäre aus verschiedenen Gründen vermessen. Das einzige, was sich sagen lässt, ist: Es war früher und ist wiederum heute in vielerlei Hinsicht anders.

Dieses Anders-Sein der heutigen Kommunikationsvoraussetzungen über das Evangelium und der Glaubensvoraussetzungen – im Vergleich etwa zu denen von zwei bis drei Generationen zuvor (wobei einschränkend zu vermerken ist, dass dabei die jüngere Entwicklung innerhalb der katholischen Kirche in Deutschland vor Augen steht) – lässt sich schlagwortartig möglicherweise wie folgt umreißen: Wie die übrigen Lebensbereiche sind auch Religion und Glauben von den die (radikale) Modernisierung kennzeichnenden gesellschaftlichen Prozessen der Individualisierung, Pluralisierung,

Enttraditionalisierung und Globalisierung betroffen. Im Folgenden soll jeweils kurz erläutert werden, welche Auswirkungen die mit diesen mittlerweile gängig gewordenen soziologischen Begriffen gemeinten Entwicklungen vor allem auf den Bereich von Religion und Glauben zeitigen. Zur Erhellung der Möglichkeitsbedingungen der eingangs aufgeführten Existenzvollzüge ist es allerdings notwendig, den umfassenderen Kontext jeweils mit in den Blick zu nehmen.

1. Der *Individualitätsschub* in der modernen Gesellschaft, die Tatsache also, dass die strukturellen Gegebenheiten der modernen Gesellschaft ein von es bindenden sozialen Bezügen nicht eingeschränktes Individuum haben erforderlich werden lassen, hat für die Menschen prinzipiell einen enormen Freiheitszuwachs mit sich gebracht. Der Verlauf und die Gestaltung der Lebensgeschichte des einzelnen sind nicht mehr durch äußere Vorgegebenheiten und Zwänge mehr oder weniger determiniert, sondern zur ureigenen Angelegenheit der betroffenen Person geworden. Sie hat jeweils zu entscheiden und zu gestalten, wie sie mit den an sie „von außen" gerichteten und teilweise widersprüchlichen Anforderungen umgeht, sie untereinander gewichtet und koordiniert – und das immer wieder neu. Mit dieser Errungenschaft eines neuen Maßes an Freiheit kommen allerdings zugleich auch neue Zwänge und Abhängigkeiten auf. Das beginnt damit, dass der bzw. die einzelne nicht nur frei entscheiden *kann*, was er bzw. sie tut, sondern dieses entscheiden *muss*. Unzählige fühlen sich davon überfordert, zumal sich auf sie teilweise auf sehr sublime Weise strukturelle Anpassungszwänge richten, und sei es in Form des Drucks zur Selbstverwirklichung.

Individualisierung heißt nicht unweigerlich Individualismus, aber sie kann ihn zur Folge haben, wenn nicht gar in „Egomanie" (H. E. Richter) sich auswachsen. Auf jeden Fall muss das Individuum sich stark mit sich selbst beschäftigen, ist es zu einer kontinuierlichen Selbstvergewisserung angehalten. Dabei können auch leicht Angst und Unsicherheit aufkommen – ein Nährboden für fundamentalistische Strömungen aller Art.

Dass die Individualisierung im religiösen Bereich besonders nachhaltige Auswirkungen zeitigt, liegt daran, dass dieses Feld traditionell stark von Vorgegebenheiten und Zwängen geprägt war. Dem nicht länger ausgesetzt zu sein, wird von vielen, die davon noch betroffen waren, als ungeheurer Freiheitsgewinn verbucht. Für die religiösen Institutionen hat das zur Folge, dass aus der traditionalen Mitgliedschaft eine bewusst gewählte wird und die Zugehörigkeitszahlen somit kleiner werden. Mit dem quantitativen Rückgang ist allerdings nicht zwangsläufig eine Qualitätsminderung des Engagements derer verbunden, die sich dazu entschieden haben; es fällt vielleicht weniger altruistisch aus, als es früher vollzogen worden ist. Auf jeden Fall wird der Glaube für die Betroffenen bewusster, selbstreflexiver; in dem Maße, wie er bei der Gestaltung des eigenen Lebens als hilfreich erfahren wird, bewährt er sich. Demnach hat das institutionelle Handeln der Kirche davon auszugehen, dass Menschen, die damit den Kontakt suchen, sich als „Einzelfälle" behandelt wissen wollen.

Aus dem Rückgang der Bindungen an die überkommenen religiösen Institutionen ist nicht auf einen Rückgang an Religiosität schlechthin zu schließen. Sie begegnet vielmehr in den verschiedensten Formen, ist vielfach eher latent vorhanden als manifest ausgeprägt, bleibt eher ein diffuses Gefühl statt reflexe Gewissheit. In lange Zeit so nicht vorgestellter Weise setzt die Individualisierung sogar religiöse bzw. quasireligiöse Kräfte frei: angefangen in der Form expressiver Kulte von Selbstinszenierungen bis hin zur Kompensation der als bedrängend erlebten Angst und Unsicherheit.

2. Individualisierung und *Pluralisierung* – das als zweites aufgeführte Schlagwort – bedingen sich nicht nur gegenseitig, sondern verstärken sich darüber hinaus gegenseitig. Je individueller die Lebenslagen geprägt sind, desto pluraler sind die Lebensstile, die man in einer Gesellschaft vorfindet. Hinzukommt die weltweite Migration von Menschen, die inzwischen dazu geführt hat, dass die verschiedenen Kulturen nicht mehr nebeneinander, sondern miteinander existieren. Vielfalt ist nicht nur möglich, sondern selbstverständlich geworden. Prinzipiell positiv an dieser Entwicklung ist, dass Unterschiede, die zwischen Menschen bestehen, nebeneinander bestehen bleiben und zumindest dem Gesetzesbuchstaben nach aus ihnen keine Überlegenheits- bzw. Unterlegenheitsverhältnisse mehr abgeleitet werden können. Im Gegenteil, es kann als eigene Bereicherung erfahren werden, aus der Begegnung mit dem Differenten bzw. Fremden zu lernen. Indem die Anderen nicht länger ferngehalten und abgesondert werden, sondern in die unmittelbare Nähe gerückt sind, konkrete Gesichter bekommen haben, wird es emotional leichter, sie in ihrer Andersartigkeit kennen zu lernen und anzuerkennen.

Es gibt allerdings auch die Kehrseite dessen, die Tatsache, dass für nicht wenige die multikulturell gewordene Gesellschaft Angst macht, dass sie den Verlust des Eigenen befürchten und das den anderen, denen sie das als Schuld zuschreiben, mehr oder weniger aggressiv zu verstehen geben. Insofern geht mit der Pluralisierung eine Zunahme eines für sie bedrohlichen Potentials einher. Die Problematik eines Lebens in Pluralität zeigt sich bei vielen Menschen beispielsweise darin, dass sie sich gern Modetrends mit ihrem Zwang zur Uniformierung unterwerfen – was vor allem unter Jugendlichen bekanntlich so weit gehen kann, dass, wer nicht mit dem Trend mithält oder mithalten kann, aus der „Clique" exkommuniziert wird.

Dass Pluralisierung nicht unbedingt dazu führt, sich den Unterschieden zu stellen und sich mit ihnen auseinanderzusetzen, sondern im Gegenteil dazu, sie zu nivellieren, manifestiert sich besonders deutlich in einer weit verbreiteten Einstellung, der zufolge nicht nur alles Mögliche möglich und erlaubt ist, sondern auch gleichwertig – egal worum es sich handelt. Dies wirkt sich besonders nachhaltig im ethischen und im religiösen Bereich aus: Die Frage nach einer Wahrheit oder auch nach einer Hierarchie der Wahrheiten oder Werte zu stellen, ist obsolet geworden; gilt doch das Prinzip, dass grundsätzlich alles gleich gültig und zudem die je eigene Perspektive immer nur eine relative ist. So kommt es dazu, dass viele Menschen zur Einstellung eines prinzipiellen Relativismus tendieren. Es gilt als Ausdruck der Toleranz, jeden nach seiner Façon selig werden zu lassen, selbst wenn er seine Selbstdestruktion betreibt.

Was in diesem Extremfall besonders drastisch zum Ausdruck kommt, ist eine mit dem prinzipiellen Relativismus häufig einhergehende Einstellung, die man als Zuschauermentalität bezeichnen könnte. Denn wenn es sowieso keine allgemein gültigen und universal anwendbaren Kriterien für richtig und nicht richtig, gut und böse, wahr und falsch gibt, wird es auch nicht für lohnenswert erachtet, sich für irgendetwas oder irgendwen einzusetzen, sich für eine Sache mehr zu interessieren und zu engagieren als für eine andere. Wenn andere so etwas tun, schaut man bestenfalls verwundert, aber teilnahmslos zu; hat solch ein altruistischer Einsatz doch sowieso weder Sinn noch Zweck. Worauf es ankommt, ist, die eigene Existenz möglichst genussvoll zu leben.

Von diesem prinzipiellen Pluralismus nochmals zu unterscheiden ist ein anderes Phänomen der Pluralisierung auch im religiösen Bereich, nämlich die insbesondere für die katholische Kirche ungewohnte Tatsache einer Pluralität von Glaubensüberzeugungen und -ausdrucksformen in den eigenen Reihen. Hier ist in Anschlag zu bringen, was zu Beginn des Abschnitts gesagt worden ist, nämlich dass Pluralität insofern eine Bereicherung darstellt, als ein uniform gehaltener Glaube gar nicht dessen vollen und umfassenden Gehalt wiederzugeben vermag.

Allerdings muss auch nüchtern zur Kenntnis genommen werden, dass die Pluralisierung der Glaubensüberzeugungen und -ausdrucksformen sich auch unter denen, die sich der Kirche zugehörig fühlen, keineswegs auf das der christlichen Tradition innewohnende Potential an Pluralität beschränkt, sondern bei dem einen mehr, bei der anderen weniger über dessen Grenzen hinausgeht. Die Tatsache, dass alle Weltreligionen und darüber hinaus neoreligiöse Erscheinungsformen in die unmittelbare Nähe gerückt sind, hat es mit sich gebracht, dass man leichter mit bislang Unvertrautem in Berührung kommt und das eine oder andere davon möglicherweise für das eigene Leben als attraktiv und übernehmenswert empfindet. Solches synkretistische Auswählen und Zusammensetzen verschiedener Elemente, wie es mit dem französischen Begriff „bricolage" treffend bezeichnet wird, geschieht nicht nur nebeneinander, sondern vollzieht sich auch je individuell im eigenen Bewusstsein. Religiöse Vorstellungen, wie etwa das Gottesbild, können sich aus teilweise höchst heterogenen Quellen speisen. Der dazu von Kirchenvertretern u. a. erhobene Vorwurf, hier gerate auch die Religion in den Strudel der völligen Beliebigkeit, trifft nur höchst bedingt zu. Denn empirische Rekonstruktionen des individuellen Auswahlverhaltens haben ergeben, dass es jeweils konkrete lebenspraktische Belange sind, die die einen „Sinnangebote" sich aneignen lassen und die anderen nicht (vgl. 498, bes. 262 f.).

3. Das nächste Stichwort, *Enttraditionalisierung*, steht wiederum in engem Zusammenhang mit den beiden bisher behandelten, Individualisierung und Pluralisierung. War dabei doch schon mit der damit gemeinten Auflösung von bislang als verbindlich geltenden und der individuellen sowie kollektiven Orientierung dienenden Traditionen allenthalben die Rede. Tradition und Moderne gelten als unvereinbar, so dass, wer mit der Modernisierung Schritt halten will, das Vergangene hinter sich lassen und nach vorn schauen muss. Allein das, was ist und was sich machen lässt, zählt. Dem allenthalben angesagten Fortschritt stehen Rückschritte nur im Wege.

Diesem Modernisierungsdenken korrespondiert eine Lebenseinstellung, die auf das Hier und Jetzt gerichtet ist nach dem Motto: Erlebe dein Leben! War dieses ehedem ein Privileg der reichen Schichten, so hat die Mehrung des Wohlstands es mit sich gebracht, dass relativ breite Bevölkerungskreise nunmehr nach diesem Motto leben können. Die weitgehende Ausrichtung an einem erlebnisorientierten Lebensstil sowie die ständige Perfektionierung und Erweiterung der Angebote wird von einer sich immer mehr differenzierenden und expandierenden Konsumindustrie sowie von einem die Produkte vertreibenden Dienstleitungsgewerbe unterstützt. Die Modewellen in den verschiedensten Bereichen überschlagen sich. Immer wirksamere Erlebnisqualitäten („Kicks") zu liefern, verheißen die angeboteten Produkte. An manchem Beispiel ließe sich veranschaulichen, dass dieser Trend selbst vor dem religiösen Bereich nicht Halt macht – was zusätzlich die von einigen Gesellschaftskritikern aufgestellte These untermauert, dass Konsum und Hedonismus zu der eigentlichen (Ersatz-)Religion unserer Zeit geworden ist.

Doch auch diese Entwicklung hat ihre andere Seite. Sie besteht zum einen darin, dass die Zahl derer, die schon allein die materiellen „Opfer", die diese Religion einfordert, nicht mehr aufbringen können, nicht kleiner, sondern größer wird – bedingt durch Entwicklungen im ökonomischen Bereich, auf die unter dem nächsten Stichwort „Globalisierung" noch näher eingegangen wird. Zum anderen machen Menschen die Erfahrung, dass das Leben nach dem Prinzip, das Leben zu erleben, keineswegs die Erfüllung mit sich bringt, die es verheißt, und dass es zudem Situationen gibt, in denen es schlicht und einfach versagt. Wenn die Begrenztheit menschlichen Lebens bewusst wird, setzt bei vielen Menschen eine neue Nachdenklichkeit ein, ob denn das, was man hat, alles sein kann und soll.

In diesem Zusammenhang ist inzwischen eine immer größere Kreise ziehende Nachdenklichkeit aufgekommen, die auf die sich abzeichnenden Folgeprobleme der Modernisierung aufmerksam und bewusst macht, dass diese nicht im Rahmen der diese Entwicklung vorantreibenden Logik gelöst werden können, sondern dass für sie von anderswoher Lösungen gesucht werden müssen: Dürfen die Menschen wirklich alles machen, was sie können? Welche Kriterien können für entsprechende Entscheidungen geltend gemacht werden? Dass die Menschen, wenn sie ihr (Gottes-)Gedächtnis verlieren, sich zu findigen Tieren zurückkreuzen könnten – und sich eben nicht, wie manche wohl durchaus ernsthaft glauben, an die Stelle des Weltenschöpfers setzen können –, diese Schreckensvision ist heute für viele noch bedrängender geworden als zu der Zeit, zu der K. Rahner sie geäußert hat (vgl. 478, 58).

4. Das letzte Schlagwort im Reigen der vier aufgeführten lautet *Globalisierung*. Auch der Prozess, der damit gemeint ist, hat mehrere Facetten. Zunächst einmal drückt er den durchaus als positiv zu verzeichnende Vorgang aus, dass die Menschen sich aufgrund neuer und sich ständig verfeinernder Entwicklungen im Bereich der Kommunikations- und Transporttechnologien räumlich und zeitlich näher gekommen sind bzw. näher kommen können und damit die Erfahrung der einen Menschheit konkreter geworden ist. Prinzipiell kann jederzeit gleichzeitig von allen möglichen Punkten auf unserem Planeten aus informiert und miteinander kommuniziert werden; und prinzipiell können auch persönlich die dazwischen liegenden Entfernungen so schnell wie noch nie überbrückt werden.

Das Problem ist nur, dass das, was prinzipiell möglich ist, keineswegs allen im gleichen Maße zugute kommt; im Gegenteil, es ist bislang eine absolute Minderheit, die davon profitiert und die auch ein Interesse daran hat, dass ihr dieses Privileg so lange wie möglich erhalten bleibt. Anders formuliert: Die Globalisierung, so wie sie faktisch vonstatten geht bzw. gesteuert wird, läuft weitestgehend unter rein ökonomischen Vorzeichen ab. In der Wirtschaft hat man nämlich schnell begriffen, welchen Vorteil die Grenzenlosigkeit mit sich bringen kann: Da ist es auf der einen Seite möglich geworden, die Herstellung und den Vertrieb von Produkten so in die verschiedensten Regionen der Welt aufzuteilen, dass die einzelnen Abläufe so organisiert werden, dass sie in die jeweils kostengünstigsten Standorte verlagert werden und so insgesamt der maximale Gewinn erzielt wird, der seinerseits allerdings nicht der Einnahmequote entsprechend auf die einzelnen Standorte aufgeteilt wird. Da ist auf der anderen Seite die durch die Finanzspekulation ausgelöste, ständig und weltweit erfolgende Verschiebung des Kapitals zu nennen, die sich jeglicher Kontrolle entzieht und für die Gewinner Reichtümer in unvorstellbaren Ausmaßen mit sich bringt. Gerade von letzterem geht die verführerische Verheißung aus, schnell „Geld machen" zu können, die ihre Wirkungen insbesondere auf die aufstrebende Mittelschicht in der Gesellschaft nicht verfehlt hat; nachdem sich inzwischen die Hoffnungen der Kleinspekulanten nicht erfüllt haben, die Betroffenen also ihr wirtschaftliches Aufstiegsprojekt vom Scheitern bedroht sehen, kommt unter ihnen eine Stimmungslage der Unzufriedenheit und Resignation auf, die sie leicht für eine rechtspopulistische Stimmungsmacherei anfällig werden lässt.

Nicht nur die Wirtschaft, sondern auch die Forschung ist es – dies sei der Vollständigkeit halber exkursartig eingefügt –, die durch die Globalisierung einen enormen Anschub und Aufschwung erfahren hat und erfährt. Besonders deutlich wird dies im Bereich der Gentechnologie, die das Erlangen von immer neuen Erkenntnissen einer weltweiten Vernetzung von Forschungszentren verdankt. Die Frage ist nur, ob die in solcher globaler Kooperation gewonnenen Ergebnisse auch allen Menschen zugute kommen oder ob dem vonseiten der finanziell in erheblichem Ausmaß daran beteiligten Wirtschaft ein Riegel vorgeschoben wird, weil sie ein Interesse hat, die getätigten Investitionen in Form von x-fachen Gewinnen entschädigt zu bekommen. Die Tatsache, dass Genmaterial patentiert wird, bedeutet, dass eine Minderheit in der Lage ist, darüber zu verfügen, wem was zugute kommt – und zwar bis in den Bereich der Erfüllung von Grundbedürfnissen wie Nahrung und Gesundheit hinein.

Gänzlich anders ist die Situation bei denen, die von Anfang an keine Chancen hatten, auf der Gewinnerseite des unter neoliberal-ökonomischem Vorzeichen betriebenen Globalisierungsprozesses zu stehen, sondern von ihm mehr oder weniger bewusst ausgeschlossen wurden, die, die nicht einmal mehr zur Ausbeutung benötigt werden, weil rationell arbeitende Maschinen menschliche Arbeitskraft zunehmend überflüssig werden lassen. Statt die möglich gewordene Einheit der Menschheit herbeizuführen, hat die Globalisierung, wie sie sich faktisch durchgesetzt hat, ihre Spaltung mit sich gebracht, eine Spaltung, die sich immer stärker vertieft und verfestigt und die seit einiger Zeit noch mit sozialdarwinistischen Parolen als unvermeidlich gerechtfertigt wird: Die Stärkeren kommen halt durch!

Genau diese Spaltung ist es, die sich tief bis in die seelischen Stimmungslagen der Menschen hinein auswirkt: Auf der Seite der immer stärker in die Armut Verbannten wächst das Gefühl der Aussichtslosigkeit, das sich vermehrt in ungezügelte Gewalt hi-

nein entlädt. Auf der anderen Seite der privilegierten Minderheit wird alles daran gesetzt, das zu behalten, was man hat, wobei im Hintergrund die Furcht mitschwingt, man
könne es mit einem Male verlieren. Mit gigantomanischen Anstrengungen bauen sich
die Wohlstandsregionen in der Welt zu nach Möglichkeit uneinnehmbaren Festungen
aus – mit dem Effekt, dass sie dafür nicht regenerierbare Ressourcen aufbrauchen und
sich so allmählich das eigene Verderben bereiten.

Es gibt allerdings auch inzwischen nicht länger übersehbare Gegenbewegungen, ausgelöst von einzelnen und gemeinsamen Initiativen, die die Augen nicht vor den Gefahren, in
die sich die Menschheit und der ganze Planet hineinbewegen, verschließen, sondern dem
wirksam zu begegnen bestrebt sind und mit ihrem Engagement und symbolischen Aktionen der Weltöffentlichkeit bewusst zu machen versuchen, dass es nur eine Möglichkeit
gibt, den drohenden Untergang zu vermeiden: den Weg der globalen Solidarität.

1.3.2 Zur Selbstvergewisserung des christlichen Glaubens
im Dschungel zeitgenössischer Stimmungslagen und Weltanschauungen

Aufgrund der bisher angestellten Überlegungen lässt sich vielleicht nachvollziehen,
dass ein Gefühl des Unbehagens, des Pessimismus oder gar des Defätismus weit verbreitet ist. Viele Zeitgenossen und Zeitgenossinnen leben unter dem Eindruck, irgendwelchen anonym gesteuerten Prozessen ausgesetzt zu sein, auf die sie keinen Einfluss
haben und denen sie darum hilflos und ohnmächtig ausgeliefert ist. Dieses Gefühl der
Ohnmacht kann man sicherlich zu den Signaturen unserer Zeit zählen.

Es macht gewissermaßen die Kehrseite von etwas aus, das ebenfalls eine Signatur
unserer Zeit darstellt: das starke Bewusstsein der Menschen von ihrer Autonomie und
ihr Wille zur Selbstbestimmung – nicht zuletzt eine Folge des Individualisierungsprozesses. Auf seine Autonomie zu pochen, sich selbst bestimmen zu können, frei entscheiden und handeln zu können – das sind Werte, die in Umfragen immer wieder Spitzen-
positionen erzielen. Und in der Tat handelt es sich um Errungenschaften, die prinzipiell
schon länger zum geistigen Ideengut infolge der Aufklärung zählen, die faktisch allgemein leben zu können von den neueren gesellschaftlichen Entwicklungen her erst
begünstigt wird. Mindestens im privaten Lebensbereich können sie auch weitgehend
befolgt werden. Aber darüber hinaus? Vieles spricht dafür, dass es dieser erfahrene
Zwiespalt zwischen Freiheit und Unfreiheit, zwischen Macht und Ohnmacht ist, der
untergründig viele Menschen bewegt und auf den sie in unterschiedlicher Weise reagieren; stichwortartig seien dazu einige Phänomene angeführt:
- Rückzug in die Privatsphäre als Ort der individuellen und vielleicht noch partnerschaftlichen Erfüllung;
- Resignation als Folge und Ausdruck des übermächtigen Gefühls, man könne sowie-
so nichts machen;
- Zynismus als die lustvoll ausgekostete Variante dieses Gefühls, verbunden mit der
Grundüberzeugung, es gebe im Leben sowieso keinen übergreifenden Sinn und
Zweck, alles sei absurd;

– Flucht in die Esoterik oder in virtuelle Welten, weil von ihnen ein Ausweg aus der nicht verbesserbaren Wirklichkeit erhofft wird;
– Gleichgültigkeit und Gefühllosigkeit als Reaktionsmuster auf die alltäglich über die Medien erfahrenen Nöte und Schicksalsschläge, denen „die anderen" ausgesetzt sind;
– unbeirrbarer Fortschrittsoptimismus hinsichtlich der Fähigkeit des Menschen, alles unter Kontrolle zu haben und zum Besseren gestalten zu können.

Abgesehen davon, dass nicht selten diese Lebenseinstellungen ihrerseits bereits religiös oder quasireligiös aufgeladen sind, um die von ihnen ausgehenden Orientierungen mit einer nicht anzweifelbaren Grundlage auszustatten, wird in diesem Zusammenhang auch immer wieder Religion ins Spiel gebracht. Von ihr erhofft man sich eine Möglichkeit, die Ängste und Unsicherheiten, die für nicht wenige die skizzierten gesellschaftlichen Entwicklungen mit sich bringen, bewältigen oder zumindest ruhig stellen zu können – in der Hoffnung, dass es irgendwie und -wo einen Grund und Halt gibt, der letztlich doch Sicherheit gewährleiste und so Orientierung ermögliche. Ob allerdings von solchen Phänomenen und Tendenzen her bereits von einem „Megatrend der Respiritualisierung" als Kennzeichen unserer Zeit gesprochen werden kann, erscheint zweifelhaft. Es scheint wohl so zu sein, dass jeder bzw. jede sich jeweils für sich in irgendeiner Form einen „Gesamtreim" auf sein bzw. ihr Leben macht; aber es muss ebenfalls nüchtern zur Kenntnis genommen werden, dass dieses eher hintergründig eine Rolle spielt, als dass es im alltäglichen Bewusstsein präsent ist. Dieses wird nämlich weitgehend von gewohnt gewordenen Routinen gesteuert.

Selbst von aufgeklärter philosophischer Seite wird der Religion bescheinigt, dass sie aufklärungsresistent sei, da es im individuellen sowie im kollektiven Leben nun einmal immer auch Kontingenzen gebe, für deren Bearbeitung keine anderen Mittel mehr zur Verfügung ständen als die Tröstung, die die Religion bereit hielte. Entsprechend wird an die Religion die Aufgabe herangetragen, sich um „eine Kultur des Umgangs mit dem Unverfügbaren" (H. Lübbe) zu kümmern. Dabei müsse sie es dann aber auch belassen. Denn wo und wenn wieder rational gedacht und gehandelt werden könne, habe die Religion nichts verloren (vgl. 515; zur Kritik vgl. 470).

Die Kirchen reagieren auf solche verlockenden Avancen keineswegs abgeneigt; im Gegenteil, bekommen sie doch durch sie angesichts der eher depressiv stimmenden Tatsache, dass es in ihren eigenen Reihen allenthalben abbröckelt und erodiert, bescheinigt, dass sie eine unersetzliche Aufgabe haben und wahrnehmen, wenn sie nur bereit sind, sich damit zu begnügen, die durch die gesellschaftlichen Entwicklung verschärften, aber vom gesellschaftlichen System nicht absorbierbaren Kontingenzen und Sinndefizite so zu kompensieren, dass die davon Betroffenen ruhig gestellt und wieder funktionsfähig gemacht werden. Genau hier ist jedoch der christliche Glaube zutiefst in seinem eigenen Selbstverständnis tangiert und angefragt. Die entscheidende Frage kann in diesem Zusammenhang wie folgt präzisiert werden: Entspricht es dem christlichen Glauben, sich auf die Gestaltung einer Kultur des Umgangs mit dem Unverfügbaren zu begnügen? Oder besteht sein weit darüber hinausgehender Anspruch, aber

auch Zuspruch nicht darin, dass es nicht nur darum gehen kann, die Erfahrungen des
Unverfügbaren möglichst reibungslos zu bewältigen, sondern gerade sie zum Anlass zu
nehmen, auch über eine Kultur des Umgangs mit dem Verfügbaren, die das Unverfügbare nicht marginalisiert oder gänzlich ausblendet, nachzudenken und sich für die Realisierung einer solchen Kultur zu engagieren?

Ist in der letzten Frage einigermaßen zutreffend umschrieben, was den christlichen
Glauben in seinem Selbstverständnis ausmacht, dann kann er sich nicht damit abfinden, auf die Funktion der Kontingenzbewältigungspraxis reduziert zu werden. Um in
Absetzung davon jedoch positiv seinen eigenen Ort und seine Aufgabe für die Menschen angeben zu können, ist ein Zweifaches erforderlich: zum einen sich ein angemes-
senes Bewusstsein für die Situation, mit der wir es zu tun haben, zu verschaffen; zum
anderen den Glauben inhaltlich so zu konturieren, dass daraus sein kritisch-konstrukti-
ver Bezug zur derzeitigen Situation erkenntlich wird. Dabei kann und muss davon ausgegangen und ernst genommen werden, dass für den christlichen Glauben ein solcher
Situationsbezug nicht allererst neu herzustellen ist, sondern dass er in der einen oder
anderen Weise – sei es in Anknüpfung, sei es in Widerspruch – an den Entwicklungen
mehr oder weniger maßgeblich beteiligt war, die zu der derzeitigen Situation geführt
haben. Im Zusammenhang mit dem Säkularisierungstheorem ist dieses hinreichend,
wenn auch strittig erörtert worden.

Im Rahmen von Überlegungen zu den Bedingungen der Möglichkeit einer zukunftsfähigen christlichen Existenz wird gern auf K. Rahners Votum zurückgegriffen: „Der
Fromme von morgen wird ein 'Mystiker' sein, einer, der etwas 'erfahren' hat, oder er
wird nicht mehr sein, weil die Frömmigkeit von morgen nicht mehr durch die im voraus zu einer personalen Erfahrung und Entscheidung einstimmige, selbstverständliche
öffentliche Überzeugung und religiöse Sitte aller mitgetragen wird" (479, 22). Um dieses Zitat nicht misszuverstehen, darf im Sinne Rahners unter „Mystik" und „Mystiker"
bzw. „Mystikerin" nicht ausschließlich deren hoch ausgeprägte Formen verstanden
werden, wie sie etwa in den Gestalten der hoch- und spätmittelalterlichen Mystik
(Meister Eckart, Mechthild von Magdeburg, Gertrud von Helfta u. a.) begegnen. Rahner meint auch und sogar vorrangig ganz alltägliche Phänomene, wie sie mit in einem
„normal" gelebten Leben gemachten Erfahrungen einhergehen. Um das zu veranschaulichen, soll noch einmal K. Rahner zu Wort kommen, dieses Mal in einem länge-
ren Zitat:

– „Wo die eine und ganze Hoffnung über alle Einzelhoffnungen hinaus gegeben ist,
  die alle Aufschwünge, aber auch alle Abstürze noch einmal sanft in schweigender
  Verheißung umfängt,
– wo eine Verantwortung in Freiheit auch dort noch angenommen und durchgetragen
  wird, wo sie keinen angebbaren Ausweis an Erfolg und Nutzen mehr hat,
– wo ein Mensch seine letzte Freiheit erfährt und annimmt, die ihm keine irdischen
  Zwänge nehmen können,
– wo der Sturz in die Finsternis des Todes noch einmal gelassen angenommen wird als
  Aufgang unbegreiflicher Verheißung,
– wo die Summe aller Lebensrechnungen, die man nicht selber noch einmal berech-

nen kann, von einem unbegreiflichen anderen her als gut verstanden wird, obwohl
man es nicht nochmals 'beweisen' kann,
– wo die bruchstückhafte Erfahrung von Liebe, Schönheit, Freude als Verheißung von
  Liebe, Schönheit, Freude schlechthin erlebt und angenommen wird, ohne in einem
  letzten zynischen Skeptizismus als billiger Trost vor der letzten Trostlosigkeit verstanden zu werden,
– wo der bittere, enttäuschende und zerrinnende Alltag heiter gelassen durchgestan-
  den wird bis zum angenommenen Ende aus einer Kraft, deren letzte Quelle von uns
  nicht noch einmal gefaßt und so uns untertan gemacht werden kann,
– wo man in eine schweigende Finsternis hinein zu beten wagt und sich auf jeden Fall
  erhört weiß, obwohl von dort her keine Antwort zu kommen scheint, über die man
  noch einmal räsonieren und disputieren kann,
– wo man sich losläßt, ohne Bedingung und die Kapitulation als den wahren Sieg
  erfährt,
– wo Fallen das wahre Streben wird,
– wo die Verzweiflung angenommen und geheimnisvoll nochmals als getröstet ohne
  billigen Trost erfahren wird,
– wo der Mensch alle seine Erkenntnisse und alle seine Fragen dem schweigenden
  und alles bergenden Geheimnis anvertraut, das mehr geliebt wird als alle unsere uns
  zu kleinen Herren machenden Einzelerkenntnisse,
– wo wir im Alltag unseren Tod einüben und das so zu leben versuchen, wie wir im
  Tode zu sterben wünschen, ruhig und gelassen,
– wo ... (man könnte ... noch lange weiterfahren),
– da ist Gott und seine befreiende Gnade. Da erfahren wir, was wir Christen den Heiligen Geist Gottes nennen; ... Da ist die Mystik des Alltags, das Gottfinden in allen
  Dingen, da ist die nüchterne Trunkenheit des Geistes, von der die Kirchenväter und
  die alte Liturgie sprechen ...
Suchen wir selbst nach solchen Erfahrungen unseres Lebens, suchen wir die eigentlichen Erfahrungen, in denen gerade uns so etwas geschieht. Wenn wir solche finden,
haben wir die Erfahrung des Geistes gemacht, die wir meinen. Die Erfahrung der
Ewigkeit, die Erfahrung, daß der Geist mehr ist als ein Stück dieser zeitlichen Welt, die
Erfahrung, daß der Sinn des Menschen nicht im Sinn und Glück dieser Welt aufgeht,
die Erfahrung des Wagnisses und des abspringenden Vertrauens, das eigentlich keine
ausweisbare, dem Erfolg dieser Welt entnommene Begründung mehr hat" (480, 260f.).
    Es dürfte deutlich geworden sein: Rahner insistiert hier darauf, dass der Glaube
christlichem Verständnis zufolge erst dann angemessen verstanden ist und praktiziert
wird, wenn er nicht bloß zur Deutung und Gestaltung anlässlich außergewöhnlicher
Ereignisse in der Lebensgeschichte herangezogen wird, sondern wenn er gerade mit
den alltäglichen Lebensvollzügen einhergeht und sich dabei als hilfreich bewährt, um
sie zu bewältigen bzw. zu gestalten. Rahner geht, wenn man weitere Überlegungen von
ihm heranzieht, noch darüber hinaus, insofern er der Überzeugung ist, dass überall
dort, wo die von ihm angedeuteten Lebenseinstellungen und -stile begegnen, sich „anonym" christlicher Glaube vollzieht, weil hier Gottes Gnade am Werk ist. Das bezieht

sich auf Situationen des Glücks ebenso wie auf Situationen des Scheiterns. Und dabei sind die Erfahrungen, die sich in und aus solchen Situationen ergeben, keineswegs unbedingt irgendwelche überschäumende Erlebnisse, gewissermaßen Augenblicke des Einbruchs des Himmels auf die Erde. Vielmehr fasst Rahner bevorzugt solche Erfahrungen ins Auge, die sich gewissermaßen an den „Durststrecken" im Leben festmachen und dazu verhelfen, nicht zu resignieren, auch wenn dabei nicht positiv angegeben werden kann, welchen Grund man für das „Durchhalten" hat.[25] Es ist diese eigentümliche Spannung von Gewissheit und Risiko, die für den Glauben charakteristisch ist.

Festzuhalten ist für die weiteren Überlegungen, dass der Glaube es zutiefst mit menschlichen Erfahrungen zu tun hat, Erfahrungen, die zunächst einmal im persönlichen Leben gemacht werden und dort ihre Bedeutung gewinnen, Erfahrungen, die aber auch gemeinsam mit anderen sich herausbilden und die Verbundenheit untereinander stärken. Es handelt sich um alles andere als um Augenblickserlebnisse. Vielmehr sind es „qualifizierte Erfahrungen von besonderer Verbindlichkeit" (F.-X. Kaufmann), die das Selbst und das Wir zugleich binden und transzendieren (vgl. 507, bes. 120 ff.).

Solche Erfahrungen verstehen sich allerdings nicht von selbst, sondern sie sind, um verstanden bzw. gedeutet werden zu können, auf Deutungsmuster angewiesen. Hier kommt das eingangs zwar erwähnte, aber bislang vernachlässigte Moment des fides quae, des an bestimmten Inhalten sich ausweisenden Glaubens, ins Spiel. Dass das nicht in Form von als verpflichtend aufoktroyierten Vorgaben geschehen kann, ist klar, wenn es darum gehen soll, gemachte Erfahrungen deuten zu können. Die teilweise lehrformelhaft erstarrten Inhalte müssen stattdessen wiederum so verflüssigt bzw. elementarisiert werden, dass die ihnen ihrerseits jeweils zugrunde liegenden Erfahrungen freigeschaufelt werden und sie von daher Beziehungen zu heute gemachten Erfahrungen gewinnen. Dabei ist es nicht so, dass einseitig vom Heute her der Maßstab für die mögliche Bedeutung des Früheren vorgegeben würde. Vielmehr handelt es sich um einen dialektischen Prozess des Korrelierens, der heutige Erfahrungen im Lichte der Überlieferung interpretiert und umgekehrt sowie der dazu herausfordert, nicht nur Gleichförmiges gelten zu lassen, sondern auch Widerständiges, sich zutage gefördertem Verdrängten zu stellen und sich auch mit solchen Schattenseiten sowohl des eigenen Lebens als auch der kollektiven Geschichte auseinander zu setzen.

Es ist durchaus verständlich, dass solche Deutungsmuster bevorzugt werden, die sich als mit den vorherrschenden Selbstverständlichkeiten konform oder zumindest vereinbar ausweisen; hingegen wird dazu Sperrigem, möglicherweise die Plausibilitäten Unterbrechendem und In-Frage-Stellendem lieber ausgewichen. Im derzeit weithin verbreiteten Umgang mit Religion zeigt sich diese Einstellung überaus deutlich: Wo sie zur Affirmation und womöglich feierlichen Verklärung des sowieso schon als sinnvoll Geltenden dient, ist man ihr gegenüber offen; wo sie sich jedoch eher als störend erweisen könnte, meidet man sie lieber.

Die Frage ist in diesem Zusammenhang, welche „Chancen" der christliche Glaube angesichts der zeitgenössischen Mentalitätslagen hat, wenn er nicht nur in einer diffusen Gefühlsstimmung verbleiben, sondern auch in seinen inhaltlichen Bestimmungen zur Geltung gebracht werden soll. Vielleicht kommt dem die Struktur dieses Glaubens durchaus entgegen, nämlich seine Doppelpoligkeit von Zuspruch und Anspruch, unbedingter Bejahung und verbindlicher Anforderung. Denn daraus ergibt sich, dass der christliche Glaube zunächst einmal sich in dem Annehmen-Können des Menschen, so wie er ist, vollzieht. Der Ausgangs- und Kernsatz des christlichen Glaubens besteht in dem Bekenntnis[26], dass alles Dasein grundlegend ein Geschenk ist, welches Gott seinen Geschöpfen hat zuteil werden lassen. Dieses gilt auch und gerade für den Menschen, und zwar jeden einzelnen, der sich allererst – trotz aller Schuld und ohne jegliche Leistung – von Gott geliebt und anerkannt wissen darf.

Damit ist alles andere als ein billiges „Ja und Amen" gemeint. Mit welcher Dramatik das vielmehr verbunden ist, demonstriert symbolisch das christliche Taufgelöbnis mit seinem dreifachen „Ja" und dreifachen „Nein", mit dem eine praktisch folgenreiche Unterscheidung der Geister, mit der wir es Tag für Tag zu tun haben, vorgenommen wird. Mit Blick auf die Herausforderungen der Gegenwart sei dieses exemplarisch anhand einzelner Credo-Artikel durchzubuchstabieren versucht:

– Als Ja zum Gott, der der ganzen Schöpfung ihr Leben spendet, lässt der Glaube sensibel werden für alles, was dieses Leben bedroht oder gar vernichtet. Für treffend halte ich die Formulierung eines Theologen, der die Christen und Christinnen einmal als Widerstandsbewegung für das „Leben in Fülle" (Jo 10,10) – von seinen Anfängen bis zum Ende – bezeichnet hat.

– Als Ja zum Gott, der allein heilig ist, widersetzt sich der Glaube allem, was an die Stelle Gottes zu treten bestrebt ist und seine Heiligkeit für sich beansprucht. Ohne dass daraus eine Technikfeindlichkeit erwachsen müsste, lässt der Glaube hellhörig und misstrauisch werden, wenn Menschen meinen, sich die in der Tradition Gott vorbehaltenen Attribute aneignen zu können: z. B. die Allmacht mithilfe der Gentechnologie, die Allgegenwart mithilfe der Mikroelektronik.

– Als Ja zum Gott, der sich leidenschaftlich auf die Seite der Arm-Gemachten, Rechtlosen und aus der Gesellschaft Ausgestoßenen geschlagen hat, hält der Glaube zu einer parteilichen Solidarität vorzugsweise mit denen an, die heute einem ähnlichen Schicksal ausgesetzt sind, und lässt gegebenenfalls eigene Nachteile dafür in Kauf nehmen.

– Als Ja zum Gott, dessen Name tief und unbegreiflich mit der Leidensgeschichte der Menschheit verwoben ist, macht der Glaube aufmerksam für alle, die leiden, und gibt er die nicht dem Vergessen preis, die ohne Schuld haben leiden müssen oder vorsätzlich gar dem Leiden oder der Vernichtung ausgesetzt worden sind. Leidenschaftlich richtet er sich gegen alle Versuche, das als störend empfundene Leid aus der Gesellschaft einfach verdrängen zu wollen.

– Als Ja zum Gott, der seiner Schöpfung ihre Vollendung verheißen hat, weiß sich der Glaube zur Verantwortung für die Zukunft des Lebens angehalten. Bei all dem lässt er menschliches Scheitern ertragen und gibt die Kraft, weiterzumachen oder neu anzufangen, statt zu resignieren oder dem Zynismus das letzte Wort zu lassen.

– Als Ja zum Gott, der das Heil aller Menschen will, ist es dem christlichen Glauben verwehrt, sich als vermeintlich allein selig machende Religion absolut zu setzen; sehr wohl hält er in seinen eigenen Reihen dazu an, dass die Christen und Christinnen gemeinsam in der Welt und vor ihr in Wort und Tat glaubwürdiges Zeugnis von ihrer Zuversicht des „Heils von Gott her in Jesus Christus" (E. Schillebeeckx) ablegen.

Es braucht wohl nicht eigens dargelegt zu werden, dass solche Glaubensaussagen, wenngleich sie als durchaus mit der Vernunft kompatibel ausgewiesen werden können, ihre Wahrheit in dem Maße ausweisen, wie sie praktisch umgesetzt werden und engagiert für sie eingestanden wird. So wie sich der Glaube einer bestimmten Praxis, dem Umgang auf der Basis unbedingter Bejahung, verdankt, so weist er wiederum in eine solche Praxis ein, nämlich aus dem Vertrauen auf diese unbedingte Bejahung heraus sie auch anderen zuteil werden zu lassen.

Was trägt ein solcher Glaube angesichts der im vorigen Abschnitt als auf die heutigen individuellen und kollektiven Mentalitätslagen sich massiv auswirkenden gesellschaftlichen Entwicklungstendenzen der Individualisierung, Pluralisierung, Enttraditionalisierung und Globalisierung aus bzw. was kann er austragen? Es handelt sich, wie ausgeführt, jeweils um Entwicklungen, die mindestens zwei Seiten haben, die also als ambivalent einzuschätzen sind. Sie können sich zum Vorteil – also auf eine positive Weiterentwicklung des Menschengeschlechts und der ihm anvertrauten Schöpfung hin – auswirken, sie können aber auch zum Nachteil ausfallen. Es kommt also darauf an, in welche Richtung die Prozesse gesteuert werden – eine Angelegenheit, die die Menschen zu verantworten haben, wenn man nicht annehmen möchte, dass sich die weitere Entwicklung jeglicher Möglichkeit der Einflussnahme entzieht, weil sie strukturell determiniert sei. Die von Menschen wahrzunehmende Verantwortung besteht also darin, in den ambivalent verlaufenden Prozessen die lebensförderlichen Momente zu stärken und den destruktiven Kräften entgegenzuwirken.

Hier steckt für den christlichen Glauben eine entscheidende Herausforderung, ob und inwiefern von ihm aus ein relevanter Beitrag zur Wahrnehmung dieser Verantwortung geleistet werden kann. Dabei ist vorweg nüchtern in Betracht zu ziehen, dass ein Sich-Stellen dieser Herausforderung nicht voraussetzungslos geschieht. Im Gegenteil, für den christlichen Glaube zumindest in seiner katholischen Variante wirkt bis heute eminent nach, dass er dem ganzen Modernisierungsprozess eher abwehrend und feindlich als aufgeschlossen gegenübergestanden hat, so dass viele Errungenschaften, die heute für viele Menschen zum selbstverständlichen Lebensstandard gehören (von technischen Produkten bis hin zu den Menschenrechten), gegen die katholische Kirche durchgesetzt werden mussten. Insofern ist es allererst vonnöten, dass diese Kirche – wie sie es mit dem letzten Konzil programmatisch begonnen hat, sie oder zumindest einflussreiche Kräfte in ihr aber seitdem immer wieder dazu tendieren, sich in das vermeintliche Terrain des herkömmlich Vertrauten zurückzuziehen – entschlossen eine Beziehung zu den (post-)modernen Entwicklungstendenzen gewinnt und sich selbst von ihnen involvieren lässt (zumindest endlich dem auch „offiziell" stattgibt; denn faktisch ist das natürlich unvermeidlich und darum schon längst der Fall).

Worauf es, wie bereits angedeutet, ankommt, ist, die positiven Kräfte in den dargelegten Modernisierungsprozessen zur Geltung zu bringen und zu stärken. Was dazu vom christlichen Glauben her kritisch-konstruktiv eingebracht werden kann, sei im Folgenden in Form von ein paar heuristischen Hinweisen zu skizzieren versucht:

1. Die Individualisierung hat einen enormen Schub zur Freisetzung der Menschen zu ihrer *Freiheit* mit sich gebracht und fordert ihre In-Gebrauch-Nahme zugleich ein. Nachhaltig spiegelt sich dieses im Verhalten vieler Leute den Kirchen gegenüber wider: Sie wollen sich nicht länger von ihnen bevormunden lassen, sondern ihnen gegenüber die eigene Mündigkeit praktizieren. Seitens der Kirchen ist das nicht nur zu dulden – ändern können sie es aufgrund fehlender Sanktionsmöglichkeiten sowieso nicht –, sondern ausdrücklich als dem christlichen Glauben gemäß zu fördern. Glauben und Freiheit müssen grundsätzlich zusammenbuchstabiert werden; und im Zweifelsfall, so ist es in der kirchlichen Überlieferung festgeschriebene Überzeugung, hat die (Gewissens-)Freiheit des oder der Einzelnen Vorrang vor allen von anderswoher erhobenen Ansprüchen. Erst wenn das nicht nur theoretisch klar, sondern auch praktisch konsequent ernst genommen wird, können vom christlichen Glauben her die Menschen von einer Überforderung der Freiheit entlastet werden, indem ihnen in der christlichen Botschaft zugesagt ist, dass sie „zur Freiheit befreit" (Gal 5,1) sind, dass also die menschliche Freiheit in ihrer Unbedingtheit auf einem ihr diese Unbedingtheit gewährenden Grund aufruht, der sie wirklich freisetzt (vgl. grundlegend 475 u. 476). Das kann davor bewahren, sich von vordergründigen Freiheitsversprechungen, die aber mehr oder weniger sublim letztendlich die Freiheit in Beschlag nehmen und mit neuen Zwängen besetzen, verlocken zu lassen.

2. Die Pluralisierung macht einen angemessenen Umgang mit der *Differenz und Vielfalt* – der Vielfalt von Menschen, Kulturen, Religionen etc. – erforderlich. Dabei ist die Einstellung des Pluralismus, die Differenz und Vielfalt gewissermaßen vergleichgültigt und, indem sie dies zum Prinzip erklärt, doch insgeheim einem Uniformismus huldigt, von der der Pluralität zu unterscheiden, die die Differenzen nicht nivelliert und auf eine vermeintliche Gleichheit hin harmonisiert, sondern um die Schaffung einer Kultur der Anerkennung bemüht ist, in der das Andere in seiner Andersheit bestehen bleiben kann und nicht sublim dem Eigenen gleichförmig gemacht wird. Für die Logik einer auf Machtsteigerung bedachten Vernunft sind Differenz und Vielfalt immer störend und waren bzw. sind darum immer wieder Anlass zu konfliktträchtigen bis hin zu gewalttätigen Auseinandersetzungen. Nicht zuletzt die Religionen haben sich hinsichtlich dessen im Laufe der Geschichte eine gewaltige Hypothek aufgeladen. Sie sind darum der Schaffung einer Anerkennungskultur in besonderer Weise verpflichtet und könnten im Umgang miteinander ein Beispiel dafür geben, wie diese gestaltet werden kann. Speziell für die katholische Kirche heißt dies etwa, dass die faktisch in ihr längst vorfindliche Pluralität nicht länger als Störfall der Uniformität betrachtet und gegen sie angegangen, sondern als Möglichkeit wahrgenommen wird, dem Glauben in seiner unendlichen Vielfalt auf die Spur zu kommen, indem er in möglichst vielen Stimmen sowohl von einzelnen als auch aus den verschiedensten Kulturen heraus zu Gehör kommt.

3. Der Enttraditionalisierung – folgerichtige Konsequenz einer sich immer schneller beschleunigenden Modernisierung, die allein dem Prinzip „Fortschritt" huldigt – fallen längst nicht mehr nur die zum Opfer, die mit dem erzwungenen Tempo nicht mithalten können; sondern der Zweifel daran, ob Schnelligkeit eine Verbesserung der Lebens-

qualität mit sich bringt, und das Unbehagen darüber ist nicht zufällig allgemein im An-
wachsen begriffen. *Unterbrechung* im Sinne einer Verlangsamung des Tempos und der
Ermöglichung einer selbstreflexiven Rückbesinnung auf die und *Vergewisserung* der
Ressourcen, die dem Leben wirklich zu seiner in ihm angelegten Qualität verhelfen,
sind mehr und mehr angesagt. Vom christlichen Glauben her könnte hier ein Beitrag
geleistet werden, indem er an jene Elemente seiner Tradition erinnert und sie vergegenwärtigt, die entscheidend zur Genese der modernen Welt beigetragen haben, wie
etwa die Hoch- und Wertschätzung der individuellen Person in ihrer Gottebenbildlichkeit. Inzwischen wird ja nicht nur aus dem unmittelbaren christlichen und kirchlichen
Kontext heraus die besorgte Frage aufgeworfen, welche Folgen es haben könnte, wenn
alle diese Traditionen in Vergessenheit geraten würden. Nur ist mit dem trotzigen Festhalten an sie auch nicht viel gewonnen; vielmehr können sie erst dann ihr konstruktives Potential einbringen, wenn sie in Beziehung zu den aktuellen Plausibilitäten gebracht werden – und sei es als „Kontrastprinzipien", die nachhaltig auf Schattenseiten
der Modernität aufmerksam machen (vgl. 506, 48–69).

4. Der Globalisierung können der christliche Glaube und die Kirchen insofern aufgeschlossen gegenüberstehen, als ihnen von Anfang an die Dimension der „Katholi-
zität" bzw. „Ökumenizität" konstitutiv innewohnen und somit ihr Blick immer schon
auf die Perspektive einer weltweiten, also universalen Solidarität hin ausgerichtet ist.
Ein häufiges Missverstehen des Missionsauftrages im Sinne einer territorialen und ideologischen Erweiterung des kirchlichen Einflussbereiches – mit teilweise fürchter-
lichen, nämlich die Vernichtung ihrer Existenz mit sich bringenden Folgen für Menschen und Kulturen – wird inzwischen von den Kirchen als schuldhaftes Versagen eingestanden. Umso sensibler müssten gerade sie darum sein und mit allen ihr zur
Verfügung stehenden Kräften dagegen vorgehen, wenn sich Ähnliches derzeit vollzieht
– angefangen vom Ausschluss der Mehrheit der Bevölkerung auf der Erde von der
Mehrung des Wohlstands über die Vernichtung von den Prinzipien der Moderne nicht
entsprechenden Kulturen bis hin zum auf Dauer zerstörerischen Raubbau an der
Natur zugunsten der Interessen einer rücksichtslos die eigene Privilegierung betrei-
benden Minderheit. Hier gilt es, den durch die gesamte jüdisch-christliche Tradition
sich hindurchziehenden Strang eines prophetischen Eintretens für individuelle und soziale *Gerechtigkeit* neu zu beleben und sich an den Initiativen zur Globalisierung der
Solidarität aktiv zu beteiligen.

1.3.3 „Wähle das Leben" (Dt 30, 19)

Religion und Glaube werden vorzugsweise mit Sterben und Tod in Verbindung gebracht. Da es sich dabei um Gegebenheiten handelt, die gern verdrängt werden, werden auch Religion und Glaube so konsequent wie möglich marginalisiert. Der christliche Glaube hat es demgegenüber mit einem Gott zu tun, der sich zuerst Israel gegenüber, dann in seinem Mensch gewordenen Wort für alle Menschen als ein Liebhaber
des Lebens offenbart hat.[27] Darauf hoffen und vertrauen zu können, dass dieser Gott

die Grenzen des Todes überwindet und dadurch neue Möglichkeiten zum Leben geschaffen hat – und zwar nicht erst nach dem Tode, lässt das Reden von diesem Gott zu
einer froh und frei machenden Botschaft werden. Das kann aber nur dann der Fall
werden, wenn diese Botschaft von ihren Hörern und Hörerinnen als in ihre je spezifische Situation hineinsprechend vernommen und interpretiert werden kann. So erfahren, bekommen die Verheißungsworte des Glaubens eine ungeheuer konkrete Bedeutung; und so gewendet, werden auf einmal neue Lebensmöglichkeiten gewahr.

Erst wo der Glaube ein persönlich nachvollziehbares Profil gewonnen hat, kann
letztlich eine bewusste Entscheidung getroffen werden. Und erst von einem so profi-
lierten Glauben her kann auch in den Streit um die Wirklichkeit so eingegriffen werden, dass Konsens und Dissens zu anderen Positionen erkenntlich werden.

Doch wie ist dahin zu gelangen?

Im letzten Teil des vorangegangenen Abschnitts ist versucht worden, für das Gewinnen einer solchen „Glaubenskompetenz" das von P. Freire für eine befreiende Erzie-
hungs- und Bildungsarbeit konzipierte methodische Vorgehen nutzbar zu machen,
nämlich aus der Einsicht in die Situation, in der die betroffenen Menschen leben, und
ihrer Analyse heraus die „generativen Wörter bzw. Themen" herauszufinden, die diese
Menschen so beschäftigen, dass sie hochgradig dazu motiviert sind, sich darüber ein
Bewusstsein zu bilden, um aktiv auf die Gestaltung ihrer Lebenssituation Einfluss nehmen zu können (vgl. 499). Notwendigerweise mussten die angeführten generativen
Stichwörter Freiheit, Vielfalt, Unterbrechung usw. noch im Allgemeinen verbleiben, so
wie auch die Situationsanalyse sich auf die allgemein antreffbaren gesellschaftlichen
Trends beschränken musste. Dringend erforderlich ist es darum, in weiteren Schritten
die Situationsanalyse und die daraus zu filternden Stichworte immer stärker zu kon-
textualisieren und zu konkretisieren – bis in die Lebensgeschichte des einzelnen Menschen hinein.

Dieses Vorgehen beinhaltet, dass jeder und jede als Subjekt seiner und ihrer unverwechselbaren Lebensgeschichte, in die die Glaubensgeschichte hinein verflochten ist,
anzuerkennen und gegebenenfalls zu fördern ist. Kirche als Gemeinschaft der Gläubigen wäre dann der Ort bzw. besser der Weg, wo die vielfältigen aktuellen Glaubens-
zeugnisse mitsamt der aus den früheren Generationen zusammenfinden, untereinander zum Austausch kommen und sich gegenseitig korrigieren und bereichern. Sich mit
auf diesen Weg zu begeben, sind alle eingeladen – wobei es ihnen frei steht, darüber zu
befinden, welche Strecke sie mitgehen und was sie dabei einbringen möchten. Dies ist
ein Weg, der nicht bloß um den Kirchturm kreist, sondern der sich entschlossen von
dort wegbewegt und die, die ihn gehen, „zu den human entscheidenden Orten in der
Zeit" (483, 129) führt. Darum wird dieser Weg immer wieder Anschluss suchen an andere Wege und Bewegungen, die eine ähnliche Richtung verfolgen – die Schaffung von
Lebensmöglichkeiten, die der (nach christlichem Glauben von Gott grundgelegten)
Würde des Menschen in Gemeinsamkeit mit seiner Mit- und Umwelt gerecht werden.

2. KOMMUNIKATION DES EVANGELIUMS
ALS DIALOGISCHE BEGEGNUNG MIT MENSCHEN

2.1 Der Mensch im Mittelpunkt kirchlichen Handelns
und der Praktischen Theologie

Das Heil der Seelen müsse in der Kirche immer das oberste Gesetz sein, schärft das gültige Kirchenrecht in seinem letzten Kanon (Can. 1752) ein. Dass mit dem Begriff „Seele" kein Dualismus im Sinne der Scheidung zwischen Leib und Seele gemeint ist, sondern der Mensch in seiner leiblich-seelischen Ganzheit, unterstreicht Papst Johannes Paul II., wenn er in seiner ersten Enzyklika schreibt, dass der „Mensch ... der erste Weg" ist, „den die Kirche bei der Erfüllung ihres Auftrags beschreiten muß; er ist der erste und grundlegende Weg der Kirche, ein Weg, der von Christus selbst vorgezeichnet ist und unabänderlich durch das Geheimnis der Menschwerdung und der Erlösung führt" (7, 27 f.). Irenäus von Lyon hat den bekannten Spruch geprägt: „Gloria Dei vivens homo" (Adv.Haer. IV, 20,7), d. h. der lebende Mensch gereicht zur Ehre Gottes.

Der Kirche, so besagen diese Zitate, hat es also um nichts anderes zu tun zu sein als um den Menschen, um sein Heil und auch um sein Wohlergehen – und zwar von Gott her und um seinetwillen, der es sich genau darum angelegen sein lässt, wie er es in seinem Weg mit der ganzen Menschheit, vorab mit dem von ihm befreiten und erwählten Volk bis hin zur Menschwerdung seines Wortes offenbart hat. Auch wenn dies selbstverständlich klingt, fällt spätestens beim Blick auf den Weg der Kirche durch die Jahrhunderte hindurch auf, dass von einer konsequenten Beherzigung dieses Prinzips durch sie nicht die Rede sein kann. Sicher sind von der Bibel wichtige Impulse zur Wertschätzung des Menschen – und zwar aller Menschen – und zur Anerkennung seiner Würde aufgrund der darin bezeugten Gottesebenbildlichkeit von Mann und Frau ausgegangen. Auch hat die Kirche, haben Gläubige für viele Menschen in beachtlichem Ausmaß Gutes geleistet. Es muss aber ebenso eingestanden werden, dass Menschen von kirchlicher Seite her und von sich selbst dem christlichen Glauben Zurechnenden alle möglichen Grausamkeiten sowie körperliche und seelische Verletzungen angetan worden sind – bis hin zu ihrer Vernichtung, und das alles noch unter Bezugnahme auf den Namen Gottes.

Auch in ihrer pastoralen Praxis hat die Kirche keineswegs immer nur Gutes für die Menschen bewirkt. Um ihre Aufgabe zu erfüllen, die Menschen der ewigen Seligkeit teilhaftig werden zu lassen, waren ihr häufig alle möglichen Mittel recht, um die Menschen aus ihrer ihnen zugeschriebenen (erb)sündlichen Verdorbenheit herauszureißen – bis hin zu Zwangsbekehrungen und Hexenverbrennungen. Menschen wurden – und werden es teilweise bis heute – in Angst vor dem zornigen und strafenden Gott versetzt und gehalten, damit sie um ihrer Rettung willen nach den Gnadenmitteln verlangten, über die allein die Verfügungsgewalt zu haben die Kirche für sich beanspruchte. Von daher ist es nicht verwunderlich, dass viele Menschen es als Befreiung empfunden haben, wenn sie sich vom Zugriff der Kirche haben lösen können. Wie – für die heute aufwachsenden Generationen unvorstellbar – stark der durch die kirchliche Sozialisation erzeugte psychische Druck auf die Generationen bis in die zweite Hälfte des vergangenen Jahrhunderts hinein wirken konnte, lässt sich eindrucksvoll in Autobiographien aus dieser Zeit und auch aus früheren Epochen nachlesen (vgl. 526–529).

Eine verstärkte Rückbesinnung auf die biblische Einsicht, dass es im Glauben nicht vorrangig um abstrakte Wahrheiten geht, sondern um die Menschen in ihrer konkreten Existenz, hat die sog. „anthropologische Wende" in der Theologie erbracht, für die im katholischen Raum Namen wie K. Rahner, E. Schillebeeckx u. a. stehen. Das wieder entdeckte Prinzip, dass jede Aussage über Gott auch Aussagen über den Menschen impliziert und dass das vonseiten der Theologie ausdrücklich gemacht werden müsse, hat nicht zufällig gerade in der Praktischen Theologie und ihren Unterdisziplinen eine nachhaltige Resonanz gefunden. „Hilfe zur Menschwerdung" wurde zu einer Leitformel für alles kirchliche Handeln (vgl. z. B. 275). Fast zeitgleich verband sich damit das Bewusstsein, dass für dieses kirchliche Handeln nicht nur die dazu offiziell beauftragten Amtsträger zuständig sind, sondern das gesamte Volk Gottes und dass deswegen die Subjektwerdung aller in den eigenen kirchlichen Reihen beginnt und zu beginnen hat.

So Epoche machend dieser Übergang von einem klerikalen zu einem ekklesiologischen Paradigma für die weitere Entwicklung der Praktischen Theologie auch war, so war mit dem neuen Paradigma jedoch immer noch eine Beschränkung verbunden, eine Beschränkung nämlich auf den Horizont der Kirche und ihre gläubigen Angehörigen. Genau diese wird in neueren praktisch-theologische Entwürfen zugunsten einer konsequenten Subjektorientierung dieser Disziplin zu durchbrechen versucht. Als erster gewissermaßen auf den Punkt gebracht hat dies in Anknüpfung an in diese Richtung weisende grundlagentheoretische Überlegungen zum Fach der evangelische Praktische Theologe H. Luther, der programmatisch von einer „Praktischen Theologie des Subjekts" sprach (vgl. 91). Eine doppelte Intention verband Luther mit dieser von ihm sog. „subjekttheoretischen" Wende dieser Disziplin (vgl. ebd., 12): Zum einen sollte damit die Laienperspektive in die praktisch-theologische Reflexion eingeholt werden, die Frage also, „wie die einzelnen im Kontext ihrer je verschiedenen Lebenswelt und Lebensgeschichte mit religiöser Tradition umgehen" (ebd.) und sie sich Religion zu eigen machen [„Individualisierung *der* Religion" (ebd., 13)]. Zum anderen sollte der Blick verstärkt darauf gerichtet werden, wie und was Religion zur Subjektwerdung der einzelnen beiträgt bzw. beitragen kann, wie sich also „Individualisierung *durch* Religion" (ebd., 17) vollzieht und dadurch – christlich gesehen – ihr eigentlicher Gehalt, nämlich den Menschen seine unverwechselbare Einmaligkeit bewusst werden zu lassen, zur Geltung kommt. Wie sehr dieser Impuls H. Luthers die weitere praktisch-theologische Debatte beeinflusst hat, zeigt sich allein daran, wie sehr etwa Begriffe wie „Lebensgeschichte" und „Lebenswelt" in ihr heimisch geworden sind.[1]

Auch auf katholischer Seite hat vor allem das „Handbuch Praktische Theologie" (vgl. 50) eine Ausweitung des praktisch-theologischen Reflexionshorizontes über die

Kirche hinaus auf die Lebenswirklichkeit der Menschen insgesamt postuliert und vollzogen. Die Promotoren und Promotorinnen erläutern dieses ihr im Handbuch vertretene Konzept wie folgt: „Unsere leitende Basisüberzeugung besteht darin, daß radikal
jeder Mensch im Raum des Beziehungswillens dessen steht, den wir 'Gott' nennen.
Diese Prämisse ist unhintergehbar und muß so ernstgenommen werden, daß sie nicht
nur auf der Ebene wohlfeiler theologischer Behauptung verbleibt, sondern sie auch
wissenschaftskonzeptionell eingelöst wird. Folglich gehen wir bei der Konzeption dieser Praktischen Theologie davon aus, daß deren Horizont die Praxis der Menschen ist.
Die Praktische Theologie findet unseres Erachtens in der Praxis eines jeden Menschen
und in der Praxis der Menschen insgesamt ihren potentiellen – d.h. auch: nie zur
Gänze realisierbaren und nicht mehr mit dem Anspruch der Vollständigkeit bewältig-
baren – Reflexionsgegenstand. Es gibt keinen Grund, der es rechtfertigen würde, bestimmte Praxisformen bestimmter Menschen von vornherein und grundsätzlich als für
praktisch-theologische Reflexion irrelevant auszublenden … Zu beachten ist allerdings, daß der Horizontangabe 'Praxis der Menschen' ein weiter Praxisbegriff zugrunde liegt … Unter Praxis verstehen wir den umfassenden Geschehenskomplex der Gestaltung von Wirklichkeit, insofern sie von Menschen ausgeht bzw. insofern Menschen
in ihr mit einem erlittenen Einwirken anderer Wirklichkeiten umgehen. Praxis in diesem Sinn beinhaltet z.B. auch passive Vollzüge wie Leiden oder Genuß, darstellendes
symbolisches Handeln oder diffus motivierte Akte" (85, 23f.).

2.2 Bausteine einer praktisch-theologischen Subjekttheorie

Bevor diese grundsätzliche Orientierung der kirchlichen bzw. kirchlich vermittelten
Praxis und ihrer praktisch-theologischen Reflexion am Menschen mit Blick auf die
verschiedenen Handlungsfelder – in diesem Kapitel zunächst im Umgang mit Individuen und Gruppen, in den beiden folgenden Kapiteln mit Blick auf das gemeind-
lich-kirchliche und auf das gesellschaftliche Umfeld – konkretisiert wird, müssen
wenigstens kurz differenziertere Bestimmungen vorgenommen und sie erläuternde
Überlegungen angestellt werden, die deutlich machen, was die praktische Theologie
mit „Mensch", „Individuum", „Subjekt" u.ä. meint.

2.2.1 Die Liebe Gottes und die Berufung der Menschen

„Das (sc. in diesem Abschnitt Gesagte) gilt nicht nur für die Christgläubigen, sondern für alle Menschen guten Willens, in deren Herzen die Gnade unsichtbar wirkt. Da
nämlich Christus für alle gestorben ist und da es in Wahrheit nur eine letzte Berufung
des Menschen gibt, die göttliche, müssen wir festhalten, dass der Heilige Geist allen die
Möglichkeit anbietet, diesem österlichen Geheimnis in einer Gott bekannten Weise
verbunden zu sein" (GS 22). Dieses Zitat stammt aus der bereits erwähnten Pastoralkonstitution des letzten Konzils.[2] Es findet sich am Schluss jenes Kapitels, das mit „Die

Würde der menschlichen Person" überschrieben ist. Der Mensch ist darin zuvor (vgl. zum Folgenden GS 12–22) als Bild Gottes bestimmt worden, was seine „erhabene Berufung" ausmache. Er sei aber zugleich in sich selbst zwiespältig, was in seiner Neigung zum Bösen und in seinem Verstricktsein darin zum Ausdruck komme. Zu den die Würde des Menschen konstituierenden Elementen werden dann gezählt: die Einheit von Leib und Seele, Vernunft und Weisheit, das menschliche Gewissen, die Freiheit und die Unsterblichkeit. Insgesamt wird der Mensch als Geheimnis charakterisiert, das in Jesus Christus als dem neuen Menschen seine unüberbietbare Erhellung erfahren habe.

Wenn das Konzil so vom Menschen redet, dann meint es damit – das Zitat lässt daran keinen Zweifel – alle Menschen (vgl. auch 88). Das gilt auch, wenn es von der Gnade und vom Heilswillen Gottes spricht. In aller Menschen Herzen, so bekennt es zuversichtlich, wirke die Gnade Gottes; jeder Mensch sei auf eine nur Gott bekannte Weise mit dem österlichen Heilswillen verbunden. Als besondere Instanz wird dafür das Gewissen angegeben, „die verborgenste Mitte und das Heiligtum im Menschen, wo er allein ist mit Gott, dessen Stimme in diesem seinem Innersten zu hören ist" (GS 16).

Diese hohe Meinung des Konzils vom Menschen – trotz aller seiner Zwiespältigkeit, die ihn, wie in Abschnitten 4–10 ausgeführt wird, auch und gerade heute kennzeichne – hat enorme Konsequenzen auch für die Einstellung der Kirche zu den Menschen und ihren Umgang mit ihnen. Darf sie doch davon ausgehen, dass nicht sie es ist, die Gott allererst zu den Menschen bringt, sondern dass Gott bereits vor ihrem Kommen in den Menschen wirkt und dass ihr somit in der Begegnung der Menschen auch Gott begegnet (vgl. 433). Das bedeutet zusätzlich, dass aus solchen Begegnungen die Kirche ihrerseits bereichert hervorgeht (vgl. GS 44), dass sie also den anderen Menschen nicht nur gibt, sondern von ihnen auch empfängt. Das verlangt von der Kirche auf der einen Seite einen unbedingten Respekt vor der geheimnisvollen Würde jedes Menschen und aller Menschen sowie die grundsätzliche Anerkennung der Anderen gerade auch in ihrer Andersartigkeit. Auf der anderen Seite muss sie für das Wirken des Heiligen Geistes und die „Fremdprophetien" außerhalb ihrer eigenen Reihen hellhörig sein und hat sie dabei die in vielen Fällen schwierige Aufgabe der Unterscheidung der Geister gemäß 1 Thess 5,19–22 vorzunehmen.

Umgekehrt bedeutet das Theologumenon von der göttlichen Berufung des Menschen für die Kirche, dass sie sich nicht nur um die Seelen und deren Rettung zu kümmern hat, wie es vielfach auf die Gedenkkreuze an die Volksmissionen geschrieben worden ist, sondern dass ihre Sorge sich auf den ganzen Menschen richtet – Seelsorge als „Sorge um das Menschsein in seiner Ganzheit", wie es St. Knobloch treffend ausgedrückt hat (88, 46). Aber auch diese Sorge muss sich grundsätzlich von der Anerkennung der Freiheit und Würde der betroffenen Personen leiten lassen und entsprechend gestaltet werden.

Von daher lassen sich bereits jetzt zwei grundlegende Zugehensweisen für die kirchliche Begegnung und Interaktion mit Menschen angeben: Sie hat erstens nach Art der sokratischen Maieutik (Hebammenkunst) zu erfolgen (vgl. 461, 130–135).: Wie eine Hebamme nicht selbst das Kind zur Welt bringt, sondern beim Geburtsprozess behilflich ist, so ist es Aufgabe des bzw. der kirchlich Handelnden, den Glauben der Leute zu Tage zu fördern, sie also dazu zu befähigen, dass sie ihren Glauben bzw. ihre in ihrem Leben mit Gott gemachten Erfahrungen selbst zur Sprache bringen – mithilfe der ihnen bedeutsamen Symbole und in der Erzählung für sie entscheidender Ereignisse in ihrem Leben. Dabei handelt es sich keineswegs bloß um ausgesprochene Glücksmomente, sondern auch um Situationen der Verzweiflung, Konfrontation mit Leid, Phasen der Gottesferne. Zweitens erweist sich hierbei die Methode des Empowerment, d. h. die Anleitung zu einem zuversichtlichen selbst bestimmten Lernen, Denken, Entscheiden und Handeln als weiterführend (vgl. 268, 6ff.). Im Unterschied zu einer Betrachtungsweise, die beim Gegenüber nur Defizite ausmacht und es darauf fixiert, werden die bei ihm vorhandenen Ressourcen wahrgenommen. Statt dann alles daran zu setzen, dass die Defizite behoben werden, was den „Lehrling" in starke Abhängigkeit vom „Meister" bringt, gilt es, das Gegenüber zu ermuntern, an seinen Ressourcen weiterzuarbeiten und zu lernen, sich mit allen gegebenen Stärken und Schwächen anzunehmen. Dass das, nämlich sich ungeschminkt als der oder die zu erkennen, der oder die man ist, mit Phasen schmerzhafter Läuterung einhergehen kann, ist kein Argument gegen ein solches ressourcenorientiertes Vorgehen.

2.2.2 Wachstum und Wandlung im Glauben

„Als ich ein Kind war, redete ich wie ein Kind, dachte wie ein Kind und urteilte wie ein Kind. Als ich ein Mann wurde, legte ich ab, was Kind an mir war" (1 Kor 13, 11). Paulus spricht hier aus eigener Erfahrung heraus über die Weiterentwicklung und Wandlung des Glaubens in seiner Biographie. Verallgemeinernd lässt sich sagen: Auch im Glauben ist ähnlich wie in den anderen Bereichen ein lebenslanges Lernen und Reifen erforderlich, soll der Glaube nicht irgendwann verkümmern. Das bedeutet nicht, dass erst in einem bestimmten Alter der Glaube zu seiner vollen Gestalt kommt und alles andere vorher als defizitäre Ausformungen des Glaubens zu betrachten sei. Theologisch gilt vielmehr, dass von Gott her die je altersbedingte Ausprägung des Glaubens ihr je eigenes und gültiges Gewicht hat und nicht etwa Vorstufen auf einen vermeintlich vollkommenen Glauben hin sind. Hilfreich ist auch in diesem Zusammenhang die Unterscheidung zwischen Person und Subjekt, die beinhaltet, dass jeder Mensch als Ebenbild Gottes mit einer unantastbaren Würde als Person ausgestattet ist und dass auf dieser Grundlage die allmähliche Bildung des Individuums zum mündigen, selbstverantwortlichen Subjekt erfolgt.

Wie sich ein solcher Entwicklungsprozess im Bereich von Religion und Glaube gestaltet, hat in der psychologischen Forschung seit einiger Zeit verstärktes Interesse gefunden und ist vor allem in der Religionspädagogik stark rezipiert worden.[3] Hier seien darum nur einige zentrale Hinweise dazu gegeben:

Es lassen sich zwei Forschungsstränge unterscheiden, nämlich zum einen der psychoanalytische bzw. tiefenpsychologische und zum anderen der kognitionspsychologische Zugang. Während der Begründer der Psychoanalyse, S. Freud, in der Religion

eher einen entwicklungshemmenden, wenn nicht neurotisierenden statt entwicklungs-
fördernden Faktor erblickte, haben spätere psychoanalytisch geschulte Therapeutinnen
und Therapeuten den Beitrag von Religion zur Ontogenese differenzierter wahrgenommen und beurteilt. Nach ihnen wohnt der Religion etwas Ambivalentes inne, da
sie sich nach beiden Seiten hin auswirken kann: sowohl entwicklungshemmend als
auch entwicklungsfördernd. Wozu es jeweils kommt, hängt mit der Art zusammen, wie
Religion besonders in den entscheidenden Phasen des Lebens begegnet. Eine Disposi-
tion für sie ist bereits in der frühesten Kindheit gegeben: Nach E.H. Erikson (vgl. 497)
ist das im Zusammenhang mit der frühkindlichen Vertrauensbildung zu sehen, aus der
die Tugend der Hoffnung erwächst; H. Kohut (vgl. 511) und A.-M. Rizzuto (vgl. 522)
verweisen auf die für den Lebensbeginn charakteristische narzisstische Einheitserfah-
rung und die damit einhergehenden Allmachtsphantasien. Nach T. Moser kommt es gerade bei einem Zusammentreffen eines intensiven Erlebens des eigenen Selbst und der
Wahrnehmung einer nicht zum Selbst gehörigen Außenwelt (Mutter, andere Bezugs-
personen, Natur) zu besonderen, als religiös zu qualifizierenden Affekten, die er „An-
dacht" nennt (vgl. 520, 27–33). Eine weitere zentrale Phase der religiösen Entwicklung
ist in der mittleren Kindheit anzusetzen, wenn sich das Gewissen als innere Instanz
herausbildet und Eltern- sowie Gottesbilder sich zu differenzieren beginnen. In der
Adoleszenz kommt es dann im Zusammenhang der Findung einer selbst gewählten
Identität zu einer bewussten Auseinandersetzung mit sinnhaften Deutungen von Welt
und Geschichte und zu einem mehr oder weniger konsistenten eigenen Sinnentwurf.
Das liebende Sich-Öffnen auf einen Partner oder eine Partnerin hin, das Wagnis schöpferischer Kreativität sowie schließlich die Konfrontation mit der unabänderlichen
Begrenztheit des Lebens schließen sich als Entwicklungsaufgaben im Erwachsenenalter an. In welch engem Zusammenhang der christliche Glaube mit den „Stationen
menschlicher Freiheitsgeschichte" (J. Werbick) verwoben ist, lässt sich anhand verschiedener zentraler Symbole dieses Glaubens aufzeigen, die die Ambivalenzen einzelner Krisenerfahrungen aufnehmen, ihnen Ausdruck verleihen und gerade zu der erforderlichen psychischen Auseinandersetzung damit hilfreich beitragen können. Als Beispiel sei auf das Hin- und Hergerissen-Sein des Kleinkindes zwischen Symbiose und
Loslösung verwiesen, ein elementarer innerseelischer Konflikt, dessen Bilder sich insbesondere im Paradies-Symbol und im Abrahams- bzw. Exodus-Motiv widerspiegeln
(vgl. 316 u. 279). Wo es gelingt, die Glaubenssymbole derart auf die relevanten Lebens-
themen hin zu entschlüsseln, kann der Glaube als für die eigene Entwicklung förderlich erfahren und zu Eigen werden.

Angeregt durch die Studien J. Piagets zur Entwicklung des Denkens und von
L. Kohlberg zur Entwicklung des moralischen Bewusstseins ist auch innerhalb des
strukturgenetisch-kognitionspsychologischen Ansatzes begonnen worden, neben der
Genese der Beziehungen zur Objekt- sowie zur Sozialwelt auch die der Beziehung zu
einer transzendenten bzw. ultimaten Dimension und des Aufbaus einer Sinnwelt zu erforschen. In der Theorievariante des Schweizer Pädagogen, Psychologen und Theologen F. Oser (vgl. 305) steht die Frage im Vordergrund, wie bei Menschen in der Auseinandersetzung mit Kontingenzsituationen, Sinnfragen etc. ein spezifisch religiöses Urteil

aktiviert wird, das darauf gerichtet ist, die Beziehung zu einer Letztbestimmung des Lebens unter Zuhilfenahme dazu geeigneter (z. B. transzendenzbezogener) Vorstellungen in einen kognitiv befriedigenden Zustand zu bringen. Empirische Forschungen dazu haben zu Tage gefördert, dass und wie dieses religiöse Urteil verschiedene Niveaus und Stufen aufweist, die im Laufe der Entwicklung nach und nach erworben werden können (nicht müssen!). Es handelt sich um folgende fünf Stufen:

Stufe 1: Orientierung an absoluter Heteronomie (Deus ex machina),
Stufe 2: Orientierung an „Do ut des",
Stufe 3: Orientierung an absoluter Autonomie (Deismus),
Stufe 4: Orientierung an vermittelter Autonomie und Heilsplan,
Stufe 5: Orientierung an religiöser Intersubjektivität.

Die Logik dieser Stufenfolge besteht darin, dass die Beziehung zwischen dem Letztbestimmenden (Ultimaten) und dem Individuum jeweils inniger und universeller wird.

Die andere Theorievariante ist vom amerikanischen Psychologen und Theologen J. W. Fowler vorgelegt worden (vgl. 276). Danach nimmt jeder Mensch eine Sinngebung seines Lebens vor, die im jeweiligen „Lebensglauben" ihren Ausdruck findet. Die Entwicklung dessen vollzieht sich ein Leben lang, macht einen krisenhaften Verlauf von der frühen Kindheit bis ins hohe Erwachsenenalter durch und erstreckt sich auf die ganze Persönlichkeit umfasst also neben der kognitiven, auch die moralischen, affektiven, kommunikativen und imaginativen Fähigkeiten des Menschen. Fowler hat dazu ebenfalls empirische Studien durchgeführt, die ergeben haben, dass sich der Entwicklungsverlauf idealtypisch (also nicht unbedingt in jedem reellen „Fall") über sechs qualitativ verschiedene, hierarchisch geordnete Stufen vollzieht und durch eine Dynamik von der Heteronomie zur Autonomie gekennzeichnet ist. Die Stufenfolge stellt sich wie folgt dar:

Stufe 0: Erster Glaube,
Stufe 1: Intuitiv-projektiver Glaube,
Stufe 2: Mythisch-wörtlicher Glaube,
Stufe 3: Synthetisch-konventioneller Glaube,
Stufe 4: Individuierend-reflektierender Glaube,
Stufe 5: Verbindender Glaube,
Stufe 6: Universalisierender Glaube.

Um es nochmals zu betonen: Die Stufen haben mit einer Bewertung nichts zu tun; es handelt sich nicht um unterschiedliche Grade der Vollkommenheit. Wonach sie aber sehr wohl fragen und eine diagnostische Einschätzung vornehmen lassen, ist, ob die jeweils erreichte religiöse Urteils- oder Lebensglaubensstufe auch der übrigen Entwicklung eines Menschen entspricht oder ihr „nachhinkt". Letzteres hieße, dass es an einer „adäquaten Passung" mangelt und es dann leicht dazu kommt, dass diese Dimension des Lebens vernachlässigt wird. Umgekehrt ergibt es sich als Aufgabe kirchlichen Handelns, bei den Menschen, mit denen es in Berührung kommt, auf eine Förderung ihrer religiösen bzw. Glaubensentwicklung bedacht zu sein und sie in den sich dabei einstellenden Krisen zu begleiten. Denn die Entwicklung des religiösen Bewusstseins und einer entsprechenden Haltung gehen nicht nach Art einer kumulativen Aneignung von vorformulierten Wissensinhalten und Traditionsbeständen vor. Insbesondere an den Übergängen von einer Stufe zur anderen kommt es vielmehr zu tief reichenden Lebenskrisen mit hartnäckigen Fragen und Zweifeln an dem bislang Vertrauten, bis schließlich nach unterschiedlich langer Dauer die Transformation auf eine neue Bewusstseins- und Lebensform vollzogen worden ist (vgl. 470, bes. 100ff.).

Hinsichtlich der Rhythmen im Wachstum des Glaubens ist übrigens – vor allem G. Fuchs hat das herausgearbeitet – viel aus der mystischen Tradition zu lernen. Während nach Meister Eckhart die meisten Christenmenschen in der oralen Phase hängen blieben und sich eine Art „Daumenlutscher-Gott" vorstellen würden, der für ihre Bedürfnisse da und zuständig sei, dokumentiere der Weg der Mystiker und Mystikerinnen „vielgestaltig den Prozess geistlichen Wachstums, wirklicher Mündigkeit vor Gott und den Menschen. In der glaubenden Begegnung mit jenem Gott, der uns in der Geschichte Israels und in der Gestalt Jesu entgegenkommt, gewinnen solche Menschen jenes prophetische Selbstbewusstsein, das zu einer unverwechselbaren eigenen Biographie ermutigt: 'Hier stehe ich, und kann nicht anders.' Gütezeichen dieses Selbstbewusstseins eines Christenmenschen ist seine Selbstlosigkeit und Solidarität – eben die untrennbare Einheit von Gottes-, Nächsten- und Selbstliebe! Im Prozess des Erwachsenwerdens und einer ihm entsprechenden Beziehungsfähigkeit gibt es bekanntlich auch Krisen, Dürrezeiten und Durststrecken. Schon die Bibel redet immer wieder von dem 'Beziehungsstress' zwischen Gott und seinem Volk. Alle, die im Glauben wachsen und erwachsen werden, kennen Phasen der 'Gottes-Entfremdung' (Mechthild von Magdeburg), des 'Gottes-Entzugs' in der dunklen Nacht (Johannes vom Kreuz), der 'Gottlosigkeit' mitten im Glauben (Thérèse von Lisieux). Das deutsche Wort 'all-ein' sammelt die Erfahrungen der Einsamkeit auf dem Weg zur Selbstwerdung in Beziehung" (278, 259; vgl. auch 277).

Auch wenn manche der erwähnten Theoriekonzepte nicht mehr eine ungeteilte Zustimmung in der praktischen Theologie finden, sondern selbst nochmals einem kritischen Revisionsprozess unterzogen werden, sei es weil die Lebenszyklen sich in der Postmoderne verändert hätten (vgl. 313), sei es weil sie ein zu geradliniges Lebenslaufkonzept voraussetzen würden (vgl. 280) oder sei es weil sie geschlechtsspezifische Unterschiede nicht berücksichtigen würden (vgl. 286), so ist die Lebenslaufforschung an sich in ihrer Bedeutung für diese Disziplin unbestritten (vgl. 288). Gibt sie doch theoretische Modelle an die Hand, die in den verschiedensten kirchlichen Handlungsfeldern hilfreich sein können, wo es gilt, differenzierter die einzelnen Menschen oder Gruppen von Menschen, mit denen man es zu tun hat, auf ihre Voraussetzungen hin einzuschätzen – in aller Vorläufigkeit natürlich –, um daraufhin den Umgang mit ihnen möglichst adäquat gestalten zu können.

Ihre Konkretion in die unverwechselbaren Einzigartigkeiten der Individuen hinein findet die Lebenslaufforschung in der Lebensgeschichts- bzw. Biografieforschung (vgl. 287). Indem die Praktische Theologie seit einiger Zeit der Biografie von Menschen theoretisch und praktisch einen so hohen Stellenwert beimisst, wie es sich mittlerweile in einer Fülle von Veröffentlichungen dokumentiert[4], reagiert sie auf die gesellschaftliche Pluralisierung und Individualisierung auch im religiösen Bereich. Die Religiosität

folgt immer weniger kirchlich-institutionell vorgegebenen Mustern, sondern faltet sich
in einer Fülle von Formen religiöser Orientierungen und Deutungen sowie gelebter
Praxis aus. Einerseits den Betroffenen dazu zu verhelfen, sich ihrer je eigenen Religiosität bewusster zu werden, indem sie entlang des Lebenslaufs mitsamt den Kontinuitä-
ten und Brüchen aufgearbeitet und vergegenwärtigt wird, und andererseits die kirchlich Handelnden dafür zu sensibilisieren, die Menschen in ihrer unverwechselbaren
Biographie zu respektieren und bei ihrem Umgang mit ihnen darauf Bezug zu nehmen, sind wichtige mit der Biographiearbeit verfolgte Zielsetzungen. Umgekehrt ist es
für die kirchlich Handelnden ihrerseits wichtig, sich des Anteils ihrer lebensgeschicht-
lichen Hintergründe zu vergewissern, die meist unbewusst in ihre Arbeit mit einflie-
ßen. Insgesamt gilt: Wenn Aufgabe und Ziel kirchlichen Wirkens darin bestehen, den
mit ihm in Berührung kommenden Menschen „Geschichten zum Leben" zu vermitteln, um ihnen damit Orientierungen und Perspektiven für ihr jetziges und weiteres
Leben zu eröffnen, dann gelingt das in dem Maße, wie solche Geschichten über Gott
und die Welt mit der Lebensgeschichte der Betroffenen zu tun haben.

2.2.3 Identität aus Gratuität

Unter dem Stichwort „Individualisierung" ist bereits vermerkt worden[5], wie sehr die
Individuen in der (post-)modernen Gesellschaft bei der Problematik der Orientierung
und der Gestaltung des eigenen Lebens auf sich zurückverwiesen sind. Damit ist Frage
nach der personalen bzw. individuellen Identität – bisweilen auch als „Selbstverwirli-
chung" apostrophiert – zu einem zentralen Problem und Thema geworden, wie es sich
auch in den zahlreichen Veröffentlichungen zum Bereich der „Lebenshilfe" widerspiegelt. Umstritten allerdings ist, wie näherhin eine Identität beschaffen sein muss, die den
gesellschaftlichen Herausforderungen gewachsen ist. Dabei richtet sich die Kritik insbesondere auf solche Identitätskonzepte, die von der Vorstellung ausgehen, Menschen
könnten heute noch konsistent und kontinuierlich ein Selbst ausbilden und dies
normativ postulieren. „Das Subjekt in postmoderner Vorstellung", so schreibt etwa
G. Heinrichs, „ist Effekt diskursiver Strategien, es entsteht, wandelt sich, vergeht. Die
Vorstellung von Autonomie wird dahingehend kritisiert, dass sie den Anderen immer
objektiviere und damit zu tilgen versuche. Das Subjekt wird relativiert und in seiner
diskursiven Abhängigkeit gesehen ... Fragmentierungserfahrungen werden in der
postmodernen Theoriebildung als Chance begriffen, die unaufhebbare Differenz zum
anderen nicht tilgen zu wollen, sondern aufrecht zu erhalten, was als Bedingung von
Freiheit verstanden wird. Identität kann in diesem Zusammenhang nicht mehr normativer Gehalt von Bildung sein, die Forderung nach Pluralität und Mündigkeit tritt an
die Vorstellung einer gelingenden Ich-Identität" (282, 33). Bezeichnerderweise ist in
diesem Zusammenhang von einer „Patchwork-Identität" und einer „Bastelbiogra-
phie" die Rede. Damit wird darauf abgehoben, dass sich das Selbst wie ein Fleckertep-
pich aus Mustern unterschiedlichster Art und Herkunft zusammensetzt und die einzelnen Stücke immer wieder ausgetauscht und neu miteinander verknüpft werden kön-

nen. Bei aller Flexibilität und Multioptionalität, die ein Leben unter postmodernen Bedingungen erforderlich macht, erweist sich aber doch ein gewisses Maß an Kohärenz für die Herstellung einer lebbaren Verknüpfung des Inneren mit dem Äußeren als unverzichtbar, sollen sich die Individuen nicht gewissermaßen wie Wetterfahnen ständig wechselnden Windrichtungen einfach gefügig machen (vgl. ausführlicher 510 u. 509).

Im Zusammenhang der Überlegungen zu einer praktisch-theologischen Subjekttheorie drängt sich die Frage auf, ob und wie der christliche Glaube in der Lage ist, zur Identitätssuche heutiger Menschen etwas beizutragen. Innerhalb der allgemeinen identitätstheoretischen Diskussion überwiegt die Skepsis, wie sie sich etwa im folgenden Zitat von H. Keupp ausdrückt: „Je weniger der jeweils gegebene kulturelle Rahmen konsensfähiger Vorstellungen dem Menschen sagt 'was gut ist', sucht er in sich das Gefühl von Stimmigkeit und Echtheit. Aus diesem Authentizitätsideal droht aus der Sicht vieler Kulturkritiker ein Kult zu werden. Diese Entwicklung hat auf alle traditionsmächtigen gesellschaftlichen Institutionen Auswirkungen: Gewerkschaften, Parteien und Kirchen. Auch für diese müssen sich Einzelne entscheiden, und sie tun es ja auch in hohem Maße, aber ihr Engagement muss ihnen vernünftig erscheinen und mit ihren Vorstellungen der Selbstgestaltung und -steuerung vereinbar sein. Der individualisierte Sinn-Bastler gewinnt an Bedeutung, und die traditionellen Instanzen der Sinnvermittlung bangen um ihre Glaubwürdigkeit und um ihre Monopole. Es sind vor allem ihre Repräsentanten, die uns mit der larmoyanten Rede von dem drohenden Sinnverlust belästigen. Die großen Deutungssysteme, deren Anspruch ja auf nichts Geringeres zielte als auf eine Erklärung dessen, was die Welt im Innersten zusammenhält, haben sich entweder im Alltag auf teilweise entsetzliche Weise selbst diskreditiert ... oder sie üben sich in Bescheidenheit und ziehen sich zurück. Oft haben sie der herrschenden Erfahrungsvielfalt und dem Pluralismus von Deutungen nichts Überzeugendes mehr entgegenzusetzen" (509, 10; vgl. ausführlicher 295). Wie angedeutet, resultiert aus dieser Zurückweisung der traditionellen Deutungsinstanzen nicht unbedingt, dass ihre „Sinnangebote" überhaupt keine Resonanz mehr fänden. Entscheidend dafür, ob sie Aufmerksamkeit zu erwecken vermögen, ist allerdings, ob sie für die jeweilige Konstruktion des eigenen Sinnsystems vom Einzelnen als hilfreich und förderlich empfunden werden oder nicht.

Demzufolge ist die Möglichkeit, gewissermaßen „von außen" her religiöse Elemente in den Identitätsbildungsprozess „einspeisen" zu wollen, nur noch bedingt gegeben, wenn den Bedingungen heutiger Identität Rechnung getragen und nicht autoritätsabhängigen und fundamentalistischen Konzepten das Wort geredet werden soll. Die Frage ist jedoch, ob sich nicht „von innen her" so etwas wie eine religiöse Dimension im Prozess der Identitätsbildung erschließen lässt. Hinweise dazu finden sich in der Identitätstheorie von L. Krappmann (vgl. 512). Er zeigt auf, wie die Entwicklung und immer neue Ausbildung zwar vom betroffenen Individuum und seinem soziokulturellen Kontext abhängig ist, dass aber die Frage nach den Bedingungen, die Identität überhaupt erst möglich macht, immer auch über das jeweils Vorfindliche hinausweist:

„Ohne die Spur der Hoffnung, dass Vertrauen auf die Anerkennung von Erwartungen nicht enttäuscht wird, ohne die Gelegenheit, für Handeln Verantwortung zu übernehmen, ohne die Erfahrung, dass mitgeteilte Eigenheiten in eine gerechte, befriedigende Übereinkunft eingehen können, wäre der Versuch, Identität aufrechtzuerhalten, sinnlos und selbstzerstörerisch" (514, 718 f.). Der Versuch, zur eigenen Identität zu gelangen und sie auszuprägen, macht die Betroffenen also höchst verletzlich; er ist ganz und gar auf die solidarische Mitwirkung der anderen angewiesen. Nach Krappmann ergibt sich damit letztlich: „Nur was Identität nicht ist, kann dargestellt werden. Identitätsgefährdungen und -zerstörungen können bezeichnet werden, indem das eigene Handeln und das der anderen als gespalten, abwehrend und unreflektiert anpasserisch erkannt wird. An einem gelungenen Vorbild von Identität kann nicht gemessen werden. Vielleicht schimmert ein Mehr durch ein Verhalten im Vergleich zu einem anderen durch. Aber jeglicher Versuch, diese Spur zu sichern, lässt sie wieder verflüchtigen" (513, 111 f.).

Es ist dieses Moment des Nicht-über-sie-verfügen-Könnens, das der Identität ganz genuin eine als religiös zu charakterisierende Dimension zukommen lässt. Spätestens wenn das Bemühen um Identität an Grenzerfahrungen stößt – „Erfahrungen von Leben und Tod, von Begrenzung und Grenzüberschreitung, des Sich-Gegeben-Seins und des Sich-Genommen-Werdens, des aussichtslosen Unrechts und der endgültigen Verzweiflung" (281, 228) – und dabei in sich selbst eine unauslotbare Tiefe entdeckt, kommt diese religiöse Dimension zum Vorschein und drängt sie zur Artikulation. Insofern erweist sie sich nicht als etwas Zusätzliches zur „normalen" Identität oder etwas ihr Aufgesetztes; sondern sie bildet ein durchgehendes Moment.

Von daher ist es nicht zufällig oder willkürlich, wenn sich – wird beispielsweise der christliche Glaube in seinem Kerngehalt identitätstheoretisch zu reformulieren versucht (vgl. 290; 293, 102–155; 296; 297) – zeigt, dass er genau auf die aufgeführten elementaren Erfahrungen Bezug nimmt: Glauben heißt im christlichen Verständnis, sein Leben auf den Gott zu setzen, der sich der biblischen Offenbarung zufolge radikal auf die Andersheit der von ihm geschaffenen und in Freiheit gesetzten Geschöpfe einlässt und ihnen gerade so zu ihrer Identität verhilft – so wie es Jesus Christus in herausragender Weise für sich erfahren und seiner Umgebung bezeugt hat. Dieses unbedingte Vertrauen lässt die eigene Identität als Geschenk erfahren und befreit damit von der Last, sich ständig selbst verwirklichen zu müssen; es drängt vielmehr dazu, die Erfahrung der eigenen Identität und deren Grund auch den anderen zuteil werden zu lassen, und zielt somit auf universale Solidarität. Dabei ist die Erfahrung, dass das alles aufgrund der kontingenten Gegebenheiten nur im Fragment möglich ist, kein Grund zu Resignation oder Zynismus. Sehr wohl kommt hier – insbesondere im Verbund mit der Erfahrung von Leiden und Scheitern – die Frage nach dem Grund unbedingten solidarischen Handelns in eine menschlich nicht mehr zulänglich zu beantwortende Bewährung.[6]

H. P. Siller hat in diesem Zusammenhang die Bestimmung der Religion als „Kultur des Verhaltens zum Unverfügbaren" aufgegriffen, aber das damit Gemeinte vom jüdisch-christlichen Verständnis her inhaltlich gefasst: „Wenn das Unverfügbare unsere humane Bestimmung ist, dann muss es uns radikal entzogen bleiben und als solches uns doch geschenkt sein. Unbegreifbares und unverfügbares Geheimnis kann uns nur begegnen und zugleich bleiben, was es ist, zu seinen eigenen, von ihm selber gesetzten Bedingungen. Tatsache, Ort, Zeit und Art der Begegnung bleibt seine Sache. Hier ist die Sprache des Glaubens und der Theologie unvermeidlich. Die Begriffe Gnade, Offenbarung, Befreiung, Erlösung, Nähe der Herrschaft Gottes suchen diesen Sachverhalt zu beschreiben" (315, IV).

Aus der prinzipiellen Geschenkhaftigkeit (Gratuität) so grundgelegter Identität ergibt sich nicht, dass das Individuum zu reiner Passivität angehalten würde und sich völlig quietistisch verhalten müsse. Im Gegenteil, sie findet ihre Entsprechung und Bewährung in einer bestimmten (kommunikativen) Praxis – einer Praxis, die sich aus der Erfahrung der unbedingten Annahme und Bejahung ergibt (vgl. zum Folgenden 475, 220–224): sich selbst, so wie man ist, aushalten zu lernen; die Anderen wahrzunehmen und sie in ihrer Andersheit anzuerkennen; sich auf die widerspruchsvolle Wirklichkeit einlassen zu können; Verantwortung für die gegebene geschichtliche Situation wahrzunehmen; die Tatsache des Leids und des Scheiterns nicht zu verdrängen; für Verstöße gegen die Menschenwürde sensibel zu sein und dagegen aktiv einzutreten. „Gottes Ja", so schreibt Th. Pröpper, „entlastet von der letzten Sorge des Daseins, also vom Gesetz der Selbstbehauptung, vom zwanghaften Streben nach Einfluss und Macht, vom Sichfesthalten an Sachen, von der Unterwerfung des Lebens unter das Erfolghabenmüssen. Es verändert die Einstellung zum Eigentum, führt zur Neubewertung von Arbeit und Leistung. Es bewirkt eine neue Empfänglichkeit für das Geschenk unseres Daseins, einen veränderten Umgang mit den Gütern der Schöpfung. Dabei schwächt es den Impuls zur Weltgestaltung nicht ab, sondern entideologisiert ihn" (ebd., 223). Indem solche und ähnliche Erfahrungen, die „bisher erworbene Weisen des Umgangs mit Wirklichkeit sowie das eigene Selbstverständnis sprengen" (470, 101), zugelassen werden und eine existentielle Auseinandersetzung mit ihnen erfolgt, eröffnen sie die Möglichkeit zur Selbstfindung und zum Aufbau von Handlungskompetenzen auf einem neuen Niveau. Aus der Erfahrung der Gratuität heraus kommt es zur Rekonstruktion und Neugestaltung des gesamten Lebens bis in das alltägliche Handeln hinein; Religion bzw. Glaube erstreckt sich somit nicht mehr bloß auf eine Hilfe zur Bewältigung von anders nicht lösbaren Kontingenzerfahrungen.

2.2.4 Identität und Differenz

„Identität (t'auton, identitas) ist bezogen auf das Anderssein (heterotes, alteriats) von anderem (heteron, aliud), ist bezogen auf Differenz" (474). An diese seit alters bekannte Einsicht, dass die Bestimmung von Identität die von Differenz impliziert, erneut nachhaltig erinnert zu haben, ist zum einen auf theoretischer Seite den häufig als postmodern firmierenden philosophischen u.ä. Ansätzen (wie z.B. von J.-F. Lyotard, J. Derrida und M. Foucault) zu verdanken und zum anderen in praktisch-politischer Hinsicht den verschiedenen Emanzipationsbewegungen (wie z.B. die Antiapartheitsbewegung, die feministische Bewegung, die Schwulen- und Lesbierinnen-Bewegung). Vor allem diese um Gleichberechtigung kämpfenden Bewegungen prangerten und prangern öffentlich den Skandal an und kämpfen dagegen, dass trotz der UN-Menschenrechtskonvention selbst in demokratisch verfassten Gesellschaften bestimmte gesellschaftliche Gruppen aufgrund ihres Andersseins von der im wahrsten Sinne des Wortes vor-herrschenden Bevölkerungsgruppe geächtet und unterdrückt werden: angefangen von den Menschen anderer Hautfarbe bis hin zu denen, die mit einer körperlichen oder geistigen Behinderung leben.

Dass das keine Relikte aus voraufklärerischer Zeit sind, die mit erfolgter Aufklärung endgültig überwunden würden, ist eine gängig gewordene Denkmuster in höchstem Maße irritierende Erkenntnis. Gewonnen worden ist sie dadurch, dass schwerpunktmäßig in der Philosophie, aber auch in anderen Wissenschaften (z. B. Psychoanalyse, Soziologie, Geschichte, Sprach- und Literaturwissenschaften) der Gang der neuzeitlichen Vernunft mitsamt ihren praktischen Auswirkungen gewissermaßen quer zu den bis dahin anerkannten Lesarten rekonstruiert und interpretiert worden ist (vgl. zusammenfassend 474 u. 80). So fragen sie vor allem nach einer Erklärung dafür, dass im Kontext der zunehmenden Rationalisierung aller Lebensbereiche und sogar von ihr Gebrauch machend eine millionenfache Exekution von Juden (Shoa) stattgefunden hat, die Atombombe erfunden und abgeworfen worden ist, die massenhafte Armut von Menschen auf dem Globus zu- statt abnimmt, immer mehr Lebensraum und Lebewesen ein für allemal vernichtet werden etc. Den maßgeblichen Grund dafür sehen sie in einer sich aller Lebensbereiche bemächtigenden Vernunft, die vom Interesse und Kalkül einseitiger und grenzenloser Machtausweitung geleitet ist und sich alles, womit sie in Berührung kommt, untertan macht. Dabei erhebt sie den Anspruch, dass sie allein weiß, was vernünftig ist – mit der Folge, dass – um der Vernunft willen! Wer könnte dem widersprechen? – alles, was anders ist als sie, entweder ihr gefügig gemacht oder aber ihm der „Garaus" gemacht wird. Mit sich und allem identisch zu sein, gilt als das zu erreichende Vollkommene; das Differente stört demgegenüber nur und muss darum eliminiert werden. In der Weise, wie der aufgeklärte Mensch die Vernunft gebraucht und sich dabei als emanzipiertes, autonomes und souveränes Subjekt wähnt, betreibt er jedoch, so zeigt sich faktisch, nicht nur die Aussonderung, Unterdrückung und Vernichtung von anderen; sondern er selbst wird schließlich zum Spielball der von ihm entwickelten Machttechniken, also selbst zu deren subiectum (franz. sujet) im Sinne des Unterworfenen. Die Destruktion des vermeintlich autonomen Subjekts ist komplett.

In der sich in der Gesellschaft durchsetzenden Pluralität wird eine Chance gesehen, dass der Monismus der machtförmigen Vernunft gebrochen wird und stattdessen Unterschiede zum Vorschein kommen können, die ihren Anspruch auf gleichberechtigte Anerkennung geltend machen. Allerdings kann sich damit leicht die Tendenz verbinden, dass alle möglichen Unterschiede diesen Anspruch erheben und daraus ein allgemeiner Relativismus erwächst, der alles und jedes gelten lässt. H. Peukert bemerkt zu Recht: „Die oft unklare Rede von 'Differenz' scheint vor allem zwei Tendenzen entgegenzukommen. Sie wird einmal herangezogen zur ideologischen Legitimation der Tendenz zur Fragmentierung und Atomisierung gesellschaftlicher Existenz, also des Systems der 'Differenz', der Entzweiung und Zersplitterung, als das schon Hegel in seiner Rechtsphilosophie die bürgerliche Gesellschaft charakterisiert hatte. Sie wird zum anderen benutzt zur Legitimation der Mechanismen einer international verflochtenen, äußerst kapitalintensiven Medienindustrie, die die Fragmentierung menschlicher Bewusstseinsleistungen voraussetzt, sie ökonomisch verwertet und die Fiktionalisierung der Lebenswelt gerade von Kindern und Jugendlichen vorantreibt. Die Ambivalenz der modernen Individualisierungsprozesse zwischen Freiheitsgewinn und sozialer Isolierung wird dann aufgehoben. Die Anerkennung der Andersheit des anderen wird dann zur Alteration in einer neuen Beliebigkeit, die Erfahrung radikaler Differenz dient der Legitimation von Indifferenz, die Ästhetik der Selbsterschaffung wird zur sozialen Anästhesie" (521, 10).

Um das zu vermeiden, ist es wichtig, sich zu vergegenwärtigen, dass der „Antimodernismus", den programmatisch etwa die genannten französischen Philosophen propagieren, und ihre Rede vom „Tod des Menschen" als „Protest gegen eine 'humanistische' Tradition" zu verstehen sind, „die den Menschen nur als Herrschaftssubjekt denken kann. Der Antihumanismus will ein radikalerer Humanismus sein und eine radikalere Form von Menschlichkeit denken" (ebd., 9). Menschsein besteht ihm zufolge im Durchbruch zu wahrer, schöpferischer Freiheit, in solidarischem Gedenken der vernichteten Opfer, in der Anerkennung der Andersheit der Anderen. Seine Kritik am neuzeitlichen Subjekt war beispielsweise bei M. Foucault verbunden mit einem Perspektivenwechsel zugunsten der Marginalisierten und Unterdrückten, der Armen und Benachteiligten, die aufgrund der unterdrückerischen Machtstrukturen daran gehindert wurden und werden, einen Subjektstatus für sich auszubilden. Den Prozessen der Individualisierung wohnt, so zeigte er in seinen soziohistorischen Studien etwa über die Genese des Gefängnisses oder des Umgangs mit Wahnsinn auf, eine Tendenz zur Normierung und Normalisierung von Seele und Körper inne, die subjektive Freiheit und Individualität verunmöglicht.[7]

Diese summarischen Hinweise auf die neueren Diskurse über Identität und Differenz ergeben für die hier angestellten Überlegungen zu einer praktisch-theologischen Subjekttheorie ein Zweifaches: Zum einen verbietet es sich, undifferenziert von „dem" Menschen, „dem" Subjekt, „der" Identität zu sprechen, weil es das in der Realität nicht gibt; es gibt Menschen nur in der Mehrzahl und in Verschiedenheit. Zum anderen sind jeweils die konkreten soziostrukturellen Gegebenheiten in Betracht zu ziehen, die auf die Möglichkeit von Menschen, ihren Subjektstatus auszubilden, erheblichen Einfluss nehmen. In theologischer Sicht problematisch wäre allerdings eine völlige Preisgabe des Subjektgedankens im Sinne des Insistierens auf die Singularität des Individuums. „Mit der Einmaligkeit und Besonderheit des Ichs", so gibt S. Wendel gegenüber Foucault zu bedenken, „fällt .. eine Möglichkeitsbedingung, ihm irreduzible Dignität zuzusprechen, und vor allem fällt die Möglichkeit, ausgehend vom Gedanken der Einmaligkeit eine Theorie der Alterität zu entwickeln, die davon ausgeht, dass dem Anderen ebenso Einmaligkeit und Besonderheit zukommt wie dem Ich, das dem Anderen ein Anderes ist" (492, 61).

Im Spätwerk von Foucault deutet sich eine neue, stärker ethisch ausgerichtete Perspektive auf das menschliche Subjekt an (vgl. ebd., 51–53; 452, 154–178. 273–276; 253, 60–64): Ausgehend vom antiken Topos der „Selbstsorge" erwägt er mögliche „Techniken" zur aktiven Selbstgestaltung des Subjekts und zur Ausbildung seiner Widerstandsfähigkeit gegen seine Freiheit beraubende Machtmechanismen. Die „Selbstsorge" sieht er in der täglichen Bereitschaft zu Selbstreflexion, Verzicht und Veränderung der Lebenseinstellung und des Lebenswandels und umfasst für ihn als ganzheitliche Sorge um sich selbst Seele, Körper und Geist. Er erblickt sie jedoch nicht nur auf das betroffene Individuum gerichtet, sondern auch im gleichen Maße auf die Sorge um die anderen und um das Wohl aller. Nach Foucault handelt es sich dabei um einen ethischspirituellen Konversions- und Transformationsprozess, in dem das Subjekt Zugang zur Wahrheit, zum Heil sucht (vgl. 253, bes. 58–83).

Solche Annäherungen an genuin theologische Gedanken finden sich auch in anderen Ansätzen. Am stärksten ausgeprägt ist das mit Blick auf die Identität-Differenz-Thematik bei E. Levinas der Fall, für den „unter dem unmittelbaren Anspruch des ‚Antlitz des Anderen' jede geschlossene Konstruktion von Identität" zerbricht. „Nur das Sich-öffnen gegenüber diesem Anspruch in Passivität kann der Transzendenz des anderen, in der sich die Spur des Unendlichen zeigt, und dessen wie der eigenen Nichtfeststellbarkeit gerecht werden" (474).

In der Praktischen Theologie war es, wie erwähnt, H. Luther, der vor einer unkritischen Rezeption sozialwissenschaftlicher Identitätstheorien gewarnt hat (vgl. 90). Er problematisierte vor allem ein von ihnen postuliertes „Identitätskonzept, das die Entfaltung und Herausbildung einer vollständigen und dauerhaften Ich-Identität anstrebt und für erreichbar hält und das dementsprechend eine starke Ich-Identität für das Merkmal einer gesunden, reifen Persönlichkeit hält und fragmentarische Ich-Identitäten für pathologische Abweichungen" (ebd., 170). Demgegenüber plädierte er, gerade das Fragmentarische der menschlichen Existenz ernst zu nehmen. Denn dieses sei eine sich durch den gesamten Lebenslauf hindurch ziehende Gegebenheit: Entwicklung vollziehe sich nicht in kontinuierlichem Wachstum, sondern in Brüchen und gehe mit Verlusten einher. Weiterhin erweise sich die jeweils erreichte Ich-Identität sowohl mit Blick auf die Zukunft als fragmentarisch im Sinne der noch ausstehenden weiteren Entwicklung als auch mit Blick auf die Gegenwart im Sinne des In-Frage-gestellt-Werdens durch die Begegnung mit anderen. Letzteres erfährt für H. Luther in der Erfahrung des Leidens und des Todes anderer eine besondere Zuspitzung, wie er es in einem eindrücklichen Abschnitt darlegt: „Zur identitätsbildenden Begegnung mit anderen zählt auch die Erfahrung des Leidens anderer. Hieraus erwächst nun die besondere geschichtliche Dimension. Von Identitätsbildung kann nie losgelöst vom Zustand dieser Welt und vom Verlauf ihrer Geschichte geredet werden. Und dies war und ist immer noch eine Geschichte der Opfer. Angesichts abgebrochener und zerstörter Lebensläufe anderer, also angesichts der verhinderten Identität anderer muß das Ideal einer vollständigen und gelingenden Ich-Identität befremdlich klingen. Es wäre nur um den Preis des Verdrängens und der Verhärtung gegenüber anderen denkbar. Eine derart strukturell mitleidlose Ich-Identität wäre mithin bereits konstitutiv beschädigt" (ebd., 169f.).

Für das Gelten-Lassen der anthropologischen Gegebenheit einer Identität im Fragment führt H. Luther theologische Gründe an, u.a. den christologischen Zusammenhang von Kreuz und Auferstehung (vgl. ebd., 173 f.). Nehme man das Kreuz ernst, heiße dies, dass das Leben Jesu fragmentarisch geblieben sei. Der Glaube an die Auferstehung bezeuge, dass, so wie Jesus sein Leben und seinen Tod in seiner Fragmentarität angenommen und verwirklicht habe, er auch von Gott angenommen und zu neuem Leben geweckt worden sei. H. Peukert umschreibt diesen Kern des christlichen Glaubens kurzformelartig wie folgt: „Die christliche Tradition geht in der anamnetisch-solidarischen Erinnerung an Jesus von Nazareth selbst aus von Erfahrung von Vernichtung und von Rettung im Tod. Sie versucht solche Erfahrung und das Zeugnis von ihr auszulegen als Einweisung in eine Existenzform, in der das Abhängigmachen der eigenen Identität vom Glück der anderen zugleich gelebt wird als das hoffende Zugehen auf Gott als den, der sich selbst erweist als der, der sich seiner Schöpfung unbedingt zuwendet und die 'Toten lebendig macht'. Identität in einer solchen Existenzform ist nicht das Behaupten einer schon erreichten Ganzheit, sondern hoffendes Ausgespanntsein auf die Gewährung von Integrität für die anderen und erst darin auch für sich selbst. Sie ist gegenüber einem sich selbst genügenden und behaupteten Selbstsein 'Nicht-Identität'" (474).

Neben der bislang in den Vordergrund gerückten interpersonalen bzw. sozialen Dimension enthält die Identität-Differenz-Thematik auch eine innerpersonale Dimension, auf die wenigstens noch kurz hinzuweisen ist. So hat etwa S. Freud ein Strukturmodell der Psyche vorgelegt, das zwischen Es, Ich und Über-Ich differenziert. In seinem Selbst- bzw. Identitätskonzept hat G. H. Mead zwischen dem „I" und dem „Me" unterschieden. Die theologische Sichtweise der im Inneren vom Menschen gegebenen Differenz kommt treffend in der Formel der reformatorischen Rechtfertigungslehre vom „simul iustus et peccator" [gerecht(fertigt) und Sünder zugleich] zum Ausdruck. Damit wird die zur menschlichen Existenz gehörende Gegebenheit ausgedrückt, dass die Menschen einerseits trotz ihrer Schuld und ohne ihre Vorleistung von Gott unbedingt angenommen und geliebt sind, dass andererseits dieselben Menschen in ihrer Freiheit sich immer wieder dieser Liebe verschließen und nur um sich selbst kreisen. So sehr also aus Gottes unverbrüchlicher und nur ihm verfügbarer Liebe heraus den Menschen eine neue Identität geschenkt wird, so mutet dieses ihnen zugleich aber – angesichts der faktischen Sünde – Umkehr zu und ein Sich-Einlassen auf Gottes Gerechtigkeitswillen (vgl. 477, 179). Bei aller Nähe Gottes zu den Menschen bleibt die grundsätzliche Differenz zwischen ihnen bestehen, die für die Menschen heilsam ist, weil sie sich davon entlastet sehen dürfen, selbst Gott sein zu müssen.

2.2.5 Leben in Beziehungen und Solidarität

Zum Schluss dieser „Bausteine zu einer praktisch-theologischen Subjekttheorie" soll ein Punkt nochmals ausdrücklich hervorgehoben werden, von dem im Vorhergehenden bereits immer wieder die Rede war, nämlich dass die menschliche Existenz sich nicht monadisch verwirklicht, sondern konstitutiv auf Beziehung mit anderen hin angelegt ist. Das zeigt sich ganz elementar bereits am Anfang des menschlichen Lebens vor der Geburt und im Säuglingsalter, wo das werdende und geborene Kind elementar auf die Beziehung seiner Mutter zu ihm fundamental angewiesen ist, aber umgekehrt seinerseits auch schon beträchtlichen Einfluss auf diese Beziehung nimmt. Was für diesen Anfang gilt, trifft auch für das ganze weitere Leben zu: Ohne Beziehung zu anderen erwächst kein Ich (vgl. 291).

Das Theorem, dass erst und gerade „das konstitutionelle Mit-Anderen-Sein ... das authentische Ichsagen" (465, 42) ermögliche, wird von J. B. Metz in theologischer Sicht radikalisiert: Es sei nicht das Ich, das sich den Anderen oder die Andere nehme, gewissermaßen für sich in Gebrauch nehme, um zu sich selbst kommen zu können. Sondern es seien die Anderen – und zwar sowohl die Lebenden, nah und fern, als auch die Toten, die Besiegten und Opfer –, die das Individuum allererst seine „Ichtiefe" gewahr werden ließen. Nur so erschließe sich auch, was eschatologische Hoffnung im christlichen Verständnis meine: Sie sei nur lebbar im Angesicht der Anderen und gemeinsam mit ihnen; niemand könne nur im Blick auf sich selbst und für sich allein hoffen. „Das starke Ich, das starke Subjekt der Hoffnung und Gotteszeugenschaft ist ein Plurale tantum" (ebd.). Folgerichtung sind für J. B. Metz Compassion im Sinne einer elementaren Leidempfindlichkeit und Mit-leiden-schaft (vgl. 467) sowie universale Solidarität (vgl. 462 u. 428) Grundtugenden christlicher Praxis.

Spätestens hier wird deutlich, dass Beziehungen nichts mit jenem oberflächlichen und flüchtigen Miteinander zu tun hat, worauf der Sprachgebrauch gelegentlich abhebt. Beziehung bekommt man nicht – um es mit E. Fromm zu formulieren (vgl. 500) – nach Art des „Habens", sondern sie verwirklicht sich im Modus des „Seins". Genau das macht sie allerdings so verletzlich, wie es immer wieder vorkommt. Wenn dies heute vermehrt der Fall ist, ist das sehr stark bedingt durch eine Gesellschaft, in der das ökonomische Marktdenken sich tendenziell auf alle Lebensbereiche ausgedehnt hat und infolgedessen fast alles mittlerweile vom Gewinn- und Tauschdenken beherrscht wird. „Alles erscheint", so diagnostiziert J. B. Metz „tauschbar, austauschbar, auch die zwischenmenschlichen Beziehungen, auch die Lebensentwürfe. Man lebt nur, wenn man mehrere Male lebt. Lebensoptionen gibt es, wenn überhaupt, nur noch als Optionen mit Vorbehaltsklauseln. Engagement gibt es, wenn überhaupt, nur noch als Engagement mit Umtauschrecht" (465, 44 f.). Auch wenn der Verweis darauf, dass es eine größere Bereitschaft zu freiwilligem solidarischem Engagement gibt als vielfach angenommen (vgl. 383), diese pessimistische Einschätzung relativiert, zeichnet sich die Gefahr ab, dass die allgemeine Entwicklung auf eine Gesellschaft zuläuft, in der nur noch die lauter nebeneinanderher lebenden bzw. gegeneinander konkurrierenden Ego-Taktiker den Ton angeben – eine Gesellschaft, wie sie den Vorstellungen des neoliberalen Ökonomismus entspricht und wie sie deren Protagonisten forciert in die Realität umzusetzen bestrebt sind. Umso dringlicher ist es, als Alternative dazu das Projekt einer Kultur zu betreiben, in der nicht gnadenlose Tauschbeziehungen und -strukturen alles regulieren, sondern wo Beziehungen und „Strukturen der Gratuität (Dankbarkeit, Vergebung, Hingabe)" (353, 243) sowie der gegenseitigen Anerkennung und Solidarität Platz greifen.

Gegründet in dem Gott, der sich als in sich selbst beziehungsreich geoffenbart hat, und in der Nachfolge Jesu, der die Menschen an diesem Beziehungsreichtum Anteil haben lässt (vgl. 102 u. 272), ist die Kirche dazu bestimmt, ihrerseits wesentlich Beziehungsgeschehen zu sein, was auch in ihrer Bezeichnung als „Koinonia" bzw. „Communio" (Gemeinschaft) treffend zum Ausdruck kommt. In den Worten der Kirchenkonstitution des 2. Vatikanischen Konzils ist sie „Zeichen und Werkzeug für die innigste Vereinigung mit Gott wie für die Einheit der ganzen Menschheit" (LG 1). Für die Praxis dieser Kirche bedeutet das, dass sie sich sowohl intern als nach außen hin als Beziehung zu und mit den Menschen zu ereignen hat (vgl. 320; 346) und in besonderer Weise mit-leiden-schaftlich und parteilich ist für jene, die gesellschaftlich diskriminiert und marginalisiert werden (Option für die Armen und Anderen): für die Kinder in einer kinderfeindlichen Gesellschaft; für die Frauen, die in patriarchalischer Abhängigkeit gehalten werden; für die behinderten Menschen, die von den vermeintlich normalen gemieden werden; für die Fremden, die rassistische Vorurteile brutal zu spüren bekommen; für die Ausgestoßenen und Leidenden, deren Schreie kein Gehör finden; u.v.m. Ein Skandal für die Kirche ist es, wenn solche und ähnliche Exkommunikationen sogar in ihren eigenen Reihen vorkommen – wie es in ihrem Umgang etwa mit geschiedenen Wiederverheirateten, laisierten Priestern, Schwulen und Lesbierinnen, beim Ausschluss der Frauen von den ordinierten Ämtern und bei Maßregelungen von als häretisch gebrandmarkten Theologen und Theologinnen der Fall ist.

2.3 Formen und Felder kirchlicher Begegnung mit einzelnen Menschen und kleineren Gruppen

Auf der Basis der eher grundsätzlich gehaltenen Überlegungen soll in den folgenden Abschnitten auf konkrete Weisen der Begegnung von Kirche bzw. genauer: von Personen, die im engeren (z. B. in der Pastoral hauptamtlich Tätige) oder weiteren (z. B. Religionslehrer und -lehrerinnen) Sinn die Kirche repräsentieren, mit anderen Personen, sei es einzeln oder in Gruppen, eingegangen werden. Speziell sollen die Handlungsfelder bzw. -formen Verkündigung, Bildung, Seelsorge und Gottesdienste anlässlich besonderer Lebens- und Glaubensereignisse erörtert werden. Dabei muss allerdings klar bleiben, dass es sich dabei um eine „künstliche", also analytische Aufteilung handelt, die in der Wirklichkeit nie so vorkommt. Die verschiedenen Handlungsfelder und -formen überschneiden sich in der Realität. So stecken etwa in einer guten Predigt auch seelsorgliche Elemente; zudem kann sie für den einen Hörer oder die andere Hörerin zu einem Beitrag für deren Bildung werden. Und In der Regel ist sie auch in einen Gottesdienst eingebunden. Vergleichbare Querverbindungen lassen sich auch von den übrigen Handlungsfeldern und -formen her ziehen. Die folgenden Abschnitte wollen also so verstanden werden, dass in ihnen jeweils ein bestimmter Aspekt kirchlichen Handelns im Umgang mit Einzelpersonen oder kleineren Gruppen besonders akzentuiert wird.

2.3.1 Verkündigung als Verheißung von Leben

Die Kirche ist zu nichts Anderem gesendet, als allen Menschen das Evangelium[8] zu verkünden (vgl. Mk 16,13). Verkündigung ist hier zunächst einmal umfassend gemeint: Sie vollzieht sich nicht nur durch Worte, sondern auch in Taten, die die Worte praktisch einlösen oder die durch das Wort nachträglich gedeutet werden. Alles, was die Kirche – nach innen und nach außen – sagt und tut, ist Verkündigung; das gilt bis in ihre strukturelle Verfassung hinein. Dabei kann es der Kirche leicht zum Verhängnis werden – und wird es immer wieder, dass Widersprüche empfunden werden zwischen dem, was sie sagt, und dem, was sie tut. Es liegt auf der Hand, dass eine solche Diskrepanz nicht gerade zur Glaubwürdigkeit ihrer Verkündigung beiträgt. Insofern gilt, was Papst Paul VI. in seiner Verkündigungsenzyklika „Evangelii nuntiandi" (6) ausdrücklich angemahnt hat, nämlich dass die Kirche immer neu selbst die erste Adressatin der ihr aufgetragenen Verkündigung zu sein hat; wörtlich spricht er in diesem Zusammenhang „von der Kirche, die sich durch eine beständige Bekehrung und Erneuerung selbst evangelisiert, um die Welt glaubwürdig zu evangelisieren" (EN 15). Ausdrücklich hebt Paul VI. des Weiteren die vorrangige Bedeutung des gelebten Zeugnisses hervor, so wie es durch alle Christen und Christinnen getätigt werde: „Das geschieht z. B., wenn ein einzelner Christ oder eine Gruppe von Christen inmitten der menschlichen Gemeinschaft, in der sie leben, ihre Verständnis- und Annahmebereitschaft, ihre Lebens- und Schicksalsgemeinschaft mit den anderen, ihre Solidarität in den Anstrengungen aller für alles, was edel und gut ist, zum Ausdruck bringen. Ferner auch dadurch, daß sie auf ganz einfache und spontane Weise ihren Glauben in Werten bekunden, die über den allgemeingängigen Werten stehen, und ihre Hoffnung in etwas, das man nicht sieht und von dem man nicht einmal zu träumen wagt" (EN 21). Gerade ein solches praktisches Zeugnis bringe folgerichtig die, die das mitbekommen, dazu, nach den Gründen für eine solche Art zu leben und zu handeln zu fragen. Dazu sei dann eine ausdrückliche Verkündigung notwendig (vgl. EN 22). Zusätzlich ist diese auch notwendig, um sich selbst als praktizierender Christ oder praktizierende Christin oder auch als Gemeinde oder Kirche mithilfe einer Rückbesinnung auf die biblische Botschaft zu vergewissern, ob das gelebte Zeugnis dieser wirklich entspricht, und um sich auch immer wieder Ermutigung und Kraft für ihr Zeugnis zusprechen zu lassen.

Im Folgenden geht es schwerpunktmäßig um die Verkündigung im engeren Sinne, also um ihre ausdrückliche Form, so wie sie vor allem in der Predigt und in der Katechese erfolgt. Für die spezielle Reflexion dieser kirchlichen Praxis haben sich innerhalb der Praktischen Theologie eigene Unterdisziplinen ausgebildet, und zwar die Kerygmatik (vgl. 351) als die Lehre von der Verkündigung generell, die Homiletik (vgl. 355) als die Lehre von der Predigt sowie die Katechetik (vgl. 300) als die Theorie der katechetischen Unterweisung. In diesen Disziplinen geht es nicht nur darum (was gern primär von ihnen erwartet wird), denen, die predigen oder Katechese betreiben, Methoden für ihre Tätigkeit an die Hand zu geben. Vielmehr muss zunächst grundsätzlich danach gefragt werden, was überhaupt in der Predigt oder in der Katechese geschieht, also um Fragen wie: Worum geht es inhaltlich? Wie wird ein biblischer Text zu einer

Botschaft bzw. zu einem Sprechakt für heute? Wer sind die Adressaten? Wer ist die Person, die predigt oder die unterrichtet? In welcher Situation und an welchem Ort (mitsamt Kontext) wird gepredigt oder Katechese erteilt? Wie nimmt das jeweils auf die Predigt oder die Katechese Einfluss? Was soll mit ihnen erreicht werden? Welche Kommunikationsform sind der Predigt oder der Katechese angemessen (Monolog, Dialog, Gruppengespräch etc.)?

Wer detaillierte Auskünfte zu allen diesen Fragen bekommen möchte, muss auf die einschlägigen Lehr- und Handbücher zur Homiletik bzw. Katechetik verwiesen werden.[9] Im Weiteren können hier nur einige zentrale Probleme, die sich mit Blick auf eine Verkündigung des Evangeliums in der heutigen Situation stellen, umrissen werden.

Allgemein gesprochen geht es beim Verkündigen darum, eine Botschaft, die davon berichtet, dass und wie Menschen für ihr Leben – individuell und gemeinschaftlich – wichtige, verheißungsvolle, sie froh machende, befreiende, ihr Leben umkrempelnde Erfahrungen gemacht haben, die sie auf Gott zurückführen, so in die Gegenwart zu übersetzen, dass daraus auch für heutige Menschen eine für sie gehaltvolle und elementar wichtige Deutungsmöglichkeit für ihr je eigenes Leben und ihr Zusammenleben mit anderen erwächst, indem sie ihrerseits darin auf das Geheimnis Gottes stoßen. Die Notwendigkeit zu einem solchen Übersetzungsvorgang gibt es nicht erst heute und sie beginnt auch nicht erst in nachbiblischer Zeit. Schon in der Bibel selbst begegnet man ihm, wie folgendes Zitat von J. Ebach es sehr plastisch nachvollziehbar werden lässt: „Beim Wort 'übersetzen' darf man (nach einem Aperçu von Karl Kraus) einen Imperativ mithören (Üb' ersetzen!), man darf aber im Kontext der 'Traditionen' der hebräischen Bibel auch die Bedeutung mithören, die das Verb hat, wenn es auf der ersten Silbe betont wird. Das *Über*setzen, das Überschreiten (der Wüste, des Jordans in den Ursprungsgeschichten Israels), hebr. ᶜābar/damit vielleicht zusammenhängend: ᶜibrī-Hebräer), das Transzendieren, immer neue 'Jenseitserfahrungen' als Erfahrungen der Aus-, Durch- und Einzüge, der Exilierungen und der Rückkehr: solche Transitionen, Traduktionen und Traditionen begleiten nicht nur die Geschichte, sondern stellen ihre wichtigsten Inhalte dar. Wie mit den Bewegungen der Menschen verhält es sich auch mit der Weitergabe ihrer Erfahrungen, den Erzählungen, die in neue Zeiten, neue Verhältnisse, an immer neue Generationen übersetzt werden. Da werden keine abgeschlossenen 'Überlieferungs*bestände*' von Hand zu Hand weitergereicht, vielmehr werden die 'Traditionen' im Weitererzählen und Weitergeben selbst erst konturiert, in manchen Fällen erst konstituiert. Nicht selten konstituiert das 'neue' Hören eine 'alte' Geschichte. So dürften es die Erfahrungen der Bedrückung unter Salomo und Rehabeam sein, die in den Nordstämmen zur Ausbildung der Bedrückungsszenen vor dem Auszug aus Ägypten führten, so wie die Auseinandersetzung mit der babylonischen Kultur zur Ausbildung der 'Schöpfungsgeschichte' führte, so wie die je gegenwärtige Bedeutung von Prophetensprüchen Schüler der Propheten oft lange nach der Zeit der Auftritte der Propheten selbst zur Sammlung, Tradierung und nicht selten zum Weiterschreiben der 'alten' Sprüche bewegte ... Dem Fluß des Tradierens, des Übersetzens von Generation zu Generation korrespondiert in der hebräischen Bibel der Strom der

Erinnerung von Generation auf Generation. Es ist die Gemeinschaft der Hörenden, Sich-Erinnernden, je *neu* Hörenden, Weiter-Erzählenden, die die biblische(n) Geschichte(n) leben läßt" (441, 108 f.).

Führt man diese Hinweise bis in die Gegenwart weiter, dann ist es weniger eine Frage nach methodischen, wie z. B. rhetorischen „Tricks", um den „Erfolg" von Verkündigung zu gewährleisten. Sondern es geht allererst darum, wie lebendig der Prediger bzw. die Predigerin und der Adressatenkreis in einem solchen Tradierungsprozess der Geschichte Gottes mit den Menschen stehen und von darin gemachten und existenziell oder kollektiv wichtig gewordenen Erfahrungen authentisch so erzählen können, dass dabei der Bogen von heute zu Vor-Geschichten mit ähnlichen Erfahrungen gespannt wird und gerade daraus „Evidenzen gesteigerter Lebensgewissheit" (W. Gräb) hervorgehen. Dabei handelt es sich keineswegs um eine Siegergeschichte nach dem Motto: Wer auf Seiten Gottes steht, gewinnt! Im Gegenteil, die Geschichte Gottes mit den Menschen und umgekehrt spielt sich höchst wechselvoll ab, geht durch Höhen und Tiefen, kennt Zeiten heilvoller Nähe und schmerzlicher Abwesenheit Gottes, ist eine Geschichte voller Irritationen und Verzweiflungen vor allem angesichts geschehenen und unverschuldeten Leids, aber auch der Freude und Zuversicht. Verkünden ist der Versuch, diese Geschichte unter Bezugnahme auf die Bezeugungen von Gottes Handeln in ihr zu deuten und so Orientierungen und Perspektiven zu gewinnen für das eigene sowie gemeinsame Tun heute und morgen. Es ist weder bloße Information über vergangene Ereignisse, wie sie etwa in der Bibel berichtet werden, noch Belehrung über von Gott den Menschen offenbarte Wahrheiten und erst recht nicht eine sich in moralische Appelle ergießende Anweisung. Aus der Erinnerung an Verheißungen Gottes, die Menschenmögliches übersteigen und gerade so eine begründete und tragfähige Lebenszuversicht vermitteln, lässt es diese Verheißungen neu aufscheinen und ermutigt so die Menschen, sie hier und heute, soweit wie möglich, Wirklichkeit werden zu lassen, das versprochene „Leben in Fülle" (Jo 10,10) allen zuteil werden zu lassen. Die Predigt, so bringt es R. Zerfaß in Anlehnung an B. Brecht auf den Punkt – und das lässt sich auch auf alle anderen Formen der Verkündigung beziehen –, sollte „so von Gott reden, dass sich etwas ändern kann" (356, 454), wie, so ist zu ergänzen, sich von Gott her alles verändert.

Diese Rückbindung der Verkündigung an Gottes Geschichte mit den Menschen zeitigt auch Rückwirkungen auf den Status der Verkündenden: Sie sind Teil dieses Volkes Gottes, sind mit ihm gemeinsam unterwegs und stehen nicht irgendwo über oder vor ihm. Was sie zu verkündigen haben, gewinnen sie aus den Erfahrungen dieses Volkes auf dem Weg mit Gott. Prinzipiell sind alle seine Angehörigen Verkündiger und Verkündigerinnen, und die beauftragten Verkündiger und Verkündigerinnen haben die Gläubigen in dieser ihrer Berufung zu stärken, auf ihre Stimmen zu hören und davon zu lernen.

Der Evangelist Markus hat meisterhaft das Evangelium Gottes, das Jesus verkündete, in zwei Sätzen zusammengefasst: „Die Zeit ist erfüllt, das Reich Gottes ist nahe. Kehrt um, und glaubt an das Evangelium!" (Mk 1,15) Abgesehen vom Inhalt sagen diese beiden Sätze – ähnlich wie viele andere Stellen in der Bibel – Grundsätzliches zur Struktur biblischer und somit christlicher Verkündigung aus: Am Anfang steht die unbedingte Zusage, und zwar in Form eines Indikativs: „Die Zeit *ist* erfüllt, das Reich Gottes *ist* nahe." Hier wird nichts versprochen, was noch kommen soll; erst recht wird nicht auf irgendeinen St. Nimmerleinstag vertröstet. Es werden auch keine Bedingungen vorgegeben, etwa im Sinne von Vorleistungen, die die Menschen zu erbringen hätten, um des Reiches Gottes würdig zu werden. Vielmehr wird schlicht und einfach behauptet, dass sich von Gott her etwas ereignet hat, was die Wirklichkeit hier und heute und weiterhin bestimmt: der Anbruch seines Reiches, also die Neuerrichtung jener Ordnung von Frieden, Gerechtigkeit und Nachhaltigkeit in der Welt, wie sie Gott mit seiner Schöpfung im Sinn gehabt hat. Diese Zusage verbindet sich dann jedoch – diese Reihenfolge ist allerdings bezeichnend – mit einem Anspruch, mit einem Imperativ: Wenn Gott alle vom Menschen verursachten Missstände in eine neue Ordnung gebracht hat, kann Zutritt dazu nur haben, wer bereit ist, von seinem eigenen Anteil an diesen menschlichen Missständen entschlossen Abstand zu nehmen, also im wahrsten Sinne des Wortes umzukehren. Dabei handelt es sich um keine Umkehr in unsicheres Gelände oder ins Bodenlose, sondern es ist eine Kehrtwende in Gottes Ordnung, die seiner Schöpfung zu ihrem wahren Wohl gereicht. Wo diese Indikativ-Imperativ-Logik umgekehrt wird, da bekommt die Verkündigung schnell jenen moralisierenden Beigeschmack, der auf die Zuhörenden eher abschreckend als einladend wirkt. Dies alles hat allerdings nichts damit zu tun, die Verkündigung so auszurichten, dass den Hörern und Hörerinnen nur das mitgeteilt wird, was sie hören wollen, und alles, was für sie unangenehm und störend wirken könnte, ausgeblendet wird. Dass Gott auch der Gott ist, der Gericht über Menschen hält, darf nicht verschwiegen werden. Aber das heißt eben auch, dass eben Gott sein Gericht – das in der Konsequenz seines unbedingten Gerechtigkeitswillens liegt – zu überlassen ist, und nicht, dass der Verkündiger oder die Verkündigerin die Vollmacht hätten, sich an die Stelle des richtenden Gottes zu setzen, es sei denn im Falle der sakramentalen Vergebung in seinem Namen zu fungieren.

Ein besonderes Augenmerk bei der Verkündigung kommt ihrer Sprache und ihrer Kommunikationsform zu, wofür es sich nahe legt, sich mit den entsprechenden Einsichten der allgemeinen Sprach- und Kommunikationswissenschaften zu beschäftigen. Gelernt werden kann zudem auch von den biblischen Protagonisten und der Art, wie sie von Gott gesprochen haben. So ist es beispielsweise auffällig und vorbildlich, wie den Erzählungen der Evangelien zufolge Jesus es versteht, in der Alltagssprache der ihn umgebenden Menschen zu sprechen, Dinge aus ihrem alltäglichen Leben aufzunehmen oder an ihnen vertrauten Bildern und Vorstellungen anzuknüpfen, um so eine Ahnung davon zu vermitteln, was es mit dem von ihm verkündeten Reich Gottes auf sich hat. Oder wie er Konfliktsituationen etwa dadurch begegnet, dass er mithilfe von Gleichniserzählungen einen die gegebene Situation aufgreifenden, sie aber verfremdenden und transformierenden Handlungszusammenhang konstruiert, von dem aus ein neues Licht auf die konfliktträchtige Begebenheit fällt, so dass es möglich wird, Alternativen zu einer Eskalation des Konflikts zu finden und sich für sie einzusetzen. Wo er es für not-wendig hielt, hat Jesus ihn um Ratsuchende, wie etwa dem reichen Jüngling, die Konfrontation nicht erspart, aber es dem Betroffenen frei gestellt, welche

Entscheidung er trifft. Nicht zuletzt hat sich Jesus von anderen über seine eigene Sendung belehren lassen, vorzugsweise übrigens von Frauen.

Wo heutige Verkündigung in sprachlicher und kommunikativer Hinsicht daran Maß nimmt, kann sie davon ausgehen, dass sie bei Zeitgenossen und Zeitgenossinnen Gehör findet, weil sie die Verheißung bezeugt und für sie einsteht, dass es im Leben der Menschen und für es „doch mehr als alles geben" (D. Sölle) muss.

Bei all dem gilt für die Verkündigung, dass sie sich der Grenzen menschlicher Sprache und Interaktion bewusst sein und bleiben muss, wenn es darum geht, von Gott zu reden. Durchgänig stellt sich die Frage, wie überhaupt von Gott geredet werden kann, wenn gilt, dass Gott nicht unter den üblichen menschlichen Begriffen verrechnet werden kann – würde er damit doch unweigerlich zu einem Produkt des Menschen? Bereits die Theologie des Mittelalters hat sich intensiv mit dieser Problematik auseinandergesetzt: Wenn Menschen von Gott reden, dann können sie es nur in ihren Vorstellungen und Begriffen. Kann damit aber Gott überhaupt adäquat zur Darstellung gebracht werden? Auf einer Kirchenversammlung, dem 4. Laterankonzil von 1215, ist die damit gegebene Paradoxie für als nicht auflösbar festgehalten worden: „Denn vom Schöpfer und Geschöpf kann keine Ähnlichkeit ausgesagt werden, ohne dass sie eine größere Unähnlichkeit zwischen beiden einschlösse" (DH 806). In seinem letzten Vortag „Erfahrungen eines katholischen Theologen" kurz vor seinem Tod hat K. Rahner, achtzigjährig geworden, dies als eine seiner schmerzlichsten Erfahrungen als Theologen bezeichnet, nämlich „die Überforderung, die jedem theologischen Bemühen wesentlich innewohnt, weil es von der Unbegreiflichkeit Gottes sprechen muß" (481, 105). Auf das zitierte Axiom des Laterankonzils bezugnehmend, hat er dazu ausgeführt: „Wir reden von Gott, von seiner Existenz, von seiner Persönlichkeit, von drei Personen in Gott, von seiner Freiheit, seinem uns verpflichtenden Willen usf.; wir müssen dies selbstverständlich, wir können nicht bloß von Gott schweigen, weil man dies nur kann, wirklich kann, wenn man zuerst geredet hat. Aber bei diesem Reden vergessen wir dann meistens, daß eine solche Zusage immer nur dann einigermaßen legitim von Gott ausgesagt werden kann, wenn wir sie gleichzeitig auch immer wieder zurücknehmen, die unheimliche Schwebe zwischen Ja und Nein als den wahren und einzigen festen Punkt unseres Erkennens aushalten und so unsere Aussagen immer auch hineinfallen lassen in die schweigende Unbegreiflichkeit Gottes selber, wenn auch unsere theoretischen Aussagen noch einmal mit uns selber zusammen unser existentielles Schicksal teilen einer liebend vertrauenden Hingabe unserer selbst an die undurchschaute Verfügung Gottes, an sein Gnadengericht, an heilige Unbegreiflichkeit" (ebd., 106 f.). Ehrlich meinte Rahner, für sich eingestehen zu müssen, „daß ich als einzelner armer Theologe bei all meiner Theologie zu wenig an diese Analogheit aller meiner Aussagen denke. Wir halten uns zu sehr in der *Rede* über die Sache auf und vergessen bei all dieser Rede im Grunde die beredete Sache selber" (ebd., 108 f.).

2.3.2 Religiöse Erziehung und Bildung als Befreiung aus in Entfremdung gehaltenem Leben

Der christliche Glaube ist – ähnlich wie der jüdische – über Jahrhunderte hinweg wesentlich in Form seiner Mitteilung von der erwachsenen an die jeweils heranwachsende Generation und vorrangig in der familiären Lebenswelt tradiert worden. Dieser kontinuierliche Prozess ist heute zumindest in seinen bisherigen quantitativen Ausmaßen an sein Ende gelangt (vgl. 293). Eine religiöse Erziehung der heranwachsenden Generation wird von der jetzigen Elterngeneration zwar nicht unbedingt gänzlich abgelehnt. Aber in der Mehrzahl der Familien wird – abgesehen möglicherweise von außergewöhnlichen Anlässen wie etwa Weihnachten oder Familienfeiern – weder über Religion gesprochen noch sie in festen Riten vollzogen. Religionslehrer und -lehrerinnen berichten, dass die meisten Kinder mittlerweile in dieser Hinsicht völlig unbedarft in die Schule kommen, aber zum großen Teil am Religionsunterricht teilnehmen. Allerdings wäre dieses Fach überfordert, würde man von ihm erwarten, es solle die bisherigen Versäumnisse an religiöser Sozialisation und Erziehung kompensieren. Es hat durchaus viel erreicht, wenn es auf die religiöse Dimension des Lebens und mögliche Weisen seiner Thematisierung hat aufmerksam werden lassen. Ferner dürfen die möglichen Auswirkungen des katechetischen Wirkens anlässlich der Sakramentenvorbereitung (Beichte, Kommunion, Firmung) nicht überschätzt werden, auch wenn viele Kinder noch daran teilnehmen (vorrangig bei der Erstkommunion) und sich nicht selten bisher ungetaufte in dieser Phase taufen lassen. Ähnliches gilt in den protestantischen Kirchen für die Konfirmation.

Mit Blick auf den überwiegenden Teil der heutigen Jugendlichen ist festzustellen, dass für sie die Kirche eher mit einem negativen Image verbunden ist, aber auch dass sie für Religion allgemein immer weniger Interesse zeigen. Diese Einstellung setzt sich bis weit in das Erwachsenenalter hinein fort. Und selbst unter den älteren Menschen vollzieht sich derzeit mit Blick auf ihre Religiosität ein tief greifender Wandel.

Sich mit den Ursachen dieser Gegebenheiten zu beschäftigen und mögliche Ansatzpunkte und Konzepte für eine religiöse Erziehung und Bildung zu erarbeiten, die den zeitgenössischen Herausforderungen Rechnung trägt, ist schwerpunktmäßig Aufgabe der praktisch-theologischen Teildisziplin Religionspädagogik, zu der auch die im vorigen Abschnitt bereits erwähnte Katechetik zu rechnen ist (vgl. 299). Der Begriff „Religionspädagogik" hat sich zwar durchgesetzt, ist jedoch insofern problematisch, weil das, womit sich diese Disziplin beschäftigt – nämlich religiöses Lernen und religiöse Bildung –, sich nicht nur auf das Kindesalter und die Jugendzeit beschränkt, sondern es sich um einen lebenslangen Prozess handelt. Insofern ist die Bildungsarbeit mit Erwachsenen bis hin zu Menschen im dritten und vierten Lebensalter genuiner Bestandteil der Religionspädagogik. War diese Disziplin früher so gut wie ausschließlich auf den schulischen Religionsunterricht fixiert, so hat sie seit einiger Zeit ihren Blick auf alle für die religiöse Erziehung und Bildung möglichen Orte ausgeweitet, also auf Familie, Kindergarten, Schule, Jugendarbeit, Hochschule, Bildungswerke und -stätten für Erwachsene, Seniorenheime und nicht zuletzt auf den die Einstellungen und Verhaltensweisen stark prägenden Medienbereich. Bei all dem ist die Religionspädagogik wie die Praktische Theologie insgesamt auf die Rezeption von und Kooperation mit anderen Wissenschaften angewiesen. In ihrem Falle bilden von der Sache her vor allem die Erziehungswissenschaft, die Sozialisationstheorie und die Entwicklungspsychologie die wichtigsten Kooperationspartnerinnen.

Im Folgenden können nur einige Aspekte, die den aufgezählten Einzelaufgaben gemeinsam sind und sie miteinander verbinden, angesprochen werden:

Die Religionspädagogik hat ihren Ausgang bei der Analyse der individuellen und kollektiven Gegebenheiten zu nehmen, unter denen religiöse Erziehung und Bildung heute stattfinden. Dabei ist der Blick nicht nur auf den religiösen Bereich im engeren Sinne zu richten. Denn offenkundig sind für die Veränderungen, die sich in diesem Bereich vollzogen haben und vollziehen, verschiedene auf das gesellschaftliche Zusammenleben insgesamt Einfluss nehmende Faktoren namhaft zu machen. Das beginnt mit den „äußeren" Faktoren wie den immer rasanter sich beschleunigenden und immer mehr Bereiche erfassenden Entwicklungen in Forschung und Industrie, der dadurch bewirkten ungeheuren Verdichtung von Raum und Zeit, wie sie sich besonders nachdrücklich in der Ausweitung des Möglichkeitshorizonts mithilfe der neuen Kommunikations- und Transportmedien niederschlägt, den jedem Bedürfnis Rechnung tragenden und ständig neue Bedürfnisse weckenden Konsummöglichkeiten, aber auch der damit immer brutaler betriebenen Grenzziehung zwischen Inklusion und Exklusion, also zwischen der Minderheit der von diesen Entwicklungen Profitierenden und der Mehrheit der davon Ausgeschlossenen u. a. m. Und das reicht bis hin zu den Rückwirkungen alles dessen auf die „inneren" individuellen und kollektiven Lebensbedingungen: allgemein zunächst einmal die bereits erwähnten Prozesse der Individualisierung der Lebensführung und der Pluralisierung von Lebensstilen; damit zusammenhängend die gewachsenen Spielräume zur Gestaltung des eigenen Lebens, aber auch die wachsenden Anforderungen in verschiedenen Bereichen, die nicht selten als Überforderungen erlebt werden; das Gefühl der Unsicherheit bis hin zum Konfrontiertwerden damit, selbst zeitweise oder dauernd von der Exklusion betroffen zu sein; die Schwierigkeit auszumachen, welche der vielen angebotenen Glücksverheißungen wirklich Glück bringt; die Schwierigkeit, sich angesichts der individuell abverlangten Flexibilität und Mobilität sich auf ein verbindliches Zusammenleben mit Anderen einzulassen etc.

So liegt es auf der Hand, dass von diesen Bedingungen die Möglichkeit, für sich selbst einen konsistenten Lebensentwurf zu schaffen und auch auszuführen, nachhaltig betroffen sind. Genau das bewerkstelligen zu wollen, schwebt herkömmlicherweise gerade religiöser Erziehung und Bildung vor. Es ist jedoch offensichtlich, dass dies angesichts der skizzierten Lebensbedingungen nicht gerade als hilfreich empfunden wird.

Es ist allerdings keineswegs so, als wäre den heutigen Zeitgenossen und Zeitgenossinnen jegliche religiöse Dimension in ihrem Leben abhanden gekommen. Im Gegenteil, diese ist durchaus präsent und kommt auf vielfältige Weise zum Ausdruck: etwa in dem mittlerweile von einem bunten esoterischen Markt kommerzialisierten Bedürfnis, wenigstens gelegentlich den alltäglichen Stress hinter sich zu lassen und zur inneren

Ruhe finden zu können; in der Weise, wie das Streben nach der eigenen Selbstverwirklichung, die Pflege intimer Liebesbeziehungen oder das Aufgehobensein in einer Gruppe für die Betroffenen gewissermaßen sakrale Bedeutung erlangen und mit neuen Ritualisierungen verbunden werden; und nicht zuletzt wie der Markt sich als die Instanz anpreist, außerhalb derer es kein Heil gibt, und wie er dem mit der Kreierung immer vollkommener und somit verführerischer sich darstellender Götter, die es anzubeten und für die zu opfern gilt, Nachdruck verleiht. Abgesehen vom Aufkommen und der Verbreitung solcher und ähnlicher religiöser oder quasireligiöser Phänomene ist schlicht und einfach auf die Tatsache des religiösen Pluralismus zu verweisen, also darauf, dass keineswegs das prognostizierte Ende von Religion eingetreten ist, sondern in einer Vielfalt von alten oder neuen Erscheinungsformen teils mehr, teils weniger lebendig begegnet.

Wenn religiöse Erziehung und Bildung Menschen ansprechen soll, muss sie sie in ihrer jeweils konkreten Befindlichkeit eines Lebens zwischen systemisch bedingten Widersprüchlichkeiten und der Suche nach authentischen Lebensmöglichkeiten zu erreichen versuchen. Dabei muss sie damit rechnen, dass viele Heranwachsende ebenso wie Erwachsene die überkommene Religion in ihrer institutionalisierten Gestalt so erleben, als habe sie mit ihrem Leben nichts zu tun, und auch ansonsten aufgrund ihres alltäglichen Pendelns zwischen beruflicher Anspannung und Zerstreuung in der Freizeit nicht leicht für religiöse Fragen und Themen empfänglich sind. Zudem stehen die Kirchen als die dafür als zuständig geltenden Institutionen bei vielen immer noch in dem Verdacht – erhärtet möglicherweise durch eigene negative Erfahrungen –, alles andere als einer Lebensgestaltung in Freiheit förderlich zu sein. Verstärkt wird dieser Argwohn durch Beobachtungen, dass die Kirchen ihrerseits mit dem bestehenden System zu sehr verflochten sind, als dass sie dem gegenüber frei und kritisch agieren könnten.

Von daher ist die Religionspädagogik immer auch auf sich selbst zurückgeworfen, auf die (religions-)kritische Vergewisserung ihrer Ziele und Methode – bis hin zur Überprüfung und gegebenenfalls Revision für sie grundlegender Annahmen, die für frühere Zeiten gültig gewesen sein mögen, heute aber nicht mehr zutreffen (vgl. 313). Sie hat glaubwürdig zu machen, dass es ihr um nichts anderes geht als um die Menschen, darum, dass sie zur geheimnisvollen Tiefe ihres je eigenen Lebens finden, um es daraus verantwortlich und solidarisch mit anderen gestalten zu können, und nicht um irgendwelche andere Absichten wie etwa der Bestandssicherung von Religion und Kirche. Um theoretisch und praktisch angeben zu können, ob religiöse Erziehung und Bildung Menschen in ihrer Entwicklung fördern oder hindern, muss sie auf entsprechende theologische und humanwissenschaftliche Einsichten zurückgreifen und sie zu operationalisieren versuchen. Wie das aussehen könnte, zeigt modellartig folgende Auflistung von Kriterien, die nach H. Küng eine „identitätsfördernde Religion" ausmachen; er umreißt sie im Einzelnen als „eine Religion,
- die ohne Regression die Annahme seiner selbst fördert;
- die mit ihren Symbolen, Überzeugungen und Riten der Individuation des Menschen dienen kann;

- die gerade für unsere junge Generation wieder geistige Orientierung über den Tag hinaus und unbedingte ethische Maßstäbe anbieten kann;
- die bei aller Einsicht in die Grenzen von Willensfreiheit und Schuldfähigkeit Freiheit zur Entscheidung und durch alle Lernprozesse und Verhaltensweisen hindurch Identität und Würde gewährleistet;
- die Angst zu überwinden und Vertrauen, Verständnis und Respekt, Grundlage für Freundschaft und Liebe, zu gründen vermag;
- die durch Förderung und Steuerung von Sensibilität und Emotionalität zur Kreativität, zur Bewußtseinserweiterung und zum Engagement, zu mehr Menschlichkeit unter den Menschen, zu wahrer Humanität verhilft" (455, 11 f.).

Hier wird zugleich deutlich, dass so angelegte religiöse Erziehung und Bildung weder gewissermaßen mit einem Schlag erfolgen können noch irgendwann zu einem Abschluss kommen, sondern ganz eng mit der Lebensgeschichte eines Einzelnen verflochten sind und sie zum Thema haben, sei es in der erinnernden Rückverfolgung des Gewesenen, sei es im Hoffnung gebenden und Mut machenden Vorausblick auf das Künftige. Damit ist sie auch eine jeweils vom Subjekt zu bewerkstelligende Angelegenheit – allerdings keineswegs als bloße „Privatsache", sondern mit, wie noch zu zeigen sein wird, enormen Auswirkungen bis in den gesellschaftlichen Bereich hinein.

Eigens betont sei – und das geht auch aus Küngs Kriterienliste hervor, wenn man sie Punkt für Punkt durchgeht –, dass es sich dabei um alles andere als um eine leicht gewichtige Religion handelt, etwa nach Art einer „religion light" oder Soft-Religion. Religion bzw. Glaube und Leben miteinander durchzubuchstabieren, heißt ja nicht, dass nur das von der Religion bzw. vom Glauben übernommen wird, was sich mit der Art der Lebensführung bisher in Einklang bringen lässt, sondern heißt in gleicher Weise, diese bisherige Lebensführung umgekehrt im Lichte der Religion bzw. des Glaubens anzusehen und zu prüfen und möglicherweise in Frage zu stellen und zu revidieren. Wichtig dabei ist allerdings, dass es verstanden wird, die Inhalte des Glaubens als zutiefst die eigene Existenz betreffende Themen zu reformulieren und zu elementarisieren. In religiöser Bildung geht es weniger nach Art kumulativen Lernens um eine bloße Anhäufung von Wissen, ohne damit abstreiten zu wollen, dass grundlegende positive Kenntnisse über die Entstehung, die zentralen Glaubensinhalte und die Wirkungsgeschichte der eigenen Religion und fremder Religionen dazu gehören. Aber entscheidend ist, dass, wer sich darauf und die dem zugrunde liegenden Erfahrungen einlässt, eine Sprengung seiner bzw. ihrer bisherigen Weisen des Umgangs mit Wirklichkeit sowie des eigenen Selbstverständnisses riskiert – zugunsten einer „Selbstfindung auf neuem Niveau" (470, 101). Eine vermeintlich objektive Religionskunde trägt dem nur unzureichend Rechnung.

Von „außen" kann in der „Bildungsarbeit", angefangen vom Kindergarten über den Religionsunterricht bis hin zur Erwachsenenbildung, insofern dazu beigetragen werden, dass zu solchen „Übersetzungsprozessen" kundige Hilfestellungen und so zu diesem selbstreflexiven Prozess Anregungen gegeben werden, weiterhin dass den Interessierten Orte angeboten werden, wo sie darüber mit anderen ins Nachdenken und ins Gespräch kommen können, dass ihnen anregende Modelle gestalteten Lebens aus der

Vergangenheit und Gegenwart sowie mit verschiedenen kulturellen und religiösen Hintergründen vorgestellt werden, dass auf Materialien zu intensiverer Auseinandersetzung mit einem ausgewählten Thema (z. B. aus dem Credo) verwiesen wird und vieles Ähnliche mehr.

Wie die Beteiligten damit umgehen und was sie sich möglicherweise zu Eigen machen, ist ihnen im wahrsten Sinne des Wortes frei zu stellen. Jegliche Indoktrination und Manipulation verbieten sich, weil Religion und Glaube wahrhaft nur in freier Entscheidung vollzogen werden können.

Darauf hinzuwirken, können und müssen sich allerdings religiöse Erziehung und Bildung in höchstem Maße angelegen sein lassen. Sie tun das insbesondere dadurch, dass sie theoretisch und praktisch nachvollziehbar werden lassen, welche ungeahnte Möglichkeiten sich für das Leben von Menschen und ihrem Umgang mit sich selbst, mit anderen sowie mit der Umwelt auftun, wenn es tatsächlich allein auf jenem Gott gründen mag, der für es den verlässlichen Grund hergeben kann und hergibt, und die Menschen somit nicht länger allen möglichen selbst geschaffenen oder von anderen aufoktroyierten Göttern unterworfen sind bzw. sich ihnen unterwerfen. Die so zustande kommende Ausbildung einer selbständigen „religiösen Urteilskraft" (473, 83 ff.) geht mit der Stärkung einer Widerstandskraft gegen alle Unternehmungen einher, Menschen in von Interessen anderer her bestimmten Entfremdung und Abhängigkeit zu halten, und setzt Phantasie und Kreativität zur Schaffung der Voraussetzungen für ein gemeinsames Leben-Können auf Zukunft hin frei, also einem Engagement für ein Mehr an Gerechtigkeit, Frieden und Nachhaltigkeit sowohl konkret vor Ort als auch global (vgl. 303).[10]

2.3.3 Seelsorge als Begegnung im Alltag und Beistand in Lebenskrisen

Der Begriff „Seelsorge" begegnet sowohl in der evangelischen als auch in der katholischen Kirche in einer zweifachen Bedeutung[11]: Zum einen wird damit die Gesamtheit kirchlichen Tuns (cura animarum generalis) bezeichnet, zum anderen dasjenige pastorale Handeln, das sich speziell an Einzelne oder überschaubare Gruppen richtet (cura animarum specialis). In diesem Abschnitt ist von der Seelsorge in dem zweiten, speziellen Sinn die Rede. Mit ihr befasst sich eine eigene praktisch-theologische Unterdisziplin: die Seelsorgelehre bzw. Poimenik (von griech. „poimainein = weiden, Hirte sein) (vgl. 345).

Der Begriff „Seelsorge" ist alt, aber nicht unumstritten. (vgl. 332, 137). Ihm hafte, so wird kritisiert, die dualistische Vorstellung von der Trennung zwischen Leib und Seele an. Kirchliches Handeln sei jedoch missverstanden, wenn man meine, es beziehe sich lediglich auf die Seele und kümmere sich nicht um den Leib. Es richte sich vielmehr auf den ganzen Menschen. Das hat man mit dem Alternativbegriff „Menschensorge" auszudrücken versucht. Auch wird gelegentlich der Begriff „Heilsdienst" vorgeschlagen. Aber diese Alternativen haben sich nicht durchzusetzen vermocht. Im Gegenteil, der Begriff „Seelsorge" wird zunehmend ganz ausdrücklich gebraucht, weil er treffend zum Ausdruck bringe, dass dieses kirchliche Tun im Unterschied zu vergleichbaren profanen Tätigkeiten wie Beratung und Therapie in besonderer Weise auch die geistliche bzw. spirituelle Dimension menschlicher Existenz berücksichtige und entsprechend ganzheitlich vorgehe.

Wie seelsorgliches Handeln sich näherhin gestalte bzw. zu gestalten habe, ist allerdings wiederum umstritten. Bei ihrem Versuch, einen umfassenden Überblick über die praktisch-theologische Seelsorgediskussion zu geben, hat D. Nauer 29 Konzepte herausgearbeitet, die sie drei Rubriken zuordnet (vgl. 333): Seelsorgekonzepte mit theologisch-biblischer, mit theologisch-psychologischer und mit theologisch-soziologischer Relevanz. Sie selbst fügt dem schließlich ein 30. Konzept hinzu, das sie als „multiperspektivisch, postmodern" verstanden wissen will. Es beansprucht nicht, die übrigen Seelsorgekonzepte „aufzuheben", sondern will umgekehrt zu deren deutlicheren Konturierung beitragen, damit die untereinander bestehenden Gemeinsamkeiten und Differenzen klarer wahrgenommen werden können und in der seelsorglichen Praxis bewusster damit umgegangen werden kann.

Die Rubrikeneinteilung, die D. Nauer vorgenommen hat, lässt erkennen, dass es sich auch bei der Seelsorgetheorie um ein interdisziplinäres Unternehmen handelt. Das ergibt sich folgerichtig aus der Praxis der Seelsorge, die mit der psychischen ebenso wie mit der sozialen Seite und darüber hinaus der transzendenten Dimension von Menschen in Berührung kommt. Es liegt von daher nahe, dass neben der Theologie vorrangig Psychologie und Soziologie in die Seelsorgetheorie einbezogen werden. Je nach dem, welcher dieser Disziplinen die Leitfunktion übertragen wird und zusätzlich welcher „Schule" innerhalb einer dieser Disziplinen man sich besonders verpflichtet fühlt, ergeben sich die unterschiedlichen Profilierungen der vorliegenden Seelsorgekonzepte. Gewissermaßen zwischen Psychologie und Theologie hat sich als eigenes Fach die „Pastoralpsychologie" etabliert (vgl. 317; 329 u. 342).

Unabhängig von der Vielfalt der Konzepte differenziert sich die Seelsorge in die unterschiedlichsten Bereiche aus, womit wiederum unterschiedliche Schwerpunktsetzungen verbunden sind. Die Seelsorge kann sich beispielsweise auf bestimmte Altersgruppen beziehen: Kinder, Jugendliche, Erwachsene, alte Menschen; sie kann dabei zusätzlich geschlechtsspezifisch akzentuiert sein: Jungen/Mädchen, Männer/Frauen. Die Seelsorge kann es auch mit besonderen Gruppen von Menschen zu tun haben, z.B. Kranke, psychisch Behinderte, Arbeiter und Arbeiterinnen, Studierende, Gefangene, Soldaten und Soldatinnen etc., und ist entsprechend nahe bei diesen Gruppen angesiedelt: Krankenhaus, Psychiatrie, Betriebe, Hochschule, Gefängnis, Militär, Polizei etc. Diese Seelsorge für verschiedene Gruppen wird übrigens als „Kategorialseelsorge" bezeichnet. Für im kirchlichen Kontext Beratung Suchende sind Beratungsstellen eingerichtet, in denen neben der speziellen Beratung häufig auch Seelsorge erfolgt (vgl. 318). In anonymer Form erfolgt dies in der mittlerweile flächendeckend institutionalisierten Telefonseelsorge (vgl. 347). Für besonders schwierige Situationen (Katastrophen, Unfälle u.ä.) steht die Notfallseelsorge zur Verfügung (vgl. 340). Und schließlich ist nicht der „normale" Alltag zu vergessen, in dem es durchaus auch – und wenn, dann meistens spontan – zu seelsorglichen Momenten kommen kann; eine besondere Form dieser „Alltagsseelsorge" stellen Hausbesuche etwa anlässlich von Geburtstagen oder zur Begrüßung von in eine Pfarrgemeinde Neu-Hinzugezogenen dar (vgl. 327).

Der Seelsorge im Alltag ist nicht zuletzt deswegen eine besondere Bedeutung zuzumessen, weil sie deutlich werden lässt, dass Seelsorge kein Handlungsfeld ist, für das nur professionell dafür Ausgebildete zuständig sind. In dieser Vorstellung wirkt noch die traditionelle Engführung nach, „die Seelsorge als hirtenamtliche Tätigkeit auf die kirchlichen Amtsträger beschränkt und eine hierarchisch geprägte Versorgungspastoral impliziert" (332, 1539). Demgegenüber ist gemäß dem Theologumenon vom gemeinsamen Priestertum aller Gläubigen ernst zu nehmen, dass alle Christen und Christinnen aktiv am seelsorglichen Wirken der Kirche partizipieren, so wie alle, auch die hauptamtlich Tätigen ihrerseits der Seelsorge bedürfen. Damit soll nicht bestritten werden, dass es in der Seelsorge besondere Situationen gibt, in denen professionelles Handeln unerlässlich ist und laienhaftes Wirken für die Betroffenen schwer wiegende Folgen haben würde. Gleichwohl ist es für professionell tätige Seelsorger und Seelsorgerinnen eine Entlastung, wenn sie davon ausgehen können, dass nach der Phase der not-wendigen Behandlung es für ihre Klienten und Klientinnen im kirchlichen Kontext Solidaritätsnetze gibt, wo sich Menschen um sie kümmern (vgl. 328).

Seelsorge vollzieht sich wesentlich im Gespräch, sei es im Dialog zwischen Seelsorger bzw. Seelsorgerin und Klient bzw. Klientin oder sei es in der Kleingruppe zwischen allen Teilnehmern und Teilnehmerinnen (vgl. 341). Von daher versteht es sich, dass den Fragen der Gesprächsführung und der kommunikativen Kompetenz innerhalb der Seelsorgetheorie und -ausbildung ein großer Stellenwert zukommt. Den und die Anderen unvoreingenommen wahrzunehmen, aufmerksam zu hören, dabei auch sich selbst wahrzunehmen und auf sich selbst zu hören, eine Atmosphäre des Vertrauens und gegenseitiger Akzeptanz zu schaffen, Interaktionsprozesse in ihren verbalen und nonverbalen Dimensionen verfolgen und analysieren zu können u.ä.m., sind Fähigkeiten, die zur Ausübung einer seelsorglichen Tätigkeit unerlässlich sind und deswegen in entsprechenden Trainings erworben werden können und müssen. Auch für Tätigkeiten von Laien gibt es entsprechende hilfreiche Schulungsmöglichkeiten.

Damit verändert sich auch die Art des Theologie-Treibens. Es bewegt sich gewissermaßen zwischen zwei Polen, dem Studium der biblischen Schriften und ihrer Rezeptionsgeschichte als dem einen und dem „Studium" der heute lebenden Menschen mit ihren Sorgen und Nöten sowie ihren Sehnsüchten und Glücksmomenten als dem anderen Pol. Beides miteinander in Beziehung setzen und daraus Deutungen für die im Gespräch wiedergegebenen Erfahrungen entwickeln zu können, also – pointiert formuliert – das verkündete Heil zur erfahrbaren Heilung bzw. zum heilsamen Geschehen werden zu lassen, macht die für die Seelsorge erforderliche theologische Kompetenz aus (vgl. 431 u. 339).

Es ergibt sich zwangsläufig, dass die Seelsorge mit Einzelnen oder mit Gruppen in der Gegenwart in besonderer Weise die ambivalenten Folgen der Individualisierung zu spüren bekommt (vgl. 349 u. 336). Welche Heraus- und Anforderungen die Situation der sog. Postmoderne an die seelsorgliche Praxis richtet, hat St. Gärtner in zehn Orien-

tierungspunkten komprimiert anzugeben versucht. Wegen ihrer kaum zu überbieten-
den Prägnanz sei diese Passage im Folgenden wörtlich wiedergegeben[12]:

„1. Die vielfältigen Erfahrungen mit Tod, Angst, Krankheit, Sinnlosigkeit, Scheitern,
Schuld und Leid werden in der Postmoderne durch die Erfahrung radikalisiert, dass
die Identitätsfindung selbst problematisch geworden ist. Identität gibt es nur noch mul-
tipel und im Fragment (vgl. 90). Das bedeutet, dass auch der Umgang mit den genannten existentiellen Grunderfahrungen immer fragmentarisch bleiben muss. Diese Tatsache braucht in der Seelsorge nicht überspielt zu werden. Dies entlastet von dem
Druck, mein Menschsein perfekt selbst in der Hand haben zu müssen. Die Erfahrung
des Vorläufigen, Unübersichtlichen und des Scheiterns gehört vielmehr wesentlich zur
Gestaltung jeder Biografie dazu. Dies kann in einer theologischen Perspektive gedeutet werden als Verstrickung des Menschen in individuelle und strukturelle Sünde (vgl.
324, bes. 120–125).

2. In der Seelsorge muss eine Option getroffen werden. In Zeiten, in denen die
Ressourcen der Kirche(n) und auch die des/der einzelnen Seelsorgers/Seelsorgerin beschränkt sind, kann nicht mehr alles gemacht werden. In der Ausrichtung der Seelsorge
muss eine Wahl getroffen werden. Auch hierin zeigt sich ein Merkmal der Postmoderne. Wer dies nicht tut, der will alles tun und tut nichts.

Vor dem Hintergrund des Evangeliums kann eine solche Option in der Seelsorge
nur für die ausfallen, die von den Bedingungen der Postmoderne besonders hart betroffen sind. Die Modernisierungsverlierer sind durch ihre soziale Lage von vornherein
behindert, eine Identität auf dem freien Markt der Lebensmöglichkeiten zu bilden.
Seelsorge, die am Evangelium Maß nimmt, geht es also nicht um die ʻPflege des bür-
gerlichen Privat-Ich' (335, 161), sondern um das vorrangige Aufsuchen derer, die von
den Möglichkeiten ausgegrenzt sind, ihr Leben in unserer komplexen und unübersichtlichen Zeit selbst zu gestalten.

3. Ich habe bereits darauf hingewiesen, dass heute eine deutliche Option für die In-
dividualseelsorge getroffen werden muss. Es dürfte deutlich geworden sein, dass sich
der Seelsorger dabei immer in einen gesamtgesellschaftlichen Kontext gestellt sieht.
Die Erfahrungen der Fragmentarität beim Einzelnen dürfen also nicht personalisiert
oder individualisiert werden, sondern müssen vielmehr als Reaktion auf die Lebensbedingungen in der Postmoderne hin kritisch befragt werden: Verlust des Arbeitsplatzes,
Gesundheitsschäden durch Mangelernährung, mediale Typisierung von Geschlech-
terrollen, Verlust einer eigenen Zeiteinteilung durch die Vorgaben der Umwelt, Ausschluss von der allgemeinen Mobilität durch Behinderung, Marginalisierung durch den
Status als Illegaler und anders mehr.

4. Seelsorge hat immer auch ein gesellschaftskritisches Potenzial. Sie genügt nicht
eilfertig den Erwartungen der Gesellschaft, die ihre Funktion auf Sozialhygiene und
gesellschaftliche Stabilisierung beschränken will. Damit sollen die Problemüberhänge,
die insbesondere die Ökonomie produziert, seelsorgerisch abgefedert werden. Auf
diese Erwartungen kann die Seelsorge nur eingehen, wenn sie sich zuvor den kritischen Stachel des Evangeliums gezogen hat. Auch in diesem Sinn ist die Seelsorge dem
diakonischen Grundvollzug der Kirche zuzuordnen (vgl. 330; 335; ergänzend: 337).

5. Damit eine solche gesellschaftskritische Konturierung der individuellen Begleitung glaubwürdig bleibt, ist die seelsorgliche Praxis darauf angewiesen, dass im
Binnenraum der Kirche die Überwindung der Aporien der postmodernen Gesellschaft
zeichenhaft antizipiert wird. Wenn bei der Begleitung Einzelner auch nach den sozialen Ursachen ihrer Probleme gefragt wird, dann gewinnt dies erst dadurch Bedeutung,
dass die Seelsorge als kirchliches Handeln in einen Kontext eingebunden ist, in dem
Solidarität und Gerechtigkeit gelebt werden und Heimat spürbar ist – und eben kein
Hort der falschen Sicherheiten. Dies bildet dann den ekklesiologischen Resonanzraum
der Seelsorge. Hier kann anfanghaft erfahren werden, was in der Lebensgeschichte von
Menschen offen bleiben muss.

Dies bedeutet nicht, dass die Kirche selbst bereits eine perfekte Gemeinschaft wäre,
deren Boten einer besseren Welt die Seelsorger sein könnten. Dagegen spricht häufig
schon das empirische Erscheinungsbild der Gemeinden. Es bedeutet auch nicht, dass
in der Kirche ein Raum für Regression und Flucht vor der bösen Wirklichkeit entsteht.
In der Kirche muss stattdessen versucht werden praktisch auszuweisen, was als Hoff-
nungspotenzial in der Seelsorge am Leben von Menschen erschlossen werden soll. Im
Wissen um die Begrenzung aller menschlichen Möglichkeiten entgeht die Kirche der
Gefahr, dem Perfektheits- und Glücksgebot unkritisch zu entsprechen, das die heim-
liche Norm der postmodernen Gesellschaft bildet.

6. Wir sahen, dass auch der/die Einzelne mit diesem Gebot konfrontiert ist. Gleichzeitig verschwimmt in der heutigen Zeit immer mehr, was denn eigentlich perfekt und
normal ist. Denn jeder Lebensentwurf ist durch die Segmentierung der sozialen Wirklichkeit und die Pluralisierung der Gestaltungsmöglichkeiten bestimmt. Hier müsste
die Seelsorge 'eine Kultur der Unvollkommenheit entwickeln, die den Menschen von
überproportionalen und damit ungesunden Vollkommenheitsansprüchen und Leis-
tungsbestrebungen befreit' (343, 33). Das Wissen, dass der Mensch Sünder ist und dass
jede menschliche Gemeinschaft immer hinter dem eigenen Anspruch zurückbleibt,
führt dazu, das reale Scheitern der menschlichen Bemühungen um Identität nicht
durch vorschnelle Antworten und Versprechen zu verdrängen. Stattdessen geht es in
der seelsorglichen Begleitung auch darum, in einem maßvollen und demütigen Umgang mit den eigenen Fähigkeiten einzuüben (vgl. 348; 331; 319). Dabei kann immer
mit den je größeren Möglichkeiten Gottes gerechnet werden. Dies ist aber keine
schnelle Antwort, die an den Erfahrungen der Fragmentarität vorbei, sondern durch
sie hindurch führt.

7. Das Wissen um die eigene Begrenztheit und das Rechnen mit den Möglichkeiten
Gottes betrifft auch den Seelsorger selbst beim Umgang mit seinen Kompetenzen. Die
'Fähigkeit zur Selbstbegrenzung und zur Selbstunterscheidung' (344, 39) gehört in der
Postmoderne zu den wesentlichen Voraussetzungen für diese Arbeit. Das bedeutet
nicht, die Bemühungen um eine gute Ausbildung für die Seelsorger aufzugeben – im
Gegenteil! Die Vermittlung und Aneignung von notwendigen Fähigkeiten wird aber
damit rechnen müssen, dass dem menschlichen Bemühen in diesem Bereich Grenzen
gesetzt sind. Dies macht frei von übersteigerten Machtfantasien über die vermeintliche
Reichweite und den Effekt der seelsorglichen Begleitung. Und es macht auch frei von

der subtilen Verführung, den Gegenüber als Klienten zu sehen und sein Anderssein korrigieren und in die 'Normalität' einpassen zu können oder ihn erst klein zu machen, um das Heil dann umso größer anzudienen (vgl. 59, 224–238). Eine solche Selbstbeschränkung macht wohl offen für die Möglichkeiten Gottes.

8. Zu den Kompetenzen des Seelsorgers in der Postmoderne gehört auch ein reflektierter Umgang mit den Grenzen und Fähigkeiten derjenigen, die das Gespräch suchen. Hier ist ein ständiger Perspektivwechsel gefordert. Denn in der Postmoderne gibt es keine allgemein verbindlichen Deutungsschemata mehr für den Umgang mit den Erfahrungen der Fragmentarität. Der Seelsorger ist darum herausgefordert, in der individuellen Begleitung diese Erfahrungen aus der Sicht seines Gegenübers verstehen zu lernen. Er muss also unter Umständen mit transversaler Vernunft (vgl. 525) eine doppelte Semantik hantieren, insofern der Pastorand diese Erfahrungen häufig nicht (mehr) in einer christlichen Bedeutung einholt. Somit stellt manchmal nur *ein* Gesprächspartner in der seelsorglichen Begleitung seine Erfahrungen in den Horizont des Evangeliums – in dem Wissen, dass die Verheißungen der Frohen Botschaft allen Menschen gelten.

9. Der christliche Glaube benennt als letzten Grund für die Möglichkeit des Handelns angesichts der erfahrenen Fragmentarität den liebenden Gott, wie er sich endgültig in Jesus Christus selbst geoffenbart hat. Das Ziel der Seelsorge ist es, diese Zusage an den individuellen Lebensgeschichten von Menschen in der postmodernen Gesellschaft aufzudecken, auch wenn das Gegenüber diese Perspektive zunächst nicht teilt. Trotzdem sind die Elemente dieses Glaubens auch noch unter den Bedingungen der Postmoderne wichtig. Der christliche Glaube ist mit seinen Bildern, Symbolen, Geschichten und Ritualen ein Angebot für gelingende Identitätsentwicklung. Inhaltlich geht es dabei etwa um Barmherzigkeit versus Dominanz des Leistungsprinzips, Leiblichkeit versus sexualisierter Körperkult, Transzendenzfühligkeit versus Logik der instrumentellen Vernunft, Demut vor dem Leben versus genetische Machbarkeitsvisionen, Schuldbewusstsein versus menschlichem Titanismus, eschatologische Gespanntheit versus Allgegenwart der Glückspostulate, Verbindlichkeit versus postmodernes Nomadentum u.s.w.

10. Seelsorge, die dem/der Einzelnen bei dem je eigenen und unabschließbaren Prozess der Identitätsfindung Begleitung anbieten will, reflektiert diesen Prozess in dem Bewusstsein, dass die Fragmentarität als Grunderfahrung in der Postmoderne nicht das Letzte ist. Sie geht aus von der eschatologischen Hoffnung auf die Aufhebung aller Grenzen und auf die Schaffung wahren Lebens für alle. Diese Hoffnung ist eine die Praxis des christlichen Glaubens schon im Hier und Jetzt grundlegend orientierende Erfahrung (vgl. 445). Die Verheißung des kommenden Lebens bildet die Grundlage für den christlichen Umgang mit den Erfahrungen der Fragmentarität in der Seelsorge. Sie versucht diese Hoffnung an den individuellen Lebensgeschichten von Menschen mit ihrer Vergangenheit und ihren Sehnsüchten aufzudecken. So kann sie zugleich davor bewahren, 'die prinzipielle Fragmentarität von Ich-Identität zu leugnen oder zu verdrängen. Glauben hieße dann, als Fragment zu leben und leben zu können.' (90, 172) Die Seelsorge will zu einem Leben aus solchen Glauben befähigen."

2.3.4 Kasuelles und sakramentales Handeln und Feiern zu Wendepunkten im Leben

Eine Sparte seelsorglichen Handelns soll in diesem Abschnitt gesondert erörtert werden, das Handeln zu besonderen Fällen (lat. casus) bzw. Vorkommnissen im Leben von Menschen (vgl. 323). Auslöser für diese „Kasualpraxis" sind Knotenpunkte und Wechselfälle in der Biographie (Geburt, Übergänge von einer Lebensphase in die nächste, Hochzeit, Krankheit, Tod) oder andere außerordentliche Ereignisse (Schulbeginn, Schulende, Jubiläen etc.). Es ist ein weit verbreitetes kulturelles Phänomen, dass solche Vorkommnisse mit besonderen Ritualien und Feiern gestaltet werden (vgl. 493). Das beginnt vor allem bei freudigen Ereignissen bereits „im Profanen" damit, dass die betroffene Person hervorgehoben wird, ihr gratuliert wird und für sie eigens ein Fest stattfindet. Aber auch eher traurige Ereignissen werden gern mit die Betroffenheit angesichts dieser Situation zum Ausdruck bringenden Riten gestaltet. Über die „profane" Gestaltung hinaus haben viele Menschen den Wunsch, das besondere Ereignis auch mit einer gottesdienstlichen Feier hervorzuheben. Das mag durchaus damit zu tun haben, dass bei Gottesdiensten zumal im Ambiente einer Kirche sich eine ausgesprochen festliche Atmosphäre einstellt. Aber nicht selten verbirgt sich dahinter der Wunsch, einerseits die Dankbarkeit und Freude oder auch die Trauer, die das jeweilige Ereignis auslösen, und andererseits die Unsicherheit darüber, wie es denn weiter gehen wird, welchen weiteren Verlauf die Lebensgeschichte des oder der Betroffenen nimmt, mit einem heiligen, Geborgenheit versprechenden Baldachin zu überspannen, den guten und zuverlässigen Schutzes des Himmels zu erflehen (vgl. 350). Umso mehr kann davon ausgegangen werden, wie in einer sich entkirchlichenden Gesellschaft der Milieudruck zur Teilnahme an solchen Kasualien immer mehr wegfällt und somit eine ausdrückliche Entscheidung für sie getroffen wird.

Im christlichen Kontext liegt eine Verbindung von solchen Lebensfesten mit gottesdienstlichen Feiern nicht zuletzt deswegen nahe, weil für einige von ihnen eigene kirchliche Symbole, die Sakramente, zur Verfügung stehen und sie so ausdrücklich in Beziehung zu Gott gebracht werden – ökumenisch die Taufe und die Eucharistie bzw. das Abendmahl, katholisch zusätzlich Firmung, Spendung der Ehe, Ordination und Krankensalbung; aber auch ansonsten hält die Kirche liturgische Gestaltungsmöglichkeiten – gottesdienstliche Riten wie etwa die Beerdigungsfeier oder im katholischen Raum zahlreiche Sakramentalien – bereit.

So groß die „Nachfrage" nach solchen kirchlichen Ritualien ist, so tun sich die in der Pastoral Tätigen mit dem Umgang damit nicht selten schwer (vgl. 323, 807 f.; 322). Insbesondere in den Fällen, wo es um eine Sakramentenspendung geht, stellen sie die Frage, ob wirklich alle, die nach einem entsprechenden Gottesdienst fragen, dessen überhaupt würdig sind bzw. ob sie die Voraussetzungen dafür mitbringen. Sind es doch vielfach, wenn nicht überwiegend Leute, von denen gern gesagt wird – und die das durchaus auch für sich bestätigen –, „dass sie ansonsten mit der Kirche nicht allzu viel am Hut haben", also sog. „kirchlich distanzierte" Christen und Christinnen. Wenn ihnen aber eine intensivere kirchliche Bindung fehlt, welchen „Nutzen" haben dann für sie die Sakramente, so wird es für manche für die Sakramentenspendung Verantwortliche bisweilen zur quälenden Gewissensfrage. Ähnlich geht es mit den anderen kirchlichen Feiern. Wird hier die Kirche nicht lediglich zu einem zusätzlichen Ornament für ein prächtiges Fest funktionalisiert und missbraucht? Dies sind keinesfalls einfach und eindeutig zu beantwortende Fragen. Entsprechend gehen die Einschätzungen, die seitens der Praktischen Theologie dazu gegeben werden, weit auseinander; sie reichen von der Ermutigung, die Kasualien als „missionarische Gelegenheit" (M. Mezger) wahrzunehmen, bis hin zu ihrer Verdammung als „Perversion pastoralen Handeln" (R. Bohren). Die einen befürchten einen Ausverkauf der Kirche, die anderen sehen in der Kasualpraxis eine Möglichkeit zu einer Begegnung mit Menschen, die normalerweise nicht zur Kirche kommen.

Die grundsätzlich ihr innewohnende pastoraltheologische Relevanz umreißt W. Fürst wie folgt: „Kasualpraxis ist nicht als Grenzfall, vielmehr als ‚Prototyp der Verkündigung überhaupt' (Rolf Zerfaß) zu betrachten, sofern sie Menschen als einmalige Personen anspricht und zur Deutung und Gestaltung ihrer je konkreten Situation aus Glaube, Hoffnung und Liebe anregt. Gerade aus Kasualpraxis vermag die Pastoral durch die (möglichst methodisch geübte) situative Einbindung von gesprochenem Wort und ritueller Zeichenhandlung in das personal-soziale seelsorgliche Begegnungsgeschehen jene ursakramentale Valenz zu gewinnen, die der christlichen Botschaft entspricht. Die allgemein gültige Wahrheit wird im Besonderen anschaulich und wirksam" (323, 807).

Es gilt also, den jeweiligen Einzel-„fall" in der Kasualpraxis ganz ernst zu nehmen. Dazu gehört auch, dass der damit zu tun bekommende Seelsorger oder die Seelsorgerin in der Lage sein muss, nachzuvollziehen und darauf einzugehen, dass die Erwartungen, die die Betroffenen an die Kirche richten, keineswegs mit den Vorstellungen, die von kirchlicher und theologischer Seite her sich mit Liturgie und Sakramentenspendung verbinden, deckungsgleich sein müssen und es sehr häufig auch nicht sind. Möglicherweise überpointiert formuliert: Geht es den Kirchenvertretern und -vertreterinnen um eine Praxis, die mit der Lehre übereinstimmt, so geht es den Betroffenen vorrangig um ihr Leben, um eine Deutung dieser besonderen Situation für ihr Leben.

Um die Berechtigung dieser Erwartung zu verstehen, ist ein Perspektiven-Wechsel aufseiten der seelsorglich Handelnden erforderlich, und zwar zugunsten eines biographisch orientierten Zugangs zur Kasualpraxis.[13] Er lässt sensibel werden für die besondere Lebens-Zäsur, die das Ereignis für den oder die Menschen darstellt, die in diesem Zusammenhang „die Kirche" kontaktieren, und für die Freude und Hoffnungen, aber auch die Fragen und Ängste, die es bei den Betroffenen auslöst. Diesbezüglich ist es erforderlich, dass der aufgesuchte Seelsorger oder die Seelsorgerin sich Zeit nimmt, mit den Leuten ins Gespräch zu kommen, um sie kennen zu lernen und die Bedeutung, die diesem Ereignis für ihr Leben zukommt, besser zu verstehen und auch den Betroffenen behilflich zu sein, es in ihre Lebensgeschichte integrieren zu können. Von daher können dann auch nachvollziehbare Bezüge zur biblischen Verkündigung hergestellt werden, die in der liturgischen Feier wieder aufgegriffen werden können. Es versteht sich, dass deren Riten nicht nach dem sog. „Schema F" vollzogen werden können. Vor allem gilt es, soweit möglich die Betroffenen an der Gestaltung des Gottesdienstes zu beteiligen. Wo in der Vorbereitung und in der Durchführung der Kasualie ein Vertrauen zwischen den Betroffenen und dem oder der pastoral Tätigen hergestellt werden konnte, dürfte es kaum als ungebührliche Einmischung empfunden werden, wenn von ihm oder ihr her anschließend auf die eine oder andere Weise ein Interesse daran bekundet wird, wie es ihnen weiterhin ergeht.

Dass ein solches seelsorgliches Handeln alles andere ist als ein Ausverkauf der der Kirche anvertrauten (Heils-)Güter zu „Ramschpreisen", sondern theologisch geradezu angemessen, dazu hat F. Mennekes folgende nachdenkenswerten Überlegungen angestellt: „Theologisch gesehen verhandeln die Sakramente immer Transformationen und Transsubstantiationen (d.h. Wesensverwandlungen, NM) von Vorstellungen und Inhalten. Es geht ihnen dabei um befreiende Veränderungen des alltäglichen Lebens, ja um den Erwerb subjektiver Würde, nicht aus eigenem Tun allein, sondern vor allem aus göttlicher Zuwendung in bewegten Zeiten. Der Aufbau einer eigenen Subjektivität, der Verantwortung und der Freiheit sind ihre inneren Zielrichtungen. Darum sind die Sakramente für die katholische Kultur eigentlich unverzichtbare Elemente für das Wachsen und Werden einer freien Persönlichkeit. Sie haben in anderen Bereichen ihre Äquivalente ... An ein Beispiel sei dabei erinnert, an das Brot: Jesus deutet sich im letzten Abendmahl als Brot. Das Brot ist eine Metapher für Jesus ... Er ist das Brot für den Menschen, die Gabe, an der sich sein Leben entscheidet, auf der es beruht und von der er ganz und gar abhängig ist. So wie das Brot die elementarste Grundlage des Lebens ist, so ist Jesus selbst Leben für die Jünger. Ja, Jesus ist *Brot für das Leben der Welt*. Jeder Hunger ist Hunger nach Leben, und der Hunger nach Leben ist der nach mehr Leben, und der ist unersättlich. Nichts anderes ist das gemeinsame Thema der ganzen Bibel: Leben vom Gott des Lebens. Daher ist es verständlich, daß sich Gottes Repräsentant unter den Menschen mit dem Brot, das traditionell für Leben steht, vergleicht. Er ist das Leben, das Leben *für euch* und *für alle*. Wie ernüchtert aber muß ein Mensch sein, der am eigenen Leib erfährt, daß gegen dieses theoretische Ideal die Praxis spricht; wenn dieses Leben wie für unmündige Kinder entfremdend vorformuliert und festgeschrieben steht; wenn es nicht dem menschlichen Erfassungsvermögen und seiner Entwicklung gegenüber offen ist; wenn es sich nicht mit dem Lebenslauf des Menschen dynamisiert, vielmehr zum verlogenen Instrument der Unterdrückung verkommt? Dann wird das Brot hart, es verliert seine materielle Substanz, die ihm das Korn oder der Weizen ermöglichte; es nährt nicht mehr, sondern wird zu Holz oder gar – wie die Bibel sagen könnte – zu Stein!" (419, 99).

2.4 Kommunikation des Evangeliums als Beruf

Grundsätzlich gilt, dass alles, was in diesem Kapitel über die derzeitige Befindlichkeit der Menschen und die Möglichkeiten der Kommunikation des Evangeliums mit ihnen ausgeführt worden ist, auch für die Personen zutrifft, die sich diese Kommunikation des Evangeliums als Beruf gewählt haben und diesen ausüben. Das sind die ordinierten Amtsträger – und in der evangelischen Kirche auch Amtsträgerinnen –, die in der Pastoral tätigen Laien und Ordensschwestern, Frauen und Männer, die im kirchlichen Bildungsbereich, in der kirchlichen Öffentlichkeitsarbeit sowie die in der Caritas bzw. Diakonie tätig sind, und nicht zuletzt die Religionslehrerinnen und Religionslehrer sowie die in der wissenschaftlichen Theologie Lehrenden und Forschenden. Vor allem für die Amtsträger wird bis heute aufgrund ihrer besonderen Beauftragung zur Repräsentation Christi der Titel „Hirte" (lat. pastor) verwendet – was durchaus Sinn machen kann (vgl. 254), aber für viele gerade engagierte Christen und Christinnen deswegen problematisch geworden ist, weil sie sich dann als Schafe ansehen müssen. Gleichwohl lässt sich nicht leugnen, dass alle, die beruflich für die Sendung der Kirche wirken, zwar nicht etwas Besonderes sind, aber doch aufgrund der damit verbundenen Verantwortung mit besonderen Heraus- und Anforderungen zu tun haben. Einerseits haben sie es mit einer Vielzahl von Aufgaben zu tun; andererseits sind sie teilweise einer noch größeren Vielzahl von Erwartungen ausgesetzt. Das kann leicht zur Überforderung werden, wie die Verbreitung des Burn-out-Syndroms gerade in der pastoralen Mitarbeiterschaft, voran unter den Pfarrern und Pfarrerinnen signalisiert (vgl. 199).

Von daher ist es wichtig, sich sowohl über die Ausbildung zu den genannten Berufen immer wieder Gedanken zu machen und sie bestmöglich daraufhin zu gestalten (vgl. 448 u. 216) als auch zu überlegen und in die Praxis umzusetzen, welche berufsbegleitenden Maßnahmen für die schließlich jahrelang im Beruf Stehenden vorgesehen werden können. Gerade Letzteres hat man lange Zeit weitgehend den Betroffenen allein überlassen – abgesehen von der Empfehlung bzw. der Weisung zu regelmäßigen Besinnungs- und Gebetszeiten. Ausgehend von der Auffassung, dass die Priesterweihe weniger eine Berufsinitiation bedeutet als vielmehr eine Wahl für eine eigene Weise christlicher Existenz galt im Übrigen gerade im katholischen Raum für die Priester die Devise, dass sie immer im Dienst sind – mit der Folge, dass diese das dann häufig auch von ihren pastoralen Mitarbeitern und Mitarbeiterinnen erwarteten.

Seit einiger Zeit ist man in der Praktischen Theologie dabei, professionstheoretische Einsichten aus verwandten Bereichen (Pädagogik, Psychologie, Medizin sowie auch Verwaltung und Management) für die kirchlichen Berufe nutzbar zu machen (vgl. 207 u. 213). Im Anschluss daran sollen zu den für diese Berufe – mit Schwerpunkt auf den pastoralen Beruf im engeren Sinne – erforderlichen Kompetenzen einige Hinweise gegeben werden, wobei die Bezugspunkte, mit denen es diese Tätigkeiten zu tun haben, unterteilt werden in den Text, den Kontext und das eigene Selbst (vgl. auch 354).

– Unter „Text" soll alles das subsumiert werden, was das Zentrale der beruflichen Ausübung der Kommunikation des Evangeliums ausmacht, nämlich die Kommunikation des Evangeliums selbst. Dazu gehören „besonders der sachgemäße Umgang mit den Credo-Inhalten der Überlieferung in Schrift und Bekenntnis" (213, 118) einschließlich der Fähigkeit, sie dem zeitgenössischen Verstehenshorizont zu erschließen. Das Evangelium zu kommunizieren, bedeutet auch, auf vielfache Weise mit Menschen Umgang zu haben: angefangen von der seelsorglichen Begegnung mit Einzelnen oder Mehreren bis hin dazu, als Dienstgeber oder -geberin für etwa in einer Pfarrgemeinde angestellte Mitarbeiter und Mitarbeiterinnen verantwortlich zu sein. Schon allein in diesen beiden genannten Fällen ist es wichtig, dass die Art des Umgangs miteinander dem jeweiligen Anlass gerecht wird. Darüber sind mit einem kirchlichen Beruf in verschiedenen Bereichen Leitungs- und Verwaltungsaufgaben und gelegentlich auch Repräsentationsverpflichtungen verbunden. Auch das macht wiederum eine Reihe von jeweils eigenen Kompetenzen erforderlich. Allerdings gilt es dabei, sich bewusst zu bleiben, dass auch hierbei die Kommunikation des Evangeliums oberste Richtschnur ist und bleibt.

– Der „Kontext" wird durch die Kirche und die Gesellschaft gebildet, und zwar jeweils im Nahbereich und im globalen Sinne. In beiden sozialen Zusammenhängen findet sich der bzw. die beruflich in der kirchlichen Praxis Tätige unweigerlich vor. Zugleich bedarf es zu beiden auch jeweils einer kritischen Distanz, um nicht dem Sog von Modeerscheinungen zu unterliegen, sondern sich darüber Klarheit zu verschaffen, welche Auswirkungen gesellschaftliche Entwicklungen einerseits und Vorgänge im kirchlichen Raum andererseits auf die existentielle Befindlichkeit von Menschen zeitigen. Kenntnisse der Geschichte sind im Übrigen für die Kenntnis der Gegenwart sehr hilfreich. Von beidem, also gewissermaßen von einer historisch fundierten Analyse und Deutung der Gegenwartssituation her die Menschen und natürlich auch sich selbst besser zu verstehen, aber auch sich sachverständig einmischen zu können, wenn es um Fragen der Gestaltung menschlichen Zusammenlebens in Kirche und Gesellschaft geht (von der Stadtteilarbeit angefangen bis hin zur Beteiligung an der globalen Solidaritätsarbeit), gehört grundlegend zur Kompetenz der hier gemeinten kirchlichen Berufe. Weil die diese Berufe Ausübenden von ihrer Umgebung sowohl inner- als auch außerkirchlich daran behaftet werden, dass sie Vertreter bzw. Vertreterinnen dieser Kirche sind, ist es unerlässlich, dass sie ständig ihre eigene Beziehung zu dieser Kirche klären und authentisch leben. Im Sinne der Kommunikation des Evangeliums gilt, dass sie nur in dem Maße befreiend wirkt, wie an denen, die sie kommunizieren, spürbar wird, dass für sie selbst das Evangelium zu einer sie befreienden und froh machenden Botschaft geworden ist.

– Das leitet bereits über zu dem weiteren Bezugspunkt, dem eigenen „Ich". Auf der einen Seite sind alle Anstrengungen zu unternehmen, den Erfordernissen des Berufs durch eine gediegene Aus-, Fort- und Weiterbildung so gut wie möglich gerecht zu werden. Auf der anderen Seite wirkt sich eine persönliche Überbeanspruchung – vor allem wenn man sich irgendein Vollkommenheits- oder Perfektionsideal zur Norm setzt – körperlich und seelisch verheerend aus. Wichtig ist es auch gerade mit Blick auf die Menschen, denen man begegnet, für die Verführung zur sublimen Ausübung von „Pastoralmacht" sensibel zu sein und aus dem Einfluss, den man hat und den man auch zugesprochen bekommt, keine einseitigen Abhängigkeitsverhältnisse werden zu lassen (vgl. 253). In diesem Sinne ist an der eigenen Berufsrolle mitsamt dem Zulassen der eigenen Begrenztheit, aber auch mit Blick auf die eigenen Begabungen, die zum Zuge kommen lassen zu können Freude macht, ständig zu arbeiten – nicht zuletzt durch kritisch-reflexive Selbst- und Fremdbeobachtung (Supervision). Aber es muss auch zum Beruf so viel Distanz eingenommen werden können, dass er nicht zu allem im eigenen Leben wird. Wo unabhängig vom Beruf nicht aus einer spirituellen Tiefe des persönlichen Lebens geschöpft werden kann, da geht mit der Zeit sprichwörtlich die Luft für die das berufliche Tun tragende Be-geist-erung aus (vgl. auch die Beiträge in 222).

3. GEMEINDE ALS ERNST-FALL
SICH EREIGNENDER KOMMUNIKATION DES EVANGELIUMS

3.1 Gemeinde im Spannungsfeld von kirchlicher Empirie und biblischer Vision

3.1.1 Zwischen Abbruch und Aufbruch –
zur derzeitigen Lage der Kirchengemeinden

Legt man die statistische Messlatte an, um die Lage der Kirchengemeinden zu erfassen, ist der Befund aufs Ganze gesehen eindeutig: Die Zahl der regelmäßigen Gottesdienstbesucher ist seit Jahrzehnten kontinuierlich rückläufig. Auch die übrigen sog. Kasualien (Taufe, Hochzeit etc.) werden weniger in Anspruch genommen – bis auf, momentan jedenfalls noch, eine Ausnahme: die Beerdigungen. Der Kreis derjenigen, die eine enge Bindung an die Kirchengemeinde aufweisen, wird kleiner. Noch geringer ist die Zahl derjenigen, die zu einem ehrenamtlichen Engagement bereit sind; in manchen Gemeinden ist es nicht mehr möglich, die benötigte Zahl von Kandidaten und Kandidatinnen für die Wahlen zum Pfarrgemeinderat oder Kirchenvorstand (bzw., weil die Nomenklatur nicht einheitlich ist, zu den entsprechenden Gremien) zu finden und aufzustellen.

Geht man den Gründen für diese Entwicklung nach, so ist zu konstatieren, dass sie zu einem guten Teil auf die gesellschaftliche „Großwetterlage" zurückzuführen ist (vgl. zum Folgenden 118 sowie 119, bes. 79–119): Die „Megatrends" der Enttraditionalisierung und Pluralisierung wirken sich auf die herkömmliche kirchenbezogene Religiosität besonders nachhaltig aus; sie haben hier einen Prozess allmählicher Erosion in Gang gesetzt, der inzwischen immer klarer zu Tage tritt. Wie weit er reichen wird, ist derzeit noch nicht absehbar.

Hinzu kommen allerdings auch „hausgemachte" Gründe, die eine Lockerung vom und Distanzierung zum gemeindlichen Leben begünstigen; nach M. N. Ebertz lassen sich dafür anführen:
– das zähe Festhalten am Territorialprinzip, das bedingt, dass in vielen Pfarrgemeinden, um möglichst den Erwartungen aller Angehörigen gerecht zu werden, gewissermaßen „ein auf den kleinsten gemeinsamen Nenner gebrachte(s) geistliche(s) Einheitsmenü" (118, 28) verabreicht wird, womit aber vielfach genau den gegenteiligen Effekt erreicht wird: in seiner Monotonie geht es gerade an geistlich Suchenden leicht vorbei;
– die zwar nicht beabsichtigte, aber faktisch gegebene soziale Begrenzung vieler Kirchengemeinden, die dadurch zustande kommt, dass der Kernkreis der aktiv Engagierten eine Mentalität ausstrahlt, die auf Außenstehende eher aus- als einladend wirkt;

– eine damit in Zusammenhang zu bringende Milieuverengung, durch die verhindert wird, dass Menschen, die nicht vom gleichen Lebensstil geprägt sind, einen Zugang zur Kirchengemeinde finden.

Das Resümee, zu dem M. N. Ebertz aufgrund dieser Beobachtungen und Analysen gelangt, lässt an Klarheit kaum zu wünschen übrig: „Wenn sich in den Kirchengemeinden das Milieu verengt und wenn solche soziale oder kulturelle Barrieren viele von der 'Gemeinde' ausschließen, die sich als Christen verstehen, sozusagen 'religiös hungrig' sind, aber andere Erlebenserwartungen, ein anderes Schönheitsempfinden, einen anderen Geschmack haben, stellt sich die Frage: weshalb es der Kirche nur ansatzweise gelingt, kirchengemeindealternative pastorale Gelegenheitsstrukturen aufzubauen, um die frei flottierenden religiösen Bedürfnisse zu kultivieren und den religiösen Hunger christlich zu stillen. Dass sich die Kirche heute weitgehend selbst reduziert auf 'Gemeinde' und ihre Pastoral, auch und gerade ihre derzeitige 'Notstandspastoral' beinahe exklusiv durch dieses pastorale 'Nadelöhr' presst, drängt sich der soziologischen Diagnose immer deutlicher als Selbstblockade der Kirche auf, ja gewissermaßen als 'sozialpathologische' Selbstbeschädigung ihres missionarischen Anspruchs" (ebd., 30f.).

Viel zuversichtlicher hinsichtlich des Zustandes der Kirchengemeinden hat sich fast gleichzeitig Kardinal Roger Mahony, Erzbischof von Los Angeles, gezeigt (vgl. 29); seinen Optimismus gewinnt er aus dem Vergleich der Situation einer x-beliebigen Pfarrei in seinem Bistum im Jahre 1955 mit der im Jahre 2005: 1955 standen für die 1500 Familien dieser Pfarrei drei hauptamtliche und zwei nebenamtliche Priester zur Verfügung; deren pastorale Tätigkeiten erstreckten sich hauptsächlich auf die Bereiche der Sakramentenspendung, der Erziehung und Katechese sowie des gottesdienstlichen Lebens. Zusätzlich waren ein paar hauptamtliche Laien angestellt, wie der Organist und der Küster; und es engagierten sich einige Freiwillige. Das Leben der Pfarrei verlief in den vertrauten geordneten Bahnen. Im Jahre 2005 stellt sich das Bild dieser Pfarrei erheblich anders dar: Sie zählt über 5000 Haushalte und ist durch und durch multikulturell zusammengesetzt. Bewusst lässt sich die Gestaltung des pfarrlichen Lebens vom Prinzip des gemeinsamen Priestertums aller Gläubigen leiten. Neben dem Pastor, dem verheirateten Pastoralassistenten, dem Diakon und einer Reihe von haupt- oder nebenamtlichen Laien engagieren sich viele Angehörige freiwillig für die verschiedensten Aufgaben: von der Diakonie bis zur Katechese. Die Pfarrei, wie der Kardinal sie im Weiteren beschreibt, beeindruckt durch die Art, wie sie aufgeschlossen und kreativ sich den Bedürfnissen ihrer Mitglieder und den Herausforderungen ihrer Umgebung stellt.

Was hier exemplarisch aus den USA berichtet wird, lässt sich auch von einem Großteil der katholischen Pfarrgemeinden im deutschsprachigen Raum sagen: Vergleicht man sie heute mit ihrem Zustand vor 40–50 Jahren, sind sie, was die Breite des von Laien getragenen Engagements angeht, nicht wieder zu erkennen. In Verbindung damit haben sich grundlegende Veränderungen vollzogen, die nicht zu unterschätzen sind. Von daher ermutigt, plädiert als erfahrener Gemeindepfarrer F. Kerstiens dafür, zwar nüchtern die Ein- und Abbrüche im gemeindlichen Leben wahrzunehmen, aber sich darauf nicht zu fixieren, sondern beherzt vor Ort die in den letzten Jahrzehnten in

Gang gekommenen reformerischen Um- und Aufbrüche der Gemeinden voranzutreiben und sich in ihrem Sinne auch den Kirchenleitungen gegenüber einzusetzen (vgl. 135). Drei neutestamentlich fest gemachte „klare Perspektiven" gibt er dafür als grundlegende und praktisch bewährte Orientierungen an:

(1) Allen Christen und Christinnen gilt die Zusage, dass ihnen „die Offenbarung des Geistes geschenkt" (1 Kor 12,7) ist, und damit verbunden der Auftrag, die empfangenen Gaben zum gegenseitigen Nutzen einzubringen. Wo das zugelassen wird, wo die Vielfalt der Gaben zum Leben gebracht werden kann, wo niemand den Anspruch erhebt, von sich aus und allein zur Regulierung und Kontrolle der Geistesgaben befugt zu sein, darf darauf vertraut werden, dass aus solcher Geistesoffenbarung heraus sich Gemeinde bildet.

(2) Alle Trennungen aufgrund von Rasse, Geschlecht und Klasse, die immer wieder Auslöser von verhängnisvoll sich auswirkenden Spaltungen im gesellschaftlichen – und auch nicht selten im kirchlichen – Zusammenleben sind, sind durch und in Jesus Christus prinzipiell aufgehoben und können und dürfen darum im gemeindlichen und kirchlichen Leben nicht länger Platz greifen (vgl. Gal 3,28).

(3) Auch christliche Gemeinden brauchen Strukturen, ebenso die Kirche insgesamt. Aber diese dürfen sich nicht verselbständigen. „Alle Strukturen, auch die der Ämter und Dienste, haben strikten Dienstcharakter und dürfen nicht zum Herrschaftsinstrument werden, sie haben keine ontologische, sondern eine funktionale und relationale Bedeutung. Deswegen muß sich die Struktur der Kirche in die beiden .. genannten inhaltlichen Perspektiven einordnen und von dort her immer wieder neu befragen und korrigieren lassen" (ebd., 27).

Gemeindebildungsprozesse dieser Art sind nach Kerstiens' Erfahrung häufiger anzutreffen, als der äußere Anschein vom Zustand vieler Kirchengemeinden es möglicherweise vermuten lässt. Sie vollziehen sich in Territorialgemeinden ebenso wie neben ihnen her, sei es etwa im Kontext von Ordenshäusern oder Bildungseinrichtungen, sei es in Gruppen und Bewegungen, die sich um bestimmte gesellschaftliche Anliegen – Friedensbewegung, Eine-Welt-Arbeit, Frauenbewegung u. a. – kümmern. „Selten zuvor gab es so viele Männer und Frauen", vermerkt Kerstiens, „die sich als Kirche verstehen und einsetzen" (ebd., 28).

Auch wenn es sicherlich nahe liegend ist und aufschlussreich wäre, die hier zu Beginn des Kapitels wiedergegebenen Schlaglichter zur derzeitigen und sich abzeichnenden Situation der Kirchengemeinden miteinander zu vergleichen und zu prüfen, ob und inwiefern sie differieren, aber auch wo sie sich einander nahe kommen, seien sie zunächst einmal unkommentiert stehen gelassen. Auf den einen und anderen Aspekt wird im Folgenden zurückzukommen sein.

Vorläufig ist festzuhalten: Von *der* Situation der (katholischen) Kirchengemeinden sprechen zu wollen, ist schon allein mit Blick auf den hiesigen Kontext unmöglich. Es gibt vielmehr viele und teilweise höchst unterschiedliche Situationen. So macht es etwa jeweils einen Unterschied, ob die Gemeinde in einem städtischen Gebiet oder in einem ländlichen Raum liegt, ob im Stadtzentrum oder in einem Neubaugebiet, ob in einem traditionell katholisch geprägten Landstrich oder in der Diaspora, ob, speziell für Deutschland, in den alten oder in den neuen Bundesländern; und viele andere Faktoren mehr spielen eine Rolle. Auch mit Blick auf die innere Befindlichkeit der Gemeinden sind erhebliche Differenzierungen vorzunehmen. Die Bandbreite reicht von ungemein aktiven und lebendigen Gemeinden, die von einem aufgeschlossenen Pastoralteam geleitet werden und in denen Laien in eigener Verantwortung eine Vielzahl von Aktivitäten gestalten, bis hin zu Gemeinden, deren Ende aus verschiedenerlei Gründen absehbar ist.

Eins darf allerdings nicht unerwähnt bleiben: In den meisten Gemeinden, auch den lebendigen, stellt sich ein Problem als besonders dringlich dar, die sog. Nachwuchsfrage. Ihnen gehen die Jugendlichen und jungen Erwachsenen verloren bzw. kommen diese erst gar nicht oder bestenfalls beiläufig mit ihnen in Berührung. Mit dieser Not tut sich den Gemeinden allerdings zugleich eine Chance auf, die darin läge, dass nicht nur aus vordergründigen Rekrutierungsabsichten nach Möglichkeiten gesucht wird, wie jungen Menschen ein Weg in ihre Reihen hinein eröffnet werden kann, sondern dass deren Ausbleiben als Anlass für einen Diskurs darüber genommen wird, was unter den gegebenen Bedingungen (vor Ort) Gemeinde-Sein ausmacht bzw. ausmachen sollte. Dem steht allerdings im Wege, dass viele Gemeinden momentan mit einer Veränderung konfrontiert sind, die sie als bedrängender empfinden.

3.1.2 Akute Bedrängnisse und Lösungsversuche – der Priestermangel und die Folgen

Seit einiger Zeit ist nämlich innerhalb der katholischen Kirche hierzulande – von Bistum zu Bistum ein wenig unterschiedlich – eine tiefgreifende Veränderung der pastoralen Landschaft in Gang begriffen. Allenthalben werden neue pastorale Einheiten geschaffen – sei es durch Zusammenlegung von bisher selbständigen Pfarreien, sei es durch verbindlich festgelegte Kooperationen zwischen Pfarreien oder wie auch immer. Es ist schlicht und einfach der immer eklatanter werdende Priestermangel, der zu diesen Maßnahmen zwingt. Die Differenz zwischen der Zahl der Pfarrerstellen, die, wenn sie alle beibehalten würden, zu besetzen wären, und der Zahl der dafür zur Verfügung stehenden Priester ist bereits jetzt erheblich – und wird weiter zunehmen.

Zwar kann die bestehende Personallücke durch Laien im pastoralen Dienst in etwa aufgefangen werden. Aber vom Kirchenrecht her (vgl. Can. 515 ff.) können sie die fehlenden Pfarrer nicht vollgültig ersetzen; denn nur Priester können dem Recht nach die sog. Letztverantwortung in pastoralen Dingen wahrnehmen. Es ist derzeit nicht in Sicht, dass sich daran etwas ändern wird, dass also auch Laien die Verantwortung für die Leitung einer Kirchengemeinde übertragen werden könnte. Im Gegenteil, neuere kirchenamtliche Verlautbarungen schreiben den Unterschied zwischen Klerus und Laien im Bereich des pastoralen Handelns fest und beharren auf dessen Beachtung (vgl. 8 u. 10).[1]

Insofern sind die in den Bistümern für die Pastoral Verantwortlichen, voran die Bischöfe, seit einiger Zeit bemüht, Lösungen zu finden, die aus dem eingetretenen Notstand heraushelfen. „Kooperative Seelsorge" – so der für die veränderte pastorale Strategie geprägte Begriff[2] – ist angesagt. Gemeint ist damit und angezielt werden soll, dass Gemeinden enger miteinander kooperieren oder fusionieren, damit die zur Verfügung stehenden Kräfte nicht unnütz vergeudet, sondern sinnvoll konzentriert werden. Dabei wird von den maßgeblichen Seiten darauf insistiert, dass diese kooperative Seelsorge keineswegs ein bloßer Notbehelf angesichts des Priestermangels sei, sondern ein durchaus zukunftweisendes Konzept pastoralen Handelns angesichts der gesellschaftlichen und kirchlichen Herausforderungen bilde. Dafür wird eine Reihe von Argumenten angeführt:

– Nur vom Priestermangel zu sprechen, sei zu einseitig; sei doch auch ein beträchtlicher Gläubigenmangel zu verzeichnen. Das habe inzwischen dazu geführt, dass die Relation von Priestern und (aktiven) Gläubigen zahlenmäßig sehr viel günstiger ausfalle, als sie zu den Zeiten der „vollen Kirchen" gewesen sei.

– Begünstigt durch höhere und schnellere Mobilitätsmöglichkeiten habe sich der Lebens- und Erfahrungsraum der Menschen ausgeweitet. Sie wären es mittlerweile gewohnt, in erheblich größeren Reichweiten zu denken und zu handeln, als es noch ein oder zwei Generationen zuvor der Fall gewesen sei, als noch der dörfliche Lebensraum oder das kleine Stadtviertel die Grenzen der Mobilität markierten. In den verschiedensten gesellschaftlichen Teilbereichen (Verwaltung, Bildung, Konsum, Kultur etc.) habe man bereits darauf reagiert. Und auch in der Kirche seien längst schon entsprechende Verhaltensmuster (Stichwort „Wahlgemeinde") anzutreffen. Darauf gelte es darum auch in der Pastoral kreativ zu (re-)agieren.

– Weiterhin sei es ein unnötiger Verschleiß an Energien und Ressourcen, dass in den eng nebeneinander liegenden Pfarreien alles Mögliche in gleicher Weise eingerichtet und getan würde. Es sei überfällig, diese „Kirchturmmentalität" zu durchbrechen und sich mit den Nachbarpfarreien und anderen pastoralen Einrichtungen darauf zu verständigen, in welchen Bereichen sinnvollerweise miteinander kooperiert werden könnte und sich so Synergieeffekte erreichen ließen.

Sicher ist es noch zu früh, um ermessen zu können, was durch diese strukturelle Neuordnung der Pastoral bewirkt wird, ob sich die dafür angeführten Vorteile wirklich einstellen oder ob die kritischen Einsprüche Recht bekommen, die vorhersagen, dass damit – zugespitzt formuliert – der Tod der Pastoral betrieben werde. Tatsache ist, dass „vor Ort" sehr häufig eine starke Reserve, wenn nicht Abwehrhaltung gegenüber einer Ausweitung der Pastoral in größere Räume hinein und im Zuge dessen möglicherweise vorgesehenen Gemeindezusammenlegungen anzutreffen ist. Das hat nicht unbedingt, zumindest nicht allein, mit einem an der kirchlichen Basis vermeintlich verbreiteten Unwillen gegenüber jeglichen Neuerungen zu tun und auch nicht mit deren Fixierung lediglich auf den eigenen Kirchturm. Beinahe instinktiv spüren viele, die sich ihrer Gemeinde verbunden fühlen, vielmehr, dass für sie etwas ihnen wichtig Gewordenes verloren gehen könnte, nämlich die Anbindung an eine vertraute, im Glauben personal verbundene Gemeinschaft. Sie fürchten, dass, wenn auch solche Kirchengemeinden schließlich ihre bislang überschaubare Größe verlieren, die Einzelnen in einer für sie anonymen Masse untergehen. Verstärkt davon betroffen fühlen sich die

Hauptamtlichen, sofern sie meinen und es praktizieren, dass für ein seelsorgerliches Handeln der Pflege von persönlichen Beziehungen unerlässliche Bedeutung zukommt, und sie bei einer Vergrößerung der Bezirke, für die sie zuständig sind, gar nicht mehr sehen, wie so etwas noch möglich sein soll.

Des Weiteren wird darauf hingewiesen, dass auch der diakonische Sektor der Gemeindearbeit bei einer Vergrößerung von Gemeinden nachteilig in Mitleidenschaft gezogen wird. Als trotz der verbandlichen Caritas mit ihren professionellen Fachdiensten unersetzbar lag und liegt die Chance der gemeindlichen, meist von Ehrenamtlichen betriebenen Caritas darin, so wird zu Recht geltend gemacht, dass sie direkt auf die örtliche Lebenswelt, in der die Gemeinde liegt, hin orientiert und somit in der Lage ist, die dort vorfindlichen Notlagen – seien es leibliche Nöte, seelische Bedrängnisse, strukturell verursachte Benachteiligungen und Exklusionen etc. – aufzuspüren und den Betroffenen jene Begleitung und Hilfe zukommen zu lassen, die sie dringend benötigen. Dabei kann sie u. a., wo sie noch funktionieren, auf eingefahrene hilfreiche informelle Vernetzungen innerhalb der Bevölkerung, wie etwa die Nachbarschaftshilfe, zurückgreifen. Bei einer Erweiterung auch der caritativen Räume sind genau diese „Stammzellen" der Solidarität aufs Höchste bedroht, weil dann leicht überkommene Beziehungsgefüge auseinander brechen.

3.1.3 Pastorale Zukunftsszenarien

Wie könnte es mit den Gemeinden und mit der Pastoral vor Ort weitergehen? Dass angesichts der skizzierten Entwicklungen diese Frage die, denen überhaupt noch an der Zukunft von Glauben und Kirche gelegen ist und die sich dafür engagieren, ganz elementar betrifft und bewegt, ist leicht nachvollziehbar. Auf allen Ebenen der Entscheidungsfindung innerhalb der Kirche wird sie erörtert und wird nach zukunftsträchtigen Lösungsmodellen Ausschau gehalten.

Hilfreich ist es in diesem Zusammenhang, sich einmal verschiedene Szenarien, wie es weitergehen könnte, vorzustellen und sie auf ihr Für und Wider hin abzuwägen. Ohne Anspruch auf Vollständigkeit seien in diesem Sinne folgende vier Szenarien aufgeführt: (1) Das bisherige volkskirchliche Modell wird trotz schrumpfender bzw. mit schrumpfenden Tendenzen so gut wie möglich aufrecht zu erhalten versucht. (2) Es erfolgt eine zunehmende Konzentration auf Orte bzw. Stationen, in denen dafür kompetent ausgebildete professionelle Mitarbeiterinnen und Mitarbeiter ihren Dienst an den sie aufsuchenden Menschen leisten. (3) Die in der Kirche verbliebenen (oder auch neu zu ihr hinzugekommenen) Gläubigen schließen sich zu jeweils von einer bestimmten Spiritualität geprägten „Kontrastgesellschaften" zusammen, in denen sie in den institutionell vorgegebenen Strukturen ihren Glauben zu verlebendigen und gegen die Anfragen „von außen" zu schützen versuchen. (4) Es entsteht und wächst ein pluriformes Netzwerk von teils mehr, teils weniger an die (offiziell-)kirchliche Organisation angebundenen „Gemeinden" (Gruppen, Initiativen, Projekten u.ä.m.), in denen Menschen zusammenkommen, die sich aus der Beschäftigung mit dem Glauben heraus Sinn und

Impulse zur Gestaltung ihres persönlichen und des gesellschaftlichen Lebens erhoffen und möglicherweise gewinnen.

Wer sich ein wenig auskennt, wird feststellen, dass diese vier Szenarien keineswegs bloß erdacht sind, sondern dass sie bereits bei aller Ungleichzeitigkeit gleichzeitig nebeneinander existieren. Das erste Szenario ist von der Vergangenheit her und teilweise auch heute noch bestens vertraut, ist jedoch auf den Kontext einer weitgehend christentümlich geprägten Gesellschaft angewiesen, der inzwischen so nicht mehr gegeben ist. Von daher hat dieses Modell seine Zukunft hinter sich, auch wenn manche es gern aufrechterhalten möchten. Das zweite Szenario entspricht – um es in sich nahe legenden ökonomischen Kategorien zu umschreiben – einer Kirche im Sinne einer Dienstleistungsagentur für die Erfüllung religiöser Bedürfnisse, wozu auf Nachfrage hin hauptsächlich professionell entsprechend geschulte Mitarbeiter und Mitarbeiterinnen bereit stehen. Auch wenn dieses Modell theologisch kaum vertretbar ist, gibt es von den Erwartungen der Leute her einen nicht zu unterschätzenden Druck auf eine so agierende Kirche hin: da zu sein, wenn man sie benötigt. Gemeinde und Gemeindebildung spielen in diesem Szenario eine nebensächliche Rolle. Mit Blick auf das dritte Szenario ist zu sagen, dass sich in der angedeuteten Weise mit den sog. Neuen geistlichen Gemeinschaften und kirchlichen Bewegungen bereits ein eigenes Milieu oder eine eigene Subkultur innerhalb der katholischen Kirche etabliert hat, die sich weitgehend selbst trägt und zudem das Wohlwollen weiter Kreise auf der kirchenleitenden Ebene genießt. Zu den herkömmlichen Pfarrgemeinden besteht eher ein distanziertes Verhältnis, weil nach Meinung dieser Gruppen dort der Glaube nicht entschieden genug praktiziert wird. Die moderne Gesellschaft wird als Bedrohung für den Glauben angesehen; darum kapselt man sich von ihr ab und versucht, in den eigenen Reihen so etwas wie eine „Kontrastgesellschaft" zu errichten. In diesem Punkt besteht der entscheidende Unterschied zwischen diesem und dem vierten Szenario: Letzteres entspricht einem Verständnis von Glauben, der nicht abgesondert von der übrigen Welt zu leben ist, sondern mitten in ihr, in Solidarität mit dem Glück sowie mit den Nöten und Sorgen aller Menschen und nicht nur der Gläubigen. Diese Solidarität findet ihren Niederschlag in einer engagierten Praxis, mit der etwas von der Sache und vom Geist Jesu in der heutigen Welt zur Darstellung kommen soll. Weil sich das nicht unbedingt mit den gesellschaftlichen Plausibilitäten verträgt, ist eine solche in freier Entscheidung eingegangene Praxis auf Dauer nur durchzuhalten, wenn dieses Engagement von anderen unterstützt und mit ihnen gelebt wird, also wenn auf Gruppen o. ä. zurückgegriffen werden kann, in denen Begegnungen zwischen Ähnlich-Gesinnten möglich sind.

Sieht man einmal vom ersten Szenario ab, erscheinen grundsätzlich betrachtet alle übrigen Szenarien durchaus als zukunftstauglich. Die Frage ist, welchem der Vorzug gebührt. Um das entscheiden zu können, bedarf es einer grundsätzlichen theologischen Vergewisserung, was Gemeinde ist und soll.

3.1.4 „Zur Freiheit befreit" (Gal 5,1) – Gemeinde im christlichen Verständnis

„Mit der Ausgießung des Heiligen Geistes zu Pfingsten beginnt die Christusgemeinde ihren Weg durch die Geschichte. Sie lebt aufgrund einer neuen Befreiungstat Gottes, die an Tiefe und Radikalität die Befreiung des Volkes Israel aus Ägypten übertrifft: Es ist nun eine Erlösung aus Sünde und Schuld, die ihr geschenkt wird, und die Verheißung der Überwindung des Todes, die – in der Auferstehung Christi erfochten – auch ihr in Aussicht gestellt wird. Insofern ist das Ende der Geschichte der Menschenwelt, die von Schuld und Tod gekennzeichnet ist, innerhalb der Gemeinde, im Glauben bereits angebrochen. Aber dieser Grund und diese Perspektive geben ihr zugleich die Kraft, jetzt noch innerhalb der Geschichte zu leben: Hoffend und handelnd und leidend an der Geschichte teilzunehmen und das Reich Gottes zu bezeugen, das in Jesus angebrochen ist und einmal auch für die gesamte Welt sichtbar und siegreich durchbrechen wird" (31, 18).[3]

In diesem Abschnitt aus einer Handreichung der Niederländischen reformierten Kirche werden treffend Grund und Sendung der christlichen Gemeinde umschrieben: Nicht Menschen sind es, die etwa aus religiösen Antrieben oder anderen Bedürfnissen und Interessen heraus (ohne diese abwerten zu wollen) sich zusammentun und daraus Gemeinde erwachsen lassen. Sondern sie verdankt sich allererst und grundlegend Gottes Initiative, nämlich seiner liebenden Zuwendung zu den Menschen, seinem bedingungslosen und treuen Ja zu ihnen, wie es an dem von ihm erwählten Volk offenbar geworden ist und christlichem Glauben gemäß schließlich in der Geschichte Jesu Christi für die ganze Welt besiegelt worden ist. Gemeinde ist also kein Menschenwerk, sondern Geschenk – ein Geschenk, das im Glauben angenommen wird. So sehr es sich beim christlichen Glauben um eine höchst individuelle und aus persönlicher freier Entscheidung heraus zu vollziehende Angelegenheit handelt, ist er keine reine Privatsache. Christlicher Glaube will nämlich beziehungsreich gelebt werden, und zwar in einer neuen Form und Qualität von Beziehungen, wie sie Jesus von Nazareth in seinem Umgang mit Menschen gelebt hat und wie sie von seinem Vater her ein für allemal als gültige Beziehungen rehabilitiert worden sind – Beziehungen, die gegenseitig Leben schaffen und erhalten und nicht länger gegeneinander gerichtet und allein auf den eigenen Vorteil bedacht sind. Als solche „– in Jesus Christus gründende – kommunikative Praxis, in der und durch die die gegenseitige Erfahrung unbedingten Erwünscht- und Angenommenseins mitgeteilt und gemacht wird" (444, 166), impliziert der Glaube ein soziales Miteinander, eine Gemeinschaft (communio), drängt er somit auf Kirche und Gemeinde hin, wo genau diese Praxis vollzogen wird – wie fragmentarisch auch immer – und die so ihrerseits den Glauben bezeugen.

Kirche und Gemeinde sind somit kein Selbstzweck, sondern sie sind – wie es treffend zu Beginn der Kirchenkonstitution des letzten Konzils formuliert worden ist – „Zeichen und Werkzeug für die innigste Vereinigung mit Gott wie für die Einheit der ganzen Menschheit" (LG 1). Diese Umschreibung bringt für Kirche und Gemeinde sowohl ein entlastendes als auch ein verpflichtendes Moment mit sich: Die Entlastung ergibt sich von daher, dass sie das, was sie sind – zeichenhafter Ort der geschenkten

Versöhnung und verheißenen Befreiung –, nicht herzustellen brauchen, sondern darzustellen haben. Daraus erwächst allerdings die doppelte Verpflichtung, zum einen
mit ihrem Ursprung in bleibender Treue verbunden zu bleiben (was die mystische Dimension innerhalb der Gemeindepraxis ausmacht) und zum anderen sich in konkrete
Solidarität mit den Menschen in ihren realen Verhältnissen zu begeben (was ihrer
Praxis unweigerlich eine soziale und politische Dimension verleiht). Wo dieses
spannungsreiche Verhältnis von Kontemplation und Aktion zugunsten eines der Pole
aufgelöst wird und somit ein für die Kirche und ihre Gemeinden konstitutiver Faktor
ausfällt, mag es sich um einen Zirkel von fromm gestimmten Gleichgesinnten oder
eine Initiative sozial Engagierter handeln, nicht jedoch um eine Gemeinde in der
Nachfolge Jesu.

Für sie gilt, dass „Beten und Tun des Gerechten" (D. Bonhoeffer) zusammengehö-
ren; beides bedingt und durchdringt sich gegenseitig. Das fängt in den eigenen Reihen
an: Christliche Gemeinde leben heißt, dass die geläufigen Sozialbeziehungen eine Umkehrung erfahren: Die immer wieder antreffbaren Diskriminierungen aufgrund von
Rasse, Klasse oder Geschlecht sind aufgrund des Einsseins in Jesus Christus aufgehoben (vgl. Gal 3,28). Die Herrschaftsmuster, wie sie sich infolge des Besitzes von Macht,
Wissen, Geld etc. einstellen, sind durchbrochen. Das Bemühen, als Gemeinde etwas
von dem zu antizipieren und zu repräsentieren, worauf Jesus mit seiner Botschaft von
der angebrochenen Gottesherrschaft abhob und -hebt, hat seinen Ort mitten in der
Welt, nicht irgendwo außerhalb. Von daher ist es unausweichlich, dass viel „Weltliches"
auch in die Gemeinden hineindringt und sie prägt; sie sind zusammengesetzt aus Gerechten und Sündern zugleich. Neid, Hass, Konkurrenz, Konflikte etc. sind in den Gemeinden alles andere als unbekannt. Das abstreiten oder verdrängen zu wollen, wäre
fatal. Das Gemeindesein und -werden entscheidet sich vielmehr daran, wie man sich
diesen Gegebenheiten stellt und damit umgeht. Als Orte etwa einer bewussten Kon-
flikt- und Versöhnungskultur leisten die Gemeinden einen wichtigen Beitrag zur Überwindung der alle Beziehungen zerstörenden Gewalt.

Was Gemeinden in solch gelebter Einheit von Mystik und Politik kennzeichnet, das
lässt sich sehr schön mithilfe jener Begriffe umreißen, die basiskirchliche Lebens-
gemeinschaften in Frankreich von ihren Erfahrungen her zur Bezeichnung gewissermaßen der Tugenden einer authentisch christlichen Gemeindekultur geprägt haben
(vgl. 128, 148–168):

– „Accueil", was wörtlich Empfang, Aufnahme heißt. Gemeint ist das Bemühen, als
einzelne und als Gemeinschaft sich so zu verhalten, dass man ohne Vorbehalt für die
anderen da ist, für sie offen ist und sich ihnen öffnet. Das bedeutet die Bereitschaft zur
Präsenz, zum Hören, zur Solidarität mit dem Fremden und den Fremden, und zwar
ohne den Hintergedanken der Vereinnahmung, sondern mit dem ausdrücklichen
Willen, den anderen in seiner Andersartigkeit anzuerkennen und sich davon beschen-
ken zu lassen. „Accueil" gibt denen, die danach fragen, die Möglichkeit zu einer mehr
oder weniger intensiven Begegnung mit einer gläubigen Person oder mit einer Gruppe.

– „Partage", d. h. Teilen, Teilgeben und -nehmen am Sein und Haben des anderen.
Teilen ist mehr als Hilfe, die aus emotional gespeisten Mitleid heraus gewährt wird.

Geht man von dem schon mehrfach zitierten Leitsatz der Pastoralkonstitution („Freude und Hoffnung …") aus, hat Teilen vielmehr damit zu tun, nicht nur die Situation des anderen wahrzunehmen, besonders wenn er in Bedrängnis ist, sondern auch für die eigene Verwickelung darin empfindlich zu sein, vor allem für das anderen zugefügte Leiden, nicht um sich selbst darum moralisch anzuklagen, sondern um zu wirklicher Solidarität im gemeinsamen Kampf um Befreiung, zum Ausbruch aus dem Gefängnis der individualistischen und strukturellen Einengungen fähig zu werden (vgl. 409, 98 ff.). Die Einstellung des „partage" hat es nicht nötig, den anderen zu erniedrigen, um sich selbst zu erhöhen (Mann vs. Frau; Jude vs. Grieche; Herr vs. Knecht; Experte vs. Laie; etc.); sie rechnet vielmehr damit, dass alle einen jeweils unverwechselbaren Beitrag zum gemeinsamen Wohl einzubringen haben, und lässt sie damit zum Zuge kommen. Daraus erwächst ein veränderter kommunikativer Umgang miteinander und mit den materiellen Gütern, der den Armen den Vorzug zukommen lässt.

– „Gratuité", d. h. Dankbarkeit als Antwort auf das Geschenk des Lebens. Eine solche Haltung durchbricht den zweckrational bestimmten Regelkreis von Leisten und Haben, Kaufen und Konsumieren. Heilvolles Miteinander kann nie aus eigenen Kräften produziert werden, sondern wird letztlich verdankt. Wo das erfahren werden kann, wird auch ein neuer Umgang mit Zeit möglich, ein Leben, das nicht alles verplant, sondern aufmerksam ist für das Heute Gottes. Die Grundüberzeugung vom geschenkten Leben findet ihre besonderen Manifestationen im Gebet sowie in Fest und Feier; sind diese doch Ausdruck davon, dass das Leben unverzweckbar ist.

3.1.5 Die Grundvollzüge von Gemeinde

In der theologischen Sichtweise, wie sie im letzten Abschnitt knapp ausgeführt worden ist, stellt sich die Gemeinde – als konkret erfahrbare Kirche – weniger als ein statisches Gebilde als vielmehr als eine dynamische Bewegung dar. Sie bildet sich, so könnte man sagen dadurch, dass Menschen sich von Jesu Botschaft der Gottesherrschaft ansprechen und sich zu seiner Nachfolge einladen lassen. Ihre Sendung besteht darin, dass das, was Jesus getan und erfahren hat – durch den Auferstehungsglauben bekräftigt und durch den in der Welt fortwirkenden Geist Gottes inspiriert und getragen – in lebendiger Erinnerung gehalten und in der Hoffnung auf die verheißene Vollendung durch Gott fortgesetzt wird. Daraus erwächst eine Reihe von zentralen Grundvollzügen bzw. -funktionen, die in der Praxis Jesu ihren Anhalt haben und aus deren gegenseitiger Verschränkung sich allererst Gemeinde konstituiert; es handelt sich im Einzelnen um
– die Bezeugung des Gottes des Lebens (Verkündigung; griech.: Martyria),
– seine Verherrlichung und die dadurch zugleich sich ereignende Heiligung des Menschen (Gottesdienst; griech.: Leiturgia),
– das zum Nächstenwerden derer, die auf Nächste angewiesen sind (Dienst für die Menschen, die darauf angewiesen sind; griech.: Diakonia)
– sowie die Sammlung der Zerstreuten (Gemeinschaftsbildung; griech.: Koinonia).

Bevor im Folgenden diese Grundvollzüge näher erläutert werden, sei als ihr gemeinsames Merkmal, das es auch bei ihrer Realisierung einzulösen gilt, nochmals daran erinnert, dass durch sie das, was christlich-kirchliche Praxis ist, nämlich die Bekundung von Gottes Liebe zu den Menschen, zeichenhaft-sakramental dargestellt wird und dass das somit nicht durch menschliche Leistung erwirkt und hergestellt werden kann.[4] Und ein Weiteres sei noch vorausgeschickt: Auch wenn sich für die einzelnen Grundvollzüge verschiedene Verantwortlichkeiten ausdifferenzieren können, gilt, dass allererst und bleibend die ganze Gemeinde Trägerin ihrer Vollzüge ist. Die lange Zeit in der katholische Kirche praktizierte Unterscheidung zwischen Subjekten und Objekten der Pastoral (Klerus und Laien) ist nicht biblisch. Laut Paulus (1 Kor 12ff.) sind alle Christen und Christinnen mit Geistbegabungen (Charismen) ausgestattet; jeder und jede Gemeindeangehörige verfügt also über Fähigkeiten, mit der er und sie ihren Dienst zur Auferbauung des Ganzen einbringen können und einzubringen haben.[5]

(1) Ihre genuine Möglichkeit gewinnt die Praxis des Glaubens in der Erinnerung, Vergegenwärtigung und Bezeugung des Wortes, durch das sie geschaffen wird. Indem die Gemeinde sich unter das Wort Gottes stellt, indem sie die Bibel in die Hände nimmt und ihre Worte und Erzählungen von dem menschenbefreienden Gott vernimmt und auf ihre konkrete individuelle, kirchliche und gesellschaftliche Situation zu beziehen versucht, findet sie zu einer neuen kollektiven Identität, wird sie zur Gemeinde als Volk Gottes, gewinnt sie aus der Erfahrung unbedingter Bejahung und Anerkennung heraus, die davon entlastet, sich und anderes selbst verwirklichen zu müssen, die Möglichkeit zu einem Zusammenleben in Solidarität. In dem Maße, wie die Gemeinde sich unter das Wort Gottes stellt, lernt sie, dass die vorherrschende Sichtweise der Realität und damit verbunden das Sich-Abfinden mit den gegebenen Zuständen nicht die einzig mögliche Wirklichkeitsauffassung ist, sondern dass sich im Licht der Verheißungen Gottes neue und heilsame Wahrnehmungsweisen und Lebensmöglichkeiten eröffnen und einüben lassen. Das allerdings setzt voraus, dass das Wort Gottes nicht zeit- und kontextlos vernommen wird, sondern dass mit der gleichen Ernsthaftigkeit, wie auf es gehört wird, die Augen und Ohren für die jeweilige Gegenwart geöffnet werden. Gottes Wort ernst zu nehmen und es zu befolgen, heißt, das von ihm zu unterscheiden und dem eine Absage zu erteilen, was seinen Verheißungen eines „Lebens in Fülle" (Jo 10,10) zuwiderläuft. Die prophetische Tradition der Bibel gilt es fortzusetzen, indem freimütig alle ungerechten und unmenschlichen Verhältnisse benannt und angeklagt werden, die dem Willen Gottes widersprechen.

(2) Gemeinde der Befreiten zu sein, findet in einem – bevorzugt an einem eigens dafür frei gehaltenen Tag stattfindenden – Geschehen seinen besonderen Ausdruck, zu dem sich die Gemeinde versammeln lässt, um ausdrücklich dem Grund ihrer Versöhnung und Befreiung zu danken und dieser Dankbarkeit feierlich-festlichen Ausdruck zu verleihen. In dieser Feier der Gegenwart ihres Herrn stellt die Gemeinde sich als Gemeinschaft dar, die sie nicht von sich aus ist. Das Charakteristische des Gottesdienstes liegt in seiner Zwecklosigkeit. Die zu ihm versammelten Gläubigen sind davon entlastet, sich alles selbst schaffen und geben zu müssen. Sie sind eingeladen, dankend und lobend ihr Leben vor Gott zu feiern und vorwegzunehmen, was als ewiges Gastmahl

allen Menschen verheißen ist. Das hat nichts mit einem Verdrängen- oder Überspielen-Wollen des realen irdischen Lebens mit allen seinen Widersprüchlichkeiten und Begrenztheiten zu tun. Im Gegenteil, sie werden umso schärfer wahrgenommen. Der Dank für das, was von der Fülle des Lebens schon angebrochen ist, geht Hand in Hand mit der Klage über das, was noch aussteht, was an gebrochenem Leben belastet. Das Lob Gottes geht über in die Bitte, er möge seinen Willen durchsetzen und sein Reich kommen lassen.[6]

(3) So selbstlos, wie Gott den Menschen seine Liebe schenkt, so will er, dass die, die sie als Geschenk haben erfahren dürfen, sie ebenso selbstlos wieder austeilen. Der Glaube an den menschenbefreienden Gott hält dazu an, dass man andere an den neuen Lebensmöglichkeiten teilhaben lässt, sie darin einbezieht und Widerstand leistet gegen alles, was daran hindert. Dass alle Menschen ein bejahenswertes Leben führen können, darauf lässt er alle Leidenschaft richten. In der Nachfolge Jesu sind die Gemeinden darum dorthin verwiesen, wo Menschen – in der Nähe ebenso wie in der Ferne – in individueller und sozialer Not sind, wo sie leiden und verzweifeln, wo sie in Unterdrückung gehalten und marginalisiert werden. Sie haben insbesondere für die einzutreten, „die noch nicht für sich selber sprechen können, auf die doch keiner hören würde und für die sich sonst keiner verwendet" (110, 294) – in partnerschaftlicher Solidarität, die anderes ist als wohlmeinend getätigte Fürsorge. Diakonie im biblischen Verständnis erstreckt sich nämlich auf mehr als auf mildtätige Hilfestellungen, die gelegentlich aus humanitären oder religiösen Gesinnungen heraus gegeben werden. Sie meint eine – von der Verheißung der in Christus geeinten Menschheit inspirierte – Praxis der „Solidarisierung", die Menschen über Unterschiede und Grenzen hinweg zusammenführt, sie zur Verantwortlichkeit füreinander und für andere befähigt. In dieser Praxis erfährt, wie fragmentarisch auch immer sie gelingt, das grundlegende christliche Bekenntnis „Ich glaube, dass Gott dich liebt" seine elementare und glaubwürdige Umsetzung. Sagt die Gemeinde in ihrer Diakonie, *was* sie ist, so muss sie sich von den Geringsten sagen lassen, *wohin* sie gehört (vgl. 144, 148). Um es in den eindringlichen Worten von K. Barth wiederzugeben: „In der Diakonie solidarisiert sich die Gemeinde ausdrücklich mit den 'Geringsten', … (Matth. 25,40.45), mit denen im Dunkel, die man nicht sieht, mit den an den Rand, zum Teil an den äußersten Rand des Lebens der menschlichen Gesellschaft gedrängten und damit für diese vorübergehend, vielleicht aber auch dauernd bedeutungs- und nutzlos, wenn nicht lästig und störend gewordenen menschlichen Mitgeschöpfen. In der Diakonie bekennt sie sich … gerade in diesen seinen Brüdern (sc. und Schwestern, NM) zu Jesus Christus … Ohne die tätige Solidarität mit jenen Geringsten, ohne dieses konkrete Zeugnis von Jesus Christus dem Gekreuzigten, der als solcher der verlorenen Menschen Nächster ist, würde ihr Zeugnis, und wäre es anderweitig noch so rein und völlig, in seiner Ganzheit nicht sein" (429, 1021 f.). Pointiert ausgedrückt: Nur wenn die Gemeinde dem gesellschaftlich verfügten Ausschluss von Menschen entgegentritt, entgeht sie der Versuchung, eine Gesinnungsgemeinschaft von Heilseskapisten und Selbstgerechten zu sein, die den Namen Gottes fälschlich für sich in Anspruch nehmen zu können meint.

(4) Die die Grundvollzüge bewirkende und tragende Kraft des Heiligen Geistes

wirkt schließlich neue soziale Beziehungen in Freiheit. In seiner Gemeinde erfahren sich die Beteiligten nicht länger als austauschbar, sondern als in ihrer Einmaligkeit angenommen. Das gibt ihnen neue Lebens- und Wachstumschancen. Sie werden nicht ein für allemal auf das fest geschrieben, was sie waren, sondern können im Umgang miteinander von dem Recht Gebrauch machen, ein anderer zu werden, befreit zu sich selbst und den anderen. Gemeinden bilden sich also in einem kommunikativen Prozess, in dem „Menschen sich gegenseitig dabei unterstützen, gegen Sach- und Rollenzwänge im Sinne des Evangeliums schwesterlich-brüderlich miteinander umzugehen, lebensverändernd Gemeinschaft aufzubauen, wo – anders als im herrschenden Umgangsstil der Gesellschaft – Miteinander im Sinn des Evangeliums möglich wird und wo sich Menschen gemeinsam auf die Jesusbewegung einlassen." (146 a, 777) Charakteristisch für diese ist, dass Menschen ein Beziehungsnetz bilden, Leben und Glauben miteinander teilen und sich gegenseitig stützen. Wo ein solches Beziehungsnetz entsteht, braucht um einer vermeintlichen Harmonie willen Konflikten nicht ausgewichen zu werden. Gemeinsamkeit und Teilhabe, Kommunikation und Partizipation aller Gläubigen sind Prinzipien einer kommunikativen Gemeindepraxis als Koinonia.

Was die Darstellung nicht anders leisten kann, nämlich dass die Grundvollzüge nacheinander aufgelistet werden, gilt nicht – so sei noch einmal erinnert – für ihre Verwirklichung. Hier falten sie sich nicht „nebeneinander aus, sondern sie falten sich aus einer Einheit auseinander und wieder ineinander: Die Diakonie der Gemeinde vollzieht das ganze Heil, das auch als ganzes zu bezeugen, zu feiern und zu leben ist, die Verkündigung (Martyria) hat das ganze Heil zum Inhalt und gibt so schon immer der Diakonie ihren Horizont und ihre Aufgabe vor, eben dieses ganze Heil ist Thema der gemeindlichen Feier (Liturgia)" (153, 14).[7] Weil das seinen dichtesten sakramentalen Ausdruck in der Eucharistie erfährt, wird sie als Höhepunkt und Quelle allen kirchlichen und gemeindlichen Tuns hervorgehoben (vgl. 2). Besonders prägnant ist das in einem ökumenischen Dokument dargelegt worden, dessen entsprechender Abschnitt darum wörtlich wiedergegeben werden soll: „Die Eucharistie umgreift alle Aspekte des Lebens. Sie ist ein repräsentativer Akt der Danksagung und Darbringung für die ganze Welt. Die eucharistische Feier fordert Versöhnung und Gemeinschaft unter all denen, die als Brüder und Schwestern in der einen Familie Gottes betrachtet werden, und sie ist eine ständige Herausforderung bei der Suche nach angemessenen Beziehungen im sozialen, wirtschaftlichen und politischen Leben (Mt 5,23f.; 1 Kor 10,16f.; 11,20–22; Gal 3,28). Alle Arten von Ungerechtigkeit, Rassismus, Trennung und Mangel an Freiheit werden radikal herausgefordert, wenn wir miteinander am Leib und Blut Christi teilhaben. Durch die Eucharistie durchdringt die alles erneuernde Gnade Gottes die menschliche Person und Würde und stellt sie wieder her. Die Eucharistie nimmt den Gläubigen hinein in das zentrale Geschehen der Geschichte der Welt. Als Teilnehmer an der Eucharistie erweisen wir uns daher als unwürdig, wenn wir uns nicht aktiv an der ständigen Wiederherstellung der Situation der Welt und der menschlichen Lebensbedingungen beteiligen. Die Eucharistie zeigt uns, dass unser Verhalten der versöhnenden Gegenwart Gottes in der menschlichen Geschichte in keiner Weise entspricht: Wir werden ständig vor das Gericht gestellt durch das Fortbestehen der verschiedenen ungerechten Beziehungen in unserer Gesellschaft, der mannigfachen Trennungen aufgrund menschlichen Stolzes, materieller Interessen und Machtpolitik und vor allem der Hartnäckigkeit ungerechtfertigter konfessioneller Gegensätze innerhalb des Leibes Christi. Solidarität in der eucharistischen Gemeinschaft des Leibes Christi und verantwortliche Sorge der Christen füreinander und für die Welt finden in den Liturgien spezifischen Ausdruck: in der gegenseitigen Vergebung der Sünden; dem Friedensgruß; der Fürbitte für alle; dem gemeinsamen Essen und Trinken; dem Bringen der Elemente zu den Kranken und Gefangenen oder die Feier der Eucharistie mit ihnen. Alle diese Äußerungen der Liebe in der Eucharistie sind direkt auf das Selbstzeugnis Christi als Diener bezogen, an dessen Dienen die Christen selbst teilhaben. So wie Gott in Christus in die menschliche Situation eingegangen ist, so ist die eucharistische Liturgie den konkreten und besonderen Situationen der Menschen nahe" (30, 24).

Auf einen Aspekt, der in diesem Text mitenthalten ist, sei noch kurz aufmerksam gemacht: Einerseits bedingt ihre Verwiesenheit auf die „konkreten und besonderen Situationen der Menschen", dass jede Gemeinde mit Blick auf ihren Kontext jeweils zu eigenen Schwerpunktsetzungen in ihren Grundvollzügen genötigt ist und dadurch ein eigenes Profil gewinnt. Die Vielfalt der sich so ergebenden Gemeindemodelle ist übrigens für die Anfänge der Kirche und darüber hinaus nichts Ungewöhnliches; sie geriet später allerdings durch Bestrebungen besonders in der katholischen Kirche zu einer stärkeren Uniformierung ins Hintertreffen. Andererseits dürfen sich christliche Gemeinden nicht als autarke Gebilde verstehen und konzipieren wollen. Ihre Berufung, an der Auferbauung des Reiches Gottes mitzuwirken, können sie nur in enger Zusammenarbeit mit anderen christlichen Gemeinden in der Umgebung und weltweit, und zwar in ökumenischer Ausrichtung. Indem eine Gemeinde ihren spezifischen Dienst vor Ort tut und darauf setzt, dass andere das an ihrem Ort auch tun, entlasten und bestärken sie sich gegenseitig.

3.1.6 Gemeinde-Revision – ein dauerndes Such- und Verständigungsprojekt

Gemeinde, so hat die theologische Vergewisserung ergeben, ist missverstanden, wenn man in ihr lediglich eine kirchliche Sozialform (im Sinne einer quantitativ abgrenzbaren Einheit) erblickt; sie bildet vielmehr eine bestimmte christlich-kirchliche Praxisform (im qualitativen Sinne): das Bemühen um ein Miteinander-Leben in einer neuen Form und Qualität von Beziehungen, wie sie sich aus der Gemeinschaft mit Christus heraus ergibt und die eine Alternative bildet zu den geläufigen sozialen Beziehungen, die auf Macht und Ausgrenzung basieren.

Gehört der soziale Aspekt dermaßen konstitutiv zum Kirche-sein, wird man feststellen müssen, dass dem das zweite Szenario einer möglichst professionell agierenden Service-Kirche nur unzureichend Rechnung trägt. Richtig ist zwar, dass für alle gemeindlichen Grundvollzüge in mehr oder weniger großem Maße auch jeweils professionelles Know-how erforderlich ist. Aber es nur noch den darauf Spezialisierten überlassen zu wollen, würde zur Folge haben, dass das kirchlich-pastorale Handeln völlig individualisiert würde und deren gemeindlicher Zusammenhang ausfiele. Diese „koinonische" Dimension macht die Stärke des dritten und des vierten Szenarios aus. Sie setzen stark auf eine aus vernetzten Gruppen sich konstituierende Kirche; der traditionellen Form von Gemeinde als Territorialgemeinde geben sie keine allzu großen Chancen mehr. Dabei ist allerdings noch keineswegs entschieden, ob sie eine vergleichbare Integration und Verschränkung mit gesellschaftlichen Veränderungsprozessen zustande bringen, wie sie diese die Territorialpfarreien mit ihrer Nähe zum unmittelbaren Handlungs-, Erlebens- und Erleidensraum der Menschen vor Ort aufweisen. Beachtung verdient jedenfalls, was in einer neueren empirischen Gemeindestudie nach Meinung der für das Forschungsprojekt Verantwortlichen sich als Gesamtbild über den derzeitigen Zustand zumindest der von ihnen untersuchten Gemeinden herauskristallisiert hat: „Das Gesamtbild lässt den Schluss zu, dass die Gemeinden stärker in die positiven wie die negativen, belastenden Entwicklungen ihres Nahraums eingebunden sind, sich stärker nicht nur passiv, sondern auch aktiv und innovativ mit den Veränderungen in ihrer Umwelt auseinander setzen, als dies der gegenwärtige Diskurs über marginalisierte, absterbende und milieuverengte Kirchengemeinden erwarten lässt. Mit ihren Ortsgemeinden reichen die Kirchen mitten in die lokalen Sozial- und Lebensräume hinein, werden sie mit den rapiden Veränderungen vor Ort konfrontiert und finden sich in den gegenwärtigen gesellschaftlichen Konfliktlagen und Brennpunkten wieder … Insofern bleiben Territorialgemeinden der unverzichtbare Ort einer alltagsbezogenen Glaubens- und Sozialpastoral, deren Bedeutung für eine gemeinschaftsbezogene, intermediäre Glaubensvergewisserung und –tradierung gegenwärtig im wissenschaftlichen und kirchlichen Diskurs eher unterschätzt wird" (124, 363).

Was auch immer für welches Szenario – oder auch ein gänzlich anderes – sprechen mag, man wird nicht umhin kommen, dies als gewiss anzunehmen: so, wie es teilweise über eine lange Generationenfolge hinweg gegangen ist, wird es mit der Gemeinde und der Pastoral nicht mehr weitergehen. Ein bloßes Lamentieren und Der-Vergangenheit-Nachtrauern helfen in dieser Situation nicht weiter. Was fällig ist, ist zum einen eine pastorale Trauerarbeit, die den Schmerz, den ein Abschied-nehmen-Müssen mit sich bringt, zulässt und durchlebt und erst so wirklich fähig werden lässt, das Vergangene hinter sich zu lassen, ohne es einfach vergessen zu müssen, und sich der neuen Situation zu stellen. Zum anderen liegt das, was das Neue erforderlich werden lässt, nicht auf der Hand; sondern es bedarf eines gemeinsamen Such- und Verständigungsprozesses über die „Tagesordnung" der Gemeinde – ein Prozess, der regelmäßig neu in Gang gesetzt werden muss. Dafür ist eine doppelte Aufmerksamkeit erforderlich: die eine richtet sich auf das Evangelium, die andere auf den jeweiligen gesellschaftlichen Kontext. Zur Strukturierung bietet sich der Dreischritt Sehen-Urteilen-Handeln an, wobei es allerdings darauf ankommt, dass die Perspektive nicht auf die Sorge um das innergemeindliche Leben beschränkt bleibt, sondern diese innerhalb des Bezugsrahmens verortet wird, der für christliche und kirchliche Praxis maßgeblich ist, also die Sorge um das Wohl und Heil aller Menschen (vgl. 155 u. 158):

– Sehen: Wie ist es um die „Freude und Hoffnung, Trauer und Angst" der Menschen, mit denen wir es in unserer Umgebung zu tun haben, bestellt? Welche Veränderungen vollziehen sich in unserem Kontext? Wie wirken sie auf die Bevölkerung ein? Wie bekommen wir solche Auswirkungen auch konkret in der Gemeindearbeit zu spüren?

Wie ist – von der Vergangenheit her – unsere Gemeinde mit dem Leben der Menschen in unserer Umgebung verbunden? Wie hat sie die Menschen und unseren Kontext geprägt? Wo spielte und spielt sie im individuellen und kollektiven Leben eine Rolle? Was würde wem fehlen, wenn sie nicht mehr da wäre?

Wie stellen wir uns unsere Gemeinde in 10 und 20 Jahren vor? Was verstehen wir überhaupt unter Gemeinde?

– Urteilen: Wie beurteilen wir die derzeitige Lage der Menschen in unserem Kontext? Worin sehen wir eher negative Entwicklungen? Wo zeichnen sich positive Aussichten ab? Welchen Beitrag haben wir zur Gestaltung der Verhältnisse in unserer Umgebung einzubringen? Was erwarten von uns die Menschen? Was erwartet von uns das Evangelium?

Was könnte und müsste von uns konkret dazu beigetragen werden, sollen wir für uns und unsere Umgebung als Gemeinde „Zeichen und Werkzeug für die innigste Vereinigung mit Gott wie für die Einheit der ganzen Menschheit" (LG 1) bilden? Was hat sich in der Vergangenheit bewährt und sollte fortgesetzt werden? Was kann aufgegeben werden? Wo ist der Mut zu neuen Wegen gefordert?

Was müssen wir in unseren eigenen Reihen, in unseren Strukturen tun, um in unserem gemeindlichen Leben etwas von dem sichtbar werden zu lassen, was das verheißene Reich Gottes zu sein verspricht: ein Umgang miteinander in Freiheit, Versöhnung und Gerechtigkeit?

– Handeln: Zu welchen Handlungsprioritäten nötigen uns als Gemeinde die vorfindlichen Befindlichkeiten der Menschen? Was kann und muss zugunsten dessen vernachlässigt werden? Wo gibt es Begabungen in unserer Gemeinde, die dafür aktiviert werden können? Wie können wir die einzelnen Grundvollzüge daraufhin abstimmen? Was können und sollten wir über alle Aktivitäten hinaus in Angriff nehmen, um ihnen und unserem Leben ein geistlich-spirituelles Fundament zu geben?

Wie können wir von der Sache her sich nahe legende Kopperationsmöglichkeiten intensivieren – in Kooperation mit anderen kirchlichen Initiativen und Einrichtungen in unserer Umgebung, in Kooperation mit den anderskonfessionellen Nachbargemeinden und anderen religiösen Gruppierungen, in gemeinsamen Projekten mit engagierten gesellschaftlichen Gruppierungen etc.?

Wo sind wir auf Unterstützung von außen angewiesen? Was können wir allein leisten? Wie müssen die nächsten konkreten Schritte aussehen? In welchen zeitlichen Abständen nehmen wir eine Evaluation und Revision unserer Prioritätensetzungen vor?

3.2 Im Übergang zur Gemeindekirche? Praktisch-theologische Kontroversen

3.2.1 „Gemeinde" – ein neuer Begriff innerhalb der katholischen Theologie. Aktuelle theologiegeschichtliche Hintergründe

In den älteren katholisch-theologischen Lexika sucht man das Stichwort „Gemeinde" vergeblich. Noch ein Blick in die in den fünfziger und sechziger Jahren des vergangenen Jahrhunderts erschienene 2. Auflage des für die katholische Theologie einschlägigen „Lexikons für Theologie und Kirche" ist in dieser Hinsicht beredt. Dort findet sich zwar der Begriff „Gemeinde"[8]; gegliedert ist das Stichwort in vier Unterabschnitte. Lediglich zwei davon sind inhaltlich ausgeführt, und zwar zum einen der Begriff „im protestantischen Glaubensverständnis" (II) und zum anderen ein paar zentrale Hinweise zur Rechtsgeschichte (IV). Zum biblischen und fundamentaltheologischen Verständnis (I) wird auf „Kirche" verwiesen, zum pastoraltheologischen (III) auf Pfarrei. Somit gibt dieses Lexikon exakt den bis dahin üblichen Sprachgebrauch wider: in der katholischen Theologie und Pastoral war von „Pfarrei" die Rede; „Gemeinde" galt demgegenüber als etwas typisch Protestantisches (allgemeines Priestertum der Gläubigen etc.).

Angesichts dieses Befundes ist es erstaunlich, wie rasch der Gemeindebegriff sich auch innerhalb des katholischen Sprachgebrauchs verbreitet und durchgesetzt hat. Um nur ein paar Stationen zu nennen: 1965 erschien von Ferdinand Klostermann die Studie „Prinzip Gemeinde" (vgl. 137), die er bis 1974 zu dem zweibändigen grundlegenden Werk „Gemeinde – Kirche der Zukunft" (vgl. 138) ausgebaut hatte. Im Rahmen der (damals noch) im Auftrag der Deutschen Bischofskonferenz von der Konferenz der deutschsprachigen Pastoraltheologen herausgegebenen Reihe „Pastorale – Handreichung für den pastoralen Dienst" erschien 1970 der Faszikel „Die Gemeinde", verfasst von H. Fischer, N. Greinacher und F. Klostermann (vgl. 121). Schließlich war auf den Diskussionen der verschiedenen Synoden im deutschsprachigen Raum Ende der 60er und Anfang der 70er Jahre von „Gemeinde" bereits so selbstverständlich die Rede und ging der Begriff in zahlreiche Beschlüsse ein, als sei er schon immer katholisches Gemeingut gewesen.

Fragt man nach den Gründen für diesen bemerkenswerten Vorgang, ist auf mehrerlei zu verweisen:

– Entscheidende Impulse dazu gab das Zweite Vatikanische Konzil mit seiner Betonung der ekklesiologischen Dignität der Kirche „je an ihrem Ort" (Kirchenkonstitution LG 26) sowie – damit eng verbunden – der Verantwortung des ganzen Gottesvolkes für die Heilssendung der Kirche (Kirche als „communio").

– Dass das Konzil in dieser Weise auf das ursprüngliche biblische und patristische Kirchenverständnis zurückgegriffen und damit entscheidende Weichenstellungen für eine entsprechende Kirchenreform gelegt hat, hängt mit der epochalen Erfahrung zusammen, dass die hierarchie- bzw. klerikerzentrierte Sichtweise von Kirche, zu der es im Laufe der Jahrhunderte gekommen war, sich spätestens mit den Gegebenheiten und Herausforderungen der modernen Gesellschaft nicht länger vereinbaren ließ. Der

besonders markant in der Promulgation der „Katholischen Aktion" durch Pius XI.
zum Ausdruck kommenden Einsicht aufseiten des Lehramtes, auf eine stärkere Mitwirkung der Laien beim apostolischen Wirken der Kirche angewiesen zu sein, korres-
pondierte (bzw. ging voraus) ein wachsendes Selbstbewusstsein unter den Laien in den
verschiedenen kirchlichen Reform- und Erneuerungsbewegungen.

– Darüber hinaus ließen mehr und mehr die ihre Auswirkungen zeitigenden tief-
greifenden Veränderungen in dem Verhältnis der Bevölkerung zur Religion bzw. Kirche auch und gerade in Gebieten, die traditionell kirchlich geprägt waren, die Frage
aufkommen, wie seitens der Kirche auf diese Entwicklung reagiert werden könne bzw.
solle.

– Die siebziger Jahre des vergangenen Jahrhunderts waren von einer großen Re-
formeuphorie in großen Teilen der Bevölkerung gekennzeichnet. Durch eine Funda-
mentaldemokratisierung aller gesellschaftlichen Bereiche sollte eine Partizipation der
Betroffenen an allen auf sie sich auswirkenden Entscheidungen erwirkt werden.
Davon wurden auch die Kirchen nicht ausgenommen; programmatisch wurde eine
„Kirche von unten" gefordert.

– Nicht zuletzt vollzog sich, wie bereits im 1. Kapitel erwähnt, in der herkömmlich
als „Pastoraltheologie" bezeichneten Disziplin innerhalb der Theologie ein Paradigmenwechsel: Das ganze Volk Gottes und nicht länger allein der „Pastor" wurde als
Subjekt aller kirchlichen Vollzüge begriffen. Die stärkere Einbindung der kirchlichen
Praxis in den gesellschaftlichen Kontext brachte zudem eine stärkere Einbeziehung
der Humanwissenschaften in die praktisch-theologische Reflexion mit sich.

Alles dieses löste eine breite und teilweise sehr kontrovers geführte Debatte innerhalb der katholischen praktischen Theologie aus, die im Übrigen manche Parallelen zu
der im protestantischen Raum aufwies. Sie kristallisierte sich auffälligerweise um bestimmte Leit- bzw. Reizbegriffe, die nicht selten als sich gegenseitig ausschließend
gegeneinander gestellt wurden. Aus den Überschriften zu den folgenden Abschnitten,
in denen die Hauptstränge der Debatte noch einmal nachgezeichnet werden sollen,
geht das deutlich hervor: „Volkskirche versus Gemeindekirche", „Pfarrei versus Gemeinde" und „Kooperative Pastoral versus Sozialpastoral". Dabei ist es keineswegs so,
dass ein Begriffspaar im Nacheinander das andere abgelöst hätte. Vielmehr bestehen
untereinander verschiedene Berührungspunkte, so dass sich die Debatte in vielfacher
Weise und unter mancherlei verschiedenen Aspekten wiederholt hat. Von daher ist es
nur konsequent, dass die genannten Stichworte auch heute noch innerhalb der praktisch-theologischen Diskussion begegnen. Als Fazit aus der Gesamtdiskussion ergibt
sich – so jedenfalls die hier vertretene These –, dass der Gemeinde als kirchlicher So-
zial- und Praxisgestalt eine epochale Bedeutung zukommt und dass darum für die Zukunft der Kirche viel davon abhängig ist, ob es gelingt, die Zielvorstellung einer „mündigen Christengemeinde" im kirchlichen und gesellschaftlichen Leben umzusetzen.

3.2.2 Volkskirche versus Gemeindekirche

Anders als in anderen europäischen Ländern gibt es so etwas wie eine Staatskirche
schon seit längerem nicht mehr in Deutschland; für die katholische Kirche ging diese
Epoche mit der Auflösung der Fürstbistümer zu Beginn des 19. Jahrhunderts zu Ende,
für die evangelische Kirche mit der offiziellen Trennung von Kirche und Staat, wie sie
die Weimarer Verfassung vorgenommen hatte. Dennoch blieb der Tatbestand einer als
selbstverständlich angesehenen Zugehörigkeit der deutschen Bevölkerung zu einer
der beiden Großkirchen erhalten. Man bezeichnet das als „Volkskirche"[9]: Im Unterschied zur Staatskirche ist hier die Kirchenmitgliedschaft nicht gesetzlich vorgeschrie-
ben, sondern freiwillig. Aber es gibt einen unverkennbaren Druck seitens des „Milieus" dazu; wer nicht zur Kirche gehört und auch nicht kirchlich praktiziert, nimmt
eine Außenseiterposition ein und fällt auf. Zwar gab es auch damals schon neben den
kirchlichen Milieus auch andere Milieus, die nicht kirchlich geprägt waren bzw. dezi-
diert antikirchlich ausgerichtet waren, wie etwa die sozialistischen Vereine oder einige
Intellektuellenkreise. Aber deren Wirkungsgrad reichte nicht so stark ins öffentliche
Leben hinein wie der der Kirchen. Die Kirchen blieben mit einer Reihe von in der
Verfassung fest geschriebenen Privilegien ausgestattet: Als „Körperschaften des
öffentlichen Rechts" sind sie berechtigt, Steuer einzuziehen, Seelsorge in staatlichen
Einrichtungen (Militär, Gefängnisse etc.) zu tätigen, an der Gestaltung des schulischen Religionsunterricht mitzuwirken, in öffentlichen Gremien (z. B. Rundfunk-
und Fernsehrat) mitzuwirken u. a. m.; hinzu kommt die staatlicherseits in Gefolge des
Reichsdeputationshauptschlusses von 1803 übernommene Verpflichtung zur Unterhaltung von bestimmten kirchlichen Gebäuden und Zahlung von Gehältern an
eine bestimmte Gruppe von Geistlichen. Auch die persönliche Karriere vor allem im
öffentlichen Dienst war nicht selten davon abhängig, ob man die für bestimmte
Posten vorgesehene konfessionelle Zugehörigkeit nachweisen konnte. Auch wenn
nach dem Zweiten Weltkrieg vom Grundgesetz der Bundesrepublik Deutschland her
der Status der Kirchen als Körperschaften öffentlichen Rechts erhalten blieb, setzte
spätestens in der Mitte der sechziger Jahren eine tief greifende Veränderung der Verbundenheit der Bevölkerung mit den Kirchen ein (vgl. 43): Die hohen Gottesdienst-
teilnahmequoten in den fünfziger Jahren sanken drastisch; Kirchenaustritte nahmen
zu und wurden gesellschaftlich nicht länger geächtet; insgesamt verbreitete sich eine
distanzierte Einstellung den Kirchen gegenüber, die sich vor allem auf dem Gebiet
der individuellen moralischen Haltung und Praxis manifestierte; der Einfluss der Kirchen in der Öffentlichkeit ging erheblich zurück. Dass das im damaligen Bereich der
DDR aufgrund der staatlich begünstigten atheistischen Weltanschauung noch viel
eklatanter und rapider der Fall war, sei der Vollständigkeit halber vermerkt. Hinzu
kam im Laufe der weiteren Entwicklung der Verlust der bis dahin von den Kirchen
faktisch wahrgenommenen Monopolstellung im religiösen Bereich durch das Näher-
rücken der anderen Weltreligionen und das Aufkommen aller möglichen religiösen
und esoterischen Bewegungen, so dass die Wahlmöglichkeiten auch auf diesem Sektor
immer größer wurden.

Dass diese Entwicklungen innerhalb der Kirchen nicht unbedingt als positiv eingeschätzt wurden und Besorgnis darüber aufkam, wie es mit ihnen weitergehen würde, ist
verständlich. Nicht nur um die Heilsmöglichkeiten der Individuen, die nicht (mehr) zur
Kirche gehören, machte man sich Gedanken, sondern auch um die Folgen für die Gesellschaft insgesamt, wenn sie sich mehr und mehr entkirchlichen und „neu-heidnisch"
werden würde. Würden, so fragte man besorgt, damit nicht wertvolle kulturelle Errungenschaften (das „Abendland") zugrunde gehen?

Angesichts dieser pessimistischen Stimmungslage bedeutete es eine gewaltige Ermutigung, von theologischer Seite her gesagt zu bekommen, dass die für die Kirche
neu entstandene gesellschaftliche Situation nicht ausschließlich als Verderbnis angesehen werden müsse, sondern auch als Chance begriffen werden könne. Von Vielem, was
an auch nicht unbedingt als christlich zu etikettierenden Ansichten und Praktiken die
Kirchen unter den staats- und volkskirchlichen Verhältnissen hätten mittragen oder
zumindest dulden müssen, könnten sie sich nunmehr entschlacken. In einer gesellschaftlichen „Diasporasituation" (K. Rahner) könne der christliche Glauben viel klarer und kompromissloser gelebt und dargestellt werden. Jeglicher Druck, Mitglied
einer Kirche zu werden bzw. zu sein, entfalle; dies werde zu einer Angelegenheit, über
die die einzelnen in freier Entscheidung zu befinden hätten. Viel allerdings komme
darauf an, ob die Kirchen sich dazu verstünden, sich auf diese neue Situation umzustel-
len – eine Herausforderung übrigens, mit der die Kirchen in der ehemaligen DDR
noch viel nachhaltiger konfrontiert waren. Sie sollten sich nicht bloß damit abfinden,
dass ihr Ende als „Volkskirchen" eingetreten sei, sondern entschlossen sich dazu bekennen, dass sie nunmehr „Entscheidungskirchen" seien, weil dies dem christlichen
Glauben viel stärker entspräche.

Um allerdings zu verhindern, dass der Glaube damit zu einer reinen Privatangele-
genheit und sein Wirkungsgrad entsprechend beschränkt würde, wurde postuliert, dass
auch unter den neuen gesellschaftlichen Bedingungen die Kirche öffentlich erkennbar
und in der Lage bliebe, bei der Gestaltung gesellschaftlicher Prozesse aus dem Geist
des Evangeliums heraus mitzuwirken. Dafür wurde der Terminus „Gemeindekirche"
geprägt; sie sei, so wurde postuliert, die neue Sozialform, die die bisherige Volkskirche
ablöse – eine Kirche, die aus den in der pluralen Gesellschaft verstreut lebenden Ein-
zelgemeinden gebildet würde. Welche theologischen Kennzeichen solche „kirchlichen
Gemeinden von morgen" auszeichnen würden, hat N. Greinacher, neben F. Klostermann (s.o.) und K. Rahner (vgl. 244) einer der entschiedenen Verfechter des Konzepts
der „Gemeindekirche", programmatisch wie folgt umrissen (vgl. 129):

– Die Identität der christlichen Gemeinde ergibt sich aus ihrem Gegründetsein in
Jesus Christus; er ist ihr bleibend gegenwärtiger Ursprung und ihr Ziel.

– Die christliche Gemeinde ist eine funktionale Größe; d.h. sie ist nicht um ihrer
selbst willen da, sondern „zugewandt auf eine andere Wirklichkeit, die Jesus die Basi-
leia nennt" (ebd., 131).

– Orientiert am Beispiel Jesu ist die christliche Gemeinde Anwältin der Menschlichkeit und widersetzt sich allem und jedem, was Menschen in ihrer genuinen Würde verletzt oder vernichtet – sei es in den eigenen Reihen, sei es in der Gesellschaft.

– Aus der durch Jesus Christus eröffneten Unmittelbarkeit zu seinem Vater ergibt sich eine grundsätzliche Gleichheit aller Mitglieder in der Gemeinde.

– So wie sich die christliche Gemeinde der in Jesus begonnenen eschatologischen Befreiungsgeschichte Gottes verdankt, hat sie entschieden für die Sache der Freiheit einzutreten und notfalls dafür Nachteile in Kauf zu nehmen.

– Die Gemeinde zeichnet sich durch Offenheit in mehrfacher Hinsicht aus: offen ihren eigenen Mitgliedern gegenüber sowie zur gesamten Umwelt, offen für neue Erfahrungen und Veränderungen, offen besonders für das Fremde und die Fremden und damit nicht zuletzt für Gott.

– Bei aller Engagiertheit lebt die Gemeinde aus der hoffnungsvollen und -frohen Zuversicht auf eine Vollendung sowohl des einzelnen als auch des ganzen Kosmos, die nicht sie zu bewerkstelligen hat, sondern die ausschließlich in den Händen Gottes liegt.

– Die Gemeinde lebt von der Bereitschaft und Fähigkeit der Beteiligten, sich auf einen andauernden Lernprozess einzulassen.

Es ist ersichtlich, dass die aufgeführten Kennzeichen nicht ausschließlich für die Ebene der Einzelgemeinde Gültigkeit haben; sondern es sind Merkmale, die auf alle Ebenen des kirchlichen Wirkens bezogen werden können und zu beziehen sind. Von daher beinhaltet die Rede von „Gemeindekirche" unweigerlich ein gesamtkirchliches Reformprogramm. Die Kirche insgesamt kann nicht anders sein als ihre einzelnen Gemeinden und umgekehrt. Das heißt, dass von den genannten gemeindlichen Elementen beispielsweise auch bei der Vollversammlung einer Bischofskonferenz oder bei der Sitzung eines Diözesankapitels etwas spürbar sein muss, wenn es sich um ein kirchliches Ereignis handeln soll. Zugespitzt heißt das: Alle Strukturen von Kirche müssen daraufhin geprüft werden, ob sie unter den heutigen gesellschaftlichen Bedingungen glaubwürdig das bezeugen, dem sie zu dienen haben, nämlich dem Evangelium, und gegebenenfalls verändert werden. Es ist nur konsequent, dass in diesem Zusammenhang die Forderung nach einer stärkeren Demokratisierung bzw. Synodalisierung der katholischen Kirche aufkam.[10]

So vehement wie das Konzept der Gemeindekirche verfochten wurde, so vehement erfuhr es auch Kritik, und zwar keineswegs bloß aus den Reihen der reformunwilligen Kräfte (vgl. 61, 71–108). Mit Blick auf die empirischen Gegebenheiten einer weiterhin zu konstatierenden erheblichen Stabilität volkskirchlicher Verhältnisse wurde in Frage gestellt, ob die Prognosen einer zunehmenden Entkirchlichung der Gesellschaft wirklich zutreffen oder ob es nicht angemessener sei, zumindest auf die sich abzeichnende Zukunft hin die Pastoral auf diese Gegebenheiten hin auszurichten. Das würde bedeuten, sich nüchtern darauf einzustellen, dass immer mehr Leute zwar ein distanziertes Verhältnis zu ihrer Kirche einnehmen würden, aber dennoch grundsätzlich ihre Kirchenbindung beibehielten. Mit einer rigoristischen Umstellung auf das Konzept der Gemeindekirche würden solche Kirchenangehörigen eher verschreckt statt angezogen werden. Darüber hinaus wurden auch theologische Fragwürdigkeiten an diesem Konzept fest gemacht und kritisiert. Es lasse sich von einer theologisch elitären Einstellung leiten, wurde ihm vorgeworfen. Sein Leitbild der „lebendigen Gemeinde" berge große Gefahren in sich, die sich in dreifacher Hinsicht auswirken würden: Der Anspruch des

„richtigen Mitmachens" gewinne quasi-dogmatischen Rang. Wer nicht mitmache bzw.
mitmachen könne, werde exkommuniziert. Unter der Parole des „Sich-überflüssig-
Machens" werde es den hauptamtlich, besonders den nicht geweihten in der Gemeindepastoral Tätigen verwehrt, eine eigene Berufsidentität auszubilden (vgl. 197, bes.
288 ff.).

Welche Schärfe die Debatte zwischen den unterschiedlichen Positionen annehmen
konnte, geht exemplarisch aus dem folgenden Zitat hervor: „Die sattsam bekannte Alternative zwischen 'Volkskirche' und 'Gemeindekirche' ist ... keineswegs so selbstverständlich, wie weithin suggeriert, in Richtung der letzteren aufzulösen. Im Gegenteil:
Daß die Gemeinde 'Kirche des Volkes' zu sein hat (…), ist um ihrer Identität willen im
Bewußtsein zu halten bzw. wieder zur Geltung zu bringen. Das gilt insbesondere angesichts all jener – tendenziell elitären – gemeindekirchlichen Phantasien, unter denen
sich eine homogene Klientel gleichgesinnter, gleich betroffener, gleich situierter und
gleich engagierter ChristInnen assoziiert bzw. inzestuös rekrutiert, unter denen aber
die in Mt 2,27 verankerte Bestimmung, daß die Gemeinde für die Menschen da ist,
schnell pervertiert zum Kalkül, inwiefern die Menschen für die Gemeinde da sind"
(ebd., 296).

Dass „natürlich auch die Gemeindekirche ihre besonderen Gefährdungen und Ver-
suchungen hat" (192, 287), hatte N. Greinacher bereits 1966 vermerkt. Eine davon mag
die Stilisierung der christlichen Gemeinde zur „Kontrastgesellschaft" sein, wie sie den
Verfassern des obigen Zitats vor Augen stehen mag (vgl. 394). Im Übrigen wird die
Kritik an der Position der Gemeindekirche dadurch relativiert, dass auch von ihren
Gegnern die Unabdingbarkeit lebendiger Gemeinden für die Zukunft der Kirche betont wird. Theologisch gibt es dazu auch kaum eine ernsthafte Alternative. Kirche
– auch die Volkskirche – kommt ohne lebendige Zellen von bewusst und entschieden
Glaubenden und sich aus ihrem Glauben heraus Engagierenden nicht aus. Selbst eine
Pastoral, die stärker auf die Situation von kirchlich distanzierten Christen und Christinnen Rücksicht nehmen will, ist darauf angewiesen. Zudem gibt das Konzept der Gemeindekirche – auch wenn es in dem einen oder anderen Punkt einer Revision bedarf – eine Perspektive an die Hand, die keineswegs als verfehlt zu betrachten ist. Die
Frage, was es heißt, Kirche und Gemeinde in einer Diasporasituation zu sein, hat sich
alles andere als erledigt; sie stellt sich immer drängender. Hierzu die drei folgenden zu-
kunftsweisenden Prinzipien aufgestellt zu haben, kann dem Gemeindekirchen-Kon-
zept durchaus als bleibendes Verdienst zugerechnet werden:

(1) „Die Kirche ist nur Kirche, wenn sie für die anderen da ist" (D. Bonhoeffer).

(2) Kirche lebt aus mündigen Christengemeinden der zur Freiheit berufenen Got-
teskinder.

(3) Freiheit und Mündigkeit bilden durchgängige Prinzipien für das gesamte kirchliche Leben.

3.2.3 Pfarrei versus Gemeinde

Als vom Zweiten Vatikanischen Konzil inspiriert der Begriff „Gemeinde" Eingang auch in den katholischen Sprachgebrauch fand, handelte es sich nicht bloß um einen Austausch der Nomenklatur in dem Sinne, dass nunmehr von „Gemeinde" statt von „Pfarrei" die Rede war. Vielmehr war damit ein theologisches und pastorales Reformprogramm verbunden, das unter dem Motto „Unsere Pfarreien müssen zu Gemeinden werden" (121, 15) seine griffige und einflussreiche Formulierung fand.

Hier wird deutlich zwischen Pfarrei und Gemeinde unterschieden. Das hängt mit den jeweiligen Bestimmungen zusammen, wie sie für die weitere Diskussion wegweisend das Faszikel „Gemeinde" vorgenommen und erläutert hatte. Zum Stichwort „Gemeinde" heißt es dort: „Sie stellt eine Gruppe von Menschen dar, die an Jesus Christus glauben und versuchen, ihr individuelles und gemeindliches Leben an der Botschaft des Neuen Testamentes auszurichten; die Gemeindemitglieder sind in der Gemeinde in ein Geflecht von sozialen Beziehungen hineingebunden und übernehmen bestimmte Funktionen in der Gemeinde; den Mittelpunkt des Gemeindelebens bildet die Gemeindeversammlung, besonders der eucharistische Gottesdienst; die Gemeinde stellt kein Ghetto dar; sie versteht sich als integrierter Teil der Gesamtkirche und weiß sich verpflichtet zum Dienst an der Gesellschaft" (ebd., 14). Die Pfarrei wird demgegenüber als kirchlicher Verwaltungsbezirk bestimmt, die alle getauften Katholiken eines festgelegten Bereichs (Dorf, Stadtteil o. ä.) unbeschadet ihres kirchlichen Engagements umfasst. Innerhalb einer solchen Pfarrei bildet dann der Teil der Glieder, die bewusst das kirchliche Leben vor Ort mitgestalten und sich damit identifizieren, die Gemeinde. Ergänzend wird darauf hingewiesen, dass die territoriale Anbindung nicht notwendig zur Gemeindebildung hinzugehört, sondern dass es auch Personal- oder funktionale Gemeinden gibt (vgl. ebd., 14f.). Der Unterschied zwischen Pfarrei und Gemeinde wird also darin gesehen, dass diese eine lebendige und engagierte Gemeinschaft von Christen und Christinnen darstellt, während jene stärker auf eine bestimmte institutionelle Verkörperung von Kirche abhebt (vgl. auch 139).

Kirchenpolitische Brisanz erfuhr diese Unterscheidung bei den Beratungen der Gemeinsamen Synode der Bistümer in der Bundesrepublik Deutschland (1971–1975), auf der das Thema Gemeinde überhaupt eine zentrale Rolle gespielt hat (vgl. 117; 140, 64; 154). Insbesondere die Bischöfe, aber auch einflussreiche Theologen votierten vehement gegen die in einer Vorlage enthaltene und deutlich vom genannten Gemeindefaszikel inspirierte Vorstellung, „das Modell von Gemeinde ganz und ausschließlich im Anhalt an personal erfahrbare Kommunikationsstrukturen zu entwickeln" (141, 112) und somit diesen Begriff kleinen und homogenen Gruppen vorzubehalten. Damit laufe man Gefahr, so wurde eingewendet, die Verkündigung der Frohbotschaft zu eng an die Sympathie einer sich zusammengehörig fühlenden Gruppe zu koppeln. Des Weiteren entspreche ein Eingefügtwerden in die „größtmögliche menschliche Nähe" keineswegs dem Lebensgefühl jedes Menschen. Gleichwohl wurden kleine, durch persönlichen Kontakt verbundene Gruppen als wichtig für die Aufgabenerfüllung der Gesamtgemeinde gewürdigt; aber sie seien als solche nicht Gemeinde. Es setzte sich schließlich ein Gemeindeverständnis durch, „das kommunikativ-personale und institutionelle Elemente in sich einbegreift" (ebd.; vgl. auch 127, 47–58; 133, bes. 585; 147, bes. 299). In folgender Definition finden sich die verschiedenen Gesichtspunkte zusammengebracht. „Die Gemeinde ist an einem bestimmten Ort oder innerhalb eines bestimmten Personenkreises die durch Wort und Sakrament begründete, durch den Dienst des Amtes geeinte und geleitete, zur Verherrlichung Gottes und zum Dienst an den Menschen berufene Gemeinschaft derer, die in Einheit mit der Gesamtkirche an Jesus Christus glauben und das durch ihn geschenkte Heil bezeugen. Durch die eine Taufe (vgl. 1 Kor 12,13) und durch die gemeinsame Teilhabe an dem einen Tisch des Herrn (vgl. 1 Kor 10,16f.) ist sie ein Leib in Christus" (13, 605). Soll diese Umschreibung auch einem Auseinanderdriften von Pfarrei und Gemeinde Einhalt gebieten, so ist doch ihre durch und durch christologisch-ekklesiologische Ausrichtung bemerkenswert; dem herkömmlichen juristisch geprägten Verständnis von Pfarrei als kirchlichem Verwaltungsbezirk ist damit eindeutig der Abschied gegeben. Entsprechend drängt das Leitmotto, das die Synode für die konkrete Gemeindepraxis ausgegeben hat, auf die Realisierung dieses erneuerten Kirchenverständnisses: „Aus einer Gemeinde, die sich pastoral versorgen läßt, muß eine Gemeinde werden, die ihr Leben im gemeinsamen Dienst aller und in unübertragbarer Eigenverantwortung jedes einzelnen gestaltet." (ebd., 206; vgl. ähnlich in 15, Teil I)

Tatsächlich haben Konzil und Synode auch im hiesigen Kontext zahlreiche Prozesse der Gemeindereform in Gang gebracht und, wie bereits erwähnt, die Praxis vieler Gemeinden erheblich verändert. Eine Reihe von überregional bekannt gewordenen „Modellgemeinden" spielte dabei eine auf andere ansteckend wirkende Vorreiterrolle (vgl. 143). Doch gerieten solche Reformprozesse immer wieder ins Stocken, sei es dass Teile des Kirchenvolkes sich ihnen verweigerten, sei es dass sie durch manche gegenläufige Richtungsentscheidungen auf der Ebene der Kirchenleitung konterkariert wurden. Die vom Konzil und noch einmal von der Synode ausgelöste Euphorie hinsichtlich eines wirklich nachhaltigen „aggiornamento" der katholischen Kirche wich vielerorts aufkommender Enttäuschung und Resignation; hinzu kam der „Gegenwind", der durch gesellschaftliche Entwicklungen ausgelöst der Kirche immer stärker entgegenblies (vgl. ausführlicher 63, 35–112).

In diesem Kontext war es gewissermaßen ein Import aus anderen Regionen der Weltkirche, der erneut eine intensiven Gemeindediskussion entfachte: die „Basisgemeinden", die seit Ende der sechziger und Beginn der siebziger Jahre des vergangenen Jahrhunderts zunächst auf dem lateinamerikanischen Kontinent, dann aber auch in anderen Teilen der Kirche insbesondere auf der südlichen Hemisphäre (in der sog. „Dritten Welt") rasche Verbreitung gefunden hatten und dort zu einem wichtigen Faktor der Kirchenentwicklung insgesamt geworden waren (vgl. 111–114). Sie gaben der Hoffnung auf eine Kirchenreform auch hierzulande starken Auftrieb – nach der Devise: Was dort möglich sei, sollte doch auch hier zu verwirklichen sein. Folgender Auszug aus einer Katholikentagsrede von J.B. Metz im Jahre 1982 fängt diese Stimmung sehr schön ein: „Gleichwohl möchte ich im Blick auf den Übergang zu einer Kirche des Volkes für die Zulassung und Beförderung neuer Gemeindeformen plädieren, in denen

die eingeschliffene Arbeitsteilung zwischen pfarrgemeindlich orientierter Frömmigkeit
und einer in Räten bzw. Verbänden organisierten gesellschaftlichen Aktivität unterlaufen ist … Ich möchte … die Aufmerksamkeit auf die schüchtern bei uns entstehenden
und in vieler Hinsicht noch sich selbst suchenden basisgemeindlichen Ansätze lenken
… Diese Basisgemeinden bilden keine Kirche der ausgesonderten Wenigen, die in
einer Art spirituellem Narzissmus Hoffnung genießen und trinken möchten. Sie wären
nicht eine Kirche, in der unter dem Deckmantel des Wortes von der 'kleinen Herde'
die Kirche zur Sekte verwandelt wird. Sie wären ein Stück 'offener Kirche', ein Stück
realer Kirche des Volkes, die mit ihrem Mysterium in die Armut, ins Elend, in die Verzweiflung und in die gesellschaftlichen Leiden einrückt und die Menschen dort zu Subjekten ihrer Hoffnung zu machen sucht. Sie wären nicht nur eine ausgesprochene, sondern eine vollzogene 'Einladung zur Freude' an die Hoffnungslosen" (463, 395 f.).[11]

In der Tat fühlten sich nicht wenige durch die Basisgemeinden in ihrem Bestreben
bestärkt, auch im hiesigen Kontext den Weg einer Transformation der Volkskirche zu
einer Kirche von engagiert lebenden und tätigen Gemeinden an der Basis konsequent
zu gehen. Es wurden allerdings auch kritische Stimmen laut – und zwar keineswegs nur
aus den Reihen derer, die in den Basisgemeinden aufgrund ihrer Politisierung der Kirche einerseits und der Nivellierung der Hierarchie andererseits eine häretische Abwei-
chung von der orthodoxen Linie der römisch-katholischen Kirche erblickten und sie
darum entschieden ablehnten und bekämpften, sondern auch von solchen, die sich
dem Anliegen der Basisgemeinden verpflichtet fühlten. Sie sahen Tendenzen zu einer
verkürzten Rezeption dessen, was diese Gemeinden ausmacht, nämlich dass sie lediglich als Modelle für eine innerkirchliche Sozialform (kleine Gemeinschaften) wahrgenommen und kopiert werden und nicht als gesellschaftsrelevante und -verändernde
Praxisformen. Die entscheidende Perspektivenveränderung, die sich im Anschluss an
das Konzil in weiten Teilen der katholischen Kirche insbesondere auf der südlichen
Hemisphäre vollzogen hatte, nämlich Kirche von der Pastoralkonstitution her – also
als Kirche *in der Welt von heute* – zu begreifen und auszugestalten, drohte ausgeblendet zu werden, weil man hierzulande weitgehend auf eine Reform von Kirche als Kirche im Sinne der Impulse der Kirchenkonstitution fixiert war und blieb.

Eine intensive Debatte darüber wurde vor allem durch einen Beitrag von H. Steinkamp ausgelöst, in dem dieser Erwartungen, die herkömmlichen Pfarreien ließen sich
in (Basis-)Gemeinden verwandeln, einen erheblichen Dämpfer versetzte (vgl. 150; Re-
pliken dazu in 116). Das herkömmliche Parochialprinzip – so seine These –, zumal
wenn es noch dermaßen ideologisch verbrämt würde, wie es der Fall sei, stehe Bemühungen um eine Gemeindebildung prinzipiell im Wege. Denn dieses Prinzip sei auf
eine umfassende Betreuung – und nicht Aktivierung – der Kirchenmitglieder mithilfe
einer flächendeckenden territorialen Strukturierung der pastoralen Versorgungsein-
heiten bedacht. Gemeindebildung komme zustande und ereigne sich dort, wo Initiativ-
und Basisgruppen sich in den Spuren Jesu projektbezogen für not-wendige Belange
von Menschen in der Nähe oder Ferne einsetzen und damit einen Beitrag zur Auferbauung des Reiches Gottes erbringen. Wie wenig ein solcher von der Partizipation
aller Beteiligten getragener und sich als Dienst für die Menschheit und die Welt verste-

hender Gemeindeansatz mit dem vorherrschenden Parochialprinzip vereinbar sei, bekämen solche Gruppen und Bewegungen leidvoll zu spüren, die ihr Engagement als Teil des pfarrgemeindlichen Lebens verstanden wissen möchten, aber aufgrund der dort vorherrschenden Mentalität sehr häufig nicht akzeptiert und marginalisiert bzw. gar exkommuniziert werden. Es sind nicht miteinander vereinbare Welt-Anschauungen, die hier unerbittlich aufeinander stoßen.

Sehr markant hat einmal der Befreiungstheologe J. Comblin eine missbräuchliche Inanspruchnahme von „Gemeinde" von ihrer zutreffenden Verwendung abgehoben: „Da will ein Priester seine Pfarrei dezentralisieren. Dazu markiert er verschiedene Gottesdienststellen, ernennt Verantwortliche und versammelt die dortigen Gläubigen um die gottesdienstlichen Feiern und sonstigen pfarrlichen Funktionen (Katechese, Sakramente, Fürsorge). Großzügig gewährt er diesen Gruppierungen den Namen 'Gemeinde'. Doch von 'Gemeinde' oder 'Gemeinschaft' findet sich da nichts. Diese wächst von unten nach oben. Zwar kann sie von Personen, die von außen kommen, angeregt oder gefördert werden. Doch geboren wird sie aus dem Einsatz ihrer Mitglieder. Diese treffen sich zunächst nicht in einer Kapelle, sondern an einem Ort gemeinsamen Handelns. Die Führer, Animateure oder Leiter beziehen ihre Kompetenz nicht vom Pfarrer, der sie delegiert, sondern von der Gemeinde selbst. Wenn alles Werk des Klerus oder der sogenannten Pastoralträger wäre, käme der Geist nicht zum Zuge, wenigstens gäbe es keine echten Geisterfahrungen. Die gibt es nur, wo sich Gemeinden selbst organisieren und aus sich selbst heraus handeln. Was andere wollen, führt nie zur Geburt einer Gemeinde. Gemeinde lebt aus gemeinsamem Handeln" (440, 49 f.). Ergänzend sei vermerkt, dass für J. Comblin „Gemeinde" jener neuen Wirklichkeit von Menschen und Welt zugehört, die dem christlichen Glauben zufolge mit der Verkündigung Jesu und seinem die Menschen heilenden und einander verbindenden Tun angebrochen ist; sie besteht für ihn wesentlich in der Praxis der Solidarität (vgl. 439, bes. 21 f.; 253, 112–130).

3.2.4 Kooperative Pastoral versus Sozialpastoral

Mit der letzten Bemerkung ist bereits zu diesem nächsten Kontrovers-Punkt übergeleitet worden. Das ist nicht zufällig; denn es ist ersichtlich, dass zwischen allen drei hier nachgezeichneten praktisch-theologischen Kontroversen in der einen oder anderen Hinsicht sachliche Zusammenhänge bestehen. Zurückzuführen ist das darauf, dass es dabei nie bloß um Einzelfragen ging und geht, sondern die Ausrichtung der gesamten Pastoral, wie sie insbesondere auf gemeindlicher Ebene zum Zuge kommen soll, das strittige Thema ist. Das wird allerdings erst dann ersichtlich, wenn die Kontroverse nicht vordergründig an den oppositionell einander gegenübergestellten Begriffen fest gemacht wird, sondern an dem jeweiligen Konzept, das sich jeweils dahinter verbirgt.

So ist es auch in dem Fall, der in diesem Abschnitt zur Sprache kommen soll: Nicht darüber, dass in der Pastoral kooperiert werden soll erregen sich die Gemüter, genauso wenig wie darüber, dass sie auch eine soziale Dimension umfasst, sondern darüber,

welcher Stellenwert dem einen oder anderen jeweils eingeräumt wird und welche Zielsetzung damit verfolgt wird.

So spricht zunächst einmal vieles dafür, wenn seit einiger Zeit – wie zu Beginn dieses
Kapitels bereits skizziert – für eine verstärkte Kooperation innerhalb der pastoralen
Praxis plädiert wird. Entspricht solche „kooperative Pastoral" doch durchaus der
Communio-Ekklesiologie des Zweiten Vatikanischen Konzils und will sie diese prak-
tisch einlösen, indem sie beispielsweise die traditionelle Priesterzentriertheit der
Pastoral überwinden und die Zusammenarbeit zwischen Priestern und Laien, zwischen
Haupt- und Ehrenamtlichen fördern möchte, und zwar auf allen Ebenen kirchlichen
Wirkens: innerhalb einer Gemeinde, zwischen Gemeinden innerhalb eines regionalen
Verbundes und darüber hinaus zwischen der territorialen und der kategorialen Seelsorge, die sich vielfach faktisch überschneiden, aber in der Regel nur selten eine Koordination untereinander vornehmen. So hebt R. Zerfaß an Positivem und Zukunftswei-
sendem in den Konzepten der „kooperativen Pastoral" hervor (vgl. 262, 86–91; 224)[12],
dass

– einerseits die einzelnen Gemeinden in ihrer gewachsenen Identität erhalten bleiben
   sollen und aufgrund der Unmöglichkeit, ihnen allen einen Priester zur Verfügung zu
   stellen, den Laien zum Einbringen ihrer Charismen ein größerer Spielraum eingeräumt wird,
– andererseits aber zugleich der größere Lebensraum, in dem die Menschen sich heute
   bewegen, angemessener berücksichtigt werden kann.
– Weiterhin hebt Kooperation auf die Ebenbürtigkeit der zusammenarbeitenden Partner ab; insofern trägt „kooperative Pastoral" zur Schaffung einer partizipativen Kultur in der Kirche bei.
– Das wiederum bedingt ein verändertes Leitungsverständnis und einen veränderten
   Leitungsstil auf allen Ebenen, auf denen über die kirchliche Praxis beraten und entschieden wird.

Bei der praktischen Umsetzung dieses Konzepts hat es allerdings den Anschein, dass
die programmatisch postulierte Kooperation von vornherein beschnitten wird, indem
sie an fest vorgegebene Strukturen, die nicht verändert werden dürfen, zurück- und in
sie eingebunden wird. Die eine Struktur besteht in dem traditionellen katholischen
Amtsverständnis, an dem rigide festgehalten wird. Besonders signifikant zeigt sich das
in der Frage der Gemeindeleitung. Auch wenn das den faktischen Gegebenheiten in
vielen Fällen gar nicht mehr gerecht wird, wird prinzipiell darauf insistiert, dass die
Letztverantwortlichkeit in der gesamten Pastoral und damit auch die rechtliche Kompetenz zur Gemeindeleitung ausschließlich einem geweihten Priester zukommen. Die
zweite vorgegebene Struktur ergibt sich aus dem Prinzip der „flächendeckenden"
Pastoral, die angesichts der personellen Notstände („Priestermangel") durch vermehrte Kooperation gewährleistet bleiben soll. Festgeschrieben wird damit die überkommene Pfarreienstruktur als „ordentlicher Form" der Seelsorge, die, wie im letzten
Abschnitt ausgeführt, eng mit der Mentalität einer „Mitgliedschafts- und Betreuungs-
pastoral" verbunden ist. Selbst wo es zu einer Zusammenlegung von Pfarreien kommt,
bleibt diese Struktur an sich unangetastet. Dass durch vermehrte Kooperation und

Partizipation vor Ort oder überörtlich es zu neuen Arten von Gemeindebildung kommen könnte, die womöglich quer zu der überkommenen Pfarrstruktur verlaufen, ist nicht vorgesehen. So gesehen drängt sich angesichts dessen, was derzeit offiziell als „kooperative Pastoral" propagiert wird, der Eindruck auf, dass hierunter nicht so sehr zukunftsweisende Pastoralpläne zu finden sind, die Möglichkeiten einer Kirchen- und Gemeindewerdung angesichts der gewandelten gesellschaftlichen Bedingungen anstreben, sondern dass es sich vielmehr um „Kriseninterventionsstrategien" handelt, die vorrangig darauf bedacht sind, auch mit knapper werdenden personellen und finanziellen Ressourcen in der Pastoral das Bestehende zu bewahren.

In der deutschsprachigen praktisch-theologischen Diskussion steht der von der befreiungstheologisch ausgerichteten Pastoral in Lateinamerika übernommene Begriff der „Sozialpastoral" programmatisch für ein nicht mit herkömmlichen Pastoralkonzepten verrechenbares Paradigma pastoralen Handelns.[13] Es geht diesem Ansatz nämlich nicht nur um eine bewusstere Hinzunahme von stärker die soziale Lage der Menschen berücksichtigenden und auf deren Verbesserung bedachten Aktivitäten in den herkömmlichen Katalog pastoraler Tätigkeiten. Denn – so die These – eben diese Bemühungen werden unterlaufen und vermögen somit nichts zu bewirken, solange das der bisherigen Pastoral innewohnende und ihren Handlungsspielraum sublim reduzierende „individualisierende Paradigma" nicht überwunden wird. Der „Sozialpastoral" geht es deshalb wesentlich darum, die mentalen und strukturellen Widersprüche sowohl in der Kirche als auch in der Gesellschaft kritisch aufzudecken und konstruktiv zu bearbeiten, die einer nachhaltigen Veränderung der hiesigen Praxis im Sinne der „Reich-Gottes-Option" (vgl. Mt 6,33) im Wege stehen. Zugespitzt lautet der Vorwurf, den die Sozialpastoral den hierzulande gängigen Pastoralkonzepten gegenüber erhebt, dass sie überwiegend binnenkirchlich (ekklesiozentrisch) fixiert und auf das (Seelen-) Heil des einzelnen hin, also individualistisch ausgerichtet seien. Demgegenüber wird auf der Reich-Gottes-Botschaft des Evangeliums als dem Maßstab christlichen und kirchlichen Handelns insistiert, gemäß der nicht nur dem einzelnen, sondern der ganzen Menschheit – vorzugsweise den Armen und Bedrängten – und darüber hinaus der Schöpfung insgesamt ein Leben in Fülle (vgl. Jo 10,10) verheißen ist. Von daher gehören soziales und politisches Engagement für Solidarität, Gerechtigkeit und Nachhaltigkeit zum ureigenen Tun der Kirche, so wie es prägnant im Schlussdokument der Römischen Bischofssynode 1971 formuliert worden ist: „Für uns sind Einsatz für die Gerechtigkeit und die Beteiligung an der Umgestaltung der Welt wesentlicher Bestandteil der Verkündigung der Frohen Botschaft, d.i. der Sendung der Kirche zur Erlösung des Menschengeschlechts und zu seiner Befreiung aus jeglichem Zustand der Bedrückung" (De iustitia in mundo 6). Um das einlösen zu können, nimmt die Sozialpastoral ernst, dass sich kirchliches Handeln kontextuell, d.h. unter konkreten geschichtlichen und gesellschaftlichen Bedingungen vollzieht und dass es darum zuallererst immer darum gehen muss, diese konkreten Bedingungen so genau wie möglich zu erkunden, um diese Befunde dann im Lichte der Reich-Gottes-Botschaft und von der eigenen Betroffenheit her zu deuten und sich daraus ergebende Optionen zu treffen, verbunden mit der zeitlich fixierten Festlegung von Handlungsprioritäten und -schwerpunkten. In diese Methodik ist das Bewusstsein darüber eingeschlossen, dass die Kirche immer auch selbst teilhat an den Strukturen und Prozessen, die es zu analysieren und zu deuten gilt, und dass darum Selbstkritik und das Bemühen um eigene Reformen Maßnahmen sind, die von der Sozialpastoral um ihrer Sache willen mit in Angriff zu nehmen sind.

Es dürfte ersichtlich sein, dass Sozialpastoral und kooperative Pastoral – jedenfalls in der Form, wie sie derzeit kirchenamtlicherseits vertreten wird – nur schwerlich miteinander vereinbar sind. Zu unterschiedlich sind die theologischen Grundoptionen, die sie verfolgen. Zu unterschiedlich sind zudem die Vorgehensweisen. Während die kooperative Pastoral wie die herkömmliche Pastoral insgesamt als eine weitgehend prinzipiengeleitete Pastoral charakterisiert werden können, ist die Sozialpastoral kontextbezogen und optionsgeleitet angelegt. Ihren Ausgangspunkt bilden nicht vorgegebene theologische Prinzipien, sondern die Analyse der Realität, in der die Menschen, mit denen es die Pastoral jeweils zu tun hat, leben. Das bedingt, dass die pastorale Planung vorrangig vor Ort, an der Basis vorgenommen werden muss und nicht so sehr von der „Spitze" her erfolgen kann. Umso notwendiger wird von daher das Bemühen um eine Koordinierung der pastoralen Planung(en) etwa auf der Ebene der Diözesan- oder darüber hinaus der ganzen National- oder gar der kontinentalen Kirche. Innerhalb der lateinamerikanischen Kirche ist dafür der Begriff „pastoral de conjunto" geläufig geworden, der sich ins Deutsche kaum adäquat übersetzen lässt.[14] Angezielt ist damit insbesondere zweierlei: Zum einen soll es darum gehen, dass ausgehend von der Realitätsanalyse die Pastoral auf den verschiedenen Ebenen (angefangen vor Ort über Regionen und Diözesen bis hin zur nationalen oder kontinentalen Ebene) bewusst und in Abstimmung untereinander geplant wird, und zwar jeweils für einen fest umrissenen Zeitraum (meistens 4 Jahre), und dass dieser Plan keine unmaßgebliche Leitorientierung bleiben soll, sondern dass die gesteckten Ziele und die beschrittenen Wege fortdauernd evaluiert werden, um gegebenenfalls korrigiert und verändert fortgeschrieben zu werden. Damit verbunden ist zum anderen, das alle pastoralen Sektoren und Ebenen auf diesen gemeinsam erstellten Plan als verbindlicher Richtschnur so abgestimmt werden, dass gewährleistet ist, dass alle Beteiligten gewissermaßen „an einem Strick" ziehen und sich die verschiedenen Aktivitäten nicht gegenseitig paralysieren.

Partizipation und Kooperation spielen aber noch eine andere Rolle innerhalb der Sozialpastoral: Wenn alle Pastoral theologisch sachgemäß im Horizont der Reich-Gottes-An- und Zusage zu verorten ist, dann drängt es sich auf, jegliche kirchenzentrierte und –fixierte Optik zu verabschieden und alle jene Initiativen und Bewegungen auch außerhalb der eigenen Kirche wahrzunehmen, die sich für das Projekt der Schaffung eines auf Solidarität, Gerechtigkeit und Nachhaltigkeit gegründeten Zusammenlebens der Menschheit engagieren. Auch und gerade mit ihnen ist um der Zukunft der Menschheit sowie der Welt insgesamt willen dringend Zusammenarbeit angesagt.

3.2.5 Auf dem Weg zur mündigen Christengemeinde

Zum Schluss dieses Abschnitts soll noch einmal die Frage aufgegriffen werden, wie es um die Zukunft von Gemeinde bestellt ist. Ist das „Modell Gemeinde" passé, wie es von einigen praktischen Theologen behauptet wird? Oder hat es seine Zukunft noch vor sich, wie es von anderen vertreten wird?

Zunächst einmal muss festgehalten werden, dass mit Gemeinde höchst Unterschiedliches gemeint sein kann. Instruktiv dafür ist die Gemeindetypologie von H. Steinkamp, nach der angesichts der vorfindlichen kirchlichen Wirklichkeit zwischen folgenden Modellen von Pfarrei bzw. Gemeinde differenziert werden kann (vgl. 149; 157):

(1) Gemeinde als kleinste kirchliche (Verwaltungs-)Einheit

Diesem Typ entspricht die volkskirchliche Pfarrei, wie sie bis zum Zweiten Vatikanischen Konzil und teilweise bis heute in allen Regionen der katholischen Weltkirche verbreitet war, gewissermaßen als unterste „Filiale" im kirchlichen Gesamtorganismus und ebenso wie dieser insgesamt pyramidal strukturiert, mit dem „Kirchenvolk" an der Basis als Objekt der Pastoral und dem Pfarrer an der Spitze als deren Subjekt. Die Hauptaufgabe der Pfarrei bestand in der Vermittlung der (sakramentalen) Heilsgüter der Kirche an die Gläubigen; darüber hinaus bildete sie den Kristallisationspunkt für die Bildung eines kirchlichen Milieus, in das die Kirchenmitglieder mit allen möglichen Aktivitäten möglichst umfassend eingebunden werden sollten, um sie vor den Gefährdungen der als heillos betrachteten Welt zu bewahren.

(2) Gemeinde als religiöse Organisation

Statt „von oben" her verwaltet, versteht sich gemäß diesem Modell „Gemeinde" als relativ unabhängiges Subjekt ihres Handelns. Die Pfarrei wandelt sich gewissermaßen zu einem „Unternehmen", das mit einer Fülle von Aktivitäten die zu ihr gehörigen Menschen ansprechen und erreichen möchte; die Bandbreite reicht von gottesdienstlichen Veranstaltungen über Treffen und Feste zur Förderung der kollektiven Identität der Gemeinde bis hin zu Sozialprojekten. Es wird auf eine möglichst große Differenzierung Wert gelegt, weil man nur so den sich differenziert habenden religiösen Bedürfnissen der Menschen gerecht werden zu können meint. Dazu werden die anderswo bewährten Sozialtechniken etwa der Gruppenarbeit, der Öffentlichkeitsarbeit, der Zielgruppenarbeit, der Planung und Erfolgskontrolle übernommen. Der Großteil der Mitarbeiter und Mitarbeiterinnen besteht allerdings im Unterschied zu profanen Nonprofit-Unternehmen aus für ihre Aufgabe geschulten Freiwilligen. Die Gesamtheit der Aktivitäten wird im Zentrum der Gemeinde, der aus haupt- und ehrenamtlich Tätigen bestehenden Gemeindeleitung, abgesprochen und koordiniert.

(3) Gemeinde als Gemeinwesen

Im Gegensatz zu der gesuchten Absonderung von der übrigen Welt, wie sie für Typ 1 charakteristisch ist, versteht dieser Typ genau diese Welt als den eigentlichen Ort ihrer Sendung. Die eigentlichen Subjekte des gemeindlichen Handelns sind (selbstorganisierte) Basisgruppen, die sich aus bestimmten Interessen heraus bilden und bestimmte Anliegen zum Schwerpunkt ihrer Aktivitäten machen: Meditationsgruppen, Bibelkreise, Familienkreise, Selbsthilfegruppen, Caritaskonferenzen, Arbeitsloseninitiativen,

Eine-Welt-Gruppen etc. Bei allem Engagement „für etwas" geht es immer auch darum, einen Umgang mit der eigenen Betroffenheit und den verschiedenen Befindlichkeiten der in der Basisgruppe Zusammenkommenden zu erlernen und so ein Stück weit eine heilsame Lebenskultur praktisch zu antizipieren. Die Aufgaben der Gesamtgemeinde besteht im „Aushandeln von unterschiedlichen Interessen, Bedürfnissen, Anschauungen mit dem Ziel des Kompromisses, Konflikt und Ringen im Machtausgleich zwischen starken und schwachen Gruppen, Suche nach adaequaten Entscheidungsmodi" (149, 84) u.ä.m. „Das unterscheidend Christliche einer solchen Gemeinde bestünde in der vom Evangelium inspirierten Reflexion auf die sozialen und politischen Prozesse sowie solcher Reflexion entspringenden alternative Weise kommunikativen Handelns: Teilen, Versöhnung, Parteinahme für die Schwachen, Feier als Erinnerung und Ausdruck von Hoffnung" (ebd., 84f.).

R. Zerfaß und K. Ross schließen an die Darstellung dieser Typologie folgende Einschätzungen an: „Während Steinkamp diese drei Modelle als Stadien einer zusammenhängenden Entwicklungslinie sieht, die von der 'strukturorientierten' zur 'prozeßorientierten' Gemeinde führt (sc. also von Typ 1 zu Typ 3), ... wäre zu fragen, ob der Weg vom klassischen, seit dem Trienter Konzil weltweit verbreiteten Typ 1 aus nicht in verschiedene Richtungen geht: unter den gesellschaftlichen Verrhältnissen der nördlichen Erdhälfte eher in die Richtung des Typs 2, unter anderen politischen und ökonomischen Bedingungen ... eher in Richtung des Typs 3. Alle drei Typen sind Sozialgestalten christlichen Glaubens und gesellschaftlicher Bedürfnisse zugleich: deshalb stecken in jedem dieser drei Typen bestimmte Lernchancen und andere werden ausgeschlossen: im Typ 1 kann ich nicht lernen, wie Christentum und Politik zusammenhängen, wohl aber wie sich der Glaube in nonverbalen Vermittlungsformen (Symbolen) ausdrückt: Prozessionen, Kirchenraum, mehrstimmiger Gesang usw.; im Typ 2 wird die Brücke zur modernen Welt geschlagen, aber soviel von dieser Welt in das Leben der Gemeinde hineingenommen, dass die kritische Distanz schwer wird: Hektik, Betriebsamkeit, Leistungsdenken, der Mythos der großen Zahl und des Erfolgs drohen die Lernchancen des Glaubens wieder einzuengen; im Typ 3 kann ich lernen, wie Christen im Glauben mit Konflikten umgehen, einander als Subjekt wahrnehmen, Glaube und Existenz zusammendenken, aber vielleicht kommen hier die Solidarität mit der Großkirche, die Geduld mit den Langsamen und Schwachen, die Aufmerksamkeit für die Fernstehenden zu kurz ..." (157, 136f.)

Als zukunftsfähig in Anbetracht der sich abzeichnenden gesellschaftlichen Entwicklung, so die hier vertretene und im Weiteren zu erläuternde These, dürften sich am ehesten gemeindliche Daseinsformen erweisen, die in der Lage sind, folgende Spannung auszuhalten: Auf der einen Seite ist der Prozess der Individualisierung – und damit zugleich der Pluralisierung – auch des Glaubens nicht bloß als faktische Gegebenheit in Rechnung zu stellen, sondern zu fördern. Wird der Glaube doch erst in dem Maße wirklich zu Eigen, wie er nicht etwa als kulturelle Selbstverständlichkeit konventionell mitpraktiziert, sondern als Lebensmöglichkeit bewusst gewählt wird. Ein solcher Glaube steht unweigerlich in unmittelbarem Zusammenhang mit der je eigenen Biographie, durchlebt deren Höhen und Tiefen und gewinnt so eine einmalige und unverwechselbare Geschichte (wobei diese durchaus sehr wechselvoll sein kann) mit je eigenen Akzentuierungen und Ausdrucksformen. Auf der anderen Seite ist, wie schon mehrfach erwähnt, daran festzuhalten, dass der Glaube – zumal der christliche Glaube – keine bloße Privatsache ist und sich auch nicht auf ein rein innerlich bleibendes Geschehen beschränkt. Er zielt auf eine Praxis des Umgangs miteinander, wie sie Jesus in seiner Reich-Gottes-Botschaft umrissen hat. Und Kirche und Gemeinde sind zu nichts anderem berufen, als von dieser Praxis modellhaft etwas sichtbar werden zu lassen. So verstanden ist Glaube beides zugleich, sowohl ein höchst individueller als auch ein verbindend-verbindlicher gemeinschaftlicher Akt. Die Gemeinschaft des Glaubens steht der Individualität der Gläubigen nicht im Wege, sondern lässt sie zum Zuge kommen. Und in dem Maße, wie die jeweiligen Individualitäten nicht verborgen gehalten werden müssen, sondern authentisch eingebracht werden können, bildet sich die Gemeinschaft des Glaubens.

Eine solche Sozialform des Christentums kommt bzw. käme den Lebensbedingungen der Menschen im Kontext der radikalisierten Modernität entgegen, ohne sich ihnen blindlings anzupassen. Deren Antwort auf den Individualisierungsdruck ist nämlich eine zweifache: Konstruktiv trägt sie dazu bei, dass die Menschen befähigt werden, mit der gesellschaftlich verordneten Individualisierung so umzugehen, dass sie ihr Leben wirklich autonom – im Sinne der „Freiheit des Christenmenschen" – zu gestalten wissen. Kritisch widersetzt sie sich der Tendenz zu einer einseitigen Wendung des Individualisierungsprozesses in Richtung Individualismus und Egoismus. Indem sie der Möglichkeit zu Begegnungen konkreten Raum gibt, eröffnet sie die Erfahrung, dass und wie ein Sich-Einlassen auf andere nicht den eigenen Freiheitsspielraum einschränkt, sondern erweitert. Daraus kann eine solidarische Praxis erwachsen, die sich besonders denen gegenüber bewährt, die als Opfer der Modernisierung auf der Strecke bleiben, weil sie aus unterschiedlichen Gründen mit den damit verbundenen Anforderungen nicht mithalten können und darum ausgegrenzt werden.

Dass sie sich zu wenig beherzt auf den Weg machen, solche reife bzw. mündige Christengemeinden zu werden, und stattdessen in ihren hergebrachten Vorstellungen und Handlungsweisen verharren, die auf heutige Zeitgenossen eher befremdlich wirken, ist das Dilemma vieler Pfarrgemeinden. Ob sie dem aus prinzipiellen Gründen nicht zu entkommen vermögen, ist wohl eine zu apodiktische Behauptung, die durch Hinweise auf anders gelagerte Erfahrungen einzuschränken ist. Irrealistisch wäre es allerdings ebenso, darauf zu setzen, dass die Pfarrgemeinden per se den Boden für eine Gemeindewerdung im erläuterten Verständnis bereithalten.

Nüchtern ist deshalb davon auszugehen, dass Menschen, die als Gemeinde im christlichen Sinne zu leben versuchen, dies an den unterschiedlichsten Orten und auch auf die unterschiedlichsten Weisen tun werden. Auch mit Blick auf die Zeitdimension ist mit einer großen Spannbreite zu rechnen: Es gibt Gemeinden von geringer Dauerhaftigkeit, „Gemeinden auf Zeit" gewissermaßen, und es wird weiterhin Gemeinden geben und geben müssen, die eine größere Kontinuität aufzuweisen haben. Der konkrete Lebenswelt-Bezug kann ebenso Motiv für Gemeindebildung sein wie das nicht unbedingt örtlich gebundene Engagement für ein bestimmtes Anliegen. Bei all dem wird es für das Mitwirken der Beteiligten eine große Rolle spielen, ob und wie sehr sie das Gefühl haben, sich einbringen und das gemeinsame Projekt mitgestalten zu können.

Ohne damit schon wieder ein komplettes Konzept an die Hand geben zu wollen, sondern eher im Sinne von Leitideen und Orientierungsmarken, die bei Bemühungen um Gemeindebildung auf Zukunft hin hilfreich sein können, seien im Folgenden ein paar Aspekte nebeneinander gestellt, aus denen sich die Kontur einer mündigen Christengemeinde von morgen ergeben könnte:

(1) Die Rückbesinnung darauf, dass im Zentrum der Verkündigung und des Handelns Jesu die Reich-Gottes-Botschaft gestanden hat und steht, kann die Gemeinde davor bewahren, sich selbst und sonstige kirchliche Interessen an erster Stelle zu setzen. Was es heißt, dass das Reich Gottes sich hier und heute ereignet, hat sie bleibend von dem zu lernen, von dem sie glaubt, dass es durch ihn und mit ihm in der Welt angebrochen ist, Jesus von Nazareth. In seinem Tun und Reden hat er bezeugt: „Das Reich Gottes ist ein 'Raum', in den man 'hineinkommen' kann, wenn man wird wie ein Kind (vgl. Mk 10,15); es bezeichnet ein Milieu, in dem es keine Oberen und Unteren mehr gibt (vgl. Lk 22,24–30), sondern nur noch Geschwister (ohne väterliche Autorität, vgl. Mk 10,29); um in diesen Raum hineinzugelangen, muß man andere Milieus verlassen: den eigenen Clan (vgl. Lk 12,26; Mt 19,29f.), den eigenen Reichtum (vgl. Mk 9,23), die von den Vätern ererbte Lebensweise (vgl. 1 Petr 1,18); und das ist offensichtlich sehr schwierig, denn die Türe ist eng (vgl. Lk 13,22–30; Mt 7,13). Jesus eröffnet durch sein Verhalten, dadurch daß er sich etwa im Haus des Pharisäers auf die Seite der Dirne schlägt (vgl. Mt 26,6–13), die ihm die Füße wäscht, oder beim Zöllner Zachäus übernachtet (vgl. Lk 19,1–10) oder mit Sündern Mahlzeit hält (vgl. Mk 2,13–17; Mt 9,9–13), jenen Freiheitsraum, von dem die Gleichnisse reden und den zu betreten sie einladen. Jesu Gleichnisse haben Kommentarcharakter. Aber was sie kommentieren, sind nicht schwierige Begriffe, sondern jenes schwierige Verhalten Jesu, mit dem er die bewährten Grenzen zwischen Gerechten und Sündern, Ersten und Letzten, Reichen und Armen ignoriert, weil die Gottesherrschaft jetzt unmittelbar und konkret Platz ergreift" (156, 41).

Ist dies der gültige Maßstab für einen Umgang in der Nachfolge und im Geist dieses Jesus, so wird das in den christlichen Gemeinden in dem Maße praktisch, wie sie sich zumindest darum bemühen,

– dass in ihnen andere Umgangs- und somit auch Herrschaftsformen zum Zuge kommen, als es gemeinhin der Fall ist,

– dass in ihnen niemand aufgrund seiner Herkunft, seiner gesellschaftlichen Stellung oder seines Geschlechts diskriminiert wird,

– dass in den eigenen Reihen wenigstens die gesellschaftliche Spaltung zwischen arm und reich aufgehoben wird,

– dass für sie darüber hinaus eine besondere Sensibilität für Nöte auch in der nahen und fernen Umgebung kennzeichnend ist und in zahlreichen Gesten der Solidarität seinen konkreten Niederschlag findet,

– dass Konflikte und Verfehlungen in einem geduldigen Prozess der Versöhnung aufgearbeitet und Exkommunikationen soweit möglich vermieden werden,

– dass sie sich nicht als geschlossene Gesellschaft von ihrer Umgebung absondern, sondern offen sind für alle, die zu ihnen kommen, ihnen Gastfreundschaft und, wenn nötig, Asyl gewähren,

– und vieles ähnliches mehr.

(2) Welche Schwerpunkte für ihr Engagement sich einer Gemeinde nahe legen, ergibt sich von der konkreten Auslegung des Evangeliums in ihren Kontext hinein her. In ihren gottesdienstlichen Versammlungen und liturgischen Feiern nimmt sie sich die Zeit, dies vor Gott zu bedenken und zu entscheiden, aber auch eigenes Versagen und Unterlassen einzugestehen. Wenig hilfreich ist es, im Sinne von Omnipotenzvorstellungen sich alles Mögliche vornehmen zu wollen. Als „Faustregel" mag eine Empfehlung von P. Eicher dienen: „Zu wünschen wäre, dass jede Gemeinde zumindest *eine* soziale Arbeit in ihrem eigenen geographischen Raum und *eine* zeichenhafte Aktion, die über diesen Raum hinausgeht (wie die Verbindung mit einer Gemeinde in der Dritten Welt, die amnesty-Arbeit oder die internationale Friedensarbeit von Pax Christi usw.) kontinuierlich durchhält, weil sie nur so zum sozialen Lernen der Zusammenhänge von Reich-Gottes-Botschaft und real existierender Produktionswelt mit all ihren Repressionen und Möglichkeiten kommt" (120, 97).

(3) Damit gewinnt diese Praxis die für christliche Praxis kennzeichnende ökumenische Dimension. Diese Ökumene beginnt bei der selbstverständlich praktizierten Zusammenarbeit vor Ort (ohne dass dabei die je spezifischen konfessionellen Ausprägungen der eigenen Glaubenspraxis einfach überspielt, sondern im Gegenteil als gegenseitige Bereicherung empfunden werden) und reicht hin bis zu Partnerschaften mit christlichen Gemeinden in anderen Teilen der Welt, innerhalb und außerhalb Europas. Darüber hinaus verfügen christliche Gemeinden in ihrem Einsatz für Gerechtigkeit, Frieden und Bewahrung der Schöpfung im Vergleich zu anderen ähnlich engagierten gesellschaftlichen Gruppen und Bewegungen zur Lösung der anstehenden Probleme über keinerlei nur ihnen zugänglichen Wissensvorsprung und haben darum allen Grund, auch mit diesen Kräften zusammenzuarbeiten.

(4) Das schließt nicht aus, dass die christlichen Gemeinden nichts Eigenständiges mehr einzubringen hätten. Sie machen allerdings die Erfahrung, dass dieses ihr Proprium von ihnen erst wirklich entdeckt wird, wenn und indem sie ihre aus ihrem Engagement und aus der Zusammenarbeit und dem Dialog mit Andersdenkenden erwachsenen Erfahrungen mit den in den biblischen Erzählungen überlieferten in Verbindung zu bringen versuchen. Auf diese Weise von ihnen selbst erst wirklich entdeckt, wird es ihnen zugleich so zu eigen wird, dass sie es überzeugend als ihre Sache für sich und für andere vertreten können und nicht länger als „von oben" übernommene Doktrin „nachbeten". Dass daraus auch andere Formen des Gebets und des Gottesdienstes erwachsen, sei hier nur noch angedeutet.

(5) Dies alles ist zu einem guten Teil davon abhängig, dass die Gemeinden auch in ihren eigenen Reihen beherzigen, was sie in ihrer Praxis „nach außen" hin entsprechend ihrer Berufung, „Brief Christi" (2 Kor 3,3) zu sein, zu vermitteln versuchen: einander begegnen, sich gegenseitig annehmen und aufrichten, voneinander lernen und sich von anderen korrigieren lassen, … – Umgangsweisen also, die gern als geschwis-

terlich charakterisiert werden. Damit werden auch in den eigenen Reihen nicht Haltungen und Praktiken etwa eines Sexismus, Rassismus oder Klassenkampfes einfach aus der Welt geschafft; aber es wird möglich, sie offen zu thematisieren, statt dass sie lediglich verborgen gehalten werden; und sie können so wirklich aufgearbeitet und überwunden werden, statt dass sie sich plötzlich aus ihrer bloßen Verdrängung heraus entladen.

(6) Diese Erfahrungen im Umgang miteinander befähigen dazu, auch andere freilassen zu können und nicht jeden bzw. jede und alles an sich klammern zu müssen. Insofern sind Gemeinden auch in der Lage, anderen, die danach fragen, Gastfreundschaft auf Zeit zu gewähren. Dies hat auch nicht mit jener konzilianten Haltung zu tun, die alles Mögliche gelten lässt, um möglichst viele zu erreichen und zu gewinnen. Sondern gerade die Begegnung mit dem Fremden fordert immer neu nach der Vergewisserung des Eigenen und somit zur Frage nach dem Verbindlichen – im Sinne des Verbindenden und Trennenden – heraus.

Im Sinne eines ergänzenden Nachtrags seien zwei Anmerkungen hinzugefügt:

(1) Es dürfte deutlich geworden sein, dass das hier skizzierte Gemeindekonzept sehr große Affinitäten zu einem Teil der kirchlichen Basisgruppen und -initiativen aufweist und in ihnen gewissermaßen das Potenzial erblickt, von dem am ehesten die Initiative zu solchen Gemeindebildungsprozessen ausgehen könnte. Nur ist hier eine kritische Unterscheidung vonnöten: Gemäß dem hier vertreten Konzept erscheint es eher fraglich, ob die bereits erwähnten neuen kirchlichen oder geistlichen Bewegungen den hier postulierten Kriterien einer „mündigen Christengemeinde" entsprechen. Mit ihrer emphatischen Betonung von Gemeinschaftserlebnissen, die sie ohne Zweifel zu vermitteln vermögen, wirken sie zwar auf eine bestimmte Schicht von Menschen anziehend; mit ihrer Halleluja-Begeisterung, für die sie sich unweigerlich aus dem konfliktreichen profanen Alltag in davon abgeschottete Räume einer künstlich erzeugten Harmonie zurückziehen müssen, erweisen sie sich jedoch letztlich als unfähig, die Kluft zwischen Lebens- und Glaubenswelt zu überwinden, und erst recht zu einem aktiven prophetischen Protest.

(2) Die Bildung von „mündigen Christengemeinden" ist zumindest langfristig gesehen darauf angewiesen, dass sie in einer gesamtkirchlichen Infrastruktur erfolgen kann, die ihr zumindest nicht völlig entgegensteht. Zu der Ausgestaltung einer entsprechenden kommunikativen und partizipativen Struktur in der Gesamtkirche könnten nicht zuletzt von den Gemeinden aufgrund ihrer Erfahrungen wichtige Impulse ausgehen. Dazu müssen entsprechende Kommunikationskanäle institutionalisiert werden, an denen es allem Anschein nach zur Zeit innerhalb der katholischen Kirche eher mangelt.

Bei allem Plädoyer für Mündigkeit ist realistisch in Anschlag zu bringen, dass diese niemandem in die Wiege gelegt ist, sondern erst allmählich und teilweise gegen sowohl eigene als auch fremde Widerstände gelernt und eingeübt werden muss. Was für die individuelle Entwicklung gilt, mag analog auch auf kollektive Prozesse übertragbar sein. Damit fällt aber umso stärker der Tatbestand ins Gewicht, dass gleichzeitig immer eine Ungleichzeitigkeit an Ausprägungen des erreichten Mündigkeitsgrades gegeben ist. Hier zu hat der amerikanische Theologe und Psychologe J. Fowler unter Zuhilfenahme

entwicklungspsychologischer Erkenntnisse ein für Gemeindebildungsprozesse auf-
schlussreiches Stufenmodell rekonstruiert (vgl. 122). Ausgehend von der Beobachtung,
dass beispielsweise eine zum Gottesdienst versammelte und ihn gemeinsam feiernde
Gemeinde alles andere als eine homogene Gruppe ist, hat er versucht, die hier anzu-
treffende „Vielfalt gemeindlicher Daseinsformen" auf unterschiedliche Stufen des
Glaubens zurückzuführen. „In einer typischen Gottesdienstfeier", so bemerkt Fowler
zu seiner sein theoretisches Interesse auslösenden Beobachtung, „leitet der Geistliche
die Gemeinde durch eine Liturgie, eine Abfolge von Gebeten, ein Bekenntnis des
Glaubens, eine Reihe von Schriftlesungen, eine Eucharistie und eine Predigt. Da in der
Gemeinde ein Pluralismus von Stufen des Glaubens und des Selbst gegeben ist, wird
diese Erfahrung jedoch Konstruktions- und Interpretationsweisen unterzogen, die sich
deutlich voneinander unterscheiden. Von jung bis alt, von der intuitiv-projektiven bis
zur verbindenden Stufe und darüber hinaus, interpretieren die Teilnehmer die Vorgänge des Gottesdienstes auf vielfältige und systematisch verschiedene Art. Prediger wissen das aus den Kommentaren der Zuhörer nach der Predigt …" (ebd., 115) Welche
Vorstellung von bzw. welche Beziehung zur Kirche und Gemeinde jeweils einer Stufe
des Glaubens und des Selbst entspricht und nach welcher Logik sich diese Vorstellungen und Beziehungen weiter entwickeln und sich dabei auch immer wieder verändern,
hat Fowler in folgendem Fünf-Stufen-Modell gemeindlicher Daseinformen hypothetisch umrissen (vgl. ebd., 115 ff.):

1. Der Stufe des intuitiv-projektiven Glaubens entspricht eine „impulsive Daseinsform". Sie macht Fowler vor allem für Kinder im Vorschulalter fest: „Diese Kinder bringen der Gemeinschaft ihre Neugier, ihre Energie, ihre Vorstellungskraft und ihre besondere Eigenschaft, 'liminal', d.h. als Grenzgänger zu leben. Damit meine ich, daß sich Kinder auf dieser Stufe noch frei über Grenzen hin- und herbewegen, die sie später als
Trennlinien zwischen Bewußtem und Unbewußtem oder zwischen Phantasie und Realität einordnen. Sie geben der Gemeinschaft ihre Impulsivität und ihr Bedürfnis nach
einer von Beziehungen bestimmten Umwelt mit Geschichten und Symbolen, die ihnen
Erfahrungen und Lehren für die Ordnung der Seele geben können" (ebd., 115).

2. Korrespondierend zu der Stufe des mythisch-wörtlichen Glaubens spricht Fowler
von einer „imperialen Daseinsform". Imperial soll besagen, dass die auf dieser Stufe
typische Vorstellung von Gott und der Welt, die weitgehend von konkreten Erfahrungen ausgeht und Ereignisse und Symbole wörtlich nimmt, absolut gesetzt wird und andere Perspektiven und Interpretationen nicht zugelassen werden. Wer auf dieser Stufe
über Kindheit und Jugend hinaus verharrt, tendiert zu einer fundamentalistischen
Glaubensauffassung und zu entsprechenden Gruppierungen.

3. Auf der synthetisch-konventionellen Stufe kommt es nach Fowler zu einer „interpersonalen Daseinsform". Interpersonal meint hier, dass sich das Bedürfnis darauf
richtet, in überschaubaren und harmonischen Beziehungen im Nahbereich Geborgenheit zu finden. Die Gemeinde wird gleichsam als „Großfamilie" ersehnt. Das sie kennzeichnende zwischenmenschliche Geflecht wird für die Lösung aller Probleme gehalten. Was sich dem so Vertraut-Gewordenen nicht fügt, wird als bedrohlich zu eliminie-
ren versucht.

4. Der individuierend-reflektierenden Stufe korrespondiert eine „institutionelle Daseinsform". Sinngemäß wäre es m. E. zutreffender, von einer selbstreflexiven Daseinsform zu sprechen. Denn nach Fowler ist es für diese Stufe charakteristisch, ein Bewusstsein gewonnen zu haben, das nicht einfach mehr Vorgegebenes übernimmt, sondern dieses daraufhin prüft, ob und inwiefern es der Findung und Stärkung der eigenen Identität dient. Zugleich besteht aber auch das Bedürfnis, das Ich wenigstens gelegentlich von der auf Dauer anstrengenden Eigenverantwortlichkeit zu entlasten und sich in eine tragende Gemeinschaft „hineinfallen" lassen zu können. Insgesamt ist es entscheidend, ob oder dass die Gemeinde als Hilfe zur individuierenden Orientierung erfahren wird.

5. Für die verbindende Glaubensstufe macht Fowler schließlich eine „inter-individuelle Daseinsform" fest. Auf dieser Stufe hat sich die individuelle Autonomie soweit gefestigt, dass das Ich offen zu werden vermag für andere und für Anderes. Nicht Abschottung der eigenen Reihen und rigides Festhalten an Exklusivität, sondern Öffnung, Auf-andere-Zugehen, Dialog zeichnen diese gemeindliche Daseinsform aus.

Mit Blick auf die konkreten Gemeinden ist es entscheidend, so führt Fowler abschließend in seinem Beitrag aus, ob und inwiefern sie in der Lage sind, den verschiedenen „gemeindlichen Daseinsformen" Raum zu bieten. Wo das nicht zureichend gelingt, kommt es leicht zu Krisen und Konflikten, die bis hin zum Auszug aus oder zur Spaltung von Gemeinden führen können.

Im folgenden Schema ist dieses Fünf-Stufen-Konzept Fowlers um zwei weitere erweitert worden, und zwar um eine Anfangs- und eine Endstufe. Zusätzlich ist der Versuch gemacht worden, die jeweiligen gemeindlichen bzw. kirchlichen Daseinsformen jeweils mit einem prägnanten Begriff zu charakterisieren.

Der heuristische Gewinn dieses Modells für die pastorale Arbeit und praktisch-theologische Reflexion ist ein mehrfacher: Zum einen lässt es die verschiedenen vorfindbaren Kirchen- und Gemeindeverständnisse klarer bestimmen und somit auch die in dieser Hinsicht bestehenden Differenzen zwischen verschiedenen Konzepten präziser ausmachen. Zum anderen gibt es Orientierungen an die Hand, welche kirchliche bzw. gemeindliche Daseinsform einer bestimmten individuellen Glaubensstufe am ehesten entspricht; aber es schärft zugleich das Bewusstsein für Fälle, in denen beides auf unheilvolle Weise auseinanderdriftet. Über individuelle Fälle hinaus liefert es schließlich Anhaltspunkte für die Suche nach einer im jeweiligen Kontext zeitgemäßen und zukunftsfähigen Gestalt der Kirche insgesamt, die der Pastoral insgesamt als Leitidee oder Vision zugrunde gelegt werden könnte.

Die konzeptionellen Überlegungen Fowlers legen es nahe, einen maßgeblichen Grund für die Krise vieler herkömmlicher Gemeinden daran festzumachen, dass in ihnen die „interpersonale Daseinsform" dominiert und vor allem für die „höheren" Daseinsformen keinen Platz lässt, diese „exkommuniziert". Solange das Glaubensleben weitgehend milieuartig eingebunden war und seine konventionellen Standards nicht problematisiert wurden, wurde dies nur in Einzelfällen zum Problem. Im Zuge der Erosion dieser traditionalen Milieus allerdings und der allgemeinen Individualisierung entspricht die vielfach vorherrschende gemeindliche Praxis nur noch dem Be-

Schema gemeindlicher bzw. kirchlicher Daseinsformen

Stufen des – Glaubens (G.) / – Selbst (S.) \ Daseinsform von Kirche/Gemeinde	I	II	III	IV	V	VI	VII
– erster G. / – einverleibendes S.	Kreis der Bezugspersonen						
– intuitiv-projektiver G. / – impulsives S.		„Hauskirche"					
– mythisch-wörtl. G. / – imperiales S.			Gruppe Gleichgesinnter				
– synthetisch-konventioneller G. / – interpersonales S.				Großfamilie (Gemeinde als Heimat)			
– individuierend-reflektierender G. / – institutionelles S.					Institutionalisierte Dauerreflexion		
– verbindender G. / – interindividuelles S.						Interkonfessionelle u. -religiöse Koinonia	
– universalisierender G. / – in Gott gegründetes S.							Universale u. solidarische Konvivialität

wusstsein und der Bedürfnislage einer ständig minoritärer werdenden Gruppe. Unter den Bedingungen der Individualisierung dürften solche Gemeindebildungen am ehesten zukunftsfähig sein, die der „inter-individuellen Daseinsform" entsprechen.

Es lohnt sich, daran zu erinnern, was mittlerweile vor ca. drei Jahrzehnten bereits K. Rahner zur Zukunft der Gemeinden im hiesigen Kontext vorausschauend bemerkt hat: „So wird es vermutlich auf die Dauer gar nicht möglich sein, daß diese Gemeinden im Stil von profanen Polizeirevieren mit ihren wenigen Priestern unmittelbar und direkt die Gesamtbevölkerung, die Entchristlichten werden erreichen können. Ich meine, daß deshalb sich die künftigen Gemeinden, auch die sogenannten Pfarrgemein-

den, nicht mehr so unmittelbar und direkt wie bisher in einer administrativen Weise
verantwortlich fühlen können für die Gesamtbevölkerung eines Landes ... Es ist nicht
unchristlich und unkatholisch, wenn man damit rechnet, daß in den nächsten Zeiten (in
Jahrzehnten gerechnet) die christlichen Gemeinden so etwas wie Oasen in einer nicht-
christlichen Welt sein werden. Diese Gemeinden der Zukunft sollen sich natürlich
nicht in ein Schneckenhaus, in ein Getto zurückziehen; sie sollen durchaus missiona-
risch sein ... Aber diese einzelnen Gemeinden brauchen sich nicht als der kümmer-
liche Rest einer Gemeinde empfinden, zu der eigentlich sehr viel mehr ... an Leuten
gehören sollten ... Wenn man einmal – nicht aus Pessimismus und nicht aus Faulheit,
sondern in einer nüchternen Analyse der Situation der Christen in der heutigen west-
lichen Welt – von der Vorstellung loskommt, daß die christliche Pfarrgemeinde so konstruiert und verwaltet werden müsse, daß sie flächendeckend mit der nächsten Pfarrei
zusammenstößt und alle Mitglieder dieser Pfarreien identisch empfinden müßte mit
der Gesamtbevölkerung, dann hat man in unserem Land nur die Situation, die für die
Kirche in der Welt als Ganzer von vornherein zu erwarten ist. Überall haben wir sonst
in der Welt Gebiete, in denen die Christenheit, katholischer oder nichtkatholischer Art,
nur Minoritäten und nur Oasen bilden. Wenn sich nun diese Situation auf Europa
überträgt und der Schein einer allgemeinen – auch öffentlichen – Verchristlichung dieses Europa aufhört, dann ergibt sich nur, was von der Situation der Kirche in der Welt
grundsätzlich von ihrem Wesen und von der Freiheitssituation der Menschen, und zwar
auch in der Öffentlichkeit, zu erwarten ist" (146, 162 f.).

3.3 Dienste und Ämter einer kommunikativen Gemeindepraxis

3.3.1 Von der Monopolisierung der Charismen zur Wiederentdeckung
der Vielfalt der Begabungen

Zu dominierend gab über Jahrhunderte hinweg vor allem die katholische Kirche das
Bild einer völligen Klerikerzentriertheit ihres Tuns ab, als dass damit zu rechnen wäre,
dass dieses aus den Köpfen der Menschen verschwunden wäre. Dass eigentlich erst mit
dem Pfarrer die Kirche da ist, lebt in ihren Vorstellungen weiter – zumal dann, wenn
sie ein eher distanziertes Verhältnis zum kirchlichen Leben unterhalten. In der Tat:
Welchen Rang ein sog. „Laie" in der katholischen Kirche innehatte und was theologisch über ihn zu sagen war, lässt das repräsentative „Kirchenlexikon" des 19. Jahrhunderts überaus beredt werden, wenn sich darin zum Stichwort „Laie" nichts anderes findet als ein Verweis zum Stichwort „Clerus"(vgl. 219; vgl. auch 262a). Über den Laien
gab es halt nichts anderes zu sagen, als dass er Nicht-Kleriker war.
   Wie anders klingt demgegenüber, was Petrus der Apostelgeschichte zufolge in seiner
Pfingstpredigt verkündigte, nämlich dass sich die Verheißung des Propheten Joel erfüllt hätte: „Und prophetisch reden werden eure Söhne und Töchter. Und eure Jüng-
linge werden Gesichter sehen, und eure Alten Träume träumen. Ja, auch auf meine
Knechte und auf meine Mägde gieße ich von meinem Geist in jenen Tagen. Und pro-

phetisch reden werden sie" (Apg 2,17f.). Es war in der Tat erstaunlich, was hier an Pfingsten geschah: Bislang gesellschaftlich unbedeutende und namenlose Menschen begannen auf einmal, öffentlich zu reden und Zeugnis von dem abzulegen, der ihr Leben umgekrempelt hatte; und sie wurden von Menschen über alle Sprachbarrieren hinweg verstanden. Nicht wenige fühlten sich spontan zu der Gruppe der Jesusanhängerinnen und Jesusanhänger hingezogen. Wenn man sich den zitierten Joel-Text anschaut und fragt, was darin das Besondere sei, so wird hier – in modernerer Terminologie gesprochen – eine Subjektwerdung derer angesagt, die normalerweise noch nichts – die Jungen – oder nichts mehr – die Alten – oder generell nichts – die Knechte und die Mägde – gelten. Sie sind es, die mit ihren Träumen Entscheidendes in Bewegung zu bringen vermögen – nicht die, die in der sog. Mitte des Lebens stehen und zusätzlich noch gesellschaftlich anerkannt sind oder ein religiöses Amt innehaben. Was von Joel noch für die Endzeit angesagt ist, ist mit der Jesusbewegung zum Durchbruch gekommen – behauptet jedenfalls Petrus der Apostelgeschichte zufolge. Und Paulus kann offensichtlich begeistert davon berichten, wie sehr die jungen Gemeinden aus der Vielfalt der ihnen geschenkten Charismen heraus leben und sich auferbauen (vgl. 1 Kor 12–14; Röm 12).

Was schon die Reformation für die gesamte Christenheit hatte leisten wollen, nämlich die Kirche wieder auf ihre Ursprünge zurückzuführen und sie von dem allzu Weltlichen, was sie sich im Laufe ihrer Entwicklung zu eigen gemacht hatte, zu befreien, kam in der katholischen Kirche erst durch das Zweite Vatikanische Konzil zum Durchbruch:

– Zum einen das Bewusstsein davon, dass die Kirche kein Selbstzweck, sondern für die Welt und die Menschen da ist. Die Kirche verwirklicht sich wesentlich im Vollzug ihrer Sendung. So notwendig dafür auch immer wieder ihre eigene Sammlung ist, so wenig darf es dabei bleiben, sondern muss sie über sich hinausgehen. Zu dieser Sendung der Kirche sind alle, die ihr zugehören, berufen. Ihre Erfüllung geschieht wesentlich durch den alltäglichen Dienst der Christen und Christinnen an dem Ort, wo sie leben und tätig sind – und zwar nicht, um die Welt dadurch kirchlicher werden zu lassen, sondern um an der Erbauung des Reiches Gottes mitzuwirken. Insofern hat das Konzil eine enorme Aufwertung des Status des sog. Laien vorgenommen, indem es einerseits die Gleichheit aller Getauften aufgrund ihrer gemeinsamen Zugehörigkeit zum Volke Gottes vor aller Differenzierung hervorgehoben hat [womit alle im Grunde genommen „Laien", nämlich Angehörige dieses Volkes (griech. „laós") sind] und andererseits den „Laien im engeren Sinne" bescheinigt hat, dass sie es sind, die das Kirche-Sein und die Sendung der Kirche in der Welt exemplarisch verdeutlichen und somit gewissermaßen den „Ernstfall" des Christseins in der Welt verkörpern.

– Zum anderen die Wiedererinnerung an das gemeinsame Priestertum aller Gläubigen, das vorrangig zwar im Dienst an der Welt und für die Menschen besteht, aber auch innerkirchlich nicht folgenlos bleiben kann, insofern auch hier allen eine gemeinsame Verantwortung zukommt. Treffend heißt es dazu in einem Synodenbeschluss: „An der Aufgabe der Kirche, Träger der Heilssendung Christi zu sein, haben die ganze Gemeinde und jedes ihrer Glieder Anteil. Von der gemeinsamen Verantwortung kann niemand sich ausschließen oder ausgeschlossen werden" (14, 663). Dem trägt am ehesten eine synodale Struktur Rechnung, wie sie auch in der katholischen Kirche nach dem Konzil immerhin ansatzweise eingerichtet worden ist und auf Gemeindeebene etwa im Pfarrgemeinderat – als Gremium der Leitung und nicht bloß der Beratung (15, 695 f.) – ihre Ausgestaltung gefunden hat. Das gemeinsame Priestertum der Gläubigen kommt allerdings nicht nur im Mitwirken von ehrenamtlich sich einsetzenden Kirchenangehörigen zum Zuge, sondern kann auch in verschiedenen Aufgabenbereichen hauptamtlich wahrgenommen werden. Auch dazu hat das Konzil einen kräftigen Anstoß gegeben, indem es die vorher bereits in Gang gekommene Entwicklung von solchen sog. Laiendiensten anerkannt und weiter gefördert hat. Das Bild einer ausschließlich durch den Klerus repräsentierten Kirche deckt sich längst nicht mehr mit der bestehenden Wirklichkeit.

In diesem Zusammenhang ist der Hinweis auf eine begriffliche Veränderung nicht unwichtig: Wenn seit dem Konzil verstärkt von Diensten in der und für die Kirche gesprochen wird und man sich deren Titulierung als „Amt" gegenüber zurückhaltend gibt, sind die theologischen Maßstäbe wieder richtig gesetzt. Denn alles was in der Kirche getan wird, hat keinen anderen Zweck, als zur Erfüllung ihrer Sendung beizutragen.

3.3.2 Diskrepanz zwischen pastoraler Praxis und kirchlicher Rechtsordnung

Mit Blick auf die kirchliche Praxis in den örtlichen Gemeinden, wie sie sich momentan darstellt, ist allerdings zu konstatieren, dass sich zwar, wie zu Beginn dieses Kapitels erwähnt, deren Leben durch das breite Engagement von Laien in den verschiedenen Grundvollzügen des pastoralen Wirkens erheblich verändert hat, dass aber seit einiger Zeit dieser Prozess offensichtlich nicht mehr so forciert vorangetrieben wird, wie es anfänglich nach dem Konzil der Fall gewesen ist. Das hängt zum Teil mit einer in den Gemeinden fortdauernden Versorgungsmentalität zusammen, von der sich zu verabschieden sich sowohl im traditionellen Geist sozialisierte Kleriker als auch an sie gewöhnte Gemeindmitglieder schwer tun – was nicht selten den Gegeneffekt hat, dass sich aufgeschlossene und reformwillige Laien aus dem gemeindlichen Leben zurückziehen. Zum Teil liegt das aber auch daran, dass von bestimmter kirchlicher Seite her offensichtlich zur Zeit immer stärker Wert darauf gelegt wird, dass der (essentielle) Unterschied zwischen Laien und Priestern wieder klar beachtet wird und dass die damit gegebenen Zuständigkeiten und Verantwortlichkeiten im pastoralen Bereich nicht verwischt werden (vgl. 8 u. 10). Es liegt nahe, dass von diesen Bestrebungen neben den Diakonen insbesondere die Laien betroffen sind, die den pastoralen Dienst als ihren Beruf ausüben und aufgrund des Priestermangels unweigerlich viele – um nicht zu sagen: mit Ausnahme der ausdrücklich den Priestern vorbehaltenen Sakramentenspendung alle – Tätigkeiten zu verrichten haben, die früher in den Händen von Priestern lagen, aber dies kirchenrechtlich, wie ausgeführt, nur unter die Rückbindung an einen die Letztverantwortung dafür tragenden Priester ausüben können. Das nötigt dann dazu, alle möglichen theologischen Differenzierungen u.ä. aufzubieten, um fein säuberlich die einzelnen Dienste voneinander zu unterscheiden (vgl. 16). Unverkennbar ist dabei das Interesse der Vertreter dieser Pastoralpolitik vor allem auf die Aufrechterhaltung der vermeintlich unantastbaren Identität des priesterlichen Amtes gerichtet. Dass es dadurch in der pastoralen Praxis nicht nur aufgrund der immer weniger zur Verfügung stehenden Priester zu erheblichen Schwierigkeiten kommt, ja dass insbesondere den Gemeinden ihr Recht auf Eucharistie und damit verbunden ihr Recht auf Leitung vorenthalten wird, wird in Kauf genommen. Dabei wird selbst vor zynischen Bemerkungen nicht zurückgeschreckt – so etwa, wenn es heißt, es bestehe gar kein Priestermangel, sondern vielmehr ein Gläubigenmangel, oder wenn den Gemeinden die Schuld an den fehlenden Berufungen gegeben wird.

Wie sehr selbst aus dogmatischer Sicht sich dieser Weg als problematisch, wenn nicht aporetisch darstellt, hat J. Werbick im Anschluss an die einschlägige Diskussion dazu klar gemacht und damit zugleich eindringlich eine Änderung angemahnt: „Es ist ... nur begrenzt hilfreich, Laien als jene Christen zu verstehen, die in der Welt das Werk Gottes tun, 'insofern es in und durch das Werk der Welt getan werden muß', die priesterlichen Amtsträger aber als solche, 'die sich unmittelbar und ausschließlich dem Werk des Reiches Gottes weihen' ... Unbestritten ist, daß die Sendung der Kirche Dienste braucht, die mehr oder weniger ausschließlich auf die Sammlung der Gemeinden zum gemeinsamen Zeugnis und auf die sakramentale Vergegenwärtigung ihres In-Christus-Seins hingeordnet sind. Wer diese Dienste mit kirchlich-öffentlicher Verbindlichkeit als sein 'Lebensprojekt' übernimmt, wäre als Kleriker zu bezeichnen ... Die vom Vaticanum II als wesentlich erachtete (LG 10) Unterscheidung zwischen dem gemeinsamen Priestertum aller Gläubigen und dem Amtspriestertum (LG 23) beruht auf der Mitteilung amtlicher Vollmachten ..., die dem Amtsträger als zum gemeindeleitenden Dienst bestellt ausweisen und entsprechend zurüsten ... Dieser Dienst sollte nur in Ausnahmefällen und vertretungsweise von haupt-, neben- oder ehrenamtlich eingesetzten Laien übernommen werden. Die mit der faktischen Einführung von 'Laien-Ämtern' gegebenen theologischen und rechtlichen Unklarheiten sollten nicht auf Dauer und nicht nur deshalb in Kauf genommen werden, weil die Zulassungsvoraussetzungen es verbieten, tatsächlichen Inhabern eines gemeindeleitenden Amtes die Weihe zu spenden" (261, 593).

Offensichtlich haben selbst solche differenzierten, durchaus im Rahmen katholischer Amtstheologie sich bewegenden Argumentationen gegenwärtig kaum eine Chance, von kirchenleitender Seite her rezipiert und ernst genommen zu werden. Es wäre allerdings kurzschlüssig und auf lange Sicht verhängnisvoll, damit die weitere Debatte über diesen Punkt für aussichtslos zu erklären und sich mit den Gegebenheiten, wie sie sich nun einmal darstellen, einfach zu arrangieren. Denn dass dieser Weg sich als Sackgasse erweisen wird, zeichnet sich bereits jetzt ab. Wem also an einer zukunftsfähigen Pastoral gelegen ist – und dafür steht die praktische Theologie seit ihren Anfängen ein –, ist darum genötigt, nach besseren Lösungen Ausschau zu halten.

In diesem Sinne fündig kann die praktische Theologie werden, wenn sie – dem Schema „Sehen – urteilen – handeln" folgend, zunächst einmal vorurteilsfrei wahrnimmt,

wie es aussieht und was sich ereignet, wenn – wie es durchaus der Fall ist – andere Formen des pastoralen Dienstes einschließlich der Gemeindeleitung praktiziert werden,
als sie momentan rechtlich zulässig sind, um sich dann einen theologischen „Reim"
darauf zu machen, der zugleich erfahrungsbezogene und theologisch verantwortbare
Leitlinien für eine zukunftsträchtige Ausgestaltung an die Hand gibt. Mit den folgenden entsprechend strukturierten Überlegungen soll versucht werden, einen Beitrag in
diese Richtung – bewusst zugespitzt auf die Frage der Gemeindeleitung – zu leisten
(vgl. auch 227).

3.3.3 „Laien" als Gemeindeleiter bzw. -leiterinnen – Erfahrungen aus der Weltkirche

Ein Forum während des Katholikentags in Mainz 1998 gab die Gelegenheit, Einblick zu gewinnen in eine in der hiesigen Kirche eher ungewöhnliche, wenn nicht ausdrücklich untersagte Praxis, nämlich dass Laien – Frauen oder Männer – nicht nur faktisch die Leitung einer kirchlichen Gemeinde ausüben, sondern offiziell damit beauftragt sind. Über welche Erfahrungen damit die anwesenden Gäste berichteten, welche
Probleme jedoch auch damit verbunden sind, soll hier in kurzen Skizzen wiedergegeben werden.[15]

(1) Aus der Erzdiözese Kinshasa/Zaire waren zwei Personen anwesend: die als Mo-
kambi mit der Administration einer Pfarrei und der Leitung ihrer Aktivitäten beauf-
tragte Gertrud Musuamba und der für die Fortbildung der Bakambi (Plural von Mo-
kambi) zuständige Priester Felix Malolo. Dem weitschauenden Wirken des 1989 verstorbenen Kardinals Joseph Albert Malula hat es die Erzdiözese von Kinshasa zu
verdanken, dass dort sehr früh und konsequent eine Inkulturation des Christentums in
den schwarzafrikanischen Kontext betrieben wurde. Nicht zuletzt vom Zweiten Vatikanischen Konzil bestätigt, war es dabei dem Kardinal ein zentrales Anliegen, der Kirche
auch in ihrem Inneren eine Gestalt zu geben, die der Kultur seines Landes entsprach.
Ein wichtiges Element dabei bildete der Aufbau von Kirchlichen Basisgemeinden, weil
sich in ihnen am ehesten unter den Beteiligten ein lebendiges Kirchenbewusstsein ent-
falten kann. Um dies gerade unter den Laien zu fördern und die überkommenen klerikalen Strukturen auch in seiner Diözese abzubauen, entschloss sich der Kardinal im
Jahre 1975, spezifische Laiendienstämter zu schaffen, die Bakambi. Laien wird für
einen bestimmten Zeitraum die Vollmacht zur Ausübung aller pastoralen Funktionen
in einer Pfarrei, die nicht die Priesterweihe erfordern, übertragen. Sie teilen sich die
Gesamtvollmacht mit einem Priester, der allerdings für mehrere Pfarreien zuständig ist
(vgl. 161). Im Laufe der Zeit sind zu diesem Laiendienstamt noch zwei weitere hinzu-
gekommen: die Pfarrassistenten (die auf Pfarrebene tätig sind) und die Pastoralanima-
teure (die Aufgaben auf regionaler Ebene wahrnehmen). Von beiden Gästen wurde
berichtet, dass mit der Einrichtung dieser Dienste beste Erfahrungen gemacht worden
sind, insbesondere dass sie wesentlich zu der angezielten Verlebendigung des Kirchen-
bewusstseins beigetragen haben.

(2) Aus Santiago de Chile brachte der bekannte Befreiungstheologe Ronaldo Muñoz Erfahrungen aus der dortigen kirchlichen Praxis ein. Er unterschied drei Typen von Kirchengemeinden in seiner Heimat: die traditionell klerikerorientierten; die, in denen Laien begonnen haben, einige Aufgaben in der Pastoral zu übernehmen; und schließlich Gemeinden, die von einer Equipe (drei bis vier Personen) von ehrenamtlich tätigen Laien geleitet werden und in denen das gesamte Gemeindeleben durch die verantwortliche Beteiligung von Laien geprägt ist: angefangen beim Miteinander-das-Leben-Teilen im gemeinsamen Bibellesen, Beten und Feiern über Katechese, caritative Tätigkeiten, Gruppenarbeit bis hin zum sozialpastoralen Engagement in Frauen-Werkstätten, Menschenrechts-Komitees u.ä.m. Es sind mit großer Mehrheit Frauen und einfache Leute, die sich in diesem Sinne pastoral engagieren und Verantwortung zu übernehmen bereit sind. Insofern wird im lateinamerikanischen Kontext zu Recht von der Entstehung einer „Kirche der Armen" bzw. einer „Kirche des Volkes" gesprochen (vgl. auch 239).

(3) Christine Gilbert sprach über das Konzept der „differenzierten Mitverantwortung von Priestern und Laien", wie es in der Diözese Evry/Frankreich praktiziert wird. Diese Diözese ist neu strukturiert worden, und zwar in 23 Sektoren, die die pastoralen Einheiten bilden. Die verantwortlichen Aufgaben werden jeweils von einer Pastoral-Equipe wahrgenommen, die sich aus vom Bischof dazu beauftragten Priestern, Diakonen und Laien zusammensetzt. Die Pfarreien sind nicht aufgelöst worden, um die Nähe der Kirche zu den Menschen weiterhin zu gewährleisten. Für die Koordination und Animation der hier anfallenden Aufgaben ist eine von der Gemeinde – auf Zeit – gewählte und vom Bischof bestätigte „Equipe Animatrice" von Laien zuständig, der jeweils ein Priester-Moderator zugeordnet ist. Dadurch, dass Laien auf allen Ebenen der Kirche ein umfassendes Mitberatungs- und Mitentscheidungsrecht haben, wird dokumentiert, dass sie einen wichtigen Stellenwert im kirchlichen Leben und für die Sendung der Kirche haben. Weil es sich als sinnvoll herausstellte, ist für einige Laien auch die Möglichkeit geschaffen worden, als „Dauerbeauftragte" in der Pastoral zu arbeiten, haupt- oder auch ehrenamtlich. Speziell zu den „Dauerbeauftragten auf Pfarrebene", wie sie es selbst ist, führte Chr. Gilbert aus: Sie „wohnen im Pfarrhaus mit ihrer Familie und sind von Amts wegen Mitglied der 'Belebenden Equipe'. Sie arbeiten daran, dass die Equipen ihre Projekte in die Tat umsetzen, und gewährleisten eine Anwesenheit und Koordination zwischen den verschiedenen Personen. Durch ihre Anwesenheit bezeugen sie vor allem, dass die Kirche sich nicht auf den Priester reduzieren lässt, sondern dass sie die Gemeinschaft aller Getauften ist, die sich, mit einem Priester, aber nicht immer unbedingt in seiner Gegenwart organisiert, damit das Wort verkündigt wird, die Sakramente gefeiert werden und die Solidarität mit den Allerärmsten konkret gelebt wird. Diese Dauerbeauftragten auf Pfarrebene haben den Auftrag, Menschen hinzuzurufen, zu ermutigen und verantwortliche Pfarrmitglieder heranzubilden, die die Gemeinde braucht, um lebendig zu sein."[16]

(4) Von den Erfahrungen einer Kirchengemeinde in der Diözese Rottenburg-Stuttgart, deren Leitung durch ein fünfköpfiges Leitungsteam (davon vier gewählt) wahrgenommen wird, berichtete der dort arbeitende Pastoralreferent Michael Elmenthaler.

Die nach seinem Dafürhalten wichtigsten Punkte hat er selbst auf einem Arbeitspapier wie folgt zusammengefasst:

– „Das Problem von Gemeindeleitung ist nicht primär eine Frage von 'geweiht' oder 'nicht geweiht', sondern von autoritärem oder partnerschaftlichem Leitungsstil der Leiter/innen – 'geweiht' und 'nicht geweiht'.

– Priester, die bereit sind zu delegieren und Macht fair zu teilen, gewinnen Freiräume und Akzeptanz.

– Leitungsverantwortung, die im Team wahrgenommen wird, ist effektiver und kreativer als 'Einzelarbeit'. Gemeinsam werden Lösungen und Konfliktstrategien bearbeitet, Visionsarbeit vorbereitet und Entscheidungswege entwickelt, die vermittelbar und Ergebnis eines Dialogs sind.

– Teams klären, wer, wie, wann in Entscheidungsprozesse einzubeziehen ist, damit eine möglichst große Motivation bei der Umsetzung erreicht wird.

– Leiter/innen können sich aus ihrer Verantwortung für das Klima in der Gemeinde nicht heraustehlen. Sie prägen es durch die von ihnen ausgehenden Signale entscheidend mit.

– Die Erfahrungen mit einem partnerschaftlichen, an Teamarbeit orientierten Leitungsstil sind für uns als Personen und Gemeinde sehr positiv. Die Bandbreite der Menschen, die, wenn auch nur punktuell, am Gemeindeleben teilnehmen, ist stark gewachsen, Vertrauen in die Gemeinde – nicht unbedingt in die 'große' Kirche – wird zurückgewonnen.

– Die Zusammenarbeit zwischen Laien und Priestern schafft Spielräume, in die hinein sich Neues entwickeln kann.

– Problematisch bleibt, dass ausgebildete Laien – Männer wie Frauen –, die deshalb keine 'Laien' mehr sind, nicht zum Priester geweiht werden können, gleichzeitig Priester aber nicht in genügender Zahl zur Verfügung stehen. Dadurch entstehen groteske, nicht mehr zu vermittelnde, für das Wirken der Kirche extrem kontraproduktive Situationen."

Die zum Schluss dieses Textes zur Sprache kommende Problematik wurde von den übrigen Forumsteilnehmern und -teilnehmerinnen im Wesentlichen bestätigt. Das Dilemma lässt sich wie folgt formulieren: Mit entsprechend großer Geduld kann es durch die Gewinnung und Aufwertung von „Laien"-Dienstämtern vor Ort gelingen, die auch im Kirchenvolk weit verbreitete und tief internalisierte Priesterfixiertheit und „Service"-Mentalität abzubauen und das Bewusstsein aufkommen zu lassen, dass alle Getauften Subjekte der Kirche sind. Entscheidend dafür ist die Erfahrung der Leute, dass die Kirche „eine von uns" ist, also das Gefühl des Abstands zum Klerus und der sie repräsentierenden Kirche nicht mehr aufkommt. Nur stößt dieser Prozess der lebendigen Kirchwerdung da an seine Grenzen, wo es von der gültigen Kirchenordnung her nicht ermöglicht wird, dass die Kirche vor Ort ihr Kirche-sein im umfassenden Sinne – als Einheit zwischen (eucharistischem) Sakrament und Leben der Gemeine – aktualisiert. So gesehen erweisen sich alle hier vorgestellten neuen „Laien"-Dienstämter, so sehr auch von ihnen Impulse für ein lebendiges und partizipatives Kirche-sein ausgehen (können), letztlich als unbefriedigender Notbehelf.

Nimmt man das Positive und teilweise Neuartige, was in den Erfahrungsberichten enthalten ist, ernst, kann die Lösung allerdings nicht lauten, die neuen Ämter einfach in den alten aufgehen zu lassen – jedenfalls solange die „alten Ämter" dem traditionellen „klerikalen Paradigma" verhaftet bleiben (vgl. auch 249). Ein nicht zu unterschätzendes zusätzliches Problem gerade für die finanziell nicht so gut ausgestatteten Kirchen, wie es im deutschsprachigen Raum der Fall ist, stellt die angemessene Entlohnung der in der Pastoral Tätigen dar, auch wenn sie dies nebenberuflich tun.

3.3.4 Theoretische Ansätze zur Ausgestaltung der Dienste und Ämter

Obwohl theologisch zu dieser Problematik kaum mehr etwas prinzipiell Neues eingebracht werden kann, muss die Diskussion darüber weitergeführt werden. Dabei kann es durchaus von Vorteil sein, wenn auf solche wie die gerade vorgestellten Erfahrungen zurückgegriffen werden kann (vgl. 179). Wie weit theologisch gesehen der Spielraum ist, den die Kirche zur Ausgestaltung ihrer Dienste und Ämter hat, kann ansonsten in heute noch gültiger Weise etwa bei F. Klostermann, K. Rahner etc. in ihren Publikationen, die sie bereits vor mehr als zwei Jahrzehnten verfasst haben, nachgelesen werden. Thesenartig seien diese Einsichten, wie sie K. Rahner einmal gewissermaßen auf den Punkt gebracht hat, in Erinnerung gerufen:

– „Die Kirche der Zukunft wird eine Kirche sein, die sich von unten her durch Basisgemeinden freier Initiative und Assoziation aufbaut" (244, 115).

– Solche Basisgemeinden haben „das Recht, von der bischöflichen Großkirche als Kirche anerkannt zu werden und ihren Gemeindeleiter von der Großkirche durch Ordination anerkannt zusehen, sofern er die notwendigen Funktionen erfüllen kann" (ebd., 116).

– „Wenn und insofern die Kirche in einer konkreten Situation eine genügende Anzahl solcher priesterlichen Gemeindeleiter ohne Verzicht auf die Zölibatsverpflichtung nicht finden kann, dann ist es selbstverständlich und gar keiner weiteren theologischen Diskussion mehr unterworfen, daß sie auf diese Zölibatsverpflichtung verzichten muß" (ebd., 117).

– „Die Theorie, daß der Leiter der Eucharistiefeier und der Gemeindeleiter ... nicht identisch sein müssen ..., würde auf Dauer praktisch .. zum Verfall einer Gemeinde oder zu einer christlich, nicht verantwortbaren Vernachlässigung des Sakramentalen führen" (ebd., 119).

– Unter den heutigen Bedingungen gibt es keinen Grund, die Frage, ob eine Frau ebenso wie ein Mann Gemeindeleiter werden könne, zu verneinen (vgl. bd., 121).

– Es gilt, dass alle kirchliche Organisation im Großen im Dienst an den Gemeinden „unten" zu stehen hat, und nicht umgekehrt, dass Gemeinden als „Mittel zum Zweck einer kirchlichen Bürokratie" herhalten müssen, „die sich selber verteidigt und fortpflanzen will" (ebd., 122; vgl. auch 214 u. 215).

Im Folgenden sollen – zwar ohne Anspruch auf Vollständigkeit, doch aber auf eine gewisse Repräsentativität – einige Stimmen aus der neueren praktisch-theologischen

Debatte – zu Wort kommen, die unter Berücksichtigung der inzwischen vonstatten gegangenen weiteren Entwicklung mögliche Alternativen zur fest gefahrenen Ordnung der pastoralen Dienste und Ämter aufzuzeigen versuchen (vgl. auch 187):

(1) Ziemlich ausführlich und sehr wirklichkeitsbezogen befasst sich St. Knobloch in seinem Lehrbuch zur Praktischen Theologie mit dem augenblicklichen Desaster des pastoralen Notstands (vgl. 56, 27–159). Abschließend formuliert er einige Impulse zur Lösung (vgl. ebd., 151–159), wobei er zunächst darauf insistiert, dass die Amtsfrage grundsätzlich von den Erfordernissen der Gemeinde her angegangen und dass die Weite dessen, was Pastoral meint, nämlich dem Heil der Menschen zu dienen und nicht bloß die Kirche zu erhalten, im Blick behalten werden muss. Die Aporien, die die weit verbreitete Fixierung auf die Konsekrationsvollmacht des Priesters mit sich bringt, werden klar benannt: „Der Priester als Pfarrer ist in der Gemeinde immer weniger präsent, und die entstehenden Leerräume werden von anderen gefüllt. Das ist solange kein gesunder Zustand, als man aus ihm nicht die innere Dynamik abliest, nämlich – von der Devise des Junktims von Gemeindeleitung und Eucharistievorsitz her – die auf die Gemeinde und ihre Leitung nachrückenden Pastoral- und Gemeindereferenten/-innen auch für die andere Seite der Gemeindeleitung, für den Eucharistievorsitz, zu qualifizieren. Diese Konsequenzen zu ziehen heißt, die heutigen Entwicklungen richtig zu beurteilen" (ebd., 154). Knobloch möchte nicht ausschließen, dass um eines zukunftsträchtigen Weges willen in der Pastoral bisweilen der Weg der „vorläufigen Illegalität" gegangen werden müsse. Als Zielvorstellung gibt er an, dass die realen Gemeindeverhältnisse durch eine „geschmeidigere Ordinationspolitik" authentifiziert werden: „Wenn Gemeinden in Zukunft für sich die aufgezeigte strukturelle Vollständigkeit und Integrität in Anspruch nehmen, werden in ihnen das Leben, die Lebenserfahrungen der Mitglieder eine prägende Kraft erhalten, so daß die klerikalistischen Lebensentwürfe ihr Dominanzgehabe verlieren. Ansätze dazu werden in den als neue pastorale Dienste bezeichneten Berufen gemacht. Sie müßten sich noch mehr bis in die Leitungsfunktionen hinein durchsetzen, müßten in einer geschmeidigeren Ordinationspolitik authentifiziert werden, damit auf diese Weise das breite Alltagserfahrungsspektrum von Frauen und Männern, Jungen und Alten, Wohlhabenden und Armen, der Arrivierten und Erfolglosen in den Gemeinden präsent und bestimmend würde" (ebd., 159).[17]

(2) Ist Knobloch noch stark der Vorstellung eines Modus der Ordination verhaftet, so plädieren – wenn auch unterschiedlich akzentuiert – R. van Kessel und O. Fuchs für eine Möglichkeit der Differenzierung des (ordinierten) Amtes, also für die Schaffung einer pluralen, aus der Sendung der Kirche sich ergebenden Ämterpraxis in der Kirche. R. van Kessel (vgl. 212, bes. 137–156) geht davon aus, dass folgende „Existenziale", d. h. Dimensionen der Gegenwart Christi konstitutiv für die Gemeinde bzw. die Kirche insgesamt sind:

„1. Gegenwart Christi in einer Lebenspraxis des Nachfolgens,
 2. Gegenwart Christi im Zusammenkommen von Gläubigen,
 3. Gegenwart Christi im Armen,
 4. Gegenwart Christi im Wort (Verkündigung) und den Zeichen (Sakramenten)"
 (ebd., 138).

Unbeschadet der Tatsache, dass die ganze Glaubensgemeinschaft berufen ist, an diesen – in einem ständigen dynamischen Wechselspiel begriffenen – Existenzialen zu partizipieren und die Gegenwart Christi aktiv zu bezeugen, bedarf es in einer Gemeinde der Organisation, was herkömmlich als Aufgabe des Amtes betrachtet worden ist. Das Originäre in van Kessels Entwurf besteht nunmehr darin, dass er für eine Neustrukturierung des Amtes entlang der aufgeführten Existenzialen plädiert: Ohne damit die ganze Glaubensgemeinschaft von dieser Aufgabe dispensieren zu wollen, kommt die Gegenwärtigsetzung Christ in Wort und Zeichen im Amt des Priesters (Pastors) zur Darstellung. Die Gegenwart Christi im Armen kommt speziell im Amt des Diakons (bzw. der Diakonin) zum Ausdruck. „Der Diakon hat die Aufgabe, die Beschwerden und Klagen von Menschen in Not und Unrecht in die Glaubensgemeinschaft hineinzutragen ... (Er) ist inmitten der Glaubensgemeinschaft ihr Vertreter, ihr Anwalt und ihr Zeuge" (ebd., 144). Nicht abgedeckt ist mit diesen beiden Diensten nach van Kessel die Funktion, die Kirchenmitglieder innerhalb der Gemeinde zusammenzubringen, sie füreinander zu öffnen und die Glaubenskommunikation untereinander zu fördern. Hierzu bedarf es nach ihm angesichts der aufgrund der kirchlichen Diasporasituation schwieriger gewordenen Gemeindebildung mehr und mehr „koinonischer Profis", worin eine eigenständige Aufgabe für das neu entstandene Amt des Pastoralreferenten und der Pastoralreferentin erblickt werden könnte. Im Unterschied zu der Möglichkeit, für die priesterlichen, diakonischen und koinonischen Funktionen der Gemeinde bzw. der Kirche besondere Ämter vorzusehen, gibt es nach van Kessel diese für das erstgenannte Existenzial nicht; denn Nachfolge als „Dienst am Leben in Hilfe, Kampf und Vergebung" (ebd., 142) mache die Eigenart des Christseins schlechthin aus.

Wie angedeutet, verfolgt O. Fuchs eine ähnliche (praktisch-)theologische Fährte wie van Kessel (vgl. 185). Wie auch in vielen anderen Beiträgen von ihm ausgeführt, kommt nach Fuchs unter den vier kirchlichen Grundfunktion Martyria, Diakonia, Liturgia und Koinonia den ersten beiden eine Vorrangstellung zu, weil hier die spezifische Eigenart des Christlichen zum Ausdruck kommt und von ihnen die beiden anderen Funktionen erst ihre Identität gewinnen. Dabei sind letztlich die Verkündigung des Wortes und der Dienst am Nächsten nur gewissermaßen die beiden Seiten derselben Medaille; sie verkörpern die doppelte Präsenz Christi in seiner Kirche. Gleichwohl bilden sie zwei Pole in einer Ellipse. Die historische Erfahrung lehrt allerdings, daß einer dieser beiden Pole vernachlässigt zu werden droht, wenn – nicht zuletzt bedingt durch die sich durchgesetzt habende Amtsstruktur – sich so gut wie alles auf einen Pol konzentriert. Fuchs plädiert darum für eine Reaktualisierung der frühkirchlichen Ämterdifferenzierung entlang der Pole Verkündigung und Diakonie, wobei das episkopale Amt als zusammenfassende Klammer hinzukommt. Er warnt allerdings davor, Verkündigung und Diakonie voneinander zu trennen; sondern beide müssten in ihrer unabdingbaren Aufeinander-Bezogenheit zur Geltung kommen, was bedeute, dass sich die Aufgaben des Priesters und des Diakons notwendigerweise überlappen würden.

(3) Einen auf die kulturellen und kirchlichen Gegebenheiten seiner Region Rücksicht nehmenden bemerkenswerten Entwurf zur Ämterdifferenzierung hat der deutschstämmige und lange Zeit auch in einem praktisch-theologischen Institut (Lumko) täti-

ge Bischof von Aliwal North/Südafrika F. Lobinger vorgelegt (vgl. 225). Sehr offen legt
er die derzeitigen durch fehlende Priester bedingten Probleme und Aporien in der
Pastoral dar, die nach seinem Dafürhalten dringend nach tragfähigen neuen Lösungen
zu suchen gebieten. Zu den beiden Möglichkeiten, die derzeit in der katholischen Kirche weltweit diskutiert werden, nämlich dass zum einen es nahe läge, die in der Pastoral hauptamtlich tätigen Laien zu ordinieren, oder zum anderen denjenigen, die sich in
der ehrenamtlichen Leitung einer Gemeinde bewährt haben, die Priesterweihe zu
spenden, fügt er eine dritte hinzu: die Ordination von Teams von Gemeindeleitern. Er
gibt dieser 3. Option klar den Vorzug: Dadurch, dass nicht ein einzelner, sondern ein
Team mit der Gemeindeleitung beauftragt würden und entsprechend auch dieses aus
der Gemeinde heraus erwachsene Team, dessen Mitglieder anderweitig beruflich tätig
seien, die Möglichkeit habe, den Vorsitz in der Eucharistiefeier einzunehmen, würde
für alle Beteiligten leichter nachvollziehbar und pastoral ernst genommen, dass alle
Gläubigen Subjekte der Kirche und konkret der Gemeinde seien. Die Ordination von
einzelnen berge zu sehr die Gefahr in sich, dass unter den übrigen Gläubigen sich wieder eine Versorgungsmentalität breit mache; zudem dürfe man nicht übersehen, dass,
wo einzelne nach der Priesterweihe streben würden, keineswegs bloß reife Motive
dafür ausschlaggebend seien. Lobinger möchte damit die herkömmliche Art des Priestertums nicht abgeschafft wissen. Ihm weist er als spezifisches Aufgabenfeld zu, gewissermaßen als (mobile) „Animatorenpriester" auf Diözesanebene tätig zu sein und vor
allem den Pastoralteams der ordinierten Gemeindeleiter vor Ort mit Rat und Tat an
der Seite zu stehen.

3.3.5 Plädoyer für theologisch verantwortbare und pastoral sinnvolle Lösungen

Nüchtern ist festzustellen: Bezüglich des Verständnisses priesterlicher Existenz ist in
den letzten Jahren einiges ins Wanken geraten. Das beginnt mit der durch die histo-
risch-kritische Forschung gewonnenen bibeltheologischen Einsicht, dass sich das Sakrament der Priesterweihe nicht direkt auf den historischen Jesus zurückführen lässt
und dass eine dauerhafte Ordo-Struktur innerhalb der Kirche frühestens mit den Pas-
toralbriefen erkenntlich wird. Die traditionelle Auffassung, hierbei handele es sich um
eine Einrichtung, die von ihren Ursprüngen her unveränderlich sei, gerät auch mit
Blick auf die weitere historische Entwicklung unter erhebliche Begründungsnöte. Und
das geht hin bis zu Veränderungen in der pastoralen Praxis selbst, wobei es die Neuein-
richtung von pastoralen Diensten für Laien ist, von der seit einiger Zeit die nachhal-
tigsten Anfragen an das herkömmliche Priesteramt ausgehen – verständlich, wenn man
sieht, dass Laien und Priester oftmals weitgehend dieselben seelsorgerischen Aufgaben
in einer Gemeinde verrichten. Hinzu kommt, dass bisher als unabdingbar für die Priesterweihe gehaltene Zulassungskriterien, wie etwa die Verpflichtung zu einer zöliba-
tären Lebensform oder das Mann-Sein, immer mehr in Frage gestellt werden – selbst
unter in ihrer Kirchentreue nicht anzuzweifelnden Mitgliedern.
Dass angesichts dieser Herausforderungen Anstrengungen unternommen werden,

theologisch und spirituell nun doch eine dem Priestersein eigentümliche Identität auszumachen, ist nahe liegend und geschieht auch (vgl. 193). Dabei ist allerdings die Versuchung groß, um die spezifische Identität des Priester hervorheben zu können, die
Unterscheidung zwischen dem gemeinsamen Priestertum der Gläubigen und dem besonderen, hierarchischen Priestertum übermäßig herauszustreichen – etwas, was umgekehrt wiederum darauf hinausläuft, die über Jahrhunderte hinweg erfolgte Abwertung
der Laien erneut festzuschreiben, und zwar entgegen der ausdrücklichen Intention des
letzten Konzils. Man mag noch so sehr das Gegenteil beteuern; die Tatsache, dass beispielsweise vom Vatikan im Jahre 1997 ein Dokument wie „Instruktion zu einigen Fragen über die Mitarbeit der Laien am Dienst der Priester" (vgl. 8) herausgegeben
wurde, belegt diese Tendenz ebenso klar wie erschreckend (vgl. dazu 206). Umso wich-
tiger ist die Erinnerung daran, dass das Zweite Vatikanische Konzil bewusst die Rede
von einem „allgemeinen Priestertum" hinter sich gelassen hat, weil damit zugleich die
Besonderheit eines besonderen Priestertums im Sinne einer prinzipiellen Unterscheidung behauptet worden wäre. Es spricht stattdessen (vgl. LG 10) vom „gemeinsamen
Priestertum", von dem es dann das ministerielle Priestertum abhebt, aber nicht im
Sinne einer hierarchischen Über- und Unterordnung, sondern begründet im wesentlichen Unterschied der jeweiligen Funktion (vgl. 200 u. 234, bes. 152–155).

Darüber hinaus ist, so wie es das Konzil vorbildlich getan hat, darauf zu insistieren
– und nur so ist eine wirklich weiterführende Lösung zu erreichen –, dass die Fragen
nach der theologischen Bestimmung eines sakramentalen Amtes in der Kirche und der
sich daraus ergebenden praktischen Konsequenzen nicht isoliert erörtert, sondern konsequent in den Kontext hineingestellt werden, in den sie gehören: nämlich in die Kirche und, konkreter noch, in die Gemeinde. Auch wenn das dogmatisch mittlerweile allgemein anerkannt ist, nimmt ein solches Vorgehen eine nicht unbeträchtliche Korrektur an der über Jahrhunderte hinweg theoretisch unangefochtenen und praktisch alles
andere als folgenlosen Auffassung von der Möglichkeit einer sog. „ordinatio absoluta"
vor (die übrigens das Konzil von Chalcedon 451 noch ausdrücklich verboten hatte; vgl.
234, 148f.). Mit dieser Bemerkung soll nicht nachträglich und womöglich besserwisse-
risch ein generelles Verdikt über bestimmte Entwicklungen im Verlauf der Kirchengeschichte ausgesprochen werden; sie sind im einzelnen viel zu differenziert verlaufen,
als dass man ihnen mit einem Pauschalurteil gerecht werden könnte. In ähnlicher
Weise problematisch ist übrigens auch das Bemühen, das, was sich an den Ursprüngen
der Kirche festmachen lässt, zum alleinigen Maßstab ihrer gesamten weiteren Entwicklung bis heute und auf Zukunft hin nehmen und damit von der ganzen Tradition
absehen zu wollen. Wenn sich aus der Beschäftigung sowohl mit dem biblischen Ursprung der Kirche als auch mit ihrer Tradition eine für Theorie und Praxis ihrer Gestaltung in Gegenwart und auf Zukunft hin maßgebliche Folgerung ergibt, dann besteht
sie darin, dass es zum einen mit guten Gründen (wie noch zu zeigen sein wird) innerhalb der Gemeinde in der Vielfalt ihrer Charismen und ihrer Grundvollzüge (Martyria, Leiturgia, Diakonia) einen ordinierten Dienst gibt, der für das Leben der Gemeinde (Koinonia) zentrale Bedeutung hat. Zum anderen besitzt die Kirche in der konkreten Gestaltung dieser Ordo-Struktur offensichtlich einen viel größeren Spielraum, als

er bislang offiziell eingeräumt wird. Wie diese nämlich vorzunehmen ist, hängt gerade um der Treue zu der ihr aufgetragenen Sendung willen von dem jeweiligen gesellschaftlichen und kulturellen Kontext ab, in dem sich die Kirche vorfindet und in den hinein sie ihre Sendung zu vollziehen hat. Die Kirche hat sich also ständig neu zu fragen und darüber zu entscheiden, was hier und heute in Treue zu ihrem Ursprung – Jesus Christus – zu tun ist. Umgekehrt heißt das, dass eine nicht oder nur unzureichend vollzogene Inkarnation kirchlicher Strukturen in die kontextuellen Gegebenheiten hinein (was nicht mit oberflächlicher Anpassung zu verwechseln ist!) der Glaubwürdigkeit der von der Kirche zu bezeugenden Botschaft im Wege stehen bzw. diese selbst verdunkeln kann.

Darum geht es also und um nichts anderes: dass die Kirche den Menschen in den verschiedenen Epochen und in den unterschiedlichen Kulturen das Evangelium so nahe bringt, dass es diese Menschen wirklich erreicht und in seiner heilenden und befreienden Macht erfahrbar wird. Und sie hat alles zu tun, um dem in ihrer eigenen Darstellungsweise – personal ebenso wie strukturell – so glaubwürdig wie möglich zu entsprechen.

Zugespitzt auf die seit einiger Zeit aktuell gewordene Frage der Frauenordination hat die nordamerikanische Theologin Anne E. Carr diesen Zusammenhang zwischen der strukturellen Erscheinungsform der Kirche und der Glaubwürdigkeit ihrer Botschaft in einer argumentativ überzeugenden Weise dargelegt: „Als Sakrament der Inkarnation Christi in die ganze Menschheit würde die Kirche in der richtigen Weise die Gleichstellung der Geschlechter und ihren Dienst an Frauen und auch Männern zum Ausdruck bringen. Wenn beide Geschlechter an allen ihren Ämtern beteiligt wären, würde die Kirche ein vollständiges Sakrament der einen Priesterschaft Christi für das ganze Gottesvolk und eine apostolische Zeugin für die Botschaft Jesu an beide, Männer und Frauen, sein. Sie würde ein deutlicheres Sakrament für die Transformation des Priestertums von einer mittelalterlichen klerikalen Kaste zu einem neutestamentlichen Modell der Gleichheit und Gegenseitigkeit sein, das beim II. Vatikanischen Konzil wieder Eingang in die Kirchenstrukturen fand: die Verwandlung des klerikalen Priesteramtes in ein dienenden Amt, die Verbindung von liturgischem Ausdruck und Wort und der Dienst an einer Einheit, in der es keine Herrschaft gibt, sondern die Kollegialität aller Christen mit verschiedenen Funktionen. Neue Wege in das Amt würden damit eröffnet, in denen charismatische Führung und gemeinschaftliche Leitung mit der Ernennung und Ordination verbunden wären. Und der eschatologische Charakter der Kirche würde der heutigen Gesellschaft deutlicher signalisiert werden: die neue Ordnung aller Dinge, die der Kirche auf dem Weg durch die Geschichte auf das Reich Gottes hin verheißen ist" (163, 50f.).

Um es nochmals zu unterstreichen: Eine solche Argumentation, wie sie sich in diesem Zitat findet, ist bewusst und im besten Sinne kontextuell gehalten; sie erfolgt vor dem Hintergrund einer jahrhundertelangen Erfahrung mit Demokratie einerseits sowie der relativ jungen Erfahrung mit der Frauenbewegung andererseits und versucht aufzuzeigen, dass und inwiefern in beidem sich für die Kirche eine sie an ihre genuinen Anliegen erinnernde Fremdprophetie auftut, die sie mit Nachdruck an ihre ureigene

Sache erinnert, nämlich in der Art und Weise des Umgangs miteinander in ihren eigenen Reihen anfanghaft der Menschheit etwas von dem angebrochenen Reich Gottes wirklich erfahrbar werden zu lassen. Damit wird zugleich in wohltuender Weise eine isolierte Fixierung auf das Problem der Frauenordination aufgebrochen, die sowohl bei Befürwortern als auch bei Gegnern leicht zu verschrobenen Argumentationsfiguren führt. Das ist etwa der Fall, wenn gemeint wird, ein (individuelles) Christen- bzw. Christinnenrecht auf die Priesterweihe einklagen können; wenn schon, dann lässt sich von einem Recht der Gemeinde auf einen ordinierten Leiter oder eine ordinierte Leiterin sprechen, was in engem Zusammenhang mit ihrem Recht auf die Eucharistiefeier steht. Ähnlich problematisch ist es, wenn etwa Gott selbst mit seinem Heilsplan dafür angeführt wird und herhalten muss, dass die Kirche (sprich: ihr Lehramt) sich nicht befugt sehe, Frauen zur Priesterweihe zuzulassen; wird hier doch Gott für die von Menschen veranlasste Aussortierung von Frauen aus einem Teilbereich der Kirche verantwortlich gemacht.

Carrs Argumentation löst darüber hinaus in beispielhafter Weise die Forderung ein, die Ordo-Frage ekklesiologisch zu verorten und anzugehen. Das II. Vatikanische Konzil hat eine lange Zeit in Theorie und Praxis vorherrschende punktuelle Betrachtungsweise der einzelnen kirchlichen Sakramente, die zudem deren magisches Missverständnis begünstigte, abgelöst durch ihre Rückbindung an den Vollzug von Kirche überhaupt. Denn die Kirche selbst ist, wie das Konzil es ausdrücklich formuliert hat (LG 1), Sakrament, insofern sie in ihrer Praxis die unbedingte Zuwendung Gottes zu jedem Menschen – ohne jede Leistung und trotz aller Schuld – zur Darstellung bringt und so den Dienst der Versöhnung der Menschheit mit Gott sowie untereinander vollzieht. In den einzelnen Sakramenten findet dieser Gesamtvollzug seinen exemplarischen und darin seinen verdichteten Ausdruck.

Von dieser sakramentalen Grundstruktur der Kirche her ist demnach also auch der Ordo als eine Einrichtung innerhalb der Kirche zu bestimmen. In diesem Sakrament hält die Kirche für sich selbst und gegenüber der Welt in ausdrücklicher Form die Erinnerung daran fest, dass sie sich nicht aus menschlichem Willen und Konsens heraus konstituiert, sondern dass sie eine von Gott berufene und von seinem Geist geleitete Gemeinschaft in der Nachfolge Jesu ist. Insofern ereignet sich amtliches Tun zwar innerhalb der Kirche, aber doch auch gerade als symbolisches Handeln in einem gewissen Gegenüber zu ihr, insofern durch es in besonderer Weise das Vermächtnis Jesu präsent gesetzt wird. Dies gilt vor allem für die unbequemen Wahrheiten, die der Kirche aufgetragen sind und die sie um ihrer Identität willen nicht preisgeben darf, wie die Konfrontation mit der Realität des Kreuzes und das Insistieren auf der Option für die Armen. So gesehen besteht die vornehmliche Berufung des Ordo darin, als Dienst an den Diensten sich dafür einzusetzen, dass die Kirche insgesamt in der apostolischen Nachfolge verbleibt. Weil der Ordo jedoch eine unverkennbare Tendenz zu einer institutionell-bewahrenden Einstellung und Haltung hat und leicht der Versuchung erliegen kann, sich selbst absolut zu setzen, bedarf er seinerseits eines kritischen Gegenübers, das das prophetische Moment des kirchlichen Ursprungs (vgl. Eph 2,20) zur Geltung bringt und ihn kreativ-innovierend fortschreibt (– was nicht ausschließt, dass auch der Ordo selbst prophetisch sein kann). Diese innere Spannung (zwischen – wie häufig umschrieben – Institution und Ereignis, Ordo und Charisma) ist und bleibt für jegliche Bildung von Kirche und kirchlicher Gemeinde grundlegend.

Mit diesen Bemerkungen, die noch detaillierter durchaus in einem katholisch-dogmatischen Verständnis erläutert werden könnten[18], sind die Grundlinien einer theologischen Bestimmung des Ordo als eigenem Sakrament markiert. Das heißt, dass alles Weitere, also insbesondere die Fragen seiner konkreten Ausgestaltung, nicht am theologischen Schreibtisch ausgedacht und konzipiert werden kann, sondern dass hierfür die konkrete Praxis und die darin gemachten Erfahrungen eine große Rolle spielen. Bester Beleg für diese Aussage ist die alles andere als einheitliche Entwicklung, die der Ordo im Verlauf der Kirchengeschichte oder auch in den verschiedenen christlichen Kirchen genommen hat (vgl. überblicksartig 211). Oder man vergegenwärtige sich doch nur, eine wie erhebliche Akzentverlagerung sich in jüngster Zeit sowohl in der Interpretation als auch in der praktischen Aufgabenzuweisung speziell des traditionellen priesterlichen Dienstes vollzogen hat; so teilt wohl kaum jemand mehr etwa die im 19. Jahrhundert aufgekommene sakralistisch überhöhte Amtsauffassung, die eine nochmalige Vertiefung der spätestens seit dem Mittelalter bestehenden Kluft zwischen Klerus und Laien zur Folge hatte. Von daher ist es in jedem Fall vorstell- und denkbar, dass sich auf Zukunft hin einiges wandeln kann – und muss, um der glaubwürdigen Sendung der Kirche in der Welt von heute willen.

Es kann deswegen hier nicht darauf ankommen, eine zukunftsweisende Gestalt des Ordo innerhalb der Kirche allgemein-theoretisch konstruieren zu wollen. Die praktischen Erfordernisse sind dabei ebenso zu berücksichtigen wie soziokulturelle Gegebenheiten, so dass von daher sich die Frage stellt, ob in jedem Fall der Ordo für die ganze Weltkirche einheitlich strukturiert werden muss. Zumindest auf den „unteren Ebenen" der Kirche, im Bereich also der in den Gemeinden tätigen pastoralen Dienste, hat sich seit dem letzten Konzil faktisch eine starke Ausdifferenzierung der „kirchlichen Ämter und Diensten" vollzogen. Dies gilt, auch wenn dieser Prozess in seiner theologischen Bedeutung noch umstritten sein mag und zudem seine angemessene kirchenrechtliche Würdigung mit den bislang vorgenommenen Regulierungen, die unverkennbar bestrebt sind, kontrafaktisch an der prinzipiellen Unterscheidung von Priestern und solchen (neuen) „Laien-Diensten" festzuhalten, alles andere als bereits geleistet ist (vgl. 261, 592ff.; 229).

Dadurch, dass in kirchenleitenden Kreisen offensichtlich große Ängste davor bestehen, den möglichen und erforderlichen Wandel des Ordo innerhalb der Kirche in Angriff zu nehmen, bekommt dieser faktisch einen Stellenwert zugesprochen, der ihm prinzipiell gar nicht zukommt. Theologisch kann es jedenfalls nur als Unding bezeichnet werden, wenn an einer historisch bedingten Gestalt des Ordo krampfhaft festzuhalten versucht und in der Folge dessen verhindert oder zumindest auf folgenreiche Weise beeinträchtigt wird, dass die Kirche ihre Sendung vollzieht. Findet diese doch bester christlicher Tradition zufolge gerade in der Feier der Eucharistie ihren sakramental dichtesten Ausdruck (vgl. 28).

Klar ist, dass es bei all dem nicht um Neues um des Neuen willen gehen kann. Die

Kirche hat in ihrer überkommenen Gestalt Menschen über Generationen hinweg Heimat gegeben; sie hat vielen Priestern im tätigen Nachkommen ihrer Berufung ein erfülltes Leben geschenkt. Dies kann auch um des aufgrund veränderter Verhältnisse in Gesellschaft und Kirche erforderlich gewordenen Wandels nicht einfach abgetan werden. Vielmehr ist hier wie überall, wo von Liebgewonnenem Abschied genommen werden muss, Trauerarbeit not-wendig, die keineswegs bloß von den Priestern zu leisten ist. Doch solche Trauerarbeit ist kein Selbstzweck und darf auch nicht endlos dauern. Verbissenes Festhalten am Bisherigen ist Ausdruck von Angst und Kleingläubigkeit. Der Suche nach neuen, kreativen Lösungen steht das bekanntlich im Wege.

Dabei gibt es diese bereits – sogar in großer Vielfalt. Um sie aufzufinden, muss man allerdings bereit sein, die herkömmlichen Denk- und Vorstellungsklischees hinsichtlich des kirchlichen Ordo zu durchbrechen. Das gilt für den einzelnen oder die einzelne ebenso wie für die Kirche insgesamt. Beispielsweise gibt es Gottseidank genügend auch ältere Priester, die davon erzählen können, wie wohltuend sie es für sich, aber nicht zuletzt auch für ihre Gemeinden empfunden hätten, eine Entwicklung durchgemacht zu haben und weiterhin daran zu arbeiten, in der sie mehr und mehr und nicht zuletzt aufgrund der in der gemeinsam mit Laien gestalteten und verantworteten pastoralen Arbeit gemachten Erfahrungen sich von ihrer ansozialisierten und sie später vielfach überfordernden Priesterrolle gelöst und zu einem für sie lebbaren Stil priesterlicher Existenz gefunden hätten; mit der so gewonnenen existenziellen Freiheit hätten sie ganz neu für sich selbst etwas mit der befreienden Botschaft der Bibel anfangen sowie sie anderen glaubwürdig bezeugen können (vgl. z. B. 231). Oder verwiesen sei auf die zahlreichen Laien, Männer und Frauen (incl. Ordensschwestern), die hauptamtlich in der Kirche pastorale Aufgaben wahrnehmen und damit diesen ihren Dienst mit offizieller Zustimmung als ihr Lebensprojekt übernommen haben; viele von ihnen können es weder theologisch noch spirituell nachvollziehen – ebenso wenig übrigens wie die ihnen anvertrauten Gemeinden in der Regel auch –, dass sie damit nur ein „Laien-Amt" innehaben sollen. In der Tat lässt diese „Notlösung" mittlerweile eine Reihe von Ungereimtheiten in der pastoralen Praxis zur Tagesordnung werden, die im Grunde behoben werden könnten, ja um der Betroffenen willen behoben werden müssten.

Schließlich sollten auch die Erfahrungen ernst genommen werden, wie sie im Zusammenhang kirchlicher Neuaufbrüche in anderen Teilen der Weltkirche gemacht worden sind und von denen hier exemplarisch berichtet worden ist. So haben beispielsweise 1979 bereits die zur 3. Generalversammlung der lateinamerikanischen Bischofskonferenz in Puebla zusammengekommenen Bischöfe ihrer Freude und Hoffnung wie folgt Ausdruck gegeben: „Die Lebenskraft der kirchlichen Basisgemeinden ... ist eine der Quellen für kirchliche Ämter, die den Laien anvertraut sind, wie z. B. Vorsteher von Versammlungen, Verantwortliche für Gemeinschaften, Katecheten und Missionare" (97; in: 24, 166).

Diese und ähnliche Entwicklungen, wie sie in der Praxis vonstatten gehen und die wohl durch noch so viele vatikanische Instruktionen nicht mehr gestoppt werden können, unterstreichen nochmals die These von der Dringlichkeit einer Umgestaltung des kirchlichen Ordo in dem Sinne, dass die neuen kirchlichen Dienste und Ämter in dem ihnen gebührenden Status anerkannt werden. Sollte es nicht dazu kommen, müssen sich die für eine solche (Nicht-)Entscheidung Verantwortlichen fragen lassen, ob sie damit nicht den Aufbau einer Zweitstruktur für die Dienste innerhalb der Kirche fördern, mit der faktisch festgeschrieben wird, was sich jetzt bereits abzeichnet, nämlich dass der Ordo in seiner herkömmlichen Gestalt immer stärker marginalisiert wird.

Es zeigt sich somit: In dem Maße, wie es gelingt, die Trauerarbeit nicht zu verweigern, sondern wirklich durch diesen Prozess hindurchzugehen, in dem Maße erwachsen eine neue Offenheit, den Ruf Gottes an seine Kirche heute und morgen zu vernehmen, und ein Freimut, ihr intern die strukturelle Gestalt zu geben, die ihr zur Erfüllung ihrer Sendung dient.[19]

4. KOMMUNIKATION DES EVANGELIUMS
ALS „GOTTESDIENST IM ALLTAG DER WELT"[1]

4.1 Überall präsent – wozu?

Wenn man sich die exemplarische Auflistung zu Beginn des 1. Kapitels nochmals anschaut, wo überall sich kirchliches Handeln ereignet, stößt man auf nicht wenige Bereiche, in denen sowohl die interpersonale Ebene etwa der seelsorgerlichen Beziehung
als auch die innerkirchlich-kommunale Ebene überschritten werden und Kirche[2] direkt auch im weiteren Feld der Gesellschaft präsent ist. Hingewiesen worden ist etwa
auf die Vielzahl sozialer Einrichtungen in kirchlicher Trägerschaft. Auch im Bildungs-
sektor ist die Kirche vielfältig vertreten; mit eigenen Hochschulen und nicht zuletzt mit
der Integration der Theologie in den staatlichen Hochschulen hat sie zudem ihren Ort
im Raum der Wissenschaft. „Kirchenläden" oder „Citykirchen" laden mitten in der
Betriebsamkeit städtischer Einkaufszentren zum Verweilen und zur Begegnung ein.
Darüber hinaus spielen die Kirchen eine nicht unbeträchtliche Rolle im Mediensektor,
sei es in Form von eigenen Print- und verstärkt auch elektronischen Medien, sei es in
Form institutioneller Mitwirkung etwa in Beiräten von Rundfunk- und Fernsehanstal-
ten. Der Beitrag der Kirchen im ästhetischen Bereich ist nicht zu unterschätzen. Bei
der Gestaltung öffentlicher (zivilreligiöser) Rituale, etwa anlässlich von Gedenktagen
oder zur „Verarbeitung" von plötzlichen katastrophalen Ereignissen, ist das Mitwirken
der Kirchen sehr willkommen. Militär- und Gefängnisseelsorge sind gesetzlich festgelegte und staatlich finanzierte Einrichtungen; die in ihnen tätigen Mitarbeiter und Mitarbeiterinnen sind Staatsbeamte bzw. -beamtinnen. Auch andere kirchliche Stellen und
Einrichtungen werden – als Folge der sog. „Säkularisierung" kirchlicher Güter durch
den Reichsdeputations-Hauptschlusses im Jahre 1803 – entsprechend den später abgeschlossenen Konkordaten bzw. staatskirchlichen Verträgen vom Staat finanziert. Um
ihren Stimmen im politischen Raum Gehör zu verschaffen, unterhalten die Kirchen
eigene Lobby-Einrichtungen („Kirchenbüros"), angcfangen auf der Ebene der Bun-
desländer bis hin zur EU und UN. Last not least stellen die Kirchen etwa in ihrer
Funktion als Arbeitgeberinnen oder auch als Investorinnen einen erheblichen wirtschaftlichen Faktor in der Gesellschaft dar.
Fragt man, wie es zu diesem kaum überschaubaren Mitwirken von Kirche in den
verschiedensten gesellschaftlichen Sektoren gekommen ist, ist dieses in den meisten
Fällen historisch zu erklären. Die Kirchen waren aufgrund ihrer zentralen Stellung in
der vormodernen Gesellschaft einflussreiche und gestaltende Kräfte in den verschiedensten Bereichen – angefangen von der Sozialfürsorge bis hin zur Kunst. Auch wenn
im Zuge des gesellschaftlichen Differenzierungsprozesses sich diese traditionale Ord-
nungsstruktur aufgelöst hat und sich die einzelnen gesellschaftlichen Funktionsbe-

reiche zu Teilsystemen verselbständigt haben, wirkt die Vergangenheit nach. Hinzu kommt, dass die Kirchen es – in einem schwierigen Prozess, der in der katholischen Kirche in Deutschland anders verlief als in der evangelischen – verstanden haben, nach dem Ende des Staat-Kirche-Bündnisses sich in anderer Form gesellschaftlich Geltung zu verschaffen und auf politischer Ebene Einfluss auszuüben; dass dazu kirchliche Laieninitiativen (etwa in Form des sog. „sozialen und politischen Katholizismus") maßgeblich beigetragen haben, hat nicht zuletzt auch intern das herkömmliche Bild der „Obrigkeitskirche" stark verändert. Im Unterschied zum strikten Laizismus, wie er sich 1903 in Frankreich durchgesetzt hat, ist mit der Weimarer Verfassung und später im Grundgesetz der Bundesrepublik Deutschland verfassungsrechtlich eine Form der Trennung von Staat und Kirche verankert worden, die treffend als „hinkend" charakterisiert worden ist; d. h. dass der Staat die geschichtliche Rolle des Christentums und der Kirchen für die Herausbildung der heutige Gestalt des Gemeinwesens anerkennt und den Kirchen einen Spielraum der Mitgestaltung im öffentlich-gesellschaftlichen Bereich einräumt (vgl. 226, 59–67). Für den Staat gilt allerdings das Prinzip, dass er sich in weltanschaulicher Hinsicht strikt neutral zu verhalten hat.

Exkurs: Die Regelung des Staat-Kirche-Verhältnisses
im Grundgesetz der Bundesrepublik Deutschland

Um im Einzelnen zu zeigen, wie die gegenwärtig geltende Regelung des Verhältnisses zwischen Kirche und Staat aussieht, sei exkursartig auf die einschlägigen Passagen aus dem Grundgesetz verwiesen:
Als maßgebliche Grundlage für die Verfassung führt die Präambel an erster Stelle das Bewusstsein der Verantwortung des deutschen Volkes vor Gott an, wobei „Gott" nicht näher spezifiziert wird. Zu den Grundrechten zählt nach Artikel 4 das Recht auf Religionsfreiheit, und zwar in seiner doppelten – also negativen (Freiheit von Religion) und positiven (Freiheit zur Religion) – Ausformung: „(1) Die Freiheit des Glaubens, des Gewissens und die Freiheit des religiösen und weltanschaulichen Bekenntnisses sind unverletzlich. (2) Die ungestörte Religionsausübung wird gewährleistet." Ebenfalls in den Grundrechtskatalog (Art. 7,3.2) aufgenommen ist die Regelung, dass der Religionsunterricht „in den öffentlichen Schulen mit Ausnahme der bekenntnisfreien Schulen ordentliches Lehrfach" ist und „unbeschadet des staatlichen Aufsichtsrechtes … in Übereinstimmung mit den Grundsätzen der Religionsgemeinschaften erteilt" wird. Sowohl Lehrkräfte als auch Schüler und Schülerinnen können sich von der Erteilung dieses Faches bzw. von der Teilnahme an ihm befreien lassen.
Artikel 140 ist dann der eigentliche „Kirchenartikel"; er lautet: „Die Bestimmungen der Artikel 136, 137, 138, 139 und 141 der deutschen Verfassung vom 11. August 1919 sind Bestandteil dieses Grundgesetzes." Es werden also pauschal die Vereinbarungen übernommen, auf die sich die verfassungsgebende Versammlung der ersten deutschen Republik (sog. „Weimarer Republik") schließlich verständigt hatte.[3]

Wie erwähnt, sind diese verfassungsrechtlichen Regelungen mitsamt den auf dieser Grundlage entwickelten und weiteren Vereinbarungen zur konkreten Ausgestaltung im Wesentlichen historisch zu verstehen. Damit ist impliziert, dass sie veränderbar sind. So lässt noch das Grundgesetz aus dem Jahre 1949 seinen „Sitz im Leben" in einer bestimmten gesellschaftlich-religiösen Konstellation erkennen: Fast vollzählig gehörte damals die Bevölkerung einer christlichen Konfession an. Die evangelische und die katholische Kirche waren als „Volkskirchen" selbstverständlicher Bestandteil des öffentlichen Lebens. Kritik an diesem konfessionell nochmals unterschiedlich akzentuierten christentümlichen Gemengelage zu üben, beschränkte sich auf einen kleinen Kreis gern als „freigeistig" apostrophierter Intellektueller.

Vergleicht man damit die Situation heute, mehr als fünfzig Jahre später, wird bewusst, welche rasante Entwicklung sich in dieser Hinsicht vollzogen hat: Zwar gehört die Mehrheit der Bevölkerung noch den beiden christlichen Großkirchen an. Die sog. „Konfessionslosen" nehmen allerdings schon den 3. Rang auf der Liste der „Konfessionszugehörigkeit" ein. Frühere Fremdreligionen sind zu Nachbarreligionen geworden, allen voran der Islam; neben den Kirchtürmen prägen vermehrt Minaretts von Moscheen das Bild der Städte. Daneben hat sich ein bunter Markt von weiteren Religionen, Weltanschauungen und esoterischen Bewegungen ausgebreitet.

Die Kirchen haben also ihre Monopolstellung, die sie früher für den religiösen Bereich der Gesellschaft innegehabt haben, eingebüßt. Zu bestimmten Anlässen sind sie bzw. sind ihre Dienste weiterhin nachgefragt. Aber wer sich darüber hinaus kirchlich engagiert, bekommt sehr schnell zu spüren, dass er oder sie auf der Seite einer Minderheit steht; gesellschaftliche Honorationen, wie es noch zwei Generationen zuvor der Fall war, sind damit nicht mehr zu erlangen. Hinter dieser Einstellung steht weniger eine ausdrückliche Kirchenkritik als viel mehr ein allgemeines Desinteresse an dem, was mit Kirche zusammenhängt.

So groblinig die vonstatten gegangene Veränderung hier auch skizziert worden sein mag (vgl. differenzierter 490), so hinreichend ist dies doch, um deutlich zu machen, dass die Voraussetzungen, auf denen das Grundgesetz noch die dargelegten Regelungen mehr oder weniger selbstverständlich fest schreiben konnte, erheblich ins Wanken und Bröckeln geraten sind. Gravierend kommt hinzu, dass die institutionell verfassten Kirchen, so wie sie in der Öffentlichkeit wahrgenommen werden, Umfragen zufolge einen Ansehens- und Vertrauensverlust in der Breite der Bevölkerung erlitten haben, wie es drastischer kaum vorstellbar ist. So ist es nicht verwunderlich, dass seit einiger Zeit verstärkt öffentlich die Frage gestellt wird, ob die privilegierte Stellung, die das Grundgesetz den Kirchen einräumt, in dieser Weise noch beibehalten werden soll und kann.

Interessanterweise wird diese Frage von zwei entgegengesetzten Polen her laut:

Auf der einen Seite verspricht sich die Gruppe derer endlich größere Zustimmung, die schon immer für eine konsequente Trennung von Staat und Kirche plädiert haben.(z.B. die Humanistische Union). Hinweise auf eine nicht mehr verständliche Bevorzugung der Kirchen in vielerlei angesichts der Benachteiligungen, die gleichzeitig die anderen Religionsgemeinschaften und weltanschaulichen Gruppen erfahren, kann sie dabei als Argumente geltend machen, die nicht ohne weiteres von der Hand zu weisen sind.

Aber auch auf einer alles andere als militanten Ebene zeitigt der Wandel mehr und mehr Folgen. Bis hin zu Entscheidungen des Bundesverfassungsgerichts macht sich ein gewisser Druck bemerkbar, der Tatsache einer veränderten und sich verändernden

Verfassungswirklichkeit gerade im religiösen Bereich angemessen Rechnung zu tragen.[4] Dass die Kirchen in der Regierungserklärung von Bundeskanzler Schröder im Jahre 2002 erstmals überhaupt nicht erwähnt wurden, ist ein deutliches Indiz für ihre abnehmende Bedeutung zumindest in nicht unbeträchtlichen Teilen des politischen Raums. Der sich vollziehende Umbau des Sozialstaates hat zudem für den Bestand kirchlicher Einrichtungen im sozialen Sektor erhebliche Veränderungen zur Folge; Einbußen größeren Ausmaßes sind bereits zu verzeichnen.

Auf der anderen Seite wird auch aus innerkirchlichen Reihen die Frage aufgeworfen[5], ob die Kirchen für sich selbst gut daran tun, wenn sie ihre herkömmliche breite Präsenz im öffentlich-gesellschaftlichen Raum unbedingt aufrecht zu erhalten bestrebt sind. Dahinter verbirgt sich die Einschätzung, dass sie in quantitativer Hinsicht zwar noch ein durchaus starker Faktor in der Gesellschaft sein mögen, dass dem aber in qualitativer Hinsicht höchst unzureichend entsprochen werde und werden könne. So habe etwa die Entkirchlichung der Bevölkerung für die Sozial- und Bildungseinrichtungen in kirchlicher Trägerschaft zur Folge, dass gar nicht mehr genügend Personal für sie rekrutiert werden könne, das in lebendiger Überzeugung für den Geist dieser Einrichtung einstehen würde. Von daher käme es zu einer Säkularisierung dieser Einrichtungen, weswegen sie sich von ähnlichen Einrichtungen in anderer Trägerschaft gar nicht mehr unterscheiden würden. Dem könne nur entgegengewirkt werden, wenn die Kirche sich auf ihren eigentlichen Auftrag zurückbesinne und diesen dort und in dem Maße zu erfüllen bemüht sei, wo und wie sie ihn mit den ihr zur Verfügung stehenden Kräften überzeugend einlösen könne. Ein Rückzug aus vielen gesellschaftlichen Bereichen müsse um der Verstärkung der eigenen Glaubwürdigkeit willen in Kauf genommen werden.

Unausweichlich drängt sich damit die Frage auf, auf welche Kriterien zurückgegriffen werden kann, um entscheiden zu können, in welchen Bereichen der Gesellschaft sich Kirche engagieren soll und aus welchen sie sich gegebenenfalls zurückziehen kann.

Dabei gilt es zunächst einmal, sich der Kriterien, die faktisch die derzeitige „Kirchen- bzw. Pastoralpolitik" leiten, zu vergewissern. Sie nur historisch erklären zu wollen, ist unzureichend, weil damit zwar die Herkunft erhellt, nicht aber die Frage geklärt wird, warum dieses auch für die Gegenwart noch gültig sein soll. Es wäre müßig, nach einem vorliegenden Kriterienkatalog Ausschau zu halten; schriftlich jedenfalls ist er nirgendwo fixiert. Aber es lässt sich durchaus auf Denkmodelle zurückschließen, die für getroffene Entscheidungen und ergriffene Maßnahmen hinsichtlich der gesellschaftlichen Präsenz von Kirche ausschlaggebend sein dürften. Viel spricht dafür, dass folgendes Denkmodell in weiten Teilen jedenfalls der katholischen Kirche in der Vergangenheit maßgeblich war und dies bis heute ist: Die Gesellschaft ist ein Spiel von Kräften, repräsentiert durch die unterschiedlichen Interessengruppen, die jeweils ihre Anliegen durchsetzen müssen. Will man darum ein relevanter Faktor in der Gesellschaft sein, muss man sich unweigerlich an diesem Spiel beteiligen und seine eigenen Interessen mehr oder weniger geschickt einzubringen bestrebt sein. Je größer die Anzahl von Menschen ist, die man dabei vertritt, und je einheitlicher die Interessen vertreten werden können, desto größer ist die Chance, sie durchsetzen zu können. Dieses politisch-soziologische Argument erweist sich zusätzlich als theologisch tragfähig, weil die Kirche von der doppelten göttlichen Offenbarung in Bibel und Naturrecht her darum weiß, wie die wahre Ordnung einer Gesellschaft beschaffen ist, und sie als „Mutter und Lehrmeisterin" dazu berufen ist, dies den Menschen und Völkern kundzutun und sich dafür einzusetzen, dass die Gesellschaft gemäß dieser Ordnung gestaltet wird. Pragmatisch heißt das: Nachdem die Ära definitiv vorbei ist, in der das Christentum als maßgeblicher Faktor des gesellschaftlichen Lebens wirken konnte, muss man sich auf die mit dem weltanschaulichen und politischen Pluralismus gegebenen Bedingungen des Konkurrierens und des Koalierens einlassen, um dabei so gut und so weit wie möglich die gesellschaftliche Ordnung ihrer wahren Gestalt anzunähern.

Als höchst problematisch erscheint dieses Denkmodell in einer zweifachen Hinsicht: Politisch-soziologisch gesehen ist es nicht wirklich pluralitätsfähig, sondern bestenfalls toleranzfähig in dem Sinne, dass man zwar davon überzeugt ist, die Wahrheit zu kennen, aber davon absieht, sie mit allen Mitteln durchzusetzen. Man ist also bereit, Irrtümer zu dulden, aber arbeitet konsequent darauf hin, dass die eigentliche Wahrheit so überzeugend zur Geltung gebracht wird, dass sich die Irrtümer allmählich von selbst erledigen. Genau diese dualistische Scheidung zwischen Wahrheit und Irrtum ist jedoch in hohem Maße ideologisch und – latent jedenfalls – gewaltförmig. Wie bereits an anderer Stelle ausgeführt[6], ist die Pluralisierung der Gesellschaft mit einem individuellen und kollektiven Freiheitsgewinn verbunden, hinter den nicht zurückgefallen werden darf. Von theologischer Seite her kann dieses nur bekräftigt werden. Zwar ist dem skizzierten Denkmodell darin zuzustimmen, wie es die soziale und politische Dimension des Glaubens ernst nimmt. Aber die Vorstellung einer von Gott vorgegebenen wahren Gesellschaftsordnung lässt sich nicht mit der biblischen Schöpfungs- und Geschichtsauffassung in Einklang bringen; ist diese doch dynamisch ausgerichtet und lässt sie somit die Frage einer angemessenen gesellschaftlichen Ordnung in hohem Maße kontextabhängig werden. Weder das zuerst noch das zusätzlich berufene Volk Gottes, also weder Israel noch die Kirche stehen außerhalb dieses soziohistorischen Prozesses, sondern sind in ihn verstrickt und an den konfliktiven Suchbewegungen nach der jeweiligen Ausgestaltung eines menschenwürdigen Zusammenlebens beteiligt. Als Heuristik dient dabei dem Volk Gottes die Erinnerung und Vergegenwärtigung seiner in der bisherigen Geschichte gemachten Erfahrungen und deren In-Bezug-Setzen zu den aktuellen „Zeichen der Zeit".[7]

Als modellhaft für das Bemühen einer solchen Kommunikation des Evangeliums im Kontext gegenwärtiger gesellschaftlicher Problemlagen und Herausforderungen kann der sog. „konziliare Prozess" gewürdigt werden, der darum im Folgenden näher vorgestellt werden soll.

4.2 „Konziliarer Prozess" zur Kriterienfindung für kirchliche Partizipation an gesellschaftlicher Praxis

Mit dem Stichwort „konziliarer Prozess" (vgl. 392) verbindet sich zunächst ein Ereignis aus der ökumenischen Zeitgeschichte: die auf D. Bonhoeffer und M. Metzger zurückgehende und von ihnen im Angesicht des Grauens der nationalsozialistischen Diktatur vorgeschlagene Idee eines die gesamte Christenheit repräsentierenden und für sie verbindlich sprechenden „Friedenskonzils" und deren Wiederaufnahme im Zusammenhang mit der sog. „Nachrüstungsdiskussion" zu Beginn der achtziger Jahre des vergangenen Jahrhunderts, die in eine vom Ökumenischen Rat der Kirchen 1983/84 inaugurierte „ökumenische Weltkonvokation" umgesetzt wurde. Diese sollte in Form eines in allen Kirchen auf allen Ebenen in Gang gesetzten Bewusstseins- und Meinungsbildungsprozesses zu der Frage der Verantwortung der Christen und Christinnen sowie ihrer Gemeinden und Kirchen angesichts der immensen Gefährdungen der Menschheit und Welt durch sich ständig steigernde Rüstungseskalation, zunehmende Spaltung in Arme und Reiche sowie rücksichtslose Ausbeutung der natürlich Ressourcen durchgeführt werden. Dieser – wie er genannt wurde – „konziliare Prozess für Gerechtigkeit, Frieden und Bewahrung der Schöpfung" mündete in verschiedene Zusammenkünfte auf nationaler, kontinentaler und globaler Ebene, auf denen die im Prozess gefundenen Überzeugungen in Formen von Selbstverpflichtungen der Christenheit in öffentlich verkündeten Dokumenten und Deklarationen zusammengefasst wurden. Seinen vorläufigen Abschluss hat der Prozess 1990 auf der Weltversammlung in Seoul gefunden. Der Sache nach geht er jedoch weiter – nicht zuletzt weil die Sache, um die es geht, weiterhin zur vordringlichen Tagesordnung der Christenheit sowie der Menschheit insgesamt zählt.

Es kann hier nicht darum gehen, ein weiteres Mal den Ablauf dieses „konziliaren Prozesses" nachzuzeichnen (vgl. 405). Vielmehr wird im Zusammenhang der Überlegungen dieses Kapitels, in dem es um die Problematik des Engagements von Kirche in den verschiedenen gesellschaftlichen Bereichen geht, deswegen auf ihn zurückgegriffen, weil er ein Modell hergibt für einen breit (im Kirchenvolk und darüber hinaus) angelegten Bewusstseinsbildungs- und Entscheidungsfindungsprozess darüber, wo und in welcher Weise eine Kommunikation des Evangeliums in der heutigen gesellschaftlichen Praxis anzusetzen und zu erfolgen hat. Zwei Aspekte lassen sich dabei besonders hervorheben: zum einen der konziliare Prozess als Weg innerkirchlicher und somit auch theologischer Wahrheitsfindung; zum anderen die Optionen bzw. Verpflichtungen, zu denen der konziliare Prozess hat finden lassen und die gültige Maßstäbe für verantwortliches christliches und kirchliches Handeln in der Gegenwart sind, hinter die nicht mehr zurückgefallen werden darf.

4.2.1 Der konziliare Prozess als Modell kommunialer Wahrheitsfindung

Im Vergleich zu der ursprünglichen Idee eines gesamtökumenischen Konzils erschien der dann in Gang gesetzte konziliare Prozess wie eine erhebliche Abschwächung (vgl. zum Folgenden 387, bes. 12 f.). Ist doch von alters her das Konzil die Instanz in der Kirche, in der ihr Konsens in zentralen dogmatischen und ethischen Fragen festgelegt wird. Eine solche Verbindlichkeit lasse sich im Rahmen eines Prozesses nicht erreichen, war – nicht zu Unrecht – die Befürchtung vieler, die auf die Einberufung eines Konzils gehofft hatten. Doch mehr und mehr wurden die Vorzüge erkannt, die für den konziliaren Prozess sprechen ließen und lassen. Erweckt ein Konzil doch den Anschein, es könne als autoritative Instanz eine Wahrheit im Konsens definitiv festlegen und darüber hinaus der ganzen Welt als auch für sie verbindlich verkünden. Faktisch dokumentiert jedoch die Konziliengeschichte, wie schwer, wenn nicht unmöglich es war, selbst zu zentralen Fragen in den eigenen Reihen einen Konsens zu finden, und dass darum nicht selten über die Köpfe von Dissidenten hinweg Entscheidungen durchgesetzt und zur Wirkung gebracht wurden, die nicht zuletzt auch im Interesse der weltlichen Macht lagen.

Konziliarität meint demgegenüber „das Zusammenkommen von Christen – örtlich, regional oder weltweit – zu gemeinsamem Gebet, zu Beratung und Entscheidung in dem Glauben, dass der heilige Geist solche Zusammenkunft für seine eigenen Zwecke der Versöhnung, Erneuerung und Umgestaltung der Kirche benutzen kann, indem er sie zur Fülle der Wahrheit und der Liebe führt."[8] Als Konstitutiva für eine solche prozesshaft sich ereignende Konziliarität hat P. Cornehl folgende vier Merkmale herausgearbeitet (vgl. 370):

1. Wahrheitsbezug: Es geht um einen geistlichen Prozess gemeinsamer Wahrheitsfindung. Das Evangelium und nicht aus unterschiedlichen Interessen gespeiste menschliche Interessen sind seine maßgebliche Leitlinie. Was das Evangelium uns heute zu sagen und zu tun aufgibt und welche „Irrlehren und -praktiken" von diesem Evangelium her ein für allemal ausgeschlossen sind, gilt es also herauszufinden, konkret also die Unterscheidung zwischen dem alleinigen Gott des Lebens und den todbringenden Götzen der Gegenwart zu betreiben. Dabei bleibt der Prozess offen für die Zukunft einer möglicherweise größeren Einsicht in die Wahrheit, für den damit einhergehenden größeren Konsens im Zeugnis.

2. Partizipation: Konziliar wird der Prozess in dem Maße, wie es gelingt, an der Konsensfindung der Wahrheit möglichst viele auf allen Ebenen des kirchlichen Lebens zu beteiligen und dabei auch die Grenzen der Einzelkirchen und Konfessionen zu überschreiten. Alle sind mit ihren Einsichten und Fähigkeiten gefragt, nicht nur die „selbsternannten Experten".

3. Entscheidung: Dialog bedeutet nicht, verschiedene Positionen einfach nebeneinander stehen zu lassen. Sondern wo es um die Wahrheitsfrage geht, muss auch im Verlauf des gemeinsamen Dialogs zumindest gesagt werden können, welche Standpunkte mit dem Evangelium unvereinbar sind. P. Cornehl schreibt dazu: „Wie Kommunikation und Entscheidung in konkret anstehenden Beratungen so zueinander in Be-

ziehung gesetzt werden können, dass sie sich nicht gegenseitig paralysieren, ist ein schwieriges Problem. Gerade bei Fragen von Leben und Tod, die das Bekennen des Glaubens herausfordern und die Gewissensüberzeugung tangieren, ist darauf zu achten, dass im Verständnis und in der Praxis der Konziliarität das Interesse an eindeutigen Ergebnissen nicht die kommunikative Komponente zurückdrängt und die Anstrengung schwächt, im Streit um die Wahrheit immer wieder nach dem Recht der Position des Konfliktpartners zu fragen" (ebd., 592).

4. Rezeption: Folgt man der klassischen Konzilstheologie, bedeutet die Nichtrezeption eines Konzils unter den Gläubigen zwar nicht, dass die von ihm getroffenen Entscheidungen falsch und ungültig sind; sie vermögen faktisch jedoch nichts auszurichten. So gilt: „Erst die Rezeptionsgeschichte entscheidet über die Wahrheit eines Konzils" (E. Lange). Umso mehr gilt dies von einem konziliaren Prozess, der auf ständige Impulse und kritische Rezeptionen konstitutiv angewiesen ist, der sich gerade in ständigen Austausch- und Auseinandersetzungsprozessen vollzieht.

Zusammenfassend realisiert der konziliare Prozess ein Verständnis von Kirche als Lerngemeinschaft statt als Lehrmeisterin (vgl. 232) und von Kirchwerdung als einem gemeinsamen Prozess der Erneuerung bzw. der Umkehr zu dem Bund, den Gott in Jesus Christus mit der Kirche als Zeichen und Werkzeug der Einheit der ganzen Menschheit geschlossen hat und der in originärem Zusammenhang mit seinem Bund mit dem Volk Israel steht. Angesichts der Pluralität und der Ungleichzeitigkeit in den faktisch gegebenen Kirchen versteht es sich von selbst, dass ein solcher gemeinsamer Lernprozess alles andere als ein problem- und konfliktloses Unterfangen ist. Er gewinnt seine Zuversicht von der der Kirche durch Christus verheißenen und durch seinen Geist zustande zu bringenden Einheit.

Darüber hinaus bringt der konziliare Prozess die Engagierten mit Menschen zusammen, die sich ähnlich energisch – wenngleich aus einem anderen motivationalen Hintergrund heraus – für ein gerechteres, friedlicheres und nachträglicheres Zusammenleben-Können in der Welt einsetzen. Christen und Christinnen können hier sehr konkret erfahren, was es heißt, dass das Wirken des Geistes Gottes nicht an den Grenzen der Kirchen Halt macht; zugleich müssen sie sich selbstkritisch eingestehen, dass der Christenheit zwar die Einladung und Mahnung zur Umkehr vertraut ist, sie aber keineswegs unbedingt die erste war und ist, wenn es darum geht, sie praktisch zu vollziehen.

4.2.2 Christliche Optionen angesichts der Überlebensfragen der Menschheit

Mit Nachdruck hat der konziliare Prozess darauf insistiert und insistiert er darauf, dass es Christen und Christinnen sowie ihren Gemeinden und Kirchen nicht gleichgültig sein kann, wenn in Politik, Wirtschaft, Wissenschaft etc. Entwicklungen die Oberhand gewinnen, die letztendlich selbstdestruktiv wirken, d.h. auf eine Vernichtung der Menschheit und des Globus hinauslaufen. Ausbeutung der Ressourcen, Zerstörung der Erdatmosphäre, zunehmende Ungerechtigkeit, eskalierende Gewalt, Weiterentwicklung der militärischen Todestechnologie u. a. m. sind nur Stichworte für die Ausmaße des Schreckens und Grauens, die der Welt derzeit vor Augen stehen und gegen die bislang trotz verschiedener Gegenaktivitäten sowohl auf internationaler politischer Ebene (vor allem die UN-Konferenzen) als auch durch Formierung von Alternativbewegungen an der „Basis" keine wirksame Abhilfe in Aussicht steht.

Nüchtern muss konstatiert werden, dass es auch innerhalb der Kirchen bislang nur begrenzt gelungen ist, ihre Mitglieder für die Tagesordnung der Welt so wach zu rütteln, dass sie sie sich wirklich zu eigen machen; immerhin haben sich beispielsweise der Kampagne „Erlassjahr 2000. Entwicklung braucht Entschuldung" in Deutschland fast 2000 Mitträgerorganisationen vorwiegend aus dem kirchlichen Raum angeschlossen.[9] Dass es jedoch äußerst schwierig ist und bleibt, diese Anliegen der Schaffung von Gerechtigkeit und Frieden sowie der Bewahrung der Schöpfung in der Breite der kirchlichen Öffentlichkeit Fuß fassen zu lassen, davon wissen viele auf diesem Gebiet aktive Gruppen und Bewegungen leidvoll zu berichten. Dass dieses keine Einzelerfahrungen sind, hat eine empirische Studie zu christlichen Dritte-Welt-Gruppen ergeben (vgl. 400): Obwohl sie sich mehrheitlich im Kontext von örtlichen Kirchengemeinden engagieren, bleibt ihnen in der Regel der Zugang zum gemeindlichen Binnenmilieu verschlossen; vielfach fristen sie ein mehr oder weniger geduldetes Randdasein in ihren Gemeinden. Dieser Befund – das sei noch vermerkt – erscheint umso gravierender, wenn man ihn in Beziehung setzt zu der über ihre Einzelaktivitäten hinausgehenden Bedeutung, die die Studie den Gruppen beimisst: „Die christlichen Dritte-Welt-Gruppen lassen sich heute als wichtige 'Laboratorien' begreifen, in denen unterschiedliche Modelle der Verschränkung von Glauben und gesellschaftlichem Handeln praktiziert, erprobt und weiterentwickelt werden. Von besonderer Bedeutung für die Zukunft dürfte ein Glaubensstil sein, der auf individuell-biographischer Entscheidung beruht, Glauben und Alltagsleben bzw. Glauben und Politik zu integrieren sucht und in christlich inspiriertem Gruppenengagement seinen Ausdruck und sein Stützsystem findet. Die pastorale Praxis kann deshalb wichtige Impulse aus der Arbeit und den Erfahrungen der Dritte-Welt-Gruppen gewinnen" (ebd., 420f.; vgl. 376).

Fragt man nach den Gründen der in den Kirchen verbreiteten Lethargie, so lässt sich neben dem Hinweis auf die Tatsache, dass sich darin eine allgemeine gesellschaftliche Bewusstseinslage widerspiegelt, als zusätzlicher spezifischer Faktor anführen: Es ist wohl immer noch auch in den Reihen der Christen und Christinnen die Mehrzahl, die ihren Glauben als Privatsache betrachtet und ihn aus dem Bereich des Sozialen sowie Politischen strikt herauszuhalten bestrebt ist. Und wenn ein Zusammenhang des Glaubens mit der sozialen bzw. politischen Dimension zugestanden wird, dann wird dieser als konsekutiv und nicht als konstitutiv eingeschätzt; d. h. dass sie mit dem „Eigentlichen" (Proprium) des Glaubens nichts zu tun hat.

Genau dem widerspricht der konziliare Prozess diametral; liegt ihm doch die Überzeugung zugrunde, dass die aktuellen Überlebensprobleme der Menschheit nicht nur die ethische Verantwortung von Christen und Christinnen tangieren, sondern zutiefst die Glaubwürdigkeit des Glaubens aufs Spiel setzen: Wie lässt es sich vereinbaren, einen Schöpfer-Gott zu bekennen und der Zerstörung seiner Schöpfung tatenlos zuzusehen bzw. an ihr mitzuwirken? Wie lässt es sich vereinbaren, den Versöhner Jesus Christus zu bekennen und nichts dagegen zu tun, dass Menschen sich weiterhin die Köpfe einschlagen? Wie kann der Heilige Geist als Lebensspender bekannt werden, solange dem zerstörerischen und vernichtenden Ungeist in der Welt nicht das Ruder aus der Hand genommen wird?

Vor diesem Hintergrund wird der Status der Optionen deutlich, auf die man sich im konziliaren Prozess verständigt hat. Es sind einerseits sozialethische Verpflichtungen, was insofern wichtig ist, dass sie auch allgemein – und nicht nur für eine ideologisch fixierte Gruppe – nachvollziehbar sind, weil für sie plausible Argumente angeführt werden können und angeführt werden. Andererseits dürfen Christen und Christinnen, indem sie sich auf diese Verpflichtungen einlassen, darin ein praktisches Zeugnis ihres Glaubens erblicken. Mit dem Begriff „Optionen" ist in diesem Zusammenhang zum Ausdruck gebracht, dass eine solche Praxis nicht den Glauben in seiner Ganzheit umfasst, sondern dass es um Prioritätensetzungen (Handeln) geht, die sich aus einer Analyse (Sehen) der Bedrängnisse, mit denen die Menschen – sei es global, sei es in einer bestimmten Situation – am härtesten konfrontiert sind, einerseits und aus deren Einschätzung (Urteilen) im Geiste des Evangeliums andererseits ergeben (vgl. 384).

Auch wenn sie in der Praxis alles andere als eingelöst sind, so besteht zwischen den Kirchen ein weitgehender Konsens über die folgenden drei – als für ihr Denken und Handeln angesichts der Herausforderungen der Gegenwart maßgeblichen – Optionen, wobei diese Optionen nochmals eng miteinander zusammenhängen:

1. Die Option für die Armen. Sie ist vom Evangelium her die grundlegende.[10] Denn der Gott der Bibel hat sich als Gott aller Menschen offenbart, der vorzugsweise und im wahrsten Sinne des Wortes leidenschaftlich auf der Seite der Armen und Bedrängten steht, ja in Jesus Christus sich mit ihnen identifiziert hat und mit ihnen für ein Leben-Können in Gerechtigkeit kämpft. Der Glaube an diesen Gott des Lebens bewahrheitet sich darum im tätigen Einsatz gegen alles, was Menschen aufgrund von Ungerechtigkeit und Unterdrückung um ihre Lebensmöglichkeiten beschneidet bzw. diese ihnen verwehrt, so dass sie sterben müssen. Darum sind es die Armen und ihr Kampf ums Überleben, die den Nicht-Armen den Weg des Glaubens weisen, wie ihn Jesus mit ihnen gegangen ist (vgl. LG 8,3). Damit ist ein Zweifaches verbunden: Zum einen geht es um eine bestimmte Weise, die gesellschaftliche Wirklichkeit sowohl im unmittelbaren Kontext als auch in ihren globalen sozioökonomischen Verflechtungen wahrzunehmen und zu begreifen, und zwar nicht länger – wie es vorwiegend geschieht – „von oben her", also aus der Perspektive der Privilegierten, sondern „von unten her", aus der Perspektive derer, die auf der Schattenseite des Erdballs zu existieren gezwungen sind, vom Standpunkt der Notleidenden, Unterprivilegierten und Entrechteten aus. Es geht dabei um strukturelle Analysen, in denen sozialwissenschaftliche und theologische Perspektiven miteinander verschränkt sind. Das kann angemessen nur gemeinsam mit den Betroffenen geschehen. Und damit kommt unmittelbar das zweite Moment ins Spiel, neben dem epistemologischen das handlungsbezogene: Es geht um die Solidarität mit den Armen und ihrem Kampf für Gerechtigkeit und Partizipation, darum, dass der himmelschreiende Skandal der Gleichzeitigkeit von Wohlstand und

Luxus einer Minderheit und Armut und Elend einer Mehrheit der Weltbevölkerung nicht andauert.

Dabei ist nüchtern zu sehen, dass diese Trennlinie mitten durch die Christenheit hindurchgeht. Was dazu der Synodenbeschluss „Unsere Hoffnung" vor mittlerweile dreißig Jahren der eigenen Kirche ins Gewissen zu reden versucht hat, hat an Aktualität nicht verloren: „Eine kirchliche Gemeinschaft in der Nachfolge Jesu hat es hinzunehmen, wenn sie von den 'Klugen und Mächtigen' (1 Kor 1, 19–31) verachtet wird. Aber sie kann es sich – um dieser Nachfolge willen – nicht leisten, von den 'Armen und Kleinen' verachtet zu werden, von denen, die 'keinen Menschen haben' (vgl. Joh 5,7). Sie sind nämlich die Privilegierten bei Jesus, sie müssen auch die Privilegierten in seiner Kirche sein … Deshalb sind in unserer Kirche gerade alle jene Initiativen zur Nachfolge von größter Bedeutung, die der Gefahr begegnen, dass wir in unserem soziale Gefälle eine verbürgerlichte Religion werden, die das reale Leid der Armut und Not, des gesellschaftlichen Scheiterns und der sozialen Ächtung viel zu fremd geworden ist, ja, die diesem Leid selbst nur mit der Brille und den Maßstäben einer Wohlstandsgesellschaft begegnet. Wir werden schließlich unsere intellektuellen Bezweifler eher überstehen als die sprachlosen Zweifel der Armen und Kleinen und ihre Erinnerungen an das Versagen der Kirche. Und wie sollten wir schließlich mit dem Ansehen einer reichen Kirche überhaupt glaubwürdig und wirksam jenen Widerstand vertreten können, den die Botschaft Jesu unserer Wohlstandsgesellschaft entgegensetzt?" (12, 105).[11]

2. Option für Gewaltfreiheit. Gewalt, d.h. dass ein Mensch oder eine Gruppe von Menschen auf einen anderen Menschen oder eine Gruppe von Menschen mit psychischen und/oder physisch-körperlichen Mitteln dermaßen Druck ausübt, dass dieser oder diese gegen den eigenen Willen zum Objekt der Bedürfnisse oder Interessen jenes oder jener wird, ist alltäglich, angefangen in ihrer direkten Form bis hin zu strukturellen Ausmaßen. War für nicht wenige Zeitgenossen ein Ereignis der jüngeren Zeit, nämlich der Zusammenbruch der diktatorischen Staatssysteme in Osteuropa und damit das Ende des sog. „Kalten Krieges", mit der Hoffnung verbunden, dass damit auch ein Rückgang der Gewalteskalation einhergehe, so ist erschreckend zu konstatieren, dass eher das Gegenteil eingetreten ist: Die Brutalität hat weltweit drastisch zugenommen; Gewalt wird mit Gegengewalt beantwortet. Das Prinzip, dass die eigenen Interessen mit allen Mitteln durchzusetzen sind, wird von Kindesbeinen an als unabänderliches Gesetz des Überlebens internalisiert: Nur wer die eigenen Ellbogen gebraucht, kommt durch – ohne Rücksicht auf Verluste, lautet die Devise. Dabei wird nicht einmal mehr verschleiert oder beschönigt, wenn danach verfahren wird. Die Medien steuern das ihre zur Eingewöhnung in die Gewalt und zu ihrer Verherrlichung bei.

Dabei ist theoretisch und praktisch klar, dass solche rücksichtslos ausgeübte Gewalt letztlich nicht nur das Opfer, sondern auch den Täter destruiert. Eines der Lehrbücher, in denen dieses eindrucksvoll studiert werden kann, ist die Bibel (vgl. zum Folgenden 17, bes. 12–33). Mutet sie doch zu, die Welt so – d.h. ungeschminkt, illusionslos – wahrzunehmen, wie sie ist: Gewalt durchzieht die ganze menschliche Geschichte, von ihren Anfängen an, und wirkt sich bis in die Strukturen des inner- und zwischengesellschaftlichen Zusammenlebens hinein aus, so dass ihr niemand entrinnen kann. Selbst das Heiligste, der Name Gottes, muss dafür herhalten, für Gewalttätigkeiten in Anspruch genommen zu werden und sie zu legitimieren (vgl. dazu sehr prägnant 484). Allerdings ist das nur die eine Seite der biblischen Sichtweise des Menschen und seiner Welt. Die andere heißt: Die uferlose Gewalt muss nicht das letzte Wort über den Menschen haben. Der Zwang, sich sozialdarwinistisch zu verhalten, gehört nicht zu seinem Erbgut. Als Geschöpf Gottes ist der Mensch, als seine Geschöpfe sind die Menschen vielmehr befähigt, sich zur Gewalt zu verhalten und sie zu bändigen. Es gibt keinen Zwang, Gewalt mit gleicher oder gar gesteigerter Gewalt zu beantworten. Es bedarf allerdings des Mutes und der Phantasie, um aus dem Kreislauf der Gewalt auszusteigen. Auch dazu gibt die Bibel Beispiele und Vorbilder an die Hand – bis hin schließlich zum Leben und Tun des keineswegs konfliktscheuen, sehr wohl aber konsequent gewaltlos agierenden Jesus von Nazaret, durch dessen Auferweckung trotz seines vordergründigen Scheiterns in einem gewaltsam erlittenen Tod schließlich Gottes unbedingter Friedens- und Versöhnungswille manifest geworden ist. Nachfolge, sowohl individuell als auch kollektiv, bedeutet dann, sich als Werkzeug für diese Versöhnung und diesen Frieden Gottes in Gebrauch nehmen zu lassen – eine, wie aufgezeigt, für Christsein und Kirchesein gerade heute höchst brisante Herausforderung.[12]

    3. *Option für Nachhaltigkeit bzw. für die Bewahrung der Schöpfung.* Wo und wenn Ungerechtigkeit und Gewalt ausgeübt werden, sind nicht nur Menschen betroffen. Die gesamte – belebte und unbelebte – Umwelt ist darin einbezogen, ja bekommt sie sogar nicht selten umso ungezügelter zu spüren, weil sie sich nicht lauthals dagegen wehren kann. Was die Menschen mittlerweile mit ihrer Umwelt angestellt haben, bekommen sie allerdings seit einiger Zeit gewissermaßen rückwirkend drastisch zu spüren: Waldsterben, Wasserknappheit, Klimakatastrophen u.v.m. sind längst keine Stichwörter für ein virtuelles Horrorszenario mehr, sondern Gegebenheiten, die teilweise schon irreparabel geworden sind. Dass zu einem ausbeuterischen Umgang mit den natürlichen Ressourcen eine problematische Auslegung des am Anfang der Bibel stehenden Auftrags an den Menschen, sich die Erde untertan zu machen (Gen 1,28), beigetragen hat, ist kaum zu bestreiten. Umso entschiedener sehen sich nicht zuletzt deswegen Christen und Christinnen veranlasst, sich für einen nachhaltigen, d.h. bewahrenden Umgang mit der den Menschen anvertrauten Schöpfung einzusetzen. So lautet etwa die dritte Konkretion des auf der ökumenischen Weltversammlung für Gerechtigkeit, Frieden und Bewahrung der Schöpfung in Seoul 1990 von den beteiligten Vertretern und Vertreterinnen aus allen Kirchen eingegangenen Bundesschlusses:

    Wir schließen einen Bund
„für die Entwicklung einer Kultur, die in Harmonie mit der ganzen Schöpfung lebt,
für die Erhaltung der Erdatmosphäre und damit für die Überlebensfähigkeit der Welt,
für die Bekämpfung der Ursachen der gefährlichen Veränderungen der Atmosphäre,
die das Klima der Erde grundsätzlich zu verändern drohen und viel Leiden mit sich
bringen werden:
    Wir versprechen feierlich, uns einzusetzen und unsere Kirchen zu veranlassen, sich
ebenfalls einzusetzen

1. für die gemeinsame Suche nach Möglichkeiten, wie wir in Harmonie mit der Schöpfung Gottes leben können,
2. für gemeinsame weltweite, lokale und persönliche Bemühungen um den Schutz und die Erhaltung der Erdatmosphäre,
3. für einen weltweiten Widerstand gegen die Ursachen der Schädigung der Erdatmosphäre und für die Bekämpfung ihrer Folgen.
4. Wir rufen die Kirchen auf, die unerlässliche Umkehr aus einem Denken zu fördern, das den unbegrenzten Energieverbrauch und das unbegrenzte wirtschaftliche Wachstum stützt.
5. Wir verpflichten uns persönlich, die Verwirklichung dieser Ziele zu fördern und zu erleichtern."[13]

4.3 Praktische Theologie und christliche Sozialethik

Zu den Ausführungen des letzten Abschnitts könnte der Einwand erhoben werden, sie würden sich doch wohl mit Blick auf die theologische Disziplineneinteilung nicht mehr im Feld der Praktischen Theologie bewegen, sondern in dem der christlichen Gesellschafts- bzw. Sozialethik. Das ist durchaus richtig. Und es soll auch gar nicht der Sinn einer Arbeitsteilung in einem solch komplexen Feld wie dem der theologischen Wissenschaft bestritten werden. Verhängnisvoll wird es nur, wenn man meint, dass das in der Theorie und für sie Richtige auch direkt auf die Praxis übertragen werden müsse. Denn dann kommt es leicht zu jenem verhängnisvoll Dualismus, der auseinander reißt, was unbedingt zusammengehört: Pastorales Handeln, so lautet dann die Devise, habe es mit Überzeitlichem zu tun und sei aufs Jenseits ausgerichtet, sozialethisches Handeln sei demgegenüber mit dem Diesseits befasst und erstrecke sich auf zeitliche Angelegenheiten; bei jenem gehe es um das Heil und handele es sich entsprechend um Heilsdienst im Unterschied zu diesem, das um das Wohl der Menschen besorgt sei und von daher als Weltdienst zu charakterisieren sei; das pastorale Handeln stehe in unmittelbarer Verantwortung des kirchlichen Amtes, weswegen es dafür auch zumindest eines ausdrücklichen Auftrages, angemessener noch einer Weihe bedürfe, während sozialethisches Engagement in der Verpflichtung und Eigenverantwortung jedes Christen und jeder Christin liege. Es spricht einiges dafür, dass in solchen Trennungsbemühungen gewissermaßen archetypisch verwurzelte Ängste zutage treten, nach denen der Unreinheit schuldig wird, wer Sakrales mit Profanem vermischt. Aber sicher spielt auch die Befürchtung eine Rolle, es käme unweigerlich zu massiven Konflikten und möglicherweise Spaltungen, wenn man die Pastoral auf aktuelle gesellschaftliche und politische Probleme beziehe.

Demgegenüber ist daran zu erinnern, dass die Kirche von ihrer Sendung her, wie sie vom letzten Konzil klar umrissen worden ist, nicht nur Religions-, sondern auch und vorrangig Pastoralgemeinschaft ist.[14] Sie ist kein Selbstzweck; sondern sie hat im gleichen Maße, wie sie Gott dient, den Menschen zu dienen, und zwar den konkreten Menschen in ihrer jeweiligen Situation, mit ihrer – um nochmals die Pastoralkonstitution zu zitieren „Freude und Hoffnung, Trauer und Angst" (GS 1). Auch in ihrem pastoralen Handeln kommt somit die Kirche unweigerlich mit den aktuellen gesellschaftlichen Problemlagen und mit dem politischen Streit darüber in Berührung. Im übrigen gilt: Selbst eine Pastoral, die sich bewusst unpolitisch wähnt, ist in hohem Maße politisch – und zwar dann zumeist in Form einer faktischen Liaison mit den herrschenden Kräften.

Deswegen kann auch eine Reflexion über kirchlich-pastorales Handeln nicht von dieser „Vermengung" von Pastoral und Politik absehen, sondern muss dieses grundlegend in ihrer Theoriebildung mitberücksichtigen. Grenzüberschritte zwischen praktischer Theologie und Sozialethik sind um der Sache willen erforderlich. Dass das bis heute viel zu wenig geschieht, hat nicht nur – wie angedeutet – in der Praxis zu verheerenden Fehlentwicklungen geführt, sondern zeitigt auch in der Theorie erhebliche Reduktionen und Ausblendungen. Es genügt nämlich nicht, nur vollmundig von der Verantwortung der Kirche in den verschiedenen gesellschaftlichen Bereichen zu sprechen; sondern diese muss auch begründet werden können. Nur so kann auch gesichert werden, dass im gesamten kirchlichen Handeln so etwas wie eine optionale Grundausrichtung gewahrt bleibt und nicht das Handeln in einem Bereich völlig gegensätzlich zu dem in einem anderen Bereich ausfällt – mit dem Effekt, dass sich dann kirchliches Handeln selbst paralysieren würde (vgl. ausführlicher 388)[15].

Mit Blick auf die Praktische Theologie, wolle sie angemessen die öffentlich-kirchliche Praxis in der reflexiven Moderne reflektieren, stellen sich nach J. Könemann zwei Aufgaben: „Erstens hat die Theologie die Vermittelbarkeit individueller religiöser Erfahrung in die öffentliche Kommunikation hinein zu reflektieren: 'Welche Deutungsmöglichkeiten eröffnet die christliche Tradition, um den heutigen religiösen Erfahrungen die Chance der Entprivatisierung zu geben?' Und zweitens hat die Praktische Theologie zu klären, wie kirchliche Praxis im Bereich der Zivilgesellschaft sich gestalten könnte und wie durch sie die Grundmotive der christlichen Botschaft in den Deutungshorizont der Zivilgesellschaft eingeschrieben werden können: 'Aufgabe einer theologischen Theorie kirchlichen Handelns wird es sodann, die Botschaft vom unbedingten Heilswillen Gottes in Christus im Kontext einer pluralen, diskursiven Öffentlichkeit zu reflektieren.'" (57, 390 unter Bezugnahme auf K. Gabriel).

Theologisch und pastoral-praktisch steht die katholische Kirche in diesem Zusammenhang vor dem Testfall – und zwar sowohl „nach innen" als auch „nach außen", wie ernst sie es wirklich mit der auf dem Zweiten Vatikanischen Konzil deklarierten Religionsfreiheit meint (vgl. 105 unter Verweis auf 5).

4.4 Tätige Verantwortung der Kirche in verschiedenen gesellschaftlichen Bereichen

Im folgenden Abschnitt sollen aus der Fülle pastoral bedeutsamen Engagements der Kirche in gesellschaftlichen Bereichen, wie sie zu Beginn dieses Kapitels aufgelistet worden sind, einige exemplarisch herausgegriffen und dargestellt werden. An ihnen sollen die Möglichkeiten, aber auch die Grenzen der Kommunikation des Evangeliums unter den heutigen gesellschaftlichen Bedingungen aufgezeigt werden. Besonders ausführlich geschieht dies für den Bereich der Caritas bzw. Diakonie; einiges, was in diesem ersten Abschnitt ausgeführt wird, gilt analog auch für die anderen Bereiche (Bildung, Medien, Ästhetik) und braucht darum dort nicht wiederholt zu werden.

Eine Bemerkung noch vorweg: Nimmt man in diesem Zusammenhang die Rede von der Kommunikation des Evangeliums ernst[16], kann es dabei nicht um eine Einbahnkommunikation gehen in dem Sinne, dass die Kirche es wäre, die maßgeblich den Prozess steuern würde. Es sind umgekehrt die teilweise der Kirche fremden Handlungsfelder, die nicht unerheblich auf ihr Denken und Tun zurückwirken und es mitprägen, die sie sogar möglicherweise Aspekte des Evangeliums neu entdecken lassen, die sie vorher noch nicht wahrgenommen hat. Insofern handelt es sich bei allen Tätigkeitsbereichen, die im Folgenden exemplarisch zur Sprache kommen, jeweils um einen wechselseitigen Dialogprozess. Es geht dabei vorrangig nicht um die Kirche und ihren Einfluss, sondern um das Evangelium – und damit um die betroffenen Menschen (vgl. 394).

4.4.1 Caritas bzw. Diakonie zwischen Kirche und Sozialstaat

Dass Caritas bzw. Diakonie zu den Grundfunktionen von Kirche zählt, d.h. dass der Dienst an dem, der je zum Nächsten wird (vgl. das Gleichnis vom barmherzigen Samariter, Lk 10, 25–37), konstitutiv zum Kirchewerden und –sein dazugehört, ist bereits ausgeführt worden.[17] Nüchtern ist allerdings festzustellen, dass diese Bedeutung im landläufigen kirchlichen Bewusstsein nicht unbedingt so nachvollzogen wird: Zwar wird der soziale Einsatz für wichtig gehalten; aber im Vergleich zu den als zentraler angesehenen Vollzügen Verkündigung und Liturgie rangiert die Caritas als etwas, was aus dem „Proprium" folgt, also nicht einen konstitutiven Bestandteil dessen ausmacht. Das hat mehrere Gründe, die hier nur genannt und nicht weiter ausgeführt werden können.[18] Es fängt schon damit an, dass in frühkirchlicher Zeit die ursprünglich von den Gemeinden wahrgenommene Verantwortung für das caritative Tun auf gemeindefernere Institutionen verlagert wurde und sich im Zuge damit eine Aufgaben- bzw. Ämterteilung etablierte, die dem priesterlichen Dienst aufgrund seiner direkten Nähe zur Eucharistie einen höheren Stellenwert beimessen ließ. Beachtliches caritatives Engagement lässt sich in der Kirche durch ihre gesamte Geschichte hindurch verfolgen; aber es fand, metaphorisch gesprochen, in der Regel eher an ihren Rändern statt, initiiert und getragen von für die Problemlagen ihrer Zeit sensiblen Einzelnen und Bewegungen, und nicht so sehr in ihrer Mitte. Diese Tendenz zu einer „Zweitstruktur" der Caritas bzw. Diakonie neben der Pastoral wurde verstärkt durch die Einrichtung eines eigenen Vereinswesens für die Caritas am Ende des 19. bzw. zu Beginn des 20. Jahrhunderts sowie durch die vor allem in Deutschland und Österreich nach dem Zweiten Weltkrieg einsetzende starke Professionalisierung der in der Caritas arbeitenden hauptberuflichen Kräfte, als sie als einer der gesellschaftlich relevanten Wohlfahrtsverbände (für die evangelische Kirche in Deutschland das Diakonische Werk) entspre-

chend dem Subsidiaritätsprinzip von der Politik mit der Wahrnehmung sozialstaat-
licher Aufgaben – vom Gesundheitswesen über Kinder- und Jugendhilfe bis hin zum
Beratungssektor – übertragen wurden. Welchen trotz seiner Größenordnung margina-
len Stellenwert dieser gesamte caritative und diakonische Bereich im kirchlichen Bewusstsein inne hatte und hat, dokumentiert sich deutlich darin, dass er von wenigen
Ausnahmen abgesehen in der theologischen Reflexion völlig unterbelichtet geblieben
ist und auch die Praktische Theologie sich erst seit nicht allzu langer Zeit dieses Ver-
säumnisses klar geworden ist und der „Caritaswissenschaft" bzw. der „Diakonik als
„Theorie diakonischen Handelns" die Beachtung zukommen lässt, die sie in der kirchlichen Praxis faktisch seit langem hat.[19]

Zugespitzt lässt sich sagen, dass von ihrem diakonischen Einsatz[20] es entscheidend
abhängig ist, ob die Kirche zur „Pastoralgemeinschaft" wird oder bloße „Religionsgemeinschaft" bleibt. Eng damit verbunden erweist sich zugleich dieses Handeln im
großenteils nicht eigenen und darum vielfach der Kirche fremden Terrain als besonderer Testfall für ihre Gleichzeitigkeit mit den epochalen gesellschaftlichen Entwicklungen. Diese beiden Aspekte seien im Folgenden noch ein wenig weiter ausgeführt.

4.4.1.1 Kirche für andere – grundlegende theologische Aspekte

„Die Kirche ist nur Kirche, wenn sie für andere da ist" (434, 415). Prägnanter als mit
dieser gern zitierten Formel D. Bonhoeffers lässt sich kaum das Wozu kirchlicher
Existenz umreißen. Nicht die Kirche darf somit Maßgabe ihres eigenen Tuns sein. Sondern sie hat – so drückte Bonhoeffer es aus (vgl. ebd., 414) – an nichts anderem Maß zu
nehmen als an dem radikalen „Für-andere-Dasein" Jesu Christi. Er verwies damit auf
das einhellige Zeugnis der neutestamentlichen Schriften, nämlich dass der Messias
nicht als Herrscher über die Menschen aufgetreten ist, sondern als ihr „Diakon" (Lk
22,26), der sich leidenschaftlich für die Lebensmöglichkeiten der anderen, vorzugsweise der an den Rand Gedrängten einsetzte und dabei selbstlos sein Leben riskierte.
In diesem seinen Sohn hat sich – entsprechend diesem Glauben – Gott selbst entäu-
ßert, hat er um der Menschen willen Knechtsgestalt angenommen (Phil 2,5–11) und offenbart, wie unermesslich seine Menschenfreundlichkeit (Tit 3,4) ist. Die Kirche ist
demnach zu nichts anderem berufen, als in der Nachfolge Jesu Christi diese Diakonie
Gottes unter den Menschen zur zeichenhaften Darstellung zu bringen. Ohne diese tri-
nitarische und christologische Fundierung greift eine ekklesiologische Begründung
und Verortung der Caritas bzw. Diakonie zu kurz. Für die Kirche ergibt sich daraus: Sie
ist berufen, die in Jesu Christus offenbar gewordene Diakonie Gottes für die Menschen zeichenhaft darzustellen – und zwar in ihrem unbedingten Einsatz für das Sub-
jektsein- und -werden-Können aller, besonders der Armen und Bedrängten („Option
für die Armen"). Dies beginnt mit der Weise des Umgangs in den eigenen Reihen und
reicht hin bis zu der Bereitschaft, die Nächsten derer zu werden, die sonst verloren
wären (vgl. Lk 10,25–37). Bei alldem gilt, dass die Kirche ihrerseits auf die für sie nicht
verfügbare Diakonie Gottes verwiesen ist und bleibt.

Dem tragen, wie bereits an Abschnitten aus den beiden zentralen Konstitutionen, der Kirchen- und der Pastoralkonstitution, aufgezeigt (bes. LG 1 und 8; GS 1–3), die Beschlüsse des letzten Konzils eindrucksvoll Rechnung. Am ausdrücklichsten wird im Dekret über das Laienapostolat auf Grund und Umfang des caritativen Tuns eingegangen: Die Kirche und die Christen haben, so heißt es darin, den Auftrag, das von Christus empfangene Band der Liebe Gottes allen Menschen weiterzureichen und ihm in ihrem caritativen Tun zeichenhaften Ausdruck zu geben. Denn, so wird zur Begründung angeführt, „das größte Gebot im Gesetz ist, Gott aus ganzem Herzen zu lieben und seinen Nächsten wie sich selbst (vgl. Mt 22,37–40). Dieses Gebot der Nächstenliebe machte Christus zu seinem charakteristischen Gebot und gab ihm eine neue, reichere Bedeutung: Er selbst wollte gleichsam derselbe Gegenstand der Liebe sein wie die Brüder … (Mt 25,40). Er selbst hat ja, als er die menschliche Natur annahm, die ganze Menschheit in einer übernatürlichen Solidarität zu einer Familie zusammengefasst und an sich gebunden, und er hat die Liebe zum Zeichen seiner Jünger bestimmt … (Jo 13,35)“ (AA 8). In vielen nachkonziliaren Dokumenten sind diese Impulse aufgegriffen und weitergeführt worden.[21]

Der Stellenwert der Caritas bzw. der Diakonie kann somit nicht hoch genug eingeschätzt werden: Diakonisch-Werden und Kirche-Werden sind zwei Seiten desselben Vorgangs und bedingen sich gegenseitig. Wo im selbstlosen Tun für Andere Gottes Liebe bezeugt und mitgeteilt wird, dort entsteht Gemeinde Jesu Christi (439, 20ff.). Für das Verhältnis der aufgeführten kirchlichen Grundfunktionen untereinander sowie für die Bestimmung ihrer Trägerschaft ergibt sich daraus:

Zum einen sei nochmals unterstrichen, dass die vier Grundvollzüge – Martyría, Liturgía, Koinonía, Diakonía (Zeugnis, Gottesdienst, Gemeinschaft, Nächstenliebe) – nicht lediglich additiv nebeneinander gestellt begriffen werden dürfen, sondern sie in ihrer gegenseitigen Durchdringung und wechselseitigen Ergänzung wahrzunehmen sind: „Die Diakonie der Gemeinde vollzieht das ganze Heil, das auch als ganzes zu bezeugen, zu feiern und zu leben ist, die Verkündigung (Martyria) hat das ganze Heil zum Inhalt und gibt so schon immer der Diakonie ihren Horizont und ihre Aufgabe vor, eben dieses ganze Heil ist Thema der gemeindlichen Feier (Leiturgia)“ (153, 14).[22]

Zum anderen erinnert diese Bestimmung daran, dass zuerst und bleibend die ganze Kirche und ihre Gemeinden Trägerinnen ihrer Grundvollzüge sind. Das schließt nicht aus, dass für die einzelnen Bereiche verschiedene Verantwortlichkeiten ausdifferenziert werden. Diese ergeben sich nach Paulus aus den allen Getauften auf verschiedene Weise geschenkten Geistbegabungen (Charismen). Aus dem Erwerb der für die jeweiligen Tätigkeiten erforderlichen Kompetenzen lassen sich jedoch keine Vormachts- oder Ausschließlichkeitsansprüche ableiten. Vielmehr ist auch hier die Diakonie als kritisches Prinzip in Anschlag zu bringen; die verschiedenen Dienste haben zur Auferbauung der einzelnen Gemeinde ebenso wie der gesamten Kirche beizutragen (vgl. 1 Kor 14, 12) (vgl. 398).

Die neuere politische Theologie und konkreter noch die Theologie der Befreiung haben einen weiteren Aspekt caritativen bzw. diakonischen Handelns verstärkt auch in seiner theologischen Bedeutung zu Bewusstsein kommen lassen, nämlich dass bei aller

Not-wendigkeit zu individueller Hilfeleistung der Kontext, in dem sie erfolgt, nicht ausgeblendet werden darf. Wozu es leicht kommt, wenn das geschieht, hatten Untersuchungen ergeben, die die gesellschaftlichen und wirtschaftlichen Verflechtungen der caritativen bzw. diakonischen Arbeit in Deutschland nachgegangen und dabei zu der Feststellung gekommen waren, sie ließe mit ihrem individuellen Ansatz die strukturellen Gegebenheiten unangetastet und bewirke so – gewollt oder ungewollt – deren Stabilisierung; strukturell verursachte Not würde damit nur an ihren Symptomen kuriert, nicht aber an ihren Wurzeln bekämpft (vgl. 371).

Zum caritativen bzw. diakonischen Handeln gehört also unabdingbar „das offene Wort christlicher Gesellschaftskritik" hinzu, so wie es K. Barth mit Nachdruck angemahnt hat: „Ihre besondere Aufgabe, den Bedürftigen in der Ganzheit ihrer menschlichen Existenz Lebenshilfe zu leisten, kann auf die Länge nicht in Angriff genommen werden, ohne dass die Gemeinde dessen gewahr werden und auch sein muss, dass die Not des einzelnen nicht *nur*, aber *auch* und weithin entscheidend in bestimmten Unordnungen des *ganzen* menschlichen Zusammenlebens begründet ist, dass ihr Hilfswerk in bestimmten Punkten in den gesellschaftlichen, wirtschaftlichen, politischen Zuständen an seine Grenzen stoßen und versagen muss. Die Gemeinde darf sich die Augen davor nicht verschließen und darf sich ihrer Mitverantwortlichkeit dafür nicht entziehen. Gehört sie etwa nicht auch zu der menschlichen Gesellschaft, in der es zu jenen Unordnungen kam?" (429, 1023).

Ein Kurzschluss wäre es, die individuell-personale und die strukturell-politische Dimension gegeneinander ausspielen zu wollen. Beide sind in ihrer grundsätzlichen gegenseitigen Korrespondenz zu begreifen und praktisch umzusetzen. Das heißt: So sehr persönliche Probleme durch die Gesellschaftsstrukturen mit bedingt sind und entsprechend auf ihre Überwindung hinzuarbeiten ist, so darf die betroffene Einzelperson nicht vernachlässigt werden, und umgekehrt (148, bes. 68). Sozialkritische Diakonie, so betont Moltmann zutreffend, ohne konkrete Bewährung in der individuellen Begegnung und Zuwendung pervertiere zur „lieblosen Utopie, die nur fordert und anklagt". Umgekehrt werde ohne politische Diakonie die individuelle Caritas zur „ideenlosen Liebe, die nur kompensiert und wiedergutmacht". Also komme es in der caritativen Praxis darauf an, „die Liebe auf die Hoffnung und das Reich Gottes auf die konkrete Not zu beziehen. Ohne die Reich-Gottes-Hoffnung verliert die Diakonie ihre christliche Bestimmung und wird in Praxis und Theorie zu einem Teil der sozialstaatlichen Dienstleistungen. Mit der Reich-Gottes-Hoffnung muss aber die Diakonie christlich werden und über soziale Kompensation hinaus zu Ansätzen und Experimenten der Erneuerung der menschlichen Gemeinschaft führen" (398, 20). Beides bleibt also festzuhalten: Einerseits bedarf die individuelle Caritas der Erweiterung um die politische Dimension und muss praktisch die erforderliche Transformation von Not und Leid bedingenden Strukturen praktisch angemahnt und praktisch auch vonseiten der Kirchen mitangegangen werden; andererseits bildet die individuelle Caritas, ohne damit irgendwelche Abstriche an der Dringlichkeit des strukturellen Veränderns machen zu wollen, eine kritische Instanz gegenüber der politischen Diakonie, insofern sie daran erinnert, dass es bei aller Not-wendigkeit des Verändern-Wollens Situationen gibt, in denen nichts anderes getan werden kann, als im Dabeisein das Leid von anderen auszuhalten oder Ratlosigkeit und Verzweiflung zu teilen.

4.4.1.2 Zur Praxis der Diakonie unter sozialstaatlichen Bedingungen und angesichts globaler Herausforderungen

„Das caritative Tun kann und muss heute alle Menschen und Nöte umfassen. Wo immer Menschen leben, denen es an Speise und Trank, an Kleidung, Wohnung, Medikamenten, Arbeit, Unterweisung, notwendigen Mitteln zu einem menschenwürdigen Leben fehlt, wo Menschen von Drangsal und Krankheit gequält werden, Verbannung und Haft erdulden müssen, muss die christliche Hilfe sie suchen und finden, alle Sorgen für sie aufwenden, um sie zu trösten und mit tätiger Hilfe ihr Los erleichtern … Zuerst muss man den Forderungen der Gerechtigkeit Genüge tun, und man darf nicht als Liebesgabe anbieten, was schon aus Gerechtigkeit geschuldet ist. Man muss die Ursachen der Übel beseitigen, nicht nur die Wirkungen. Die Hilfeleistung sollte so geordnet sein, dass sich die Empfänger, allmählich von äußeren Abhängigkeiten befreit, auf die Dauer selbst helfen können" (AA 8). So umschreibt der bereits zitierte Absatz aus dem Dekret über das Laienapostolat die sich aus den dargelegten theologischen Überlegungen ergebenden praktischen Folgerungen. Wie sich das im hiesigen Kontext realisiert, welche Probleme sich dabei stellen und welche Perspektiven sich abzeichnen, soll wenigstens in aller Kürze dargestellt und erörtert werden.

1. Caritas und Sozialstaat
Wie bereits erwähnt, sind in Deutschland (ähnlich wie in Österreich) die (katholische) Caritas und (evangelische) Diakonie als die beiden verbandlich bzw. vereinsmäßig organisierten kirchlichen Hilfseinrichtungen eng mit dem Sozialstaat (vgl. 508) verflochten und als Teile der freien Wohlfahrtspflege neben anderen Verbänden subsidiär für ihn tätig. Damit sind die Kirchen in fast allen Bereichen sowie auf den verschiedenen Ebenen des sozialen Sektors präsent, und zwar angefangen mit festen Einrichtungen (Krankenhäuser, Kindergärten, Behindertenheime etc.) über ein breites Netz von „ambulanten" Angeboten (etwa im Beratungssektor) bis hin zu aktuellen Not- und Katastrophenhilfen. Der Deutsche Caritasverband verfügt z. B. über 2600 Einrichtungen mit rund 1,2 Millionen Plätzen; bei ihm sind über 470 000 hauptamtliche Mitarbeiter und Mitarbeiterinnen beschäftigt (Stand 1999). Damit ist er der größte Verband innerhalb der freien Wohlfahrtspflege und kann entsprechend auf die legislativen und exekutiven Ebenen des Staates Einfluss nehmen. Umgekehrt sind aber die kirchlichen Einrichtungen damit im hohen Maße von der öffentlichen Finanzierung (vor allem durch die Sozialversicherungsverbände, zu einem geringeren Anteil auch durch den Staat) und von der staatlichen Gesetzgebung (etwa hinsichtlich der darin in Anschlag gebrachten Wirtschaftlichkeitskriterien oder der geforderten professionellen Qualität) abhängig. Die Voraussetzungen der Caritasarbeit werden also einerseits durch den Sozialstaat vorgegeben; andererseits trägt die Caritas aber auch Mitverantwortung für diesen Sozialstaat und seine Ausgestaltung.

Die mit dieser sozialstaatlichen Integration verbundenen Vor- und Nachteile werden unterschiedlich beurteilt; ihre Zuspitzung erfährt dabei die Kontroverse in der Frage nach der Identität bzw. dem „Proprium" der kirchlichen Caritas (vgl. 414).

Ein Haupteinwand lautet, dass es aufgrund der steuernden und planenden Eingriffe des Staates unmöglich geworden sei, ein eigenes Profil noch zur Geltung zu bringen, dass die Kirchen somit faktisch zu Agenturen staatlicher Sozialarbeit geworden seien. Ergänzt wird er um den bereits erwähnten Einwand, dass ein beträchtlicher Teil der Beschäftigten in den kirchlichen Einrichtungen bestenfalls noch der Kirche distanziert gegenüberstehe. Abgesehen davon, dass durch Selektion des Personals wohl eine formale Kirchlichkeit erreicht werden kann, damit aber für die entsprechende Qualität der betroffenen Institution nicht unbedingt viel gewonnen ist, muss berücksichtigt werden, dass unter den gegebenen Umständen nun einmal nicht allein die Kirchen, sondern auch der Staat Bezugspunkte der kirchlich-sozialen Arbeit sind und beider Anliegen Rechnung zu tragen ist; bei all dem ist das Wohl der betroffenen Menschen ausschlaggebend.

Gerade daran entzündet sich aber ein weiterer Einwand, nämlich die Anfrage, ob die enge Einbindung der Caritas in den Sozialstaat ihr nicht die Möglichkeit nehme, wirklich konsequent ihre Anwaltsfunktion für die Armen und Benachteiligten („Option für die Armen") wahrzunehmen; sei sie doch um der eigenen Bestandserhaltung willen immer wieder zu Kompromissen mit der herrschenden Sozialpolitik genötigt. Demgegenüber wird aber auch auf die Chancen verwiesen, die damit gegeben sind, dass der Sozialstaat den Kirchen ganz wesentlich dazu verhilft, einer ihrer Grundfunktionen nachzukommen und also Kirche zu sein. Gleichzeitig hätten die Kirchen damit die Möglichkeit und den Auftrag, sich zum Anwalt des Sozialstaatsgebotes zu machen und sich mit Nachdruck allen Bestrebungen, es auszuhöhlen, zu widersetzen. Die kirchlichen Wohlfahrtsverbände haben gemeinsam mit den anderen Verbänden in den letzten Jahren zu diesem Punkt eine immer entschiedenere Position eingenommen und haben auch einen konfliktiven Kurs der Politik gegenüber nicht gescheut. Immerhin wissen diese Verbände am besten, wogegen sie dabei angehen; bekommen sie – und zwar sowohl ihre Klienten als auch ihr Personal – doch die Folgen der aktuellen Umsteuerungen des Sozialstaates am drastischsten zu spüren. Dass die Caritas und die Diakonie dabei allerdings nur selten Rückhalt selbst in den eigenen kirchlichen Reihen gefunden haben und finden, trägt nicht zur Stärkung ihrer Position in der gesellschaftlichen Öffentlichkeit bei.

Wenn es vorrangig um die Menschen geht, die in irgendeiner Form auf Unterstützung angewiesen sind, verbietet sich für die Kirchen die Lösung, auf die zunehmenden Restriktionen der sozialstaatlichen Rahmenbedingungen mit einem völligen Rückzug aus diesem gesellschaftlichen Bereich zu reagieren. Es kann und dürfte sich in manchen Fällen durchaus nahe legen, mittlerweile von anderen Trägern genau so gut zu unterhaltende Einrichtungen ihnen zu übertragen. Damit würde man kirchlicherseits möglicherweise flexibler, für jene Problembereiche wachsam zu sein und in ihnen modellhaft tätig zu werden, in denen noch keine institutionellen Vorkehrungen von Seiten anderer gesellschaftlicher Kräfte getroffen worden sind oder die bewusst vernachlässigt werden. Ein nicht zu billigendes Kriterium für das kirchliche Engagement im sozialen Sektor wäre es jedenfalls, würde es nur dort erfolgen, wo die sozialstaatliche Refinanzierung gewährleistet ist. Ohne eine verstärkte Solidaritätsbereitschaft[23] des gesamten Kirchenvolkes wird man in Zukunft wohl kaum auskommen.

2. Caritas und Gemeinde

Wie angedeutet, hat die infolge ihrer Expansion immer stärkere Ausdifferenzierung der Diakonie bzw. Caritas zur „kirchlichen Zweitstruktur" zu einer weitgehenden Parallelisierung von Caritas und Pastoral geführt, die sich dahingehend auswirkt, dass vor allem das im engeren Sinne als „pastoral" verstandene kirchliche Handeln sich von seiner diakonischen Verantwortung „entlastet" fühlt. Caritaseinrichtungen und Pfarrgemeinden leben und wirken nicht nur nebeneinander her, sondern nehmen sich erst gar nicht gegenseitig wahr.

Ein Einhalten dieser verhängnisvollen Entwicklung durch eine stärkere Einbindung der Caritasarbeit in die Pfarrgemeinden zu bewirken, ist jedoch nur bedingt eine Lösung. Denn es ist keineswegs so, dass die kirchlichen Gemeinden als solche jene lebensweltlichen „Soziotope" (H. Steinkamp) darstellen, wie es teilweise von ihnen erhofft wird. Vielmehr ist auch die Gemeindepastoral weithin einer Entwicklung zu zunehmender Organisierung und Bürokratisierung unterworfen, die sie von der Lebenswelt der Betroffenen ähnlich entfremdet, wie es vielfach für die organisierte Caritas beklagt wird. Es soll damit nicht abgestritten werden, dass die Ebene der örtlichen Kirchengemeinde strukturell günstige Voraussetzungen für das caritative Wirken der Kirche bietet; aber sie müssen vielfach erst bewusst gemacht werden und bedingen auch Veränderungen der traditionellen, auf Verkündigung und sakramentale Praxis eng geführten Pfarreiarbeit (vgl. 373; 382; 386; 389; 390; 406; 412; 413):

(a) Das Parochialmodell bringt grundsätzlich den Vorteil mit sich, dass das kirchliche Handeln an konkrete Orte verwiesen ist und es mit den dort antreffbaren Lebensbedingungen der Menschen unmittelbar zu tun bekommt. Damit wird es auch „basisnah" mit neuen Hilfsbedürftigkeitslagen in der Gesellschaft konfrontiert. Auf der Ebene der Ortsgemeinde kann es zu unmittelbaren Konfrontationen damit kommen, in welchem Ausmaß es Notlagen materieller und seelischer Art auch in einer Wohlstandsgesellschaft gibt.

(b) In den Gemeinden ist in der Regel ein beachtliches Potential an Bereitschaft vorhanden, in bestimmten caritativen Aufgabenbereichen ehrenamtlich tätig zu werden. Bei allem Einsatz von hauptamtlichen Fachkräften lebt die Caritas wesentlich davon, dass dieses „Diakonentum aller Gläubigen" (J. Moltmann) zum Zuge kommt. Nicht zuletzt so könnten die Gemeinden „einen nicht zu unterschätzenden Beitrag zur Gestaltung einer pro-sozialen Gegenkultur in einer von Individualismus und persönlichem Gewinnstreben geprägten Gesellschaft leisten" (415, 221).

(c) Hinter den seit einiger Zeit erhobenen Forderungen nach mehr „Gemeindenähe" („Gemeinde" hier nicht bloß im kirchlichen Sinne gemeint) verbirgt sich ein wachsendes Bewusstsein für ein nicht unbeträchtliches Defizit einer nur noch professionell gegebenen Hilfe, nämlich das Fehlen von sozialen Beziehungsnetzen, in denen die Betroffenen aufgefangen werden und es lernen, sich verstärkt wieder selbst zu helfen (vgl. 408). Doch es wird zu Recht auch hervorgehoben, dass das Postulat einer stärkeren Verbindung von Caritas und Gemeinde keineswegs beinhaltet, alle caritative Arbeit nunmehr an die Ebene der örtlichen Kirchengemeinde zurückzubinden. Aus der prinzipiellen Zusammengehörigkeit von Koinonia und Diakonia ergibt sich nach J. Moltmann (vgl. 398, bes. 33 ff.) eine zweifache Konsequenz: Neben einer stärkeren „Diakonisierung der Gemeinde" geht es zugleich um eine „Gemeindewerdung der Diakonie". Das bedeutet also auch umgekehrt, dass die caritativen Wirkungsfelder ihrerseits als genuine Orte der Gemeindebildung zu begreifen sind. Kann doch dort für alle Beteiligten in besonderer Weise erfahrbar werden, was Gemeinde als „Koinonia" heißt: eine „Gemeinschaft der in Christus Angenommenen und Annehmenden (vgl. Röm 15,7) …, in der Schwache und Starke, Gesunde und Kranke, Nichtbehinderte und Behinderte miteinander leben und sich gegenseitig mit der Gabe dienen, die sie empfangen haben (vgl. 1 Petr 4,10)" (412, 121 f.).

3. Diakonie in weltkirchlich-ökumenischer Solidarität

Schon lange kann das diakonische Wirken der Kirche nicht mehr an den Grenzen eines Landes aufhören; es ist mit Herausforderungen von globalen Ausmaßen konfrontiert, angesichts derer sich die herkömmlichen Hilfsmaßnahmen als unzureichend erweisen. Mit seiner Enzyklika „Populorum progressio" (1967) gab Papst Paul VI. einen entscheidenden Impuls für die inner- und außerkirchliche Bewusstseinsbildung. Ihn griff 20 Jahre später Papst Johannes Paul II. in „Sollicitudo rei socialis" wieder auf und aktualisierte ihn. Dabei sah er sich von der Feststellung auszugehen genötigt, dass sich die Lebenssituation der Menschen insbesondere in der südlichen Hemisphäre nicht nur nicht verbessert, sondern dramatisch verschlechtert hat: Die Kluft zwischen Armen und Reichen in der internationalen Gesellschaft wird beständig größer.

Praktisch haben die Kirchen relativ früh mit der Einrichtung von eigenen Hilfswerken auf diese Situation zu reagieren versucht. Die Gründung von „Misereor" (katholische Kirche) und „Brot für die Welt" (evangelische Kirche) im Jahre 1958/59 geschahen weit vor ihrer Zeit, d. h. dem landläufigen zeitgenössischen Bewusstsein voraus, und stellten einen prophetischen Akt dar. Dabei haben zusätzlich die Struktur und Ausrichtung auch dieser Hilfswerke eine beachtliche Entwicklung erfahren: Auch wenn das Bemühen um Spendenaufkommen, mit denen Entwicklungsprojekte in der sog. „Dritten Welt" finanziert werden können, als Ziel bestehen geblieben ist, ist das anfängliche Appellieren an Mitleid mehr und mehr abgelöst worden durch das Bemühen, das eigene Verstricktsein in die internationalen Abhängigkeitsverhältnisse bewusst werden zu lassen und daraus Konsequenzen sowohl für den eigenen Lebensstil als auch für den öffentlichen Bereich (Politik, Wirtschaft etc.) zu ziehen. An die Stelle der anfänglichen „Patenschaft" ist die zwischenkirchliche „Partnerschaft" getreten, wie sie konkret von verschiedenen Gruppen und Gemeinden über Grenzen hinweg im gegenseitigen Austausch praktiziert wird. Mit ihren Initiativen und Kampagnen (z. B. konziliarer Prozess, Entschuldungskampagne, Weltsozialforum etc.) verbünden sich die kirchlich engagierten Gruppen und Bewegungen mit anderen gesellschaftlichen Kräften und tragen so zu einer Globalisierung der Solidarität bei, die sich dem Betreiben einer einseitig ökonomisch vorangetriebenen Globalisierung entgegensetzt, einen großen Teil der Menschheit einfach als überflüssig abschreiben und ausgrenzen zu wollen.

4. Umgang mit Fremden als Ernstfall

Ein besonders dringliches, aber auch bis in die kirchlichen Gemeinden hinein umstrittenes Bewährungsfeld für partnerschaftliches Verhalten stellt der Umgang mit aus fremden Ländern und Kulturen gekommenen Menschen in einer Gesellschaft dar, sei es dass sie als Arbeitskräfte angeworben worden sind, sei es, dass sie aufgrund von (Bürger-)Krieg, Verfolgung, Folter, wirtschaftlicher Not o. ä. ihre Heimat verlassen haben und darauf angewiesen sind, anderswo Asyl oder zumindest vorübergehende Zufluchtsmöglichkeit zu erhalten. Nie zuvor hat es so viele von Migration betroffene Menschen gegeben wie im vergangenen und in diesem Jahrhundert; allein die Zahl der Flüchtlinge wird auf 200 Millionen geschätzt. Die Ursachen sind sehr vielfältig und reichen von politischer Unterdrückung und Menschenrechtsverletzungen, rassischen, ethnischen und religiösen Spannungen im eigenen Land bis hin zu den Folgen des weltweit wachsenden Reichtum-Armut-Gefälles. Das vielfach harte Schicksal der Betroffenen wird vergrößert, wenn sie in den für sie fremden Ländern erleben müssen, dass sie nicht erwünscht sind oder gar als „Sündenböcke" für dort ungelöste Probleme herhalten müssen. In teilweise vorbildlicher Weise sind u. a. auch kirchliche Hilfseinrichtungen in diesem Problembereich engagiert, angefangen von der unmittelbaren caritativen Zuwendung über längerfristige (materielle, rechtliche, seelsorgerliche) Betreuung und Begleitung bis hin zur parteilichen Fürsprache und Bewusstseinsbildung im politischen Raum.

In verschiedenen Erklärungen haben sich die Kirchen in offenen Widerspruch zur herrschenden Politik (z. B. Verschärfung des Ausländer- und Asylrechts) zugunsten von die Menschenwürde aller achtenden politischen, rechtlichen und sozialen Regelungen gestellt und auf eine entschiedenere Bekämpfung der strukturellen Ursachen der Migrationsproblematik gedrungen (vgl. 20).

Seinen Hintergrund hat das im Bewusstsein und in der Praxis einer besonderen Verpflichtung der Kirchen und Christen den Fremden gegenüber, wie sie bereits in der Tora eindrucksvoll geregelt waren und wie sie im Umgang Jesu mit den Fremden ihr Vorbild hat – ohne damit abstreiten zu wollen, dass es auch massive Praktiken der Ausgrenzung gegeben hat (vgl. 387a, 286–288). Nüchtern ist davon auszugehen, dass auch heute die unter den Kirchenangehörigen antreffbaren Einstellungen Fremden gegenüber alles andere als einheitlich sind. Die Furcht vor der Andersartigkeit des Fremden und der damit verbundenen Infragestellung der eigenen Identität ist auch innerhalb der Kirchen weit verbreitet. Insofern heben sich das Bewusstsein und die Praxis der Kirchengemeinden vielfach kaum von ihrer Umgebung ab. Dass die Caritas nicht nur für die Bedürftigen in den eigenen Reihen tätig ist, sondern sich auch für die Besserstellung der Fremden engagiert, findet keineswegs ungeteilte Zustimmung. Gleichwohl ist unübersehbar, dass auch innerhalb der Kirchen – wenn auch, wie erwähnt, eher an ihren Rändern – die Zahl der Gruppen und Gemeinden wächst, die in einer solidari-

schen Praxis mit den Fremden ihre besondere Aufgabe sehen und sich in der sich zu-
spitzenden politischen und gesellschaftlichen Auseinandersetzung als deren Anwälte
einsetzen – bis hin zu konfliktträchtigen zeichenhaften Aktionen wie die von der
„sanctuary-movement" in den USA inspirierten Wiederbelebung des jahrhundertelang
anerkannten und noch im bis 1983 gültigen CIC (1917–cc. 1160. 1179) fixierten Rechts
auf „Kirchenasyl" (vgl. 385).

In solcher praktisch gelebten „Option für die Anderen" kommt glaubwürdig der
Glaube an jenen Gott zur Darstellung, der in seinem Offenbarer selbst in die Fremde
ging und uns in den Fremden begegnet. Diese Option zielt sowohl auf eine Kirche als
auch auf ein gesellschaftliches Zusammenleben insgesamt, in dem das Fremde und die
Fremden nicht länger ängstlich ausgegrenzt, sondern als Andere akzeptiert und anerkannt werden – auch und gerade in ihrer Andersartigkeit und nicht nur als potentielle
Bereicherung für die eigene Identität.

5. Miteinander-Teilen und Einander-Befreien

Die genannten Perspektiven bahnen insgesamt ein folgenreiches Neuverständnis
von Caritas und Diakonie an. Werden diese doch traditionellerweise von dem Begriff
des „Helfens" her verstanden, womit die Vorstellung einer Zuwendung von Helfenden
zu Hilfsbedürftigen einhergeht (Assistentialismus). Unberücksichtigt bleibt dabei die
Erfahrung, dass gerade die Helfenden es sind, die häufig bekunden, dass nicht zuletzt
für sie selbst solche Begegnungen zur wirklichen Hilfe geworden sind.

Das Bewusstsein für diese interaktive Dimension der Caritas – sowohl in interperso-
neller als auch in struktureller Hinsicht – hat jedoch zugenommen. Zu wesentlichen
Anstößen dazu ist es aufgrund der Analysen zur „Krise des Helfens" gekommen, also
in der Auseinandersetzung mit Thesen, dass Hilfe nichts anderes sei als entweder psychische Selbstausbeutung oder kaschierte Herrschaft oder dysfunktionale Gegenselek-
tion (vgl. 407 u. 410). Aber auch konkrete Erfahrungen aus der Praxis von Selbsthilfegruppen oder politischer Solidaritätsarbeit haben zur Klärung beigetragen: Hilfe im
Sinne einer einseitigen Unterstützung hält in Abhängigkeit, während der wechselsei-
tige Prozess des Einander-Gebens-und-Nehmens dazu führt, dass die Beteiligten sich
gegenseitig als Subjekte anerkennen und so frei werden lassen. Damit rücken die
(inter-)personalen Momente der Begegnung des wechselseitigen Für-einander-Eintre-
tens in den Vordergrund. Geld und andere materiellen Hilfen werden zu Mitteln dafür,
können sie jedoch nicht ersetzen wollen.

Nicht zuletzt kommt im Miteinander-Teilen und Einander-Befreien auch besonders
zeichenhaft die theologische Dimension der Caritas zum Ausdruck: Verweisen diese
Vollzüge doch auf den letzten Grund solchen Tuns – auf Gott selbst, der in der Diako-
nie seines Mensch gewordenen Wortes die geistgewirkte Gemeinschaft des Lebens und
Teilens miteinander und mit allen eröffnet und sie so von ihren Götzen der tödlichen
Selbstsucht befreit.

4.4.2 „Suchet der Stadt Bestes" (Jer 29,7)

Die Aufforderung, sich für das Wohl der Stadt einzusetzen, hat der Prophet Jeremia bemerkenswerterweise an die in das babylonische Exil verbannten Israeliten gerichtet.[24] Der Spruch ist deswegen bemerkenswert, weil ja ein anderes Verhalten nahe liegend wäre: angefangen beim Sich-als-Volksgruppe-Abkapseln um der Erhaltung der eigenen Identität willen bis hin zu rachsüchtigen subversiven Zerstörungsaktionen, um die Eroberer zu verunsichern. Jeremia rät genau zum Gegenteil: Sorgt mit dafür, dass es der ganzen Stadt – und dem ganzen Land – gut geht; nicht zuletzt profitiert ihr davon!

Im Zusammenhang der neueren Diskussion über die Stadtpastoral[25] wird gern dieser Jeremia-Spruch zitiert. Das hängt sicherlich damit zusammen, dass die Kirchen, obwohl das Christentum gewissermaßen als Stadtreligion entstanden ist, Mühe haben, mit der urbanen Entwicklung im Zuge des Modernisierungsprozesses zurecht zu kommen; in den so entstandenen, komplex strukturierten städtischen Ballungsräumen fühlen sie sich eher fremd als heimisch. Das ist deswegen folgenreich, weil die (Groß-)Städte die Kulminationspunkte aktuellster gesellschaftlicher Entwicklungstrends darstellen. Städte sind im ständigen Wandel begriffen – angefangen bei dem sich permanent erneuernden Outfit ihrer Zentren und zentralen Anlagen bis hin zur Neugestaltung etwa nicht mehr im Betrieb befindlicher Industrieanlagen. Sie sind Orte, in denen um des reibungslosen Funktionierens willen nichts mehr dem natur- oder sozialwüchsigen Zufall überlassen bleiben kann, sondern alles rational durchkonzipiert und --konstruiert werden muss – angefangen von der Organisation des Verkehrssystems über die Vorgaben für die Bebauung und die erforderliche Infrastruktur bis hin zur „künstlichen" Anlage und geplanten Wartung der sog. „natürlichen" Zonen (Flussläufe, Grünanlagen etc.); zugleich sind sie damit besonders störanfällig.

Nicht zuletzt manifestiert sich in den Städten besonders deutlich der religiöse Wandel der Gesellschaft: Hier erreicht auf der einen Seite der Entkirchlichungsprozess sein höchstes Niveau; hier bekommt man auf der anderen Seite unmittelbar mit, wie bunt der Markt der Religionen und esoterischen Weltanschauungen inzwischen geworden ist. Dass so etwas das herkömmliche kirchliche Denken und Handeln zutiefst irritiert, kann kaum verwundern. Ein Punkt erweist sich dabei als besonders gravierend: Bis heute ist in den Kirchen und ihren Gemeinden eine Mentalität tonangebend, die auf dauerhaftes und regelmäßiges Dabeisein setzt; demgegenüber ist für weite Teile urbanen Verhaltens eher eine Passanten-und Instantmentalität kennzeichnend (vgl. 203; 204). Das sich das nur schwer miteinander verträgt, liegt auf der Hand.

Doch es sind auch interessante und verheißungsvolle Neuaufbrüche in der kirchlichen Landschaft zu verzeichnen.[26] Das beginnt mit der Suche nach neuen Präsenzformen der Kirche in der Stadt (sog. „Citykirche und Citypastoral") und reicht bis hin zur Einrichtung von Suppenküchen oder der zeitweiligen Umwidmung kirchlicher Räume zum „Kirchenasyl". Die Akzente werden dabei unterschiedlich gesetzt: Sucht man hier etwa intensiv nach neuen ästhetischen Formen für die Glaubensverkündigung und den Gottesdienst und experimentiert mit ihnen, stellt man sich dort etwa schwerpunktmäßig den Gegebenheiten alter sowie neuer Armut bis hin zu den sozialen Outcasts, wie sie insbesondere in den Großstädten dramatische Ausmaße annehmen. Die so zustande kommende „Mischung" ist deswegen gut, weil sie dazu beiträgt, dass die Kirche nicht nur um eine neue Sichtbarkeit auf der glänzenden Seite der Städte bemüht ist, sondern sich auch in ihre schmuddeligen Ecken hineinbegibt. Die Frage ist nur, ob sie dabei die faktische soziale Spaltung, wie sie in den Städten existiert, ihrerseits wiederholt oder ob sie mit ihrem Engagement bemüht ist, zu deren Überwindung beizutragen.[27]

In diesem Zusammenhang tritt ein Manko in den Bemühungen kirchlichen Engagements im urbanen Kontext zu Tage: Es gibt viele gute Einzelinitiativen; aber es fehlt ein Gesamtkonzept, mit dem es erst gelänge, die verschiedenen vereinzelten Aktivitäten sinnvoll aufeinander zu beziehen und untereinander zu vernetzen. Mit einem solchen Gesamtkonzept ist kein pragmatischer Organisationsplan gemeint. Sondern es geht um die Möglichkeit einer theologisch fundierten Vergewisserung, wozu die Kirche in der Stadt überhaupt da ist, wo sie gegebenenfalls mit den ihr zur Verfügung stehenden Ressourcen Prioritäten zu setzen hat und wie sie nicht zuletzt eine aktive Verantwortung bei der öffentlichen Diskussion und politischen Entscheidung über die weitere Stadtentwicklung[28] wahrnehmen kann (vgl. auch 250; 263). Besonders anregend hierzu sind die entsprechenden Überlegungen von W. Grünberg, die der Stadtkirchenarbeit eine dreifache Aufgabenstellung zuweisen (vgl. 194). Leitend dabei ist eine Perspektive, die er als pneumatologisch und eschatologisch versteht und wie folgt erläutert: „Geistesgegenwart, pfingstlich und eschatologisch zugleich bedacht, impliziert einen kritischen und konstruktiven Richtungssinn, der die Stadt- und Gesellschaftskritik an Babylon – alias Rom – als Symbol der urbanen Welt mit der Stadtutopie des neuen Jerusalems prozessual verbindet. Dies ist möglich, wenn das Kommen des himmlischen Jerusalems nicht apokalyptisch als einmaliger, endzeitlicher Akt verstanden wird, sondern eschatologisch: als zukunftseröffnende, qualitative Gegenwartserfahrung, in der Zukunft als Gericht und Verheißung aufleuchtet, also antizipiert wird. Stadtkirchenarbeit versucht dem in aller Vorläufigkeit und Überholbarkeit zu entsprechen. Sie weiß darum, dass antizipierende Zukunftsbilder als qualitative Gegenwartserfahrung auch in der Kunst, Kultur und Wissenschaft präsent sind, dass also die Perspektive des Glaubens sich im Dialog mit diesen Deutungsmächten bewähren muss. Wo dies mutig versucht wird, ist Geistesgegenwart verheißen, die dann in aller Vorläufigkeit und Überholbarkeit, also geschichtlich, in Praxis umgesetzt wird. So kommt Stadtkirchenarbeit zu ihrer vollen Entfaltung" (ebd., 174; zum Folgenden vgl. ebd., 175–183).

Das Rahmenkonzept, das Grünberg dafür entwickelt, weist eine dreifache Schwerpunktsetzung auf:

1. Kirchliche Arbeit richtet sich auf die „körperliche Dimension" der Stadt. Wie Städte gebaut werden, wie sie sich architektonisch darstellen, wie ihre Straßen verlaufen, wie sie sich in einzelne Stadtteile aufteilen etc., ist alles andere als eine vordergründig am Kriterium der Zweckmäßigkeit festzumachende Angelegenheit; sondern dahinter steckt eine große Symbolkraft, wodurch das Leben und Verhalten der Bewoh-

ner und Bewohnerinnen tief greifend geprägt wird. Die Bauweise einer Stadt repräsentiert ein Lebensgefühl. Die Existenz von Kirchengebäuden trägt nicht unerheblich dazu bei; sie verkörpern bereits in ihrer Architektur eine das Gegebene transzendierende Dimension. Nur kommt es darauf an – und hier ist die Kirche gefragt –, die Steine je neu lebendig und damit für die Stadt und ihre Teile zum Segen werden zu lassen.

2. Kirchliche Arbeit steht unweigerlich in der Auseinandersetzung mit dem Geist und Ungeist der Stadt. Wie Städte sich dem Geist und Ungeist ihrer Vergangenheit stellen und die Erinnerung gerade an die grausamen Seiten ihrer Geschichte nicht verdrängen, hat Folgen für den Umgang mit dem Geist und Ungeist ihrer Gegenwart. Die Kirchen sind in die guten und bösen Ereignisse verstrickt und können in der Weise, wie sie damit umgehen und dem Geist zur Gegenwart zu verhelfen bemüht sind, einen wichtigen Beitrag zur Gewissensbildung der Stadtöffentlichkeit insgesamt leisten.

3. Kirchliche Arbeit hat es mit der Sorge für die Seele der Stadt und ihrer Menschen zu tun. Die Seele ist Ausdruck dafür, dass es mehr als alles gibt (vgl. 488), dass das Leben sich nicht in den funktionalen Gegebenheiten und Zwängen des Alltags erschöpft. Um das allerdings nicht zu vergessen, sind Unterbrechungen der Routinen notwendig.[29] Gerade vonseiten der Kirchen kann zu einer solchen „Kultur der Unterbrechung" beigetragen werden, indem sie – absichtslos – Räume und Zeiten zur individuellen und kollektiven „Beseelung" zur Verfügung stellen.

4.4.3 Mitverantwortung der Kirchen im Bildungswesen

Nachdem das religionspädagogische und katechetische Handeln der Kirche bereits ausführlich in Form der Lebensbegleitung des bzw. der Einzelnen thematisiert worden ist[30] – auch im gemeindlichen Handeln spielt es eine zentrale Rolle, auch wenn sie in dem vorigen Kapitel eher beiläufig angesprochen worden ist (vgl. 274; 289) –, so soll es hier nochmals mit Blick auf seinen gesellschaftlichen und kulturellen Stellenwert aufgegriffen werden. Dass die Kirchen einen relevanten Faktor im Bildungswesen darstellen, liegt auf der Hand, wenn man sich allein die Zahl der Einrichtungen vergegenwärtigt, die sie in diesem Bereich unterhält – angefangen von den Kindertagesstätten über Privatschulen bis hin zu den Erwachsenenbildungswerken, Familienbildungsstätten, Heimvolkshochschulen und kirchlichen Akademien. Im gesamten öffentlichen Schulwesen sind sie mitverantwortlich für die konzeptionelle Gestaltung des Religionsunterrichts. An den Universitäten sind sie mit den theologischen Fakultäten bzw. Instituten präsent. Zudem sind sie Trägerinnen von Fachhochschulen; und in Deutschland ist die katholische Kirche Trägerin einer Universität (in Eichstätt).

Auch auf dieses breite und vielfältige kirchliche Engagement im Bildungswesen lässt sich die Formel anwenden, dass es zu einem guten Teil historisch zu verstehen ist. Sind es doch im hiesigen Kontext die Kirchen gewesen, die im Mittelalter überhaupt mit einer Institutionalisierung von Bildung begonnen haben (Klosterschulen etc.) bzw. zumindest maßgeblich daran beteiligt waren (Universitäten). Bis noch zu Beginn des 20. Jahrhunderts hatten sie im gesamten Volksschulbereich die sog. „geistliche Schulaufsicht" inne; die Möglichkeit zur konfessionellen Ausrichtung dieses Bereichs dauerte bis zu den 60er Jahren fort. Allerdings ist auch zu sehen, dass spätestens mit der Aufklärung sich innerhalb der Pädagogik immer stärker das Bestreben zu einer Emanzipation von Erziehung und Bildung aus der kirchlichen „Bevormundung" durchsetzte und dass seit einiger Zeit die Anerkennung dieser Bereiche als autonom so gut wie unumstritten ist.

4.4.3.1 Epochaler gesellschaftlicher Wandel: von der Versäulung zur Pluralität

Das macht eine Antwort auf die Frage, was dann noch die Kirchen in diesem Bereich verloren haben, nicht gerade leichter. Lange Zeit wurde damit argumentiert, dass Erziehung und Bildung Handlungsfelder seien, die in besonderer Weise normativ geprägt seien und wo sich unweigerlich weltanschauliche Einflüsse breit machen würden. Solange deren christentümliche Ausprägung nicht in Frage stand, gab es für die Kirchen keinen eigenen Handlungsbedarf.

Das wurde mit Aufkommen eines weltanschaulichen Pluralismus in der Gesellschaft anders. Um ihre Mitgliederschaft vor konkurrierenden Beeinflussungen zu bewahren, sahen die verschiedenen weltanschaulichen Gruppierungen – angefangen von den einzelnen christlichen Denominationen über den humanistischen Verein bis hin zur sozialistischen und kommunistischen Bewegung – sich veranlasst, gerade im sensiblen Bereich des Schulwesens, aber auch darüber hinaus je für sich tätig zu werden. Daraus erwuchs ein Gesellschaftsmodell, das in der Soziologie treffend als „Versäulung" bzw. „versäulte Gesellschaft" bezeichnet worden ist (vgl. 517, 132–139); d.h. die Gesellschaft wird aus verschiedenen weltanschaulichen „Säulen" gebildet, von denen jede „Säule" gewissermaßen eine „Gesellschaft im kleinen" bildet, insofern sie jeweils über alle sozialen und kulturellen Einrichtungen (bis hin zu Sportvereinen) verfügt, die für das Leben ihrer Mitglieder – „von der Wiege bis zur Bahre" – notwendig sind, und wobei zwischen den „Säulen" eine strikte Abschottung gegeben ist. Dass das auf die Prägung des Denk- und Lebensstils der jeweils Betroffenen starke Auswirkungen zeitigte, ist nahe liegend und war ja auch so gewollt. Zudem gilt in einer solche Situation die Devise – und das war nicht zuletzt die Triebfeder für die starke kirchliche Beteiligung im Bildungsbereich –, dass, wer sich nicht am Spiel der weltanschaulichen Konkurrenz aktiv beteiligt, leicht untergeht, d.h. gesellschaftlich nicht vorkommt.

Auch wenn dieses Versäulungsmodell noch in den Köpfen des einen oder der anderen in den Kirchen Verantwortlichen fortlebt, ist nüchtern davon auszugehen, dass die gesellschaftliche Situation eine gänzlich andere geworden ist. Zwischen den ehemaligen „Säulen" haben folgenreiche Vermischungen stattgefunden. Die Grenzlinien zwischen den unterschiedlichen weltanschaulichen Gruppierungen spielen nicht selten eine geringere Rolle als die, die sich in den eigenen Reihen auftun. Die Gesellschaft ist durch und durch plural geprägt – und zwar so, dass das Zusammenleben von einer allgemeinen Haltung der Toleranz geprägt ist (vgl. 302). Natürlich gibt es eine Gegenreaktion zu dieser Entwicklung in der Form, dass sich auf eine kleine Anhängerschaft beschränkt bleibende Gruppen bilden, die sich in fundamentalistische Positionen hinein flüchten und mehr oder weniger offensiv und agitatorisch die Pluralität bekämpfen; auch im christlichen Raum kommen solche Gegenbewegungen vor.

4.4.3.2 Zwischen Fundamentalismus und Relativismus

Angesichts dieser Herausforderungen befinden sich die Kirchen in einer eigentümlichen Schwierigkeit: Einerseits ist ihnen von ihrer eigenen Grundlage her, der Bibel, jeglicher Fundamentalismus verwehrt; andererseits können sie sich auch nicht jenen derzeit verbreiteten Relativismus zu eigen machen, gemäß dem sich jeglicher Streit um Wahrheit erübrigt, weil sowieso alles gleich gültig sei. Einen solchen Weg zwischen Fundamentalismus und Relativismus zu finden, stellt allerdings nicht nur für die Kirchen eine Herausforderung dar; es ist eine gesamtgesellschaftlich höchst relevante Angelegenheit, die als solche die Frage einer zeitgemäßen Bildung in besonderer Weise betrifft. Eine plausible kirchliche bzw. aus dem christlichen Glauben erwachsende Positionierung dazu kommt – oder besser vielleicht: käme – darum eine weit über die eigenen Reihen hinausreichende Bedeutung zu.

Ein Bewusstsein dafür ist in den Kirchen, insbesondere in der aktuellen religionspädagogischen Diskussion[31], zwar, wie sich zeigen wird, erkennbar, aber keineswegs bereits allgemein verankert. Die hergebrachte Einstellung, ihre Präsenz im Bildungswesen diene vorrangig der Verbreitung der eigenen Weltanschauung, wirkt nach. Dass das in der Öffentlichkeit vermehrt so wahrgenommen wird, die Kirchen seien nur auf ihre eigene Bestandserhaltung bedacht und hätten dabei den Vorteil, dass sie sich dafür im Grunde genommen veraltete staatliche Privilegien zunutze machen könnten, ist, auch wenn es dermaßen vereinfacht nicht stimmt, zu konstatieren und kaum verwunderlich. Insbesondere der Art. 7 III GG mit seiner Sicherung des schulischen Religionsunterrichts gerät immer öfter diesbezüglich ins Schussfeuer der Kritik.

Bloße Apologetik hilft in diesem Zusammenhang letztlich nicht weiter. Erforderlich ist eine radikale Rückbesinnung der Kirchen darauf, was der eigentliche Sinn ihres Engagements im Bildungsbereich ist und worum es ihr unbedingt zu gehen hat, auch wenn sich die äußerlichen Voraussetzungen für dieses ihr Engagement verändern mögen.

Gewissermaßen zum Test könnte man einmal folgende (keineswegs mehr unrealistische) Frage hypothetisch durchdenken: Was geht der Menschheit (zumindest im hiesigen bislang stark christentümlich geprägten) Kontext verloren, welche Verluste gehen für Gesellschaft und Kultur einher, wenn im Zuge der Bildung Religion und speziell die Rede von Gott nicht mehr vorkommt und irgendwann einmal auch die letzten Spuren der Erinnerung daran verlöscht sein werden? Nach J. B. Metz zeichnet sich eine tief greifende Veränderung in der anthropologischen und in Folge dessen auch soziokulturellen Grundbefindlichkeit ab: „Die Prozesse der europäischen Moderne, die zur profanen Europäisierung der Welt führten, sind offensichtlich nicht nur Säkularisierungsprozesse als Prozesse der gesellschaftlichen Entmächtigung und Auflösung von

Religion, sie entpuppen sich immer mehr auch als Prozesse der Entmächtigung und
Auflösung des Menschen, wie er uns bisher vertraut und anvertraut war. Immer weniger, so scheint es, ist der Mensch noch sein eigenes Gedächtnis, immer mehr nur noch
sein eigenes Experiment. Alles wird technisch reproduzierbar, am Ende auch der pro-
duzierende Mensch ... Das Waren- und Tauschprinzip dieser Zivilisation hat inzwischen über den ökonomischen Bereich hinaus längst die seelischen Grundlagen unserer Gesellschaft erreicht und die Herzen der Menschen auf seine Weise kolonialisiert:
Alles erscheint austauschbar, auch die zwischenmenschlichen Beziehungen, und auch
bei unseren geschichtlichen Erinnerungen reagiert immer weniger die moralische Verantwortung, immer mehr hingegen die als Objektivität ausgegebene Unschuld. Die ra-
sende Beschleunigung, in der wir leben, der überstürzte Wechsel im Verbrauch und in
den Moden, auch den kulturellen, gewährt kaum mehr sinnenhafte Anschauung;
immer unanschaulicher, unsinnlicher werden unsere Wahrnehmungen, weil wir den
Menschen und Dingen zumeist nur nachblicken, gewissermaßen nur in den Rücken
schauen können ... Dieser schleichende, sanfte Tod des Menschen wird um so erfolg-
reicher vonstatten gehen, je mehr wir ihn nicht als Bedrohung und Unterdrückung,
sondern als Vergnügen und Zerstreuung erleben. Das besorgt unsere moderne Kultur-
industrie, die wachsende Übermacht der Massenmedien, nicht zuletzt des Fernsehens,
die unseren Alltag immer mehr quasi transzendental umspannt und uns von unseren
eigenen Bildern, unseren eigenen Träumen, von unseren eigenen Geschichten und unserer eigenen Sprache immer mehr entlastet und uns eines Tages zu routinierten,
glücklichen Analphabeten macht" (464, 130–132). Man mag diese bereits vor einiger
Zeit notierte Einschätzung der (post-)modernen Entwicklung teils für zu undifferenziert, teils für zu dramatisch halten. Aber immerhin sehen auch andere zeitgenössische
Intellektuelle nicht unerhebliche Folgen mit dem voranschreitenden kulturellen Verlust der traditionellen Religion und ihres Gottesgedächtnisses einhergehen; so äußert
sich der sich ansonsten religiös eher bedeckt gebende Philosoph J. Habermas: „So
glaube ich nicht, dass wir als Europäer Begriffe wie Moralität und Sittlichkeit, Person
und Individualität, Freiheit und Emanzipation ... ernstlich verstehen können, ohne uns
die Substanz heilsgeschichtlichen Denkens jüdisch-christlicher Herkunft anzueignen.
Andere finden von anderen Traditionen aus den Weg zur Plethora der vollen Bedeutung solcher, unser Selbstverständnis strukturierenden Begriffe. Aber ohne eine sozia-
lisatorische Vermittlung und ohne eine philosophische Transformation irgendeiner der
großen Weltreligionen könnte eines Tages dieses semantische Potential unzugänglich
werden; dieses muß sich jede Generation von neuem erschließen, wenn nicht noch der
Rest des intersubjektiv geteilten Selbstverständnisses, welches einen humanen Umgang miteinander ermöglicht, zerfallen soll. Jeder muß in allem, was Menschenantlitz
trägt, sich wieder erkennen können" (502, 23; vgl. auch 503 u. 504).

4.4.3.3 Protest gegen ein verkürztes Bildungsverständnis und eine ungerechte Bildungspolitik

Folgt man diesen Hinweisen, steht mit den namhaft gemachten Tendenzen mehr auf dem Spiel als ein gesellschaftlicher und kultureller Bedeutungsverlust der Kirchen bzw. des Christentums überhaupt. Einflussreiche Stimmen in der aktuellen bildungspolitischen Diskussion belegen das zuhauf: Immer unverhohlener werden für sog. „Reformmaßnahmen" im Bildungsbereich ökonomische Gesichtspunkte und Interessen tonangebend. Das heißt nicht, dass die Menschen dumm gehalten werden sollen. Im Gegenteil, gebraucht wird das flexible und mit den erforderlichen Schlüsselqualifikationen ausgestattete Individuum, das die Logik der ökonomischen Rationalität bestens internalisiert hat. Zusätzlich zu berücksichtigen, dass sich menschliche Existenz möglicherweise auch außerhalb von ökonomischen Verwertungsprozessen abspielt, kostet demgegenüber zu viel Zeit und Geld.

Die Folgen der aus dieser Diskussion resultierenden Entscheidungen bekommen nicht zuletzt die Kirchen in ihren eigenen Bildungseinrichtungen zu spüren. Die Frage ist, wie sie damit umgehen. Natürlich müssen auch sie als Trägerinnen eigener Einrichtungen wirtschaftlich kalkulieren. Aber wo dieses zum Kriterium allen Handelns gemacht werden soll, haben sie entschieden Einspruch zu erheben. Denn nach christlicher Auffassung sind die Menschen nicht um der Wirtschaft willen da, sondern gilt das Umgekehrte. Menschliches Leben und Zusammenleben sind Zweck und haben Sinn an und für sich – vor allen Funktionalisierungen. Das Bewusstsein dafür Grund zu legen, ist klassischerweise Aufgabe der sog. „Allgemeinbildung" gewesen. Für sie wieder gebührend Raum und Zeit einzufordern, ist dringliches pädagogisches Postulat.

Die Kirchen haben von dem ihnen anvertrauten Menschenbild (vgl. 269) her allen Grund, das energisch zu unterstützen und entsprechende Maßnahmen mitzutragen. Denn wenn die Überzeugungen des christlichen Glaubens wirklich gültig sind und ernst genommen werden (vgl. 294 u. 298),

– dass die Menschen nicht durch sich, sondern allein von Gott her gerechtfertigt sind,
– dass das ihre Freiheit ausmacht und sie zugleich frei werden lässt von jeglicher Abhängigkeit an von Menschen absolut gesetztes Kontingentes,
– dass genau darin eine vorrangige Mitleidenschaft und Solidarität für alle und für alles gründet, denen bzw. dem ein Leben-Können gemäß der von Gott gewollten Bestimmung verwehrt wird,
– und dass dieser sich bei all dem doch als bleibendes absolutes Geheimnis erweist, dann ergeben sich daraus weitreichende Maßgaben für jegliche Erziehung und Bildung. Um es negativ zu formulieren: Erziehung und Bildung gehen fehl, wenn
– sie nach anderen Erfordernissen und Interessen ausgerichtet werden als dem der Förderung der Menschen, je individuell und gemeinschaftlich,
– sie es nicht zulassen, dass alle in der jeweils für sie besten Weise daran partizipieren können,
– sie einseitig auf Leistung und Durchsetzungsvermögen als leitenden Prinzipien setzen und die, die dabei nicht mithalten können, gnadenlos fallen lassen,

- sie nur auf den Erwerb direkt verwendbaren Wissens abheben und die Ausbildung der emotionalen, sozialen u. a. Kompetenzen vernachlässigen,
- sie mehr oder weniger offen auf den status quo verpflichten und keine Ressourcen vermitteln, die Distanz zum Gegebenen ermöglichen und gegebenenfalls alternativ-widerständiges Handeln ermöglichen,
- sie auch in ihrem Bereich dem mehr und mehr die gesamte Gesellschaft erfassenden Trend der Ökonomisierung nachgeben und pädagogische Aspekte immer mehr an den Rand drängen lassen,
- sie keine Zeit mehr lassen für eine Beschäftigung mit all dem, was nicht unmittelbar für irgendetwas verzweckt werden kann,
- sie dem Anderen und Fremden, dessen sich der Mensch nicht bemächtigen kann, keinen Raum geben,
- sie die Menschen dem Schicksal ihrer eigenen Entfremdung überlassen, indem sie daran gewöhnt werden und sich damit abfinden, in dem permanenten Konsum von immer perfekteren und verlockenderen Angeboten ihre höchste Erfüllung zu finden, und bei ihnen so die Möglichkeit des Aufkommens von überschießenden Sehnsüchten, es möge mehr als alles geben, bereits im Keim erstickt wird.

Die Negativliste sei hier abgebrochen, aber noch um zwei kommentierende Hinweise ergänzt: Als erstes ist mit Blick auf die genannten Punkte festzustellen, dass auch vonseiten der Kirchen gravierende Versäumnisse und Fehler begangen worden sind und dass sie dieses selbstkritisch einzugestehen und aufzuarbeiten haben, wenn sie sich glaubwürdig in die gegenwärtige Bildungsdiskussion einmischen möchten. Als zweites zeigt sich, dass Bildungsbemühungen nicht als bloß intellektuelle Vorgänge begriffen werden dürfen, sondern dass sie in einer interpersonalen und soziokulturellen Praxis verwurzelt sein müssen, in der wenigstens ein ernsthaftes Bemühen um jenes Verhalten sich selbst, den sozialen anderen und der sachlichen Umwelt gegenüber erlebt und mitgelebt werden kann, für das Bildung qualifizieren soll. Dies gilt im Übrigen in verstärktem Maße für eine Rede von Gott, soll sie plausibel nach- und mitvollzogen werden können.

Kirchliche Bildungsverantwortung und –arbeit ist in besonderer Weise sowohl theoretisch als auch praktisch den aufgeführten Optionen für die Armen, die Gewaltfreiheit und die Nachhaltigkeit verpflichtet[32], wobei für diese Optionen umgekehrt gilt, dass sie sich ihrerseits einem langwierigen und konfliktreichen innerkirchlichen Lern- und Bildungsprozess allererst verdanken. Wie umfassend ein aus christlicher Perspektive gewonnenes Bildungsverständnis ist und wie tief es reicht, lässt sich sehr prägnant der sog. „Bildungs-Denkschrift" mit dem bezeichnenden Titel „Maße des Menschlichen" entnehmen, mit der die Evangelische Kirche in Deutschland sich auf bemerkenswerte Weise in den aktuellen Bildungsdiskurs hier zu Lande eingemischt und ihn wohltuend aufgemischt hat (vgl. 22). Darin wird auf plausible Weise ein ganzheitliches Bildungskonzept vorgelegt, das im aktuellen Bildungsdiskurs vernachlässigte Dimensionen um der Befähigung der Subjekte zu einer verantwortlichen Gestaltung einer gemeinsamen Zukunft willen geltend macht. Darunter wird die Berücksichtigung der Transzendenz und der Gottesfrage als unverzichtbar angemahnt und wie folgt begründet: „Transzendenz ist nicht darum eine Zukunftsherausforderung, weil alle zum (Gottes-)Glauben (zurück-)geführt werden sollen. Sie ist es vielmehr deshalb, weil das Leben und Überleben aller Menschen auf Grenzen angewiesen bleibt, die nur um den Preis der Menschlichkeit vergessen oder verletzt werden dürfen. Unter diesem Blickwinkel ist die Frage nach Gott geradezu als Schlüssel zukunftsfähiger Bildung anzusprechen – nicht so, dass es zum Gottesglauben bildungstheoretisch keine Alternativen gäbe, wohl aber so, dass die mit der Gottesfrage verbundenen Fragen bildungstheoretisch unausweichlich sind" (ebd., 88). Bei aller hier angezielten Pluralismusverträglichkeit muss allerdings bewusst bleiben, dass die Gottesfrage aufzuwerfen immer auch heißt, sich in einen Gottesstreit hineinzubegeben – nach innen und nach außen –, soll der in Frage stehende Gott kein „Allerweltsgott" bleiben. Indem Christen und Christinnen etwa die biblische Unterscheidung zwischen Gott und Götzen in Anschlag bringen und aktualisieren, setzen sie sich zu Recht dafür ein, dass Pluralitätsfähigkeit sich nicht in einer alles relativierenden, vermeintlich toleranten Haltung ausdrückt, sondern im Gegenteil darin besteht, in der Lage zu sein, Wahrheitsansprüche geltend zu machen und mit anderen darum – friedlich – zu ringen.

Wo und insofern es dazu kommt, dass wenigstens in den eigenen Einrichtungen die programmatisch formulierten Vorgaben praktisch so gut wie möglich eingelöst werden[33] und darüber hinaus die Kirchen und Gemeinden aktiv in der von ihnen zu beeinflussenden Umgebung zu einer Kultur des Aufwachsens (vgl. 273) und gedeihlichen Zusammenlebens beitragen, kommen die Kirchen ihrer gesellschaftlichen Bildungsverantwortung im Sinne der Wahrnehmung von „kultureller Diakonie" (vgl. 374) glaubwürdig nach. Dass darüber hinaus besonders hier die Orte sind, wo immer wieder ganz ausdrücklich die Frage nach Gott aufgeworfen wird und gemeinsam und lebensnah um sie gerungen wird – mit all den Höhen und Tiefen, die sich dabei einstellen –, sollte nicht eigens betont zu werden brauchen.

4.4.4 Kirche in der Mediengesellschaft

Wenn für die jüdische wie für die christliche Religion charakteristisch ist, dass das von den betroffenen Menschen als für sie bedeutsam Erfahrene und als Gottes Offenbarung Gedeutete nach anfänglicher mündlicher Tradierung schriftlich vertextet worden ist und beide Religionen deswegen als „Buch- bzw. Schriftreligionen" bezeichnet werden, heißt das, dass für sie die Zuhilfenahme von eigens dafür geschaffenen Hilfsmitteln zur Überbringung von Informationen, in diesem Falle zur Vermittlung ihrer Botschaft(en) geläufig ist. Schon vor deren Verschriftlichung haben sich zudem etwa die Propheten auch anderer Medien als der Sprache bedient, etwa dramatischer Elemente wie Straßentheater, um ihre ihnen von Gott aufgetragene Botschaft mit größerer Intensität in die Köpfe und Herzen ihrer zeitgenössischen Adressaten und Adressatinnen hineinzubringen. Solche durch Medien vermittelte Kommunikation sollte die unmittelbare interpersonale Kommunikation nicht überflüssig machen; sie hat gerade für den Glauben einen unverzichtbaren Stellenwert (Kommunikation der Menschen

mit Gott und untereinander). Über Medien vermittelte Kommunikation dient viel
mehr deren Ergänzung, aber auch deren Sicherung, indem sie etwa Modelle gelunge-
ner Kommunikation aus der Vergangenheit als kritischen Orientierungsmaßstab für
aktuelle Bemühungen an die Hand gibt. Um in seiner Gegenwartsbedeutung jeweils
neu erschlossen werden zu können – und nicht einfach vergessen zu werden, galt und
gilt es, das Vergangene so gut wie möglich festzuhalten und weiterzugeben. Nicht zufällig zählte zu den ersten Büchern, an denen die technische Revolution der Erfindung
des Buchdrucks zu Beginn des 15. Jahrhunderts demonstriert wurde, die Bibel. Und
seit dieser Zeit ist diese Form medialer Kommunikation, das sog. Print-Medium in vielfacher und vielfältiger Weise in den Kirchen in Gebrauch – als Medien sowohl zur Aneignung und Vertiefung des Glaubens (Bibeln, Gesangbücher, Hausfibeln, theologische
Schriften etc.) als auch zu seiner Ausbreitung („Propaganda-fidei"-Schriften etc.).

Diese kurze historische Erinnerung wird deswegen an den Beginn dieses Kapitels
gestellt, weil sie die medial vermittelte Kommunikation auch in den Kirchen als einen
normalen und notwendigen Vorgang deutlich macht und damit den nicht selten im
kirchlichen Raum begegnenden Vorbehalte, wenn nicht ablehnenden Einstellungen
dem sog. „Massenmedienwesen" einerseits und den neuen Kommunikationstechnolo-
gien andererseits gegenüber die Spitze nimmt. Dass gerade im Bereich der Kommuni-
kationsmedien – mit Auswirkungen auf die Praxis der Kommunikation insgesamt – seit
einiger Zeit Entwicklungen im Gange sind und dass diese immer rasanter weiterlau-
fen, ist schon wieder fast normal geworden; so sehr prägt dies mittlerweile das alltägliche Leben, auch wenn die Menschen in unterschiedlicher Weise daran aktiv partizipieren. Aber vor der allgegenwärtig gewordenen Kommunikation über was auch
immer fliehen zu wollen, wäre nur noch in künstlich geschaffenen Reservaten möglich.

Wenn angesichts dieser Entwicklung nach der Präsenz der Kirchen im gesamten
Medienbereich gefragt wird, bekommt man es mit einer kaum mehr zu überschauen-
den Vielfalt zu tun. Das fängt damit an, dass es keine aktive Gruppierung im kirchlichen Kontext gibt – auf welcher Ebene und in welcher Gestalt auch immer –, die ihr
Anliegen nicht in medialer Form kommuniziert, auf katholischer Seite etwa angefangen beim Vatikan bis hin zur Initiative „Kirche von unten"; Kirche ist also Produzentin
im Medienbereich. Auch wenn es in baldiger Zeit möglicherweise den Kirchen zu verdanken sein könnte, dass zumindest für den Einsatz entsprechender Medien im liturgischen Bereich die (ihrerseits allerdings ebenfalls technisch hoch entwickelte) Buch-
druckerkunst nicht gänzlich zum Erliegen kommt, ist der Einsatz und Gebrauch aller
möglichen medialen Formen auch in ihren Reihen selbstverständlich geworden – angefangen von den mehr oder weniger einfach vervielfältigten Kirchengemeinden-Mittei-
lungsblättchen über aufwendig gestaltete Homepages bis hin zur Erstellung von Vide-
os und DVDs auf dem jeweils neuesten technischen Stand. Weiterhin sind die Kirchen
teils Objekte der Darstellung nicht nur in den selbst produzierten und verantworteten
Medien, sondern im gesamten Medienbereich; teils sind sie darin auch Subjekte etwa
in Form des Rechts auf oder der Einräumung der Möglichkeit von eigenen Sendungen
oder in offizieller Beteiligung beispielsweise in Rundfunk- und Fernsehräten oder als
Eigentümerin von Verlagen u.v.m. Und nicht zuletzt ist die eigene Mitgliederschaft zu-

mindest Konsumentin aller möglichen öffentlich zugänglichen Medienprodukte. Schon allein von dieser ihrer starken Verflechtung im Mediensektor gilt, dass alles, was von kirchlicher Seite her zur verantwortlichen Gestaltung dieses Sektors verlautbart[34] oder dazu von der praktischen Theologie sowie der Sozialethik her an theoretischen Überlegungen eingebracht wird[35], auch für sie selbst.

Spätestens seitdem die neue Informations- und Kommunikationstechnologie eine so ungeheure gesellschaftliche Expansion erreicht hat, wie es der Fall ist, hat sie zu erheblichen Veränderung des Kommunikationsbereichs von der zwischenmenschlichen Beziehungsebene angefangen bis hin zu globalen Ausmaßen geführt. Der normale Alltag bis hin zur Gestaltung der individuellen und kollektiven Tagesabläufe hat sich enorm verändert. Es gibt – bis in das familiäre Zusammenleben hinein – eine Verschiebung von der (inter-)personalen zur medialen Kommunikation. Bestimmte Sendungen in Rundfunk und Fernsehen haben nicht nur Informations- und/oder Unterhaltungswert, sondern erfüllen gewissermaßen rituelle Funktionen zur Strukturierung des Tages, der Woche usw. Medien beeinflussen Einstellungen und prägen Verhaltensstile und -gewohnheiten. Besonders nachhaltig betrifft das die Sehgewohnheiten und infolgedessen auch die Sichtweisen. Medial vermittelte (Sekundär-)Erfahrungen treten an die Stelle von unmittelbar gemachten (Primär-)Erfahrungen. Medien, insbesondere die mit vollkommener Perfektion inszenierten Shows, geben Maßstäbe etwa für publikumswirksame „Live-Auftritte" überhaupt vor, was sich bis in die Inszenierung von größeren kirchlichen Veranstaltungen hinein auswirkt. Medien erzeugen (Fan-)Gemeinden, die den Beteiligten Orientierung und Heimat vermitteln. Medien produzieren gesellschaftlich eine neue symbolische Ordnung der Welt und des Lebens; machen Sinnangebote, spenden Trost und wirken (quasi-)religionsbildend. Weiterhin haben sie, indem ohne großes Aufheben (fast) jeder Teil der Welt kommunikativ erreichbar geworden ist, die Welt im erlebnismäßigen Sinne kleiner werden lassen. Außerdem lassen die neuen Medien sich – das gilt vor allem für das Internet – nur schwer kontrollieren, viel schwerer etwa als Bücher, die man verbieten, versperren oder gar verbrennen kann; damit unterlaufen sie Hierarchien und bauen sie ab.

Veränderungen solchen Ausmaßes zeitigen in der Regel ambivalent einzuschätzende Folgen; sie gehen mit Chancen und mit Risiken bzw. Bedrohungen einher. Als Bedrohungen lassen sich etwa anführen: „Desintegration und Desorientierung der Menschen durch Medien, die Fremdbestimmung menschlichen Handelns, die Dominanz von Einzelinteressen und das Entstehen von Machtoligopolen, die fortschreitende Einschränkung eigenverantwortlichen Handelns durch eine immer schwerer zu steuernde Eigendynamik der Mediensysteme, die Herabwürdigung von Menschen zu Objekten eines öffentlichen Voyeurismus, die Weiterentwicklung der Medien im Interesse der industrialisierten Welt ohne Rücksicht auf die Kommunikationsbedürfnisse und Möglichkeiten der Zwei-Drittel-Welt" (367, 390, im Anschluss an 21).

Als Chancen können in die Waagschale geworfen werden: Informationsvielfalt mit der (leichten und schnellen) Möglichkeit, Informationen auf ihren Sachgehalt hin zu überprüfen oder sich Informationen zu verschaffen, die in der „offiziellen" Berichterstattung nicht vorkommen bzw. von ihr ausselektiert werden; Gelegenheit zu weltweiter Kommunikation (und damit auch der Verabredung etwa von Solidaritätsaktionen); Anregung zu direktem und indirektem kommunikativen Austausch; Kennenlernen des Anderen und Fremden; Erweiterung des Bewusstseinshorizontes und damit auch der Reichweite tätiger Verantwortungsübernahme; Zugang zu neuen Bildungswegen u. a. m.

Als allgemeine ethisch verantwortete und auch pastoral belangvolle Handlungsdevise legt sich somit nahe: Den Risiken ist entgegenzuwirken – die Chancen sind zu fördern! So wird ernst genommen, dass die Medien keine nunmehr das Denken und Handeln der Menschen unausweichlich determinierende Faktoren sind. Im Gegenteil, das hohe Maß an Sensibilität für die Nachfrage ihrer Angebote durch das Publikum, das zumindest die kommerziellen Medienunternehmen an den Tag legen, zeigt, wie stark die grundsätzliche Einflussnahme durch genau dieses Publikum ist, auch wenn sie umgekehrt mit allen möglichen manipulativen Tricks zu steuern versucht wird. Entscheidend kommt es deshalb darauf an, auf der Seite der Nutzer „Selbständigkeit, Eigenverantwortlichkeit und Kompetenz im Umgang mit den Medien zu stärken" (ebd., 391), während auf der Seite der „Macher" verstärkt die unausweichliche ethische Dimension ihres Tuns bewusst gemacht werden muss.

Doch reichen solche auf die je individuelle Bewusstseinsbildung zielenden Maßnahmen nicht aus; zu stark, zu mächtig stellt der Mediensektor eine strukturelle Größe in der gegenwärtigen Gesellschaft dar – vor allem von kaum zu überschätzendem ökonomischen Gewicht. Entsprechend groß ist der Druck, sich gegen etwaige Konkurrenz zu behaupten und möglichst große Anteile auf dem Markt der – bezeichnenderweise wird hier auf das Vokabular des Imperialismus zurückgegriffen – Medien-"Mächte" zu „erobern". Wer hier gewinnt, hat im wahrsten Sinne des Wortes das Sagen in einer Gesellschaft oder in der ganzen Welt. Deswegen sind alle – in Politik ebenso wie in Wirtschaft –, die Macht erringen oder behalten wollen, auf ein gutes Einvernehmen mit den Medienmächten angewiesen und bedacht – was zur Folge hat, dass in den Medien umgekehrt fast alles um diese Welt der Mächtigen kreist und den Aufstieg in diese Kreise hinein als Erfüllung des Menscheins schlechthin verlockend zu machen versucht. Umgekehrt heißt das: Wer finanziell und anders nicht mithalten kann, bleibt auf der Strecke; und alle, die auch sonst wo auf der Strecke bleiben, passen in die Welt des Glamour nicht hinein und sind entsprechend der Erwähnung nicht wert.

Wo es zu dermaßen verzerrten Konstruktionen und Darstellungen der Wirklichkeit kommt, wo zudem solche Konstruktionen und Darstellungen die gesellschaftliche Kluft vertiefen, sind die Kirchen als Anwälte einer ungeschminkten Sicht der Wirklichkeit, die auch die Schatten- und Schuldseiten zur Kenntnis nimmt, in besonderer Weise herausgefordert. Zu einer solchen „kommunikativen Diakonie" (vgl. 361) gehören vorrangig das Einfordern
- von Gerechtigkeit im Zugang zu den Medien und zu ihrer Mitgestaltung angesichts der massiven Tendenzen zur Monopolisierung in diesem Bereich und des damit betriebenen zusätzlichen Ausschlusses derer, die wirtschaftlich nicht von Interesse sind,
- von Wahrhaftigkeit in den Medien angesichts im erschreckenden Ausmaß betriebe-

ner Meinungsmanipulation, Tatsachenverzerrung, Diffamierung, einseitiger Herausstellung von Sensationellem usw. sowie

– von unbedingter Anerkennung der Menschenwürde eines und einer jeden, die nicht zulässt, dass einzelne um der Unterhaltung oder gar der Belustigung eines Publikums willen öffentlich bloß und zur Schau gestellt und die Neigungen zur spontanen Empörung darüber im Zuge einer „sanften Verblödung" der „Masse" zum Abstumpfen gebracht werden.

Welche Aktualität und Dringlichkeit darüber hinaus die gen. Optionen für die Armen, für die Gewaltlosigkeit und für die Nachhaltigkeit im Medienbereich haben, braucht wohl kaum eigens erläutert zu werden, sei aber wenigstens ausdrücklich erwähnt.

Wie ersichtlich, läuft die Logik der Argumentation zur Thematik dieses Abschnitts ähnlich wie zu den beiden vorhergehenden: Vorrangig ist – zumindest für eine am Evangelium Maß nehmende theologische Perspektive – nicht die Frage, was die Kirche für sich davon hat, wenn bzw. dass sie im Medienbereich präsent ist. Sondern diese Tatsache ist für sie Anlass, mit dazu beizutragen, dass in diesem Bereich tatsächlich das ermöglicht wird, wozu er da ist – nämlich Kommunikation in einem für alle öffentlich zur Verfügung stehenden und zugänglichen Medienraum und damit Partizipation an einem allgemeinen Bewusstseins- und Willensbildungsprozess im Interesse der Gestaltung eines lebenswerten Gemeinwesens.

Demgegenüber keineswegs unwichtig, aber sekundär ist die Frage, wie die Kirche genau in diesen Medienraum ihre eigene Botschaft einzubringen vermag. In Absetzung von einer problematischen Instrumentalisierung der (Massen-)Medien wird sie im Zuge dessen, wie sie „kommunikative Diakonie" im skizzierten Sinne praktiziert, ihrerseits mit der Eigenheit und dem Eigenwert des Medienbereichs vertraut und kann daraufhin auch sachgemäß beurteilen, was sich wie zur medialen Kommunikation eignet und wo deren Grenzen liegen, was also beispielsweise der direkten (inter-)personalen Kommunikation vorzubehalten ist (wie z. B. das sakramentale Beichtgespräch). Dabei können die Kirchen ihrerseits durchaus Einiges von den „Medienexperten und -expertinnen" lernen und sollten die Chance auch nutzen: Legen diese doch vielfach nicht zuletzt aufgrund ihrer professionellen Wissens eine viel größere Feinfühligkeit dafür an den Tag, wie sich Religiöses als Religiöses und spezifischer noch das Evangelium als Evangelium medial codieren und vermitteln lässt,[36] als manche plakativen und aufdringlichen Versuche von es gut meinenden Kirchenfunktionären es tun. Das hat nichts damit zu tun, die „Laien" von jeglichem Umgang mit Medien im kirchlichen Kontext fern zu halten. Im Gegenteil, indem sie es lernen, ihre gelebte Praxis christlicher Existenz und gemeindlichen Lebens in Medien zu dokumentieren und anderen mitzuteilen oder indem sie etwa mit Zuhilfenahme von Medien (Camcorder etc.) ihre soziale und natürliche Umwelt erschließen, um so den „Zeichen der Zeit" vor Ort auf die Spur zu kommen, werden sie durch praktisches Üben medienkompetent und geben sie zugleich anderen, die die so zustande gekommenen Produkte zu sehen und hören bekommen, ein dokumentiertes Zeugnis ihrer Weise des Christseins. Möglicherweise erfährt durch eine solche sachgemäße Arbeit in den kirchlichen Reihen allmählich auch das teilweise vorurteilsbehaftete und teilweise schon klischeehaft[37] negative Image, das die Kirchen weithin in der Medienlandschaft genießen, einen Wandel.

4.4.5 Begegnungen mit Kunst

Es ist noch nicht allzu lange her, dass in das Verhältnis von Kirche und (moderner) Kunst Bewegung gekommen ist.[38] Bis auf wenige Ausnahmen war dieser Bereich von gegenseitigen Vorbehalten geprägt, die sich alles andere als beziehungsstiftend auswirkten: Wurde vonseiten der Kunst gegen die Kirchen der Vorwurf gerichtet, sie würden sie in ihrem Eigenwert nicht anerkennen, sondern sie immer auf ihre eigenen Zwecke hin instrumentalisieren wollen, so war in kirchlichen Reihen die Auffassung verbreitet, seitdem sich die Kunst von ihren religiösen Bezügen gelöst habe, sei sie gottlos und weithin auch sittenlos geworden. Nicht zuletzt aufgrund ihrer jahrhundertelangen engen Liaison mit der Kunst tut sich vor allem die kirchliche Seite schwer damit, nachzuvollziehen, dass im Zuge des gesellschaftlichen Differenzierungsprozesses auch die Kunst zu einem autonomen Teilbereich geworden ist, der sich nach eigenen Sachgesetzlichkeiten und nicht nach „von außen" eingebrachten normativen Vorgaben richtet. Diese Autonomie gilt selbst dann, wenn Kunst im Kontext von Religion und Kirche ihren Ort haben soll. Wird das nicht beachtet, kommt es schnell zu der allzu oft antreffbaren kirchlichen „Gebrauchskunst", die überdies nicht selten die Grenzen zum Kitsch hin überschreitet.

Umgekehrt heißt das, dass es, gerade wenn die gegenseitige Autonomie respektiert wird, zu einer produktiven Begegnung zwischen Kunst und Kirche kommen kann.[39] Kunst generiert auf ihre, teilweise besonders sinnenhafte Weise Sinn – und zwar in doppelter bzw. dreifacher Hinsicht: Als erstes ist es die Kunst schaffende Person, die mit ihrem Werk Sinn verbindet und diesem Ausdruck verleiht – selbst wenn sie es ausdrücklich als Un-Sinn deklariert. Dann ist es die rezipierende Person, die beim Lesen, Hören oder Betrachten das Kunstwerk auf ihre Weise deutet und ihm eine subjektive Bedeutung zumisst oder nicht. Und schließlich ist es das Material selbst, das Sinnträger ist – sei es aufgrund seiner materiellen Beschaffenheit, sei es von der Bedeutungsaufladung her, die es im Zuge der Kunstgeschichte gewonnen hat.

Nicht zuletzt weil mit dieser seiner Sinn generierenden Eigenschaft die Kunst in die Nähe zur Religion rückt – ganz abgesehen davon, dass sie bisweilen ausdrücklich deren Platz einnimmt –, ist sie für Kirche und Theologie eine wichtige Begegnungs- und Gesprächspartnerin. Als besonders belangvoll gerade für die Praktische Theologie[40] seien zwei Momente hervorgehoben, ein inhaltliches und ein formal-methodisches. Mit ihrer ästhetischen Konstruktion der Wirklichkeit ist der Kunst ein hoch sensibles Gespür für ein epochales Zeitgefühl zu eigen, für das Schöne, aber mehr noch – zumal heute – für das das Schöne Zerstörende, die Zerrissenheiten, die Disharmonien, und sie bringt dieses teils verhalten, teils drastisch, provokativ zum Ausdruck. Über die Begegnung mit der Kunst ist also viel von dem, was Menschen besonders stark bewegt, über individuelle und kollektive Schlüsselerfahrungen (Auschwitz, Ayacucho, Manhattan) und Möglichkeiten deren Verarbeitung, über die unermessliche Bandbreite von Sicht- und Denkweisen der Wirklichkeit zu erspüren und nachzuvollziehen. Kunst vollzieht darüber hinaus den Schritt über das Vorfindliche und Gegebene hinaus in eine dies transzendierende Sphäre hinein, transformiert die alte Welt in eine neue und kann so zum „Organon religiöser Erfahrung" (H. Schwebel) werden. Ohne Kunst auf diese Weise sublim vereinnahmen zu wollen, ist es legitim, sie in ihrem impliziten theologischen und pastoralen Gehalt zu rezipieren, wie es auf eindrucksvolle Weise A. M. Steinmeier ausgeführt hat (vgl. 73). Ihrer Begegnung als Theologin mit der Kunst schickt sie gewissermaßen als Motto voraus: „In der Konsequenz der Menschwerdung Gottes ist die Gotteswirklichkeit als ein Prozess zu denken, in dem Gott selbst je neu, je anders zur Welt kommt und im Menschlichen, in der Kontingenz und Vielfalt menschlicher Lebendigkeit gegenwärtig ist, ohne in einem Bestimmten aufzugehen. Darin kann Menschliches als es selbst lebendig sein und gotterfüllt ins Menschlich-Lebendige wachsen. Die Stärke und die transzendierende, Leben eröffnende Kraft der Wirklichkeit Gottes liegt nicht in der Unverfügbarkeit einer letzten, jenseitig 'festgedachten' Transzendenz, sondern in dieser Verwundbarkeit, in der Gott selbst in uns und unter uns ohne Ende schöpferisch lebendig ist. Darum können sich in ihrem Zentrum unausdenkbarer und verletzbarer Lebendigkeit künstlerische und theologische Wahrheit begegnen" (ebd., 15). Wenn dadurch der Sinn für das Ästhetische im religiös-kirchlichen Bereich selbst vertieft wird – angefangen bei der Kunst religiöser Mitteilung bis hin zu der von liturgischen Inszenierungen –, kommt das zweifelsohne der Kommunikation des Evangeliums zugute.

Damit ist bereits das formal-methodische Moment angesprochen. Die neuere Hinwendung der Praktischen Theologie zur Ästhetik[41] war wesentlich von der Absicht geleitet, für eine der grundlegenden Aufgaben des Faches kompetenter zu werden, nämlich für das Wahrnehmen der Wirklichkeit. Von der Beschäftigung mit der Ästhetik erhoffte und erhofft man sich gewissermaßen eine Schulung der eigenen Wahrnehmungsfähigkeit – aus der immer stärker als Not empfundenen Einsicht heraus, aufgrund eines noch starken Verhaftetseins in überkommenen Seh- und Denkmustern kein hinreichendes Sensorium für die Wahrnehmung und Deutung der radikal veränderten und sich verändernden religiösen Landschaft ausgebildet zu haben. Um wegzukommen von dem zu einfachen Klischee, die Gegenwart sei unreligiös, und stattdessen aufmerksam zu werden für das, was die Menschen auch heute an religiösen Sehnsüchten und Hoffnungen umtreibt, auch wenn es schwieriger aufzuspüren und zu entziffern sein mag als früher, musste die praktische Theologie neue Zugänge und Wege suchen, die es ihr ermöglichten, solches Neuland zu erkunden. Doch nicht nur um im engeren Sinne religiöse Tiefenschichten der Wirklichkeit zu entdecken und erschließen, lässt sich von der Ästhetik auch in methodischer Hinsicht einiges lernen, sondern mit Blick auf die Wahrnehmung und Deutung der „Zeichen der Zeit" generell. Versteht es doch die Kunst, in einer Eindringlichkeit das, was an der Zeit ist, symbolisch zu vergegenwärtigen und ins Bewusstsein zu heben, wie es sozialwissenschaftlichen Analysen nicht möglich ist.

Ein weiterer Punkt sei nur noch kurz vermerkt: Die Kunst fördert auch das Kennenlernen von anderen Menschen und Kulturen sowie die Begegnung mit ihnen. Das gilt sowohl mit Blick auf die Vergangenheit, deren reichhaltiges religiöses Erbe in der Kunst aufbewahrt und anschaulich zugänglich wird, als auch auf die Gegenwart, in der gerade durch die Kunst eine Begegnung und ein Dialog zwischen verschiedenen Kulturen und Religionen weltweit gefördert werden kann.[42]

4.5 Dialog und Kooperation zwischen den Konfessionen und Religionen

„Die theologischen Überlegungen ... haben ergeben, dass 'ökumenisch' nicht irgendein Sachgebiet kirchlicher Tätigkeit neben anderen bezeichnet, sondern eine notwendige Dimension aller Lebensäußerungen der Kirche. Daraus ergibt sich für die christlichen Kirchen und Gemeinschaften und deren Glieder die Verpflichtung, überall da gemeinsam zu handeln, wo die Voraussetzungen dafür gegeben sind und nicht Gründe des Glaubens, der Verantwortung für das notwendige Eigenleben der Gemeinden, unumgänglicher menschlicher Rücksichtnahme oder größere Zweckmäßigkeit dem entgegenstehen" (11. Bd.I, 785). So heißt es im Synodenbeschluss „Pastorale Zusammenarbeit der Kirchen im Dienst an der christlichen Einheit" aus dem Jahre 1974. Auch wenn die aufgeführten Einschränkungen so gelesen werden können, dass sie alles zurücknehmen, was vorher als verpflichtend deklariert worden ist, so ergibt sich aus dem Duktus des Gesamtdokuments, dass das so nicht gemeint ist. Atmet es doch durch und durch den Geist des ökumenischen Aufbruchs, der auf evangelischer Seite bereits zu Beginn des 20. Jahrhunderts begonnen hatte und auf katholischer Seite schließlich durch das Zweite Vatikanische Konzil seine ausdrückliche offizielle Zustimmung und Unterstützung fand; begonnen hatte er auch hier viel früher. Wesentlich motiviert war dieser Aufbruch durch die Rückbesinnung auf die leidenschaftliche Sorge Jesu selbst, dass die an sein Wort Glaubenden eins seien und blieben, damit die Welt glaube, dass er vom Vater gesandt sei (vgl. Joh 17, 21 ff.). Dass in der Tat die Zerrissenheit der Christenheit alles andere als zur Glaubwürdigkeit der von den Kirchen verkündeten Botschaft beiträgt, wurde insbesondere im Zuge ihrer missionarischen Tätigkeit in Gebieten, in denen eine Erstbegegnung mit dem christlichen Glauben stattfand, deutlich und damit eng verbunden ihr Versäumnis, sich den drängenden Herausforderungen zu stellen, mit denen die Menschheit konfrontiert war und deren Konfliktpotenzial sich in den verheerenden Kriegen mit globalen Ausmaßen entlud. Mit der Gründung des Weltrates der Kirchen 1948 in Amsterdam wollten die Kirchen ihren Beitrag dazu leisten, dass an die Stelle der gewaltsamen Abgrenzung und Auseinandersetzung endlich das Prinzip der Versöhnung und des friedlichen Streits miteinander trete.

Unverkennbar ist der ökumenische Prozess ins Stocken geraten – und das, obwohl auf der einen Seite theologisch fast alle kontroverstheologischen Punkte ab- bzw. aufgearbeitet worden sind und auf der anderen Seite die die Menschheit bedrängenden Herausforderungen kaum geringer geworden sind. Die Gründe für das Stocken sind vielfältig: Mittlerweile ist eine Generation groß geworden, die im Unterschied zu den

vorherigen von der rigiden Abgrenzung der Konfessionen untereinander und der Apologetik gegeneinander so gut wie nichts mehr mitbekommen hat. Das wirkt sich dahin
aus, dass an der „Basis" die interkonfessionellen Unterschiede so belanglos geworden
sind, dass es als nicht mehr der Mühe Wert erachtet wird, sich für ihre Überwindung
einzusetzen. Pointiert formuliert: Eucharistische Gastfreundschaft wird nicht gefordert, sondern – guten Gewissens – praktiziert. Umgekehrt scheint insbesondere auf
kirchenleitender Ebene derzeit die Beschäftigung mit ihren eigenen Problemen die
Aufmerksamkeit für andere Fragen weitgehend zu absorbieren, so dass das ökumenische Anliegen in den Hintergrund getreten ist. Zu gesellschaftlichen Problemen ist
man zwar nach Möglichkeit mit einer Stimme zu sprechen bedacht; das Problem ist
nur, dass es hierbei – wie anderswo auch – an einer Rückkoppelung mit der „Basis"
mangelt. Nicht zuletzt haben Vorgänge jüngeren Datums vor allem vonseiten der katholischen Kirche nicht unbedingt zur weiteren Förderung des für eine Zusammenarbeit notwendigen Vertrauens beigetragen[43]; unverkennbar ist weithin ein Bemühen erkennbar, sich stärker auf die je eigene konfessionelle Identität zurückzubesinnen und
sie forcierter herauszustellen.

Gleichwohl gibt es zur Ökumene keine Alternative, jedenfalls um der Kommunikation des Evangeliums willen nicht. Und es lassen durchaus auch ökonomische Aspekte
dafür sprechen, in den verschiedensten Bereichen und insbesondere bei der Wahrnehmung der gesellschaftlichen Verantwortung verstärkt eine Kooperation über die Kon-
fessionsgrenzen hinweg zu suchen und zu praktizieren. Die Modelle, die das schon
längst mit gutem Erfolg praktizieren, sind unzählig und stellen von daher ein gewichti-
ges Argument für eine konsequente ökumenische Zusammenarbeit an möglichst vielen Orten dar (vgl. 145).[44]

Von daher ergibt sich eine spezifische Aufgabenstellung für die praktische Theologie, für solche Orte gelebter Ökumene besonders aufmerksam zu sein und ihnen die
theoretische Unterstützung und Begleitung zukommen zu lassen, auf die sie um ihrer
Praxis willen angewiesen sind (vgl. 125 u. 126). Weil das elementar mit der Glaubwürdigkeit der Bezeugung und Kommunikation des Evangeliums unter heutigen gesellschaftlichen Bedingungen zu tun hat, muss sich die Praktische Theologie (nach Möglichkeit natürlich mit allen anderen theologischen Disziplinen) zum Anwalt eines
Weitergehens der ökumenischen Bemühungen in Theorie und Praxis machen (vgl. 84).
Dazu ist verstärkt auch eine vergleichende praktische Theologie (in Fortführung der
Konfessionskunde) auszubilden, die weniger normativ als viel mehr empirisch die
unterschiedlichen Gegebenheiten in den Kirchen – vorrangig etwa mit Blick auf die
Amtsfrage – in ihren Auswirkungen für das kirchliche Handeln erhebt und so genauer
gegenseitig abwägen lässt. Die Voraussetzungen für eine solche ökumenische Ausrichtung der praktisch-theologischen Forschung und Theoriebildung sind nicht schlecht,
weil auf wissenschaftlicher Ebene die Kooperation miteinander erfreulich weit gedie-
hen ist, was nicht heißt, dass sie nicht noch verbesserungsfähig wäre.[45]

Mindestens ebenso bedrängend wie der Dialog und die Zusammenarbeit zwischen
den christlichen Konfessionen ist für das kirchliche Handeln „von unten an aufwärts"
die Tatsache geworden, dass die Präsenz auch anderer Religionen für das alltägliche

Bild der hiesigen Gesellschaft selbstverständlich geworden ist.[46] Damit geht ein enormes Konfliktpotential einher, das in diffusen Ängsten vor dem Fremden seine Wurzeln hat und nicht nur von politisch extremen Gruppierungen genutzt wird, um die eigenen Interessen durchzusetzen. Dem entgegenzuwirken und ein gedeihliches Zusammenleben zu fördern, ist darum ein zentrales Anliegen, das gerade auch aus den Reihen der Religionen heraus intensiv verfolgt wird. Das beginnt mit dem Bestreben, sich gegenseitig näher kennen zu lernen, und reicht bis dahin, dass, wo das möglich und notwendig ist (etwa aus Anlass von kriminellen Ereignissen mit religiösen Implikationen), gemeinsam religiös praktiziert wird (insbesondere in Form von gemeinsamen Gebeten). In der Tat können die Religionen nicht unerheblich dazu beitragen und haben sie dazu beigetragen, dass durch ein friedliches Miteinanderleben auf religiöser Ebene das soziale Klima insgesamt sowohl im Nahbereich als auch weltweit gefördert und gestärkt wird. Dazu sind vor allem Begegnungen und Dialoge zwischen bzw. unter den Angehörigen verschiedener Religionen (sowohl bilateral als auch multilateral) erforderlich, in denen die Beteiligten ganz konkret voneinander lernen und so die Andersheit der anderen besser zu respektieren vermögen, aber auch für die eigene Religiosität eine Bereicherung erfahren können.[47]

Dieser Aufgabe hat sich bislang vorrangig und mustergültig die Religionspädagogik angenommen;[48] die anderen praktisch-theologischen Disziplinen haben auf diesem Gebiet noch Nachholbedarf. Mit Nachdruck ist in diesem Zusammenhang die Verantwortung einzuschärfen, die der theologischen Ausbildung zukommt. Hat diese doch nicht nur für einen Dienst in kirchlichen oder kirchlich vermittelten Handlungsfeldern, sondern auch für einen Dienst in der gesellschaftlichen Öffentlichkeit, in der von dem ausgebildeten Theologen oder der ausgebildeten Theologin nicht zu Unrecht erwartet wird, in Sachen Religion Bescheid zu wissen, jedenfalls besser als es durchschnittlich der Fall ist, und auf diesem Gebiet professionell agieren zu können.

4.6 Zur Organisation von Kirche als Institution

Die Kirche ist dazu gesandt, mit den Menschen das Evangelium zu kommunizieren; entsprechend besteht auch ihr eigener Wesensvollzug in der Kommunikation des Evangeliums. Von dieser Grundperspektive lässt sich die hier konzipierte Praktische Theologie leiten. Zum Schluss ist sie nochmals einer Bewährungsprobe zu unterziehen, ob sie tatsächlich für alles kirchliche Handeln als sinnvolle Leitorientierung in Anschlag gebracht werden kann. Ist Kommunikation nicht grundsätzlich etwas Prozesshaftes, ständig in Bewegung Begriffenes? Bedarf es aber nicht, um so etwas überhaupt zu ermöglichen und vor allem um es nicht bloß zu einem Augenblicksereignis werden zu lassen, der Absicherung und somit struktureller Elemente, die als solche einer gewissen Statik bedürfen? Doch kann möglicherweise dieses statische Moment wiederum ein solches Gewicht annehmen, dass es dem, was es in Bewegung setzen soll – im Fall der Kirche also der Kommunikation des Evangeliums – eher im Wege steht als es fördert?

4.6.1 Ein institutionelles Dilemma

Wie jede andere Religion ist auch die Kirche mit dem in diesen Fragen zum Ausdruck kommenden Dilemma konfrontiert. Schematisch sind in der Religionssoziologie im Anschluss an M. Weber (vgl. 524, 691–1102) drei Entwicklungsstadien im Prozess der Ausbildung einer Religionsgemeinschaft rekonstruiert worden (vgl. 519, 13–41; vgl. auch 450 u. 489). Am Anfang steht ihr charismatischer Gründer, der durch sein Leben im Tun und Reden etwas ausstrahlt, was die Menschen, die mit ihm in Berührung kommen, als für sie höchst Bedeutsames, als ihr Heil erfahren und sie in Bann zieht. Diese Vermittlung von Heil droht mit dem Tode des Gründers verloren zu gehen und muss darum, soll sie weiterhin erfolgen, auf andere Weise abgesichert werden, in der Regel dadurch, dass die, die in der unmittelbaren Umgebung des Gründers gelebt und ihn auf seinen Wegen begleitet haben, über eine besondere Autorität verfügen und sie ihnen zuerkannt wird, das Zeugnis des Gründers lebendig zu halten und dass diese ersten Zeugen ihrerseits dafür Vorsorge treffen, dass dieses Zeugnis durch andere von ihnen in die Tradition Eingewiesene authentisch weitergegeben wird. Im Laufe der weiteren Entwicklung – vor allem wenn die Religionsgemeinschaft größer wird – kommt es dazu, dass um der Weitergabe des Ursprungzeugnisses willen Vorkehrungen getroffen werden, materielle ebenso wie ideelle, die ihrerseits eigene „Betriebe" erforderlich werden lassen, die zwar möglichst zweckmäßig auszugestalten sind, aber ein bestimmtes Maß an Aufmerksamkeit und damit an Kräftebündelung in Anspruch nehmen; es kommt zu dem, was M. Weber im Unterschied zur „charismatischen Herrschaft" und zur „traditionalen Herrschaft" als „bürokratische Herrschaft" bestimmt hat.

Zur entscheidenden Frage wird es dann in der Tat, ob und inwiefern durch die im Zuge dieser Entwicklung gewachsenen Strukturen hindurch noch das Ursprungszeugnis erkennbar bleibt oder nicht. Um die Möglichkeit dessen aufzuzeigen, sind verschiedene Theoriekonzepte entwickelt worden. Ein bestimmtes Verständnis von „Hierarchie", nämlich Hierarchie als heilige Ordnung, begünstigte die Vorstellung von der Kirche als „perfekter Institution", die vor allem in der katholischen Kirche in ihrer gegenreformatorischen und gegenaufklärerischen Apologetik großen Einfluss gewann und der als maßgebliche Auffassung zugrunde lag: Die Kirche ist göttliche Stiftung und mit einer göttlichen, d. h. wahren und somit alle Zeit gültigen Ordnung ausgestattet; von daher wohnt ihr eine Vollkommenheit inne, die sie weit über alle anderen gemeinschaftlichen und gesellschaftlichen Gebilde herausragen lässt und diesen zum Vorbild gereicht (vgl. 234, 17 ff.). Neben der soziologischen Einsicht in die Zeitbedingtheit dieses Kirchenmodells hat spätestens das Zweite Vatikanische Konzil, wie aufgezeigt[49], ihm auch seine theologische Unangemessenheit bescheinigt. Im zwischendisziplinären Diskurs zwischen Soziologie und Theologie sind in neuerer Zeit dem skizzierten institutionellen Dilemma Rechnung tragende ekklesiologische Modelle zu entwickeln versucht worden (vgl. 516; 523), unter anderem von J.B. Metz das Verständnis der Kirche „als Institution der kritischen Freiheit des Glaubens" (vgl. 459, bes. 107–116.122–127; vgl. auch 460). Es geht aus von der Erfahrung, dass für das menschliche Leben und Zusammenleben konstitutive Momente wie gerade das der Freiheit, selbst wenn sie einen epochalen Durchbruch erlebt haben, so dass sie im Bewusstsein der Menschheit nicht mehr rückgängig zu machen sind, dennoch höchst gefährdet sind und bleiben und dass sie darum ihrerseits auf eine gewisse institutionelle Absicherung angewiesen sind. Dazu bedarf es im Unterschied zu den hinlänglich vertrauten institutionellen Ausformungen, die eher als Bestandswahrung und Herrschaftssicherung bedacht sind als auf permanente selbstkritische Infragestellung, Institutionen eigener Art („zweiter Ordnung"), für die das Moment der Selbstkritik und das Bewusstsein der eigenen Vorläufigkeit konstitutiv ist, weil sie für nichts anderes da sind, als der Freiheit – sowohl in den eigenen Reihen als auch in der Gesellschaft insgesamt – zum Zuge zu verhelfen. Wenn Glauben jüdisch-christlichem Verständnis zufolge in der Zuversicht besteht, sein Leben auf eine absolute Freiheit, die zugleich bedingungslose Liebe schenkt, gründen zu können, dann legt es sich nahe, dass seine Institutionalisierung in der Gemeinschaft der Glaubenden nur nach dem Modell einer selbstreflexiven Institution erfolgen kann.

Mit Blick auf ihre empirische Vorfindlichkeit kann es allerdings Mühe bereiten, der Kirche zu bescheinigen, sie realisiere sich nach der Weise einer Institution der kritischen Freiheit des Glaubens und habe dieses immer getan. Vielmehr erscheint seit ihren Anfängen eine eigentümliche Spannung für den geschichtlichen Weg der Kirche kennzeichnend, eine Spannung, die nicht selten auch zu Spaltungen geführt hat. Auf der einen Seite ist es leicht nachvollziehbar, da gewissermaßen „sozialwüchsig", dass die sich bildende christliche Gemeinde und später die sich mehr und mehr gesellschaftlich etablierende Kirche für die Ausgestaltung ihrer eigenen Sozialformen auf Modelle aus ihrem sozialen Kontext zurückgriffen und sich mehr oder weniger verändert zu eigen gemacht hat. Auf der anderen Seite ist es immer wieder – spätestens seit den Anfängen des Mönchtums – zu entschiedenen Protesten gegen solche als „reine Anpassungen" abgelehnten Weisen der „Verweltlichung" von Kirche gekommen, die in Bemühungen, in zu den dominierenden Tendenzen alternativer Weise Christsein miteinander zu leben, ihren Ort und Ausdruck fanden. Mit Blick auf eine mögliche Versöhnung dieser Spannung gibt die bisherige Christentumsgeschichte keinen Anlass zu einem allzu großen Optimismus.[50]

Sollte eine solche resignative Schlussfolgerung das letzte Wort behalten, wäre das allerdings verhängnisvoll. Denn das „institutionelle Dilemma" der Kirche hat in der Gegenwart nochmals eine besondere Brisanz gewonnen, die ihre Auswirkungen in einer sich als dramatisch zuspitzend empfundenen Krisensituation zeitigt[51]: In der öffentlichen Wahrnehmung steht die institutionell-organisatorische Seite der Kirche derzeit stark im Vordergrund. Genau diese Seite ist es jedoch, die auf viele Zeitgenossen eher befremdend als einladend wirkt und die die sog. „Weitergabe des Glaubens" erheblich erschwert, wenn nicht gefährdet. Das hat mehrere Gründe, die teils mit den bereits erwähnten gesellschaftlichen Entwicklungstendenzen der Individualisierung und Enttraditionalisierung, mit dem Anspruch des Individuums auf seine Freiheit gerade in Fragen der sinnvollen Lebensorientierung zusammenhängen. Teils sind sie aber auch von den Kirchen selbst verursacht bzw. mitverursacht: Für die katholische Kirche sind u. a. ihre lange Zeit strikt betriebene Ablehnung der neuzeitlichen Freiheitsgeschichte gegenüber zu nennen sowie die von ihr verfolgte Strategie der „Verkirchlichung des

Christentums" (F.-X. Kaufmann), die das kirchliche Leben immer stärker reglementieren und zentralisieren ließ und auf seine völlige Uniformierung unter Vorgabe und alleiniger Verantwortung der Hierarchie bedacht war (vgl. 505). Emanzipations- und Pluralisierungsansätze wurden bereits im Keim erstickt oder exkommuniziert. Eine als „Amtskirche" waltende Kirche hat ihrerseits somit eine Exklusion aus dem Christentum begünstigt (vgl. 124, 364 ff.).

Obwohl auf katholischer Seite offiziell das Zweite Vatikanische Konzil eine im wahren Sinn des Wortes Re-form dieses verhängnisvoll reduzierten Kirchenverständnis vorgenommen hat, wirkt es, wie die nachkonziliare Entwicklung zeigt, offensichtlich in der Mentalität nicht weniger für diese Kirche besondere Verantwortung Tragenden fort. Das hat dazu geführt, dass es inzwischen über die Frage des Weges und der Gestaltung der Kirche auf Zukunft hin zu massiven offenen Auseinandersetzungen gekommen ist und kommt. Das nötigt immer wieder zu Kompromissen, die sich nicht gerade als zukunftsfähig erweisen.

Was angesichts dieser teilweise verfahrenen Situation not-wendig ist, ist eine grundsätzliche Verständigung darüber, welche Reformen die Kirche auch an ihrer eigenen institutionellen Gestalt vornehmen muss, um der Kommunikation des Evangeliums in den eigenen Reihen und darüber hinaus nicht ihrerseits unnötigerweise im Wege zu stehen. Ergänzend zu dem, was dazu bereits zum kirchlichen Handeln auf individueller und auf gemeindlicher Ebene ausgeführt worden ist, seien hier noch zwei Problembereiche, die derzeit auf kirchenleitender Ebene besonders drängend sind, aufgegriffen und wenigstens kurz in ihren grundsätzlichen Aspekten umrissen: zum einen die Frage der Leitung und Verantwortung in der Kirche, zum anderen die der Kirchenentwicklung.

4.6.2 Leitung und Verantwortung in der Kirche

Die Problematik der Kirchenleitung oberhalb der Gemeindeebene stellt in der Praktischen Theologie ein vernachlässigtes Thema dar, obwohl (wie sie im evangelischen Raum genannt wird) die „Kybernetik" als Lehre vom Amt und der Kirchenverfassung traditionell zu einer ihrer Teildisziplinen zählt. Weil in der katholischen Kirche dieser Bereich rechtlich stark reguliert ist, ist die Befassung mit dieser Dimension kirchlichen Handelns weitgehend dem Kirchenrecht überlassen worden. Hinzu kommt, dass Leitung oberhalb der gemeindlichen Ebene sich als ein dermaßen komplexer Vorgang darstellt, dass nur mühsam in ihn Einblick zu gewinnen ist, geschweige denn dass er theoretisch leicht zu erfassen wäre.

Eine rechtlich vorgegebene Ordnung ist zwar sinnvoll und hilfreich, um etwa die Aufgaben verschiedener Leitungsorgane voneinander abzugrenzen bzw. zueinander in Beziehung zu setzen, um die jeweiligen Aufgaben und Pflichten mitsamt den Befugnissen festzulegen etc. Aber Leitung umfasst mehr als rechtliche Aspekte. Leitung hängt zwar auch, aber nicht nur mit dem kirchlichen Amt zusammen, so dass auch in der jeweiligen konfessionellen Amtstheologie nur ein begrenztes Spektrum von Aspekten behandelt wird.

Umfassender gesehen hat es Leiten mit der verantwortlichen Koordination aller Maßnahmen zu tun, die dazu beitragen, dass eine Gruppe oder ein größeres soziale Gebilde die (von) ihnen gesetzten Ziele erreicht und die dafür erforderlichen Aufgaben in (mehr oder weniger) aufeinander abgestimmter Weise durchführt. Im Einzelnen geht es dabei um die Fragen, wie Ziele gefunden werden, wie es zur Entscheidung darüber kommt, wie die einzelnen Aufgaben bestimmt werden und wie vereinbart wird, wer mit welcher Aufgabe betraut wird, wann und wie welche Absprachen getroffen werden etc. Da an der Leitung immer Personen beteiligt sind und sie Personen betrifft, ist Leitung ein höchst interpersonales Geschehen, das stark auch von Faktoren bestimmt ist, die rational nur bedingt steuerbar sind, vor allem wenn es sich um solche handelt, die aus dem Unbewussten der Beteiligten und Betroffenen herrühren.

Weil Leitung ein Vorgang ist, der in fast allen Bezügen menschlichen Zusammenlebens vorkommt und vor allem für größere soziale Bezüge von eminenter Bedeutung ist – man denke etwa an die Bereiche Politik und Wirtschaft –, sind die verschiedensten Wissenschaften damit befasst, ihn einerseits in seiner Komplexität zu durchdringen und die verschiedensten daran beteiligten Faktoren differenziert zu erfassen sowie andererseits die so gewonnenen Einsichten für die Ausübung von Leitung nutzbar zu machen. Die neuere Leitungsdebatte innerhalb der praktischen Theologie ist stark von diesem interdisziplinären Diskurs angeregt (vgl. 162; 187; 210).[52]

Dabei muss es auch einer Theorie der kirchlichen Leitung immer um beide Aspekte zu tun sein: um eine kritische Analyse der Leitungspraxis sowie um die Erarbeitung von sowohl theologisch verantwortbaren als auch praktisch umsetzbaren Empfehlungen zur Ausübung von Leitung. Der erste Aspekt ist nicht zuletzt deswegen wichtig, aber ein zugleich heikles Thema, weil in der Kirche gern die Besonderheit ihrer Ordnung in Anschlag gebracht wird und damit selbst noch Vorgänge, die anderswo etwa als rücksichtslose Verfolgung von Machtinteressen aufgedeckt und benannt würden, gern entweder kaschiert oder gar ideologisch verbrämt werden. So bekommt man beispielsweise bis heute gern von betroffener Seite zu hören, Hierarchie habe mit Macht und deren Ausübungen nichts zu tun, sondern mit hingebungsvollem Dienst und der von Christus dazu verliehenen Vollmacht. Das Vertrackte dabei ist, dass, wie Analysen zeigen, die sog. „Pastoralmacht" (M. Foucault) eine besonders sublime Weise der Machtausübung darstellt, mit der bei den Betroffenen das für sie Beste bewirkt werden soll, aber nicht selten faktisch das Gegenteil dessen erreicht wird (vgl. 253).

Ebenso wie die Kirche in ihrer institutionellen Sozialform jeweils auch von den zu einer Zeit gängigen religiösen sowie „profanen" Sozialformen mitbeeinflusst wird, wird auch ihr Verständnis und ihre Praxis von Leitung von ihrer Umgebung mitgeprägt; das heisst, dass es keine zeitunabhängige und kontextlose Leitungsform in der Kirche gibt. Wo deswegen die Art der kirchlichen Leitung in unübersehbarem Widerspruch zur gängigen Leitungsform in den übrigen gesellschaftlichen Bereichen gerät, heißt das zwar nicht unbedingt, dass sie sich einfach dem gängig Gewordenen anzupassen hätte, sehr wohl aber zu prüfen, ob der Gegensatz aus der Grundverfassung der Kirche herrührt, also vom Evangelium her vor- und aufgegeben ist oder ob es sich um etwas historisch Gewordenes handelt, das also kontingent und von daher veränderbar ist. Eine Änderung ist dann umso notwendiger, wenn eine Art der Leitung praktiziert wird, die sich nicht nur als für ein an einen partizipativen Leitungsstil gewöhntes zeitgenössisches Bewusstsein ungleichzeitig darstellt, sondern die auch mit der Grundintention des Evangeliums nur schwerlich zu vereinbaren ist. Auch wenn hinsichtlich der Leitungspraxis in den verschiedensten gesellschaftlichen Bereichen noch vieles zu verbessern ist, ist zu würdigen, dass sich im Zuge der neuzeitlichen Freiheitsgeschichte ein Bewusstsein durchgesetzt und bis in die Verfassungen hinein seinen Niederschlag gefunden hat, das darum bemüht ist, die Menschenwürde und -rechte jedes Einzelnen zu garantieren und das Gemeinwohl aller zu sichern, und darum jegliche willkürliche Herrschaft eines einzelnen oder weniger über die anderen als illegitim verhindert. Solange in der Kirche etwa solche institutionellen Vorkehrungen wie die Gewaltenteilung nicht getroffen oder Prinzipien wie etwa die Gleichberechtigung von Mann und Frau nicht uneingeschränkt anerkannt und praktisch beherzigt werden, darf sie sich nicht wundern, wenn in ihr viele Zeitgenossen keine Institution der Freiheit zu erblicken vermögen. Und was für sie noch gravierender ist: Sie begibt sich der Chance, sich auf ureigene Prinzipien, die ihr vom Evangelium her zukommen, stoßen zu lassen (vgl. 487).

Dabei ist es keineswegs so, dass es um die Leitungspraxis in der Kirche derzeit äußerst schlecht bestellt ist. Das Problem ist aber, dass die Frage des Leitungsstils stark von den Personen abhängig ist, die sie ausüben; die Bandbreite reicht von einem partizipativen Umgang mit allen Betroffenen bis hin zu einem autoritären Sich-Durchsetzen. Sicher wird sich eine persönliche Note in der Art der Leitung nicht wegnehmen lassen; sie gehört dazu. Aber es darf nicht dem Zufall überlassen bleiben, ob die Betroffenen es mit einem charismatischen oder einem traditionalen oder einem bürokratischen Herrschaftstypen zu tun haben. Hier gilt es, angeregt durch die „profane" Leitungs- und Herrschaftskultur einerseits und im Ernstnehmen des durch die Rückbesinnung auf die Bibel zurück gewonnenen Selbstverständnisses der Kirche als „Volk Gottes" sowie als „Gemeinschaft" vor aller Differenzierung in Klerus und Laien andererseits strukturelle Maßnahmen zu treffen, die es ermöglichen, Kirchenleitung nach der altkirchlichen Devise zu praktizieren, gemäß der alle über das zu befinden haben, was alle angeht – natürlich auch mit der Konsequenz, dass alle ihrem Vermögen entsprechend für die Umsetzung dessen einzustehen haben (vgl. 201). Die verbindliche Einrichtung dem gebührend Rechnung tragender synodaler Strukturen in der Kirche, die gemäß der paulinischen Gemeindestruktur es ermöglichen, dass alle Getauften ihre je eigenen Charismen zur Auferbauung des Ganzen einbringen können, ist auf katholischer Seite längst überfällig. Mit ihnen gemachte Erfahrungen zeigen, dass die Befürchtung, so etwas würde auf eine Nivellierung der unterschiedlichen Zuständigkeiten und Verantwortlichkeiten in der Kirche hinauslaufen, unbegründet ist. Vielmehr ist das Gegenteil der Fall: Dadurch, dass die Willensbildung und Entscheidungsfindung dialogisch und somit transparent erfolgen, statt verschleiert zu werden, gewinnt die Autorität[53] in der Kirche eine neue Glaubwürdigkeit und Vertrauensbasis (vgl. 53 u. 209).

4.6.3 Kirchenentwicklung

Wie zu Beginn des 3. Kapitels ausgeführt, befindet sich die katholische Kirche ähnlich wie die protestantische (vgl. 205)[54] derzeit in einer äußerst kritischen Situation hinsichtlich der Frage, wie es mit ihr weitergehen kann: Die Zahl der Priester hat sich drastisch vermindert und geht immer weiter zurück; der Anteil der Gläubigen, die sich aktiv am kirchlichen Leben beteiligen, ist geringer geworden; und schließlich schrumpfen die zur Verfügung stehenden finanziellen Mittel. Um einen Ausweg aus diesen Dilemmata zu finden, reicht es nicht aus, alles so weiter machen zu wollen wie bisher, nur auf einer den veränderten Verhältnissen angepassten Stufe; sondern es sind tiefer reichende Eingriffe vonnöten, die schmerzlich sein können, weil manches aufzugeben ist, was aufgrund der Ressourcen nicht länger unterhalten werden kann. Die Kirche ist gezwungen, eine Prioritätenliste zu erstellen, in der ihre Dienste entsprechend ihres Stellenwertes für die Kommunikation des Evangeliums gewichtet und in einer Reihenfolge angeordnet sind.

Eine solche Aufgabe ist insbesondere auf kirchenleitender Ebene anzugehen und durchzuführen. Aber auch fällige Veränderungen auf gemeindlicher Ebene müssen sorgfältig geplant und durchgeführt werden; werden doch davon häufig manche den Betroffenen lieb gewordene Gewohnheiten tangiert. Um das möglichst sachgemäß zu leisten, liegt es nahe, auf das Sachwissen, das im Zuge von strukturverändernden Maßnahmen in anderen gesellschaftlichen Bereichen, vorrangig in der Wirtschaft erworben worden ist, zurückzugreifen. In den Sozialwissenschaften sowie in der Betriebswirtschaftslehre haben sich eigene Disziplinen ausgebildet, in denen Konzepte und Instrumentarien der Supervision sowie der Organisationsberatung und Organisationsentwicklung für eine professionelle Anwendung erarbeitet worden sind und immer weiter verfeinert werden.

Gegen anfängliche Widerstände haben sie mittlerweile weithin Eingang auch in die kirchliche Praxis gefunden. Dass es eigenes geschultes Personal für Supervision von haupt- und ehrenamtlichen Mitarbeitern und Mitarbeiterinnen und für Gemeindeberatung gibt und dass in diesen Bereichen auch eine breite Palette an Fortbildungsmöglichkeiten besteht, ist in den meisten Diözesen zur Selbstverständlichkeit geworden (vgl. 246). Weniger auf gemeindlicher Ebene als auf übergeordneter kirchenleitender Ebene bedient man sich vermehrt auch des professionellen Know-hows von außen, indem etwa eine Unternehmensberatungsfirma herangezogen wird, um sich Vorschläge etwa für eine effektivere und zugleich kostengünstigere Struktur der eigenen Kirchenleitungsbehörde erarbeiten zu lassen.

Genau gegenüber dieser Zuhilfenahme von stark betriebswirtschaftlich ausgerichteten Denk- und Handlungsmustern gibt es jedoch auch starke Vorbehalte und Widerstände, angefangen mit der Kritik, dass auf diese Weise einseitig der Kirchenleitung zugearbeitet würde, bis hin zu der prinzipiellen Frage, ob die Kirche mit einem nach wirtschaftlichen Erfolgskriterien arbeitenden Unternehmen vergleichbar sei. In der Tat sind das ernst zu nehmende Probleme, die letztlich die Frage nach dem Verhältnis von theologischer und ökonomischer Rationalität aufwerfen lassen. Worum es dabei geht, hat M. Dargel mit folgender Fragen auf den Punkt gebracht: „Kann es gelingen, die Organisation Kirche auch mithilfe entsprechend angepasster und veränderter betriebswirtschaftlicher Instrumente zu formen – ohne zugleich dem betriebswirtschaftlichen Formalziel, dem Erhalt der Organisation (im Profit-Bereich durch Gewinnerzielung, im Non-Profit-Bereich durch Mitgliedererhalt) den eschatologischen Vorbehalt zu opfern, der für die Organisation Kirche immer präsent sein muss, wenn sie Kirche Jesu Christi sein will?" (177, 294).

Die Praktische Theologie steht erst in den Anfängen, sich dieser Frage ernsthaft anzunehmen.[55] Auf praktischer Ebene versucht man, sie pragmatisch zu lösen, etwa indem argumentiert wird, die Unternehmensberatung richte sich nur auf äußerliche, also kontingende Sachverhalte der Organisation von Kirche und tangiere nicht ihr eigentliches Wesen, ihr Proprium (vgl. 230). Genau diese vermeintliche Lösung ist jedoch für beide Seiten unbefriedigend. Denn die Unternehmensberatung stößt möglicherweise auf strukturelle Mängel in der kirchlichen Praxis, die dysfunktionale Auswirkungen haben und nach Maßgabe ihrer ökonomischen Kriterien konsequent verändert werden müssten, sollte eine nachhaltige Verbesserung erreicht werden; sie kann das jedoch nicht veranlassen, weil die Kirchenleitung etwa mit dem Vermerk, hierbei handele es sich um ein unveränderliches Essential von Kirche, Einspruch erhebt. Oder aber kirchlicherseits kommt es unversehens dazu, Empfehlungen der Unternehmensberatung zur normativen Instanz zu erheben, weil sie erfolgreich die bestehenden Mängel zu überwinden versprechen. Kirchenentwicklung verkommt so leicht zu einer Kriseninterventionsstrategie im Sinne einer mühsamen Aufrechterhaltung des status quo.

Was darum unabdingbar ist, ist, es zu einem kritischen und konstruktiven Austausch zwischen beiden Seiten und den beteiligten Wissenschaften, also der Theologie und etwa der Betriebswirtschaftslehre, kommen zu lassen, was voraussetzt, dass sie in einem paritätischen Verhältnis zueinander stehen und die eine Seite nicht länger als bloße „Hilfeleistung" und „Hilfswissenschaft" in Anspruch genommen wird. Das würde bedeuten, dass um der Kirchenentwicklung willen grundsätzlich alles in Frage gestellt und erörtert werden kann und es keine Tabus gibt, an die man nicht rühren darf. So ist es etwa der Betriebswirtschaftslehre zuzugestehen, dass sie freimütig die Amtsstruktur in der römisch-katholischen Kirche problematisiert, wenn sie aus ihrer Perspektive heraus zu dem Schluss kommt, dass diese Struktur gegenwärtig dysfunktional zur Erfüllung des kirchlichen Auftrages steht. Die Theologie etwa hat dann ihrerseits die Chance zu prüfen, wie sehr die überkommene Amtsstruktur für das Kirchesein konstitutiv ist oder ob es einen Spielraum zur Veränderung gibt. Umgekehrt hat die Theologie gegenüber der Betriebswirtschaftslehre Einspruch zu erheben, wenn sie feststellt, dass sublim eine bestimmte ökonomische Rationalität sich anschickt, nunmehr auch die Kirche zu vereinnahmen.

Wie ein solcher inter- bzw. multidisziplinärer Dialog aussehen kann, hat der Nijmegener Praktische Theologe J.A. van der Ven in seiner „Kontextuellen Theologie" aufgezeigt – ein Buch, das in der aktuellen Kirchenentwicklungs-Debatte im deutschsprachigen Raum bisher nicht die ihm gebührende Achtung gefunden hat (vgl. 259). In seinem 2. Teil geht er im einzelnen die vorher im Anschluss an das AGIL-Schema von

T. Parsons bestimmten Kernfunktionen der Kirche – Identität, Integration, Politik und Verwaltung – durch, und zwar so, dass er sozialwissenschaftliche und theologische Perspektiven in ein wechselseitig sich befruchtendes Verhältnis bringt: Die Frage der Identität der Kirche wird in den epochalen Kontext der Säkularisierung hineingestellt, und es wird aufgezeigt, wie dieser Prozess nicht nur von außen auf die Kirche einwirkt, sondern sie – und dies keineswegs bloß im negativen Sinne – in ihren eigenen Reihen durchwirkt. Dies gibt der Kirche Anlass zu einer kritischen Selbstreflexion und neuen Ortsvergewisserung, will sie nicht halsstarrig dabei verharren, ihre überkommene Erscheinungsform für sakrosankt erklären. Aus der theologischen Tradition erweisen sich dabei die Begriffe „Volk Gottes" und „Jesusbewegung" als heuristisch geeignet und als mit einer soziologischen Betrachtungsweise vereinbar. Nach einem ähnlichen Bauprinzip – der spannungsvollen Verschränkung von empirischer Realität und normativem Auftrag von Kirche[56] – sind die drei folgenden Kapitel zu den weiteren Kernfunktionen aufgebaut: Die Frage der Integration wird im Kontext der Individualisierung behandelt und auf den theologischen Topos „Leib Christi" bezogen. Die Frage der kirchlichen Politik (Leitung) wird auf den gesellschaftlichen Kontext des Nützlichkeitsdenkens (Utilisieren) bezogen und gewinnt ihre theologischen Konturen mithilfe der Metapher „Bauwerk des Geistes", der soziologisch am ehesten die Entwicklung der Kirche im Sinne einer innovativen Organisation korrespondiert. Und schließlich wird der Bereich der kirchlichen Verwaltung in den gesellschaftlichen Kontext des Kalkulierens (Gesetz des Angebots und der Nachfrage) hineingestellt und mit der theologischen Bestimmung „Kirche der Armen" kontrastiert; die darin einbeschlossene Spannung wird zwar nicht gelöst, aber so offen gelegt, dass mögliche Alternativen etwa im Umgang mit Geld oder bei der Qualitätsentwicklung der Kirche als Non-profit-Unternehmen mit einem transzendenten Ziel klarer werden und somit bewusster Optionen getroffen werden können.

Die anspruchsvolle Studie von J. A. van der Ven zeigt, dass es möglich ist, eine Ekklesiologie zu konzipieren, die auch die empirische Seite der Kirche erfasst und mit der dafür erforderlichen Verschränkung verschiedener wissenschaftlicher Perspektiven nicht zuletzt zu einer praktischen Orientierungshilfe für bislang theologisch vernachlässigte Bereiche in der Kirche werden kann. Wäre es darüber hinaus nicht denkbar, dass die bei einem solchen Unternehmen beteiligten nicht-theologischen Wissenschaften vonseiten der Theologie Impulse zur Kritik und Weiterentwicklung ihrer eigenen Paradigmen und Theoreme bekommen? Wie das aussehen könnte, sei abschließend mit Hinweis auf einige bislang in der Begegnung von Ekklesiologie und Ökonomie noch nicht hinreichend reflektierten Punkte umrisshaft zu skizzieren versucht:

(1) Wenn es zumindest problematisch ist, das in der Betriebswirtschaftslehre vorherrschende Beziehungsmodell von „Firma – Kunde" oder „Serviceunternehmen – Klient" auf die Kirche etwa im Sinne von „Kirche – Mitglieder" zu übertragen, weil ihrem Selbstverständnis entsprechend ihre Mitglieder Kirche sind, ist es nicht angemessen, das Instrument von Mitgliedschaftsbefragungen zum besseren Kennenlernen des der Kirchenleitung offensichtlich unbekannt gewordenen Wesens „Mitglied" einzusetzen.[57] Das impliziert nämlich unweigerlich, dass einseitig eine Auffassung von

Kirche, nämlich die der Kirchenleitung, normativ gesetzt und daran die Übereinstimmungen oder Abweichungen der „Mitglieder" festgemacht werden. Ob das deren Auffassung von Kirche entspricht oder wie diese aussieht, bleibt ungefragt. Nimmt man demgegenüber das theologische Theorem etwa des „sensus fidelium" oder des „Priestertums aller Gläubigen" ernst, kann nicht Befragung, sondern nur Dialog die angemessene Form eines innerkirchlichen kommunikativen Umgangs sein. Erst dann kann zum Zuge kommen, was Kirche ist: nicht eine uniforme, „von oben" gelenkte und unveränderliche Organisation, sondern eine pluriform zusammengesetzte und dauernd in Veränderung begriffene Basis-Bewegung, die ihre eigene Identität niemals in ihrem Besitz hat (vgl. 495). Insofern ist Kirchenentwicklung ein zutiefst spirituelles Unternehmen und entsprechend zu konzipieren: eine „innere" Erneuerung der Kirche mit „äußeren" Konsequenzen. Dass das kein idealistisches Postulat ist, dafür sei nochmals auf den Prozess verwiesen, in den sich die katholische Kirche Frankreichs in den letzten Jahren hineinbegeben hat.[58] Könnte das nicht die Frage nach angemessenen Befragungs- bzw. Kommunikationsinstrumenten auch in anderen gesellschaftlichen Bereichen aufwerfen?

(2) Statt Gefahr zu laufen, sich blindlings dem jeweils dominierenden Ökonomiemodell – zur Zeit wohl das neoliberalistische mit seinen Prinzipien der Globalisierung, Deregulierung u. a. m. – anzupassen, hat die Kirche die Chance, sich daran zu erinnern, dass es in der ihr zugrunde liegenden biblischen Tradition und auch in deren Wirkungsgeschichte bis heute immer wieder auch das Bemühen gegeben hat, der herrschenden Ökonomie Alternativen entgegenzusetzen, wenn diese etwa gegen grundlegende Erfordernisse der Gerechtigkeit verstieß (vgl. 456). Zumindest bei der Gestaltung ihres eigenen ökonomischen Bereichs kann sie um ihrer eigenen Glaubwürdigkeit willen nicht hinter das von ihr aus guten Gründen geltend gemachte Prinzip, dass die Wirtschaft um der Menschen willen da ist und nicht umgekehrt, zurückfallen. Wenn es ihr gelänge, das phantasievoll in verbindlichen Regelungen festzulegen[59], könnte sie zu einem Modell auch für andere gesellschaftliche Bereiche werden.

(3) Auch wenn es in systemtheoretischer Perspektive paradox erscheinen mag, gilt für die Kirche, dass ihr Rand oder ihre Ränder das Zentrum ihres Wirkens darstellen. Die Kirche ist nicht primär eine Organisation zur Befriedigung der religiösen Bedürfnisse der Menschen, vorab ihrer Mitglieder, die auf dem „religiösen Markt" mit anderen Organisationen konkurriert. Sondern die kirchliche Botschaft vom göttlichen Heil hat es mit dem ganzen Menschen und mit der Schöpfung insgesamt zu tun. Dem entspricht nicht ein bemächtigendes Handeln, das zu den bestehenden Abhängigkeiten und Zwängen noch weitere hinzufügt, sondern ein leidenschaftlich auf Freiheit hin ausgerichtetes Handeln, das sich mit der „Freude und Hoffnung, Trauer und Angst der Menschen von heute, besonders der Armen und Bedrängten aller Art" (GS 1) sowie der seufzenden Schöpfung (vgl. Röm 8,22) solidarisch verbunden weiß und sich von daher ihre jeweilige Tagesordnung bestimmen lässt.[60] Das steht im völligen Gegensatz zu einer Bestandsaufnahme aktueller gesellschaftlicher Trends, wie es in manchen rein ökonomisch angelegten Kirchenentwicklungskonzepten anzutreffen ist, die nämlich die Trends nur danach beurteilen, welche (zusätzlichen) Kosten sie für die Kirche ver-

ursachen. Und wenn sie der Kirche empfehlen, sich auch um die Schattenseiten, die mit den Trends einhergehen, zu kümmern, dann beziehen sie das allerdings nur auf die betroffenen individuellen Opfer, nicht auf deren strukturelle Ursachen. Theologisch gilt allerdings, wie bereits vermerkt: In einer immer globaler und immer rücksichtsloser und brutaler agierenden Konkurrenzgesellschaft hat sich die Kirche entschieden auf die Seite der „Loser" und „Excluidos" zu schlagen und für deren Menschenwürde einzutreten. Nach Maßgabe eines ökonomischen Kalküls mag das völlig irrational erscheinen. Auch ist kaum zu erwarten, dass die Kirche auf diese Weise attraktiver wird. Eine Kirche, in der die Armen fehlen, ist bestenfalls ein Verein religiös Gleichgesinnter, nicht jedoch Kirche im Geiste Jesu Christi.

Zusammenfassend ist festzuhalten: Als hierzulande immer noch große Organisationen und damit verbunden Arbeitgeberinnen für über eine Millionen Menschen stellen die beiden (Groß-)Kirchen in der Gesellschaft einen beträchtlichen ökonomischen Faktor dar. Damit kommt ihr eine Chance, aber auch eine Verantwortung zu: Ihr kann es nicht gleichgültig sein, nach welchen Prinzipien im wirtschaftlichen Bereich verfahren wird und wie sich das auf die übrige Gesellschaft auswirkt. Wirtschaften ist keineswegs bloß ein zweckgerichtetes, funktionales Handeln; sondern in ihm kommt Sinn zum Ausdruck, so wie es seinerseits Sinn prägt. Es lässt sich darum nicht fein säuberlich von dem kulturellen und dem religiösen Bereich der Gesellschaft trennen. Gerade die Kirchen müssen sich bis in ihr wirtschaftliches Handeln hinein dieser Zusammenhänge bewusst sein. Mehr noch: Sie müssen wissen und beherzigen, dass es sich hierbei für sie nicht um einen von der Kommunikation des Evangeliums ausgenommenen Bereich handelt; auch die Strukturen der Kirche „predigen". Von daher gilt es für die Kirchen, so zu wirtschaften, dass es ihrem Sinn nicht widerspricht – angefangen vom Umgang mit Geld und sonstigem Besitz bis hin zu ihrem Verhalten als Arbeitgeberin ihren Beschäftigten gegenüber.

Was in der Diskussionsgrundlage für den Konsultationsprozeß zum Sozialwort der Kirchen zum Verhältnis „Wirtschaft und Kultur" ausgesagt worden ist, gilt grundsätzlich auch für das Verhältnis von Wirtschaft und Kirche und trägt darüber hinaus Klärendes zum Verhältnis von ökonomischer und theologischer Rationalität bei: „Wirtschaft und Kultur stehen in enger gegenseitiger Wechselwirkung. Die Wirtschaftsordnung prägt Lebensordnungen, Wertvorstellungen, soziale Stellung und vieles anderes mehr. Zugleich ist die Wirtschaft auch abhängig von einer sie tragenden Kultur (Gemeinsinn, sozialer Friede, Motivation, Werte u.a.). Dieser weite Rahmen kennzeichnet das Maß der Verantwortung. Die Soziale Marktwirtschaft ist und muß eingebettet bleiben in die Gesamtgesellschaft und in die Kultur eines Volkes. Dabei muß die Wirtschaft auch ihre Grenzen wahren. Ihre ökonomischen Zwänge dürfen nicht in andere gesellschaftliche Lebensbereiche eindringen, in denen sie störend und zerstörend wirken. Dabei würde nämlich das wichtigste Gut, die zwischenmenschlichen Beziehungen, die Liebe und Treue, die Hingabe und Opferbereitschaft unter die Räder geraten. Eine Gesellschaft, in der nur noch Verdienst und Gewinn zählen, in der Wettbewerb und Macht die allein bestimmenden Größen sind, ist auf dem Wege, die Menschlichkeit, die Solidarität und die Verantwortung füreinander preiszugeben" (18, 51f.).

5. AUSBLICK: EINFORDERUNG VON KIRCHENREFORM ALS STÄNDIGER AUFGABE – EIN PRAKTISCH-THEOLOGISCHES UND PASTORALES VERMÄCHTNIS VON KARL RAHNER

„Die Zukunft der Kirche hat schon begonnen." So lautet die Überschrift des Bei-
trags von K. Rahner, mit dem das von ihm wesentlich inspirierte und mitkonzipierte
„Handbuch des Pastoraltheologie" schließt (vgl. 479a). Aus diesem Satz klingt eine Zuversicht, die heute, 35 Jahre später, selbst für viele engagierte Katholiken und Katholikinnen angesichts des von ihnen als in weiten Teilen desolat empfundenen Zustands
ihrer Kirche so kaum mehr nachvollziehbar ist. Im Gegenteil, nach einem hoffnungsvollen Neuaufbruch der katholischen Kirche, der für die junge Generation bereits Geschichte ist, sehen sich die diesem Reformprogramm Verpflichteten einem Rückschlag
nach dem anderen ausgesetzt. Dass daran auch andere als von der Kirche verursachte
Faktoren mitwirken, soll nicht in Abrede gestellt werden; sofern sie sich verallgemei-
nern lassen, sind sie in den vorausgegangenen Kapiteln benannt und erörtert worden.

Aber will die Kirche oder wollen die Kirchen nach Möglichkeit gemeinsam einer
solchen deprimierenden Entwicklung nicht das letzte Wort lassen, muss sie bzw. müssen sie alles in ihren Kräften Stehende tun, um zukunftsfähig zu werden. Genau darum
war es, wie es der eingangs zitierte Titel belegt, K. Rahner leidenschaftlich zu tun – als
Theologe, der sich einer Kirche im Sinne des Evangeliums zeitlebens verpflichtet und
verbunden fühlte (vgl. 91a). Aus dieser Haltung heraus hat er 1972 mit Blick auf die
Gemeinsame Synode der Bistümer in der Bundesrepublik Deutschland eine Schrift
veröffentlicht, das ihm heftige Kritik – bis hin zum unsäglichen Vorwurf, er zerstöre die
Kirche und den Glauben – eingebracht hat. Dabei hat K. Rahner in diesem Buch mit
dem Titel „Strukturwandel der Kirche als Chance und Herausforderung" (vgl. 244)[1]
nichts anderes getan, als diesen längst im Gang befindlichen Wandel nüchtern zu be-
obachten, zu analysieren und daraufhin theologisch verantwortete Vorschläge für eine
fällige Reform der Kirche zu unterbreiten. Wie eine Kirche der Zukunft gedacht werden könne, hat er dabei in fünf Leitbegriffen formuliert, an die im Folgenden nochmals
erinnert werden soll (vgl. ebd., 99–141):

– „Offene Kirche": Rahner postuliert hier einen Auszug der katholischen Kirche
aus ihrer unreflektierten, aber umso wirksameren „Ghettomentalität" und ihre konsequente Öffnung auf den geistigen Pluralismus der Zeit hin. Man müsse es dabei in
Kauf nehmen, so räumt er freimütig ein, dass dann die Grenzen der Rechtgläubigkeit
der Mitglieder der Kirche nur noch sehr schwer genau zu ziehen seien. Aber wenn man
das tue, dann würde man alle diejenigen ausschließen, die Interesse am Evangelium
und am Glauben haben, aber zögern oder es ablehnen, sich auf eine Totalidentifikation
mit der Kirche einzulassen. Rahner wäre missverstanden, wenn man ihm unterstellt, er
plädiere hier für eine Öffnung in die Beliebigkeit; ihm geht es sehr wohl um einen am

Evangelium Maßstab nehmenden Glauben, der allerdings von nicht notwendigem Ballast befreit ist.

– „Ökumenische Kirche“: Um der gebotenen ökumenischen Zielsetzung willen macht Rahner den Vorschlag, zwar weiterhin und ernsthaft die Möglichkeit einer glaubensmäßigen und theologischen Einheit der Kirchen zu betreiben, aber nicht darauf zu warten, bis es dazu gekommen ist, sondern bereits jetzt schon jener institutionellen Einigung auch „offiziell“ stattzugeben, wie sie in den Köpfen und Herzen der Mehrzahl der Gläubigen schon längst Platz gegriffen habe.

– „Kirche von der Basis her“: Nicht die herkömmliche Volkskirche habe Zukunft, sondern die Kirche, „die sich von unten her durch Basisgemeinden freier Initiative und Assoziation aufbaut“ (ebd., 115) und die durch ein Netzwerk solcher Basisgemeinden „in Einheit mit der bischöflichen Großkirche“ (ebd., 118) gebildet wird. Diese Gemeinden von unten hätten das Recht auf einen auch von der Großkirche approbierten Leiter oder eine Leiterin, der oder die der Vorsitz in der Eucharistiefeier zukomme. Fragen des Lebensstils (Zölibat) oder der Geschlechtszugehörigkeit seien gegenüber diesem Grundrecht der Gemeinden auf Leitung und Eucharistie ganz klar nachgeordnet; theologisch stünden jedenfalls mehr Möglichkeiten offen, als es das gültige Kirchenrecht vorsehe.[2]

– „Demokratisierte Kirche“: K. Rahner hält eine „deutlichere Mitwirkung auch der Laien … bei der Bestellung von Amtsträgern in der Kirche“ sowie „auch bei anderen Entscheidungsvorgängen im kirchlichen Leben“ (ebd., 129) für theologisch legitim und für praktisch angezeigt.

– „Gesellschaftskritische Kirche“: Gegen Tendenzen zu einer privatistischen Deprivation des Glaubens einerseits und zu seiner Indienstnahme zur ideologischen Legitimation des gesellschaftlichen Status quo andererseits ermutigt Rahner zu einem verstärkten gesellschaftlichen Engagement der Christinnen und Christen sowie ihrer Gemeinden aus ihrem Glauben heraus, das advokatorisch insbesondere für jene Menschen eintritt, die lokal und global zu den benachteiligten Bevölkerungsgruppen zählen. Ein Streit über die dabei zu treffenden Optionen sowie über die konkrete Ausrichtung dieses Engagements müsse innerhalb der Kirche ausgefochten werden können.

Nur wenig, so ergibt eine nüchterne Prüfung, ist von diesen wegweisenden Postulaten bislang in der kirchlichen Praxis umgesetzt worden. Umso dringlicher steht ihre Einlösung an – nicht vordergründig um der Kirche und ihrer Bestandserhaltung, sondern um des Evangeliums willen und seiner Kommunikation heute und auf die weitere Zukunft hin.

ANMERKUNGEN

Einleitung

[1] Zu eher kompendienhaft gestalteten Einführungen in die Praktische Theologie – vorwiegend aus dem evangelischen Raum, aber auch für den katholischen Raum relevant – vgl. 34, 35, 58, 64, 66, 68, 76 und 77.

[2] Gänzlich ausgeklammert bleibt auch die Geschichte der Pastoraltheologie bzw. Praktischen Theologie; vgl. dazu den komprimierten Überblick in 93.

1. „Kommunikation des Evangeliums"

[1] Zur Konzeption dieses Handbuches vgl. vor allem 85 u. 86.

[2] Einen informativen Überblick über die Ursprünge und Rezeption dieses Begriffs gibt 271, 170–178. – Neuerlich verwenden diesen Begriff zur programmatischen Charaktersierung ihrer praktisch-theologischen Konzeption W. Engemann (vgl. 38) und R. Schmidt-Rost (vgl. 100).

[3] Von der Intention her weist das Konzept der „Kommunikativen Theologie" in die gleiche Richtung, wie sie hier angezielt wird: vgl. 486; in den Grundlegungen bestehen allerdings Differenzen.

[4] Vgl. zum gesamten Abschnitt dieses für das Thema grundlegende zweibändige Werk von J. Habermas (501) sowie die Rezeption seines handlungstheoretischen Ansatzes innerhalb der Theologie vor allem durch H. Peukert (469). Zur theologischen und interdisziplinären Diskussion darüber vgl. vor allem 436, 424, 425, 426, 423.

[5] Les Evêques de France: Proposer la foi dans la societé I, Paris 1994, 37; hier zitiert nach: 495, 222.

[6] Über Beispiele berichten C. Dagens (165) und Chr. Gilbert (189, 190).

[7] Zur praktisch-theologischen Konzeption ausgebaut hat dies D. Rössler in 70.

[8] Vgl. dazu Weiteres in Abschn. 1.2.2.

[9] GS = Die pastorale Konstitution über die Kirche in der Welt von heute „Gaudium et spes" (vgl. 4). – Vgl. zu diesem und dem folgenden Abschnitt ausführlicher und mit Nachweisen versehen 97.

[10] Zur ekklesiologischen Begründung und Erläuterung der Unterscheidung vgl. ausführlicher 483, bes. 99–130.

[11] Dabei wird hier, bevor im nächsten Abschnitt weiter differenziert wird, „hermeneutisch" in einem umfassenden (paradigmatischen) Sinn verstanden, als Sammelbezeichnung für alle Konzepte, die sich ausdrücklich der anthropologischen und soziohistorischen Bedingtheit theologischer Reflexion bewusst und nicht dem traditionellen metaphysischen Denkschema verhaftet sind, das sowohl die immanente als auch die transzendente Wirklichkeit als objektive Gegebenheiten betrachtet. – Einen instruktiven Überblick über die verschieden ansetzenden Rezeptionsweisen der Hermeneutik speziell in der praktischen Theologie gibt 101; vgl auch 78.

[12] Vgl. zum Folgenden speziell 453, bes. 43–46, und ergänzend zum Kontext die anderen Beiträge dieses Bandes. Zum Hintergrund muss auf die einschlägige Literatur zur Befreiungstheologie verwiesen werden; vgl. zur Übersicht u. a. 443 u. 458.

[13] Vgl. vor allem die epochemachenden Abschlussdokumente der beiden Generalversammlungen des Lateinamerikanischen Episkopats in Medellín (1968) und in Puebla (1979) (dokumentiert in 23 u. 24).

[14] Vgl. dazu vor allem das Schlussdokument der 4. Generalversammlung der lateinamerikanischen Bischöfe in Santo Domingo von 1992 (in deutscher Übersetzung dokumentiert in 25).

[15] Vgl. grundlegend 74. – Forschungsarbeiten sind und werden publiziert in den Reihen „Theologie & Empirie" (Kampen–Weinheim) und „Empirical Studies in Theology" (Leiden); daneben gibt es das Periodikum „Journal of Empirical Theology". – Zur kritischen Diskussion des Konzepts vgl. 81 (O. Fuchs) und die Replik 104 (J. A. van der Ven).

[16] Vgl. zum Folgenden vor allem 44 und auch 83. – Auch für diesen Ansatz gibt es inzwischen eine eigene Forschungsreihe: „Praktische Theologie und Kultur" (Gütersloh). – Zur kritischen Auseinandersetzung vgl. 49.

[17] Eine unverkennbare Nähe zu diesem religionshermeneutischen Ansatz weist der semiotische Ansatz der praktischen Theologie auf, der allerdings in seiner Begrifflichkeit und Methodik eine breitere Erläuterung erforderlich machen würde, als sie in dieser überblicksartigen Darstellung möglich ist; vgl. den informativen Forschungsbericht in 98; danach erschienen: 38.

[18] Ebenfalls einem phänomenologischem bzw. ästhetischem Ansatz verpflichtet, aber jeweils unterschiedlich akzentuiert sind im evangelischen Bereich die praktisch-theologischen Entwürfe von A. Grözinger (46), M. Josuttis (52) und W. Steck (71; 103). Im katholischen Raum vgl. W. Fürst (82; 42) sowie grundlegend R. Feiter (40). – Zum Ganzen vgl. auch 87.

[19] Handlungswissenschaftlich, aber nicht handlungstheoretisch ausgerichtet ist 36.

[20] Dazu Weiteres im nächsten Abschnitt.

[21] Vgl. (auf die evangelische Kirche bezogen) vorbildlich 207 u. 208.

[22] „Die Gemeinden und ihre Mitglieder müssen in einer geeigneten Methode zu einer Analyse der Wirklichkeit erzogen werden, um dann vom Evangelium her diese Wirklichkeit zu reflektieren, sich für die notwendigen Ziele und geeigneten Mittel und Wege zu entscheiden und diese dann möglichst rational für die Evangelisierungsarbeit einsetzen zu können" (Puebla 1307).

[23] Das wird in den folgenden Kapiteln noch detaillierter zur Sprache kommen.

[24] Vor allem innerhalb der Theologie der Befreiung ist das Schema „Sehen – Urteilen – Handeln" methodologisch fundiert und weiterentwickelt worden: sozioanlaytische Vermittlung – hermeneutische Vermittlung – praktische Vermittlung; vgl. dazu 432; 437 u. verschiedene Beiträge in: I. Ellacuría/J. Sobrino (Hrsg.), Mysterium Liberationis. Bd. 1, Luzern 1995 (C. Boff, I. Ellacurá, J. L. Segundo). Vgl. auch 92.

[25] An diesen Erfahrungen knüpft besonders die sog. „negative Theologie" an.

[26] Ich greife im Folgenden auf einen Text zurück, den ich zu dem bemerkenswerten „Credo-Projekt", initiiert von der Zeitschrift „Publik-Forum", beigesteuert habe: 352, 126 f.

[27] Vgl. dazu die entsprechende Relektüre der Bibel von G. Gutiérrez (447).

2. Dialogische Begegnung mit Menschen

[1] Vgl. dazu auch die Abschn. 1.1.5 und 1.2.2 sowie im Folgenden Abschn. 2.2.2.

[2] Vgl. Abschn. 1.1.6.

[3] Vgl. als Standardwerk zur Einführung in diese Thematik 311; vgl. auch den knappen Überblick in 293, 164–172.

[4] Vgl. die Literaturverweise in den gen. Lexikonartikel, sowie – später erschienen – 321 u. 57.

[5] Vgl. Abschn. 1.3.1.

[6] Auf diesen Aspekt geht der nächste Abschn. noch ausführlicher ein.

[7] Speziell zum Werk von M. Foucault vgl. 430; 452 u. 253.

[8] Mit „Evangelium" ist hier die gesamte frohe Botschaft, wie sie in den beiden Teilen der Bibel bezeugt wird, gemeint.

[9] Vgl. dazu die Literaturangaben in den gen. Lexikonartikeln.

[10] Hieraus erwächst auch eine öffentliche Bildungsverantwortung der Kirchen, auf die in Abschn. 4.4.3 eingegangen wird.

[11] Das spiegeln exemplarisch die verschiedenen Beiträge zu dem gemeinsamen Titel „Seelsorge der Zukunft" wieder in: 338.

[12] Entnommen aus 325 (zitiert wird mit Einverständnis des Autors aus einer deutschen Fassung dieses Abschnitts); vgl. auch 326.

[13] Was im Folgenden allgemein dargestellt wird, ist von H.-W. Pietz und M. Schibilsky auf meisterhaft Weise beispielhaft für die Trauung veranschaulicht worden; vgl. 334; vgl. auch 44.

3. Gemeinde als Ernst-Fall

[1] Die Frage nach den Diensten und Ämtern in der Kirche und Gemeinde aus praktisch-theologischer wird ausführlicher noch in Abschn. 3.3 behandelt werden.

[2] Hier erfolgen nur erste Hinweise; auf Begriff und Konzept wird ausführlicher in Abschn. 3.2.4 eingegangen (dort finden sich auch die entsprechenden Literaturverweise).

[3] Die folgenden Ausführungen sind dem theologischen Ansatz einer „kommunikativen Gemeindepraxis" verpflichtet; vgl. dazu ausführlicher 107 u. 108.

[4] In der praktisch-theologischen Literatur differiert die Zahl der Grundfunktionen zwischen drei und vier. Drei Grundfunktionen ergeben sich, wenn „Koinonia" nicht als eigene Grundfunktion bestimmt, sondern gewissermaßen als das „Resultat" der anderen Grundfunktionen angesehen wird. Weil für beide Zählweisen gute Argumente angeführt werden können, erübrigt es sich, über diese Frage eine prinzipielle Kontroverse zu entfachen; vgl. zum Ganzen 58.

[5] Im Folgenden geht es um eine überblicksartige Darstellung der Grundvollzüge. Zur detaillierteren Beschäftigung mit den konkreten Tätigkeiten innerhalb der einzelnen Grundvollzüge (z.B. Predigt, Gemeindekatechese, Gottesdienst, Caritas) muss auf die einschlägigen Handbücher und sonstige Literatur in den einzelnen praktisch-theologischen Unterdisziplinen (Homiletik, Katechetik, Liturgiewissenschaft, Diakonik etc.) verwiesen werden.

[6] Für das gesamte Handlungsfeld der Liturgie hat sich in der Theologie die Liturgiewissenschaft als eine eigenständige Disziplin herausgebildet.

[7] Sehr schön deutlich wird dies in einer von R. Zerfaß angeregten Illustration, gemäß der Gemeinde modellhaft als Würfel dargestellt wird, dessen Basisfläche die „Martyria" bildet, dessen vertikalen Flächen die „Leiturgia" symbolisieren, deren (horizontale) Oberfläche für die „Diakonia" steht und dessen so zustande gekommener Raum die „Koinonia" anzeigt.

[8] Vgl. LThK2 IV, 643–645.

[9] So jedenfalls im katholischen Raum; im evangelischen Raum, aus dem der Begriff stammt, verbinden sich mit ihm verschiedene Bedeutungsinhalte; vgl. dazu Teil I in 61.

[10] Siehe dazu ausführlicher Abschn. 4.6 u. 5.

[11] Zur Diskussion um die Rezeption der Basisgemeinden im hiesigen Kontext und zu entsprechenden praktischen Ansätzen vgl. 115; 123; 136; 142.

[12] Ansätze und Erfahrungen aus elf Bistümern in Deutschland enthält 160. Kritische Stimmen zur kooperativen Pastoral vereinigt 186.

[13] Vgl. dazu als „Programmschrift" 409; vgl. auch 396. Die Diskussion um die Sozialpastoral wird nachgezeichnet in 75. Praxisbeispiele und –reflexionen finden sich in 395 u. 397. Aus dem evangelischen Raum vgl. 377.

[14] Vgl. insbesondere Dokument 15 der Beschlüsse der II. Generalversammlung des Latein-

amerikanischen Episkopates in Medellin (vgl. 23). Beispiele einer solchen „Pastoral de conjunto" finden sich in 178.

[15] Den folgenden Ausführungen liegen unveröffentlichte Texte zugrunde, die von den gen. Personen zur Vorbereitung des Forums angefertigt worden sind.

[16] Übersetzt von H. Müller; vgl. auch den Bericht über die pastoralen Erfahrungen in der Diözese Evry in 235 sowie 189 u. 190.

[17] An die Ausführungen Knoblochs lassen sich gut die Erörterungen von Johannes A. van der Ven anschließen, der auf der Grundlage humanwissenschaftlicher Einsichten Arten der Leitung von Kirche typisiert und sie in ihren Vor- und Nachteilen untereinander abwägt und dabei auf die spezifische Frage des Amtes zu sprechen kommt (vgl. 259, bes. 305–342). 210 verarbeitet Beiträge der Führungsethik, blendet allerdings die amtstheologische Problematik völlig aus.

[18] Vgl. die entsprechenden Abschnitte in den einschlägigen neueren ekklesiologischen Handbüchern: 134; 234; 151 und 152.

[19] P. M. Zulehner und P. Neuner haben sich dem Vorschlag des südafrikanischen Bischofs F. Lobinger angeschlossen, neben den Aufgaben auf der Diözesanebene wahrnehmenden „Bistumspriestern" in den Gemeinden vor Ort „Leutepriester"-Teams einzusetzen. (vgl. 267). So bemerkenswert dieses auch theologisch gut begründete Konzept ist, so vernachlässigt es mit Blick auf die hiesige Situation, dass schon seit langem eine Ausdifferenzierung des kirchlichen Amtes in Form von hauptamtlichen „Laien"-Diensten stattgefunden hat.

4. „Gottesdienst im Alltag der Welt"

[1] 205, 153 (im Anschluss an Röm 12,1).

[2] Wenn im Folgenden von „Kirche" die Rede ist, ist damit das ganze Spektrum von Kirche gemeint, wie sie im öffentlichen Raum begegnet, also nicht nur das, was irgendwie unter der Regie von „offizieller (evangelischer und/oder katholischer) Kirche" (als öffentlich-rechtlicher Körperschaft) läuft, sondern auch freie kirchliche oder kirchennahe Trägervereine von Einrichtungen etc.

[3] Zur Kommentierung sei auf die einschlägigen Grundgesetzkommentare sowie Handbücher zum Staatskirchenrecht verwiesen: 438 u. 457.

[4] So z. B. der sog. „Kruzifix-Beschluss" (vgl. 496) oder der zum Streit um das Schulfach LER im Lande Brandenburg empfohlene Kompromiss (vgl. 312).

[5] So z. B. aus den Kreisen des „Forums deutscher Katholiken"; vgl. 221.

[6] Vgl. Abschn. 1.3.2.

[7] Vgl. dazu bereits ausführlicher Abschn. 1.1.7 und 1.2.3. Zur damit implizierten Ablösung des „Kirche-Staat-Modells" durch ein „Kirche-Zivilgesellschaft-Modell" vgl. 394; vgl. auch 205; 57, bes. 384–393; kritisch dazu 220, bes. 56ff.

[8] So die Definition der Konferenz für Glauben und Kirchenverfassung, hier zitiert nach 401, 226.

[9] Vgl. Homepage: www.erlassjahr 2000.de.

[10] Vgl. zum Folgenden ausführlicher (und mit Verweisen auf grundlegende Literatur): 372; 391 u. 393.

[11] Vgl. weiterführend 466, 197–206; 467 sowie 378.

[12] Für 2001–2010 hat der Ökumenische Rat der Kirchen (ÖRK) eine Dekade zur Überwindung der Gewalt ausgerufen; vgl. 381, Informationen und Materialien sind zu finden in der Internetseite des ÖRK zur Dekade: www.wcc-coe.org/dov; vgl. auch 283.

[13] Gekürzt zitiert aus 404, 170–173. – Wie angedeutet, ist der konziliare Prozess nicht abge-

schlossen. Er wird in vielfältiger Form weitergeführt; erwähnt wurden bereits die weltweit durchgeführte Schuldenerlasskampagne 2000 sowie die Dekade zur Überwindung der Gewalt. Darüber hinaus gibt es eine Fülle von weiteren Initiativen auf den verschiedensten Ebenen, wobei wichtig ist, dass sie sich allererst in praktischen Projekten niederschlagen und die verschiedenen Dokumente dort ihre eigentliche Grundlage haben. – Mit einer breiten Beteiligung der kirchlichen Basis sowie interessierter gesellschaftlicher Kräften ist in Deutschland – ähnlich wie in Österreich und der Schweiz – zwischen 1994 und 1996 der sog. „Konsultationsprozess" durchgeführt worden, der im 1997 veröffentlichten „Wort des Rates der Evangelischen Kirche in Deutschland und der Deutschen Bischofskonferenz zur wirtschaftlichen und sozialen Lage" mit dem Titel „Für eine Zukunft in Solidarität und Gerechtigkeit" (vgl. 19) gemündet ist; positionell kommt es den hier aufgeführten Optionen des konziliaren Prozesses sehr nahe. Zur Einschätzung dieses sog. „Sozialwortes" vgl. u. a. 380. Wie für den konziliaren Prozess im engeren Sinne gilt für den Konsultationsprozess, dass er in den Kirchengemeinden nur wenig Resonanz gefunden hat.

[14] Vgl. oben, Abschn. 1.1.7.

[15] Zum Ansatz einer der praktischen Theologie besonders affinen christlichen Sozialethik sei verwiesen auf 379 u. 403. Kirche in ihrer gesellschaftlichen Verantwortung zu sehen, bildet eine durchgängige Dimension in der Ekklesiologie von W. Huber (vgl. 205).

[16] Vgl. Abschn. 1.1.3.

[17] Vgl. Abschn. 3.1.5.

[18] Vgl. ausführlicher dazu und zum gesamten Abschnitt (mit weiterführenden Literaturverweisen) 387a; auf ihn wird im Folgenden immer wieder zurückgegriffen – bis hin zur wörtlichen Übernahme kleinerer Passagen.

[19] Das dokumentiert eindrucksvoll 50, bes. Bd. 2.

[20] Im Folgenden werden „Caritas" und „Diakonie" bzw. „caritativ" und „diakonisch" weitgehend synonym verwendet. Vom Sprachgebrauch her ist „Caritas" eher im katholischen Raum geläufig, während im protestantischen Raum „Diakonie" bevorzugt wird. Ursprünglich kommen darin unterschiedliche Positonen im theologischen Verständnis zum Ausdruck: In der scholastischen Terminologie war mit „caritas" die Auffassung von der Liebe als *Form* des Glaubens (fides caritate formata) verbunden, von der sich die Reformatoren mit der Begründung der (Nächsten-)Liebe als *Frucht* des Glaubens absetzten. Diese Differenzen sind heute allerdings kaum noch bewusst und können zudem als theologisch überwunden betrachtet werden.

[21] Vgl. etwa für den deutschsprachigen Raum 411. – Aus dem vom Konzil erst vorsichtig mit der Caritas in Verbindung gebrachten Bewusstsein einer besonderen Parteilichkeit (vgl. LG 8) ist schließlich die „Option für die Armen" (vgl. Abschn. 4.3) hervorgegangen, auf die sich zuerst die Kirche Lateinamerikas in beeindruckender Weise verpflichtet hat und die inzwischen nicht nur innerhalb der katholischen Kirche, sondern weit in den ökumenischen Raum hinein theoretisch und praktisch rezipiert worden ist.

[22] Bei aller Zustimmung zu einer integrativen Sichtweise der kirchlichen und gemeindlichen Grundfunktionen, die nicht zuletzt darauf zielt, das in der Praxis vielfach antreffbare Nebeneinander zu überwinden, bestehen innerhalb der gegenwärtigen praktisch-theologischen Diskussion Differenzen hinsichtlich ihrer Gewichtung untereinander: Während O. Fuchs (vgl. 375, bes. 103ff.) die Martyria und Diakonia der Koinonia vorordnet, weil diese ihre inhaltliche Struktur erst von ihnen her gewinnt, spricht H. Steinkamp (vgl. 409, 246ff.) der Koinonia den Primat zu und bestimmt sie als „Urform christlicher Diakonie", insofern sie in der Wechselseitigkeit des Gebens und Nehmens unter den Beteiligten den für sie charakteristischen Ausdruck findet. Ganz anders übrigens akzentuiert demgegenüber nochmals die orthodoxe Tradition, die mit der Bestimmung der Diakonie als „Liturgie nach der Liturgie" diese in die Liturgie als dem wesentlichen Grundvollzug der Kirche aufnimmt und von ihr her begreift (vgl. 402, bes. 104ff.).

[23] Dem gebräuchlichen Reden von „Opfern" in diesem Zusammenhang wohnen höchst problematische Konnotationen inne; es sollte darum abgeschafft werden.

[24] Vgl. zur Bibelstelle 248; vgl. zum Folgenden ausführlicher 228.

[25] Vgl. insbesondere die mittlerweile 11 Bände umfassende Buchreihe „Kirche in der Stadt" (166), sowie u. a. 159; 180; 182; 191; 195; 247; 251; 252; 256. – Bislang nur wenig rezipiert worden ist die Tatsache, dass und wie in anderen Kontexten vonseiten der Pastoral mit den Herausforderungen der Groß- bzw. Megastädte umzugehen versucht wird; vgl. hierzu 218 u. 260.

[26] Viele Beispiele dafür finden sich in der in Anm. 25 zusammengestellten Literatur; zusätzlich sei verwiesen auf: 188; 198; 243.

[27] Als beispielhaft dafür kann die Citypastoral an der Liebfrauenkirche in Frankfurt a. M. angeführt werden; vgl. dazu 242, 3. Teil; vgl. auch 233.

[28] mitsamt der vor allem durch wirtschaftlich-industriellen Strukturwandel fällig werdenden Regionalentwicklung; vgl. dazu 217.

[29] „Kürzeste Definition von Religion: Unterbrechung" (461, 150).

[30] Vgl. Abschn. 2.3.2.

[31] Vgl. insbesondere 269; 294; 299; 301; 307; 308; 309; 314.- Speziell zum Beitrag kirchlicher bzw. christlicher Privatschulen vgl. 304.

[32] Vgl. Abschn. 4.2.2.

[33] Wobei es sich die Kirchen besonders angelegen lassen sein müssten, sich in besonderer Weise der gesellschaftlichen Gruppen anzunehmen, die anderswo bildungsmäßig benachteiligt werden; vgl. 292; 284.

[34] Die einschlägigen Dokumente sind u. a. aufgeführt in 367, 392.

[35] Bereits älteren Datums, aber weiterhin wichtig sind: 357; 358; 362; 364; 368; 369. Neueren Datums sind 360; 363; 366. Das Thema gewinnt innerhalb der praktischen Theologie derzeit immer größere Aufmerksamkeit. Als Zeitschrift erscheint seit 1968 mit Schwerpunkt im katholischen Raum „Communicatio Socialis". – Viele Anregungen zu diesem Abschnitt verdanke ich B. Derenthal (vgl. 359).

[36] Hierzu gibt bemerkenswerte Hinweise 365. „Zur Logik religiöser Lebensverhältnisse passt eine Ästhetik, die das Religiöse nicht unter das Mediale subsumiert, sondern im Medialen eine 'offene Stelle' für ein religiöses Verhältnis zu den Lebensverhältnissen lässt. Was damit gemeint ist, zeigt sich im Blick auf die Logik religiöser Symbole. Ihre besondere Struktur besteht darin, dass sie – recht verstanden – nichts Ganzes und nichts Halbes sind. Sie sind nichts Ganzes, weil sie auf ein dem Vorhandenen zugehöriges Anderes verweisen. Und sie sind nichts Halbes, weil sie dieses dieses Andere auf dem Weg des Verweisens vergegenwärtigen. Religiöse Symbole sind demnach Andeutungen von Sinn, die einer Ergänzung durch die Hörer/innen bedürfen und diese zugleich in die Lage versetzen, von selbst darauf zu kommen, was dem Gegebenen fehlt. Darin entsprechen sie der Grundbestimmung des religiösen Transzendenzvollzuges als Ausgriff des Menschen nach dem, 'was fehlt und passt'. Auf diese Doppelcodierung können auch 'Verkündigungssendungen' nicht verzichten. Sie haben auf passende Weise vom Fehlenden und Passenden zu reden. Unpassend wäre, im Modus des dogmatischen Behauptens 'unverkürzt' Glaubensaussagen vorzutragen und den Vollzug des Verweisens zu verkürzen" (ebd., 296).

[37] Ausgenommen sei ausdrücklich begründete und somit berechtigte Kritik, für die es in den letzten Jahren vor allem in der katholischen Kirche genügend selbst gemachte Anlässe gab und gibt.

[38] Eine exzellente komprimierte Zusammenfassung der Entwicklung und des gegenwärtigen Diskussionsstandes bietet 417; vgl. darüber hinaus die Artikel zu den Stichwörtern „Ästhetische Bildung", „Bild(er)", „Literatur", „Musik" u. ä. sowohl im LexRP als auch in 270a.

[39] Vermerkt sei, dass unter Kunst hier Literatur, Musik, darstellende und bildende Kunst (bis in den Bereich Film hinein) sowie auch neue künstlerische Darstellungsweisen wie Aktions-Kunst oder die Einbeziehung neuer Medien verstanden wird.

⁴⁰ Aus der inzwischen kaum mehr überschaubaren Fülle an Literatur seien die beiden folgenden eine Breite von Ansätzen repräsentierenden Sammelbände herausgegriffen: 416 u. 418.

⁴¹ Vgl. Abschn. 1.2.2. – Vgl. zum Folgenden insbesondere 47.

⁴² Vgl. hierzu exemplarisch 422. – Zu einem guten Teil gilt das hier grundsätzlich Dargelegte auch für das Verhältnis der praktischen Theologie zur populären Kultur („Popkultur"), wiewohl hier natürlich eigene Akzentuierungen hinzukommen; einen Überblick über den Diskussionsstand gibt 420 u. 421.

⁴³ Besonders verheerend in dieser Hinsicht hat die „Erklärung Domnius Iesus" der (vatikanischen) Kongregation für die Glaubenslehre gewirkt (9); vgl. 482.

⁴⁴ Vgl. z. B. PrTh 37 (2002) H. 1: Praktizierte Ökumene. – Das Periodikum „Oekumenischer Informationsdienst" berichtet laufend aus der Arbeit solcher ökumenischer Projekte.

⁴⁵ Einen Meilenstein in dieser Hinsicht bedeutete die erste gemeinsame Konferenz in Wien 1974, anlässlich derer auch das durch und durch ökumenisch gestaltete Handbuch „Praktische Theologie heute" (hrsg. von F. Klostermann und R. Zerfaß, München-Mainz 1974) erschien. Die Kooperation dokumentiert sich auch in den seit 1981 gemeinsam vom Beirat der Konferenz der deutschsprachigen Pastoraltheologen und der Fachgruppe Praktische Theologie der Wissenschaftlichen Gesellschaft für Theologie hrsg. „Pastoraltheologischen Informationen" sowie in der ökumenischen Zusammensetzung des Herausgeberkreises des „International Journal of Practical Theology".

⁴⁶ Dass dem Judentum gegenüber seitens der christlichen Kirchen ein besonderes Verhältnis besteht, sei ausdrücklich vermerkt, wird aber in diesem Zusammenhang nicht eigens ausgeführt.

⁴⁷ Das ist Anliegen des „Projektes Weltethos", das vor allem von H. Küng angestoßen wurde (vgl. 454). – Zur Begegnung von Christentum und Islam finden sich neben Grundsatzartikeln auch viele einprägsame Erfahrungsberichte in 310.

⁴⁸ Einen einführenden Überblick über die mittlerweile entwickelten Zugänge und Ansätze geben die Beiträge zum „interreligiösen Lernen" in den religionspädagogischen Handbüchern und Lexika.

⁴⁹ Vgl. Abschn. 1.1.5.

⁵⁰ Dem Problem der Kirche als „unmöglicher Institution" stellt sich als theologischer Herausforderung besonders intensiv die Ekklesiologie von J. Werbick (vgl. 151).

⁵¹ Vgl. bereits Abschn. 3.1.1 u. 3.1.2.

⁵² Vgl. auch Abschn. 2.4 und 3.3.4.

⁵³ Im Sinne der dem Begriff zugrunde liegenden Bedeutung von „auctoritas", was auf eine besondere Verantwortung für den Ursprung (einer Gemeinschaft) verweist.

⁵⁴ W. Huber spricht sogar von einer siebenfachen Krise: Mitgliederkrise, Finanzkrise, Mitarbeiterkrise, Vereinigungskrise, Organisationskrise, Krise des Krisenmanagements und Orientierungskrise.

⁵⁵ Vgl. 181; 241 u. 257. – In der Literatur trifft man auf zwei Positionen, die sich unversöhnlich gegenüberstehen: Die eine plädiert entschieden für eine Übernahme betriebswirtschaftlichen Denkens in die Kirche (vgl. z. B. 184; 258), die andere wendet sich entschieden dagegen [vgl. z. B. 196; 255). Weiterführend ist das Konzept von B. J. Hilberath, B. Nitsche u. a. (vgl. 202). Vgl. zum Ganzen auch 266.

⁵⁶ Zur konzeptionellen Umsetzung für die Kirchen(entwicklungs)planung vgl. das sog. „synoptische Aufmerksamkeitspapier" in 202.

⁵⁷ Eindrucksvoll berichtet Joachim Matthes von dem Unverständnis, auf das er bei Angehörigen nichtchristlicher Religionen in Asien stieß, wenn er dort auf die in Deutschland durchgeführten Kirchenmitgliedschaftsstudien zu sprechen kam (vgl. 518).

⁵⁸ Vgl. Abschn. 1.1.4. – Vgl. als weiteres Beispiel 264; allerdings zeigt dieses Beispiel auch, wie

gefährdet solche Ansätze sind, solange die vorherrschende Kirchenpolitik in die völlig entgegengesetzte Richtung läuft (vgl. 265).

[59] Zum Beispiel indem sie sich die im NT festgehaltene Praxis einer Trennung von Geld und Macht in der Jesusbewegung wieder zu eigen macht (vgl. 456, 44–47).

[60] Vorbildlich sind dafür die Kriterien einer „Reich-Gottes-Verträglichkeitsprüfung", wie sie Urs Eigenmann entwickelt hat (vgl. 37).

5. Ausblick

[1] Als Neuausgabe mit einer Einführung von J. B. Metz erschienen: Freiburg/Br. 1989. Im Folgenden wird nach der Erstauflage zitiert. – Zur Würdigung vgl. 442a.

[2] Vgl. dazu bereits ausführlicher Abschn. 3.3.4.

LITERATUR

1. Kirchliche Dokumente

1. Rahner, Karl/Vorgrimler, Herbert, Kleines Konzilskomendium. Sämtliche Texte des Zweiten Vatikanischen Konzils, Freiburg/Br. [20]1987 (1966).
2. Die Liturgiekonstitution „Sacrosanctum Concilium", in: Ebd., 51–90.
3. Die dogmatische Konstitution über die Kirche „Lumen Gentium", in: Ebd., 123–200.
4. Die pastorale Konstituion über die Kirche in der Welt von heute „Gaudium et spes", in: Ebd., 449–552.
5. Die Erklärung über die Religionsfreiheit „Dignitatis humanae", in: Ebd., 661–675.
6. Apostolisches Schreiben Papst Paul VI. über die Evangelisierung in der Welt von heute (Verlautbarungen des Apostolischen Stuhls 2), Bonn o. J. (1975).
7. Enzyklika Redemptor Hominis seiner Heiligkeit Papst Johannes Paul II. an die verehrten Mitbrüder im Bischofsamt, die Priester und Ordensleute, die Söhne und Töchter der Kirche und an alle Menschen guten Willens zum Beginn seines päpstlichen Amtes (Verlautbarungen des Apostolischen Stuhls 6), Bonn o. J. (1979).
8. Instruktion zu einigen Fragen über die Mitarbeit der Laien am Dienst der Priester (Verlautbarungen des Apostolischen Stuhls 129), Bonn o. J. (1997).
9. Kongregation für die Glaubenslehre: Erklärung Dominus Iesus (Verlautbarungen des Apostolischen Stuhls 148), Bonn 2000.
10. Kongregation für den Klerus, Der Priester, Hirte und Leiter der Pfarrgemeinde. Instruktion (Verlautbarungen des Apostlischen Stuhls 157), Bonn o. J. (2002).
11. Bertsch, Ludwig u. a. (Hrsg.), Gemeinsame Synode der Bistümer in der Bundesrepublik Deutschland. Offizielle Gesamtausgabe I und II, Freiburg/Br. 1976/1977.
12. Beschluss „Unsere Hoffnung", in: Ebd. I, 84–111.
13. Beschluss „Die pastoralen Dienste in der Gemeinde", in: Ebd. I, 597–636.
14. Beschluss „Verantwortung des ganzen Gottesvolkes für die Sendung der Kirche", in: Ebd. I, 651–677.
15. Beschluss „Rahmenordnung für die pastoralen Strukturen und für die Leitung und Verwaltung der Bistümer in der Bundesrepublik Deutschland", in: Ebd. I, 688–726.
16. Die deutschen Bischöfe, Der pastorale Dienst in der Pfarrgemeinde (Die deutschen Bischöfe 54), Bonn o. J. (1995).
17. Die deutschen Bischöfe, Gerechter Friede (Die deutschen Bischöfe 66), Bonn 2000.
18. Zur wirtschaftlichen und sozialen Lage in Deutschland (Gemeinsame Texte 3), Bonn/Hannover 1994.
19. Für eine Zukunft in Solidarität und Gerechtigkeit. Wort des Rates der Evangelischen Kirche in Deutschland und der Deutschen Bischofskonferenz zur wirtschaftlichen und sozialen Lage (Gemeinsame Texte 9), Bonn/Hannover 1997.
20. „… und der Fremdling, der in deinen Toren ist." Gemeinsames Wort der Kirchen zu den Herausforderungen der Migration und Flucht (Gemeinsame Texte 12), Bonn/Frankfurt a. M./Hannover 1997.
21. Chancen und Risiken der Mediengesellschaft. Gemeinsame Erklärung der Deutschen Bischofskonferenz und des Rates der Evangelischen Kirche in Deutschland (Gemeinsame Texte 10), Bonn – Hannover 1997.

22. Maße des Menschlichen – Evangelische Perspektiven zur Bildung in der Wissens- und Leistungsgesellschaft. Eine Denkschrift der EKD, Gütersloh 2003.

23. Die Kirche Lateinamerikas. (Stimmen der Weltkirche 8), Bonn o. J.

24. Die Evangelisierung Lateinamerikas in Gegenwart und Zukunft, in: ebd., 135–335.

25. Neue Evangelisierung – Förderung des Menschen – Christliche Kultur. (Stimmen der Weltkirche 34), Bonn o. J.

26. Les Evêques de France: Proposer la foi dans la societé I, Paris 1994.

27. Den Glauben vorschlagen in der heutigen Gesellschaft. Brief an die Katholiken in Frankreich, in: 237, 16–74.

28. Weakland, Rembert G., Der Zukunft mit Hoffnung ins Auge sehen. Ein Pastoralbrief über Gemeinden für das Volk in der Erzdiözese von Milwaukee, in: 186, 126–153.

29. Mahony, Kardinal Roger, As I have done for You (Gründonnerstag 2000; auf der Homepage der Diözese).

30. Taufe, Eucharistie und Amt. Konvergenzerklärungen der Kommission für Glauben und Kirchenverfassung des Ökumenischen Rates der Kirchen, Frankfurt a. M. – Paderborn 1982.

31. Vom Geheimnis der Gemeinde. Eine Handreichung zum Glaubensgespräch. Angenommen von der Generalsynode der Niederländischen Reformierten Kirche auf ihrer Tagung am 18. 6. 1974, Gütersloh [3]1977.

2. Praktische Theologie, allgemein

a) Handbücher, Sammelbände und Monographien

32. Ackermann, Denise M./Bons-Storm, Riet (Eds.), Liberating Faith Practices. Feminist Practical Theology in Context, Leuven 1998.

33. Baumgartner, Konrad/Scheuchenpflug, Peter (Hrsg.), Lexikon der Pastoral. 2 Bde., Freiburg/Br. 2002.

34. Bloth, Peter C., Praktische Theologie, Stuttgart 1994.

35. Blühm, Reimund, u.a, Kirchliche Handlungsfelder, Stuttgart 1993.

36. Daiber, Karl-Fritz, Grundriß der Praktischen Theologie als Handlungswissenschaft, München – Mainz 1977.

37. Eigenmann, Urs, Das Reich Gottes und seine Gerechtigkeit für die Erde, Luzern 1998.

38. Engemann, Wilfried, Personen, Zeichen und das Evangelium. Argumentationsmuster der Praktischen Theologie, Leipzig 2003.

39. Failing, Wolf-Eckart/Heimbrock, Hans-Günter (Hrsg.), Gelebte Religion wahrnehmen. Lebenswelt – Alltagskultur – Religionspraxis, Stuttgart 1998.

40. Feiter, Reinhard, Antwortendes Handeln. Praktische Theologie als kontextuelle Theologie, Münster 2002.

41. Fuchs, Ottmar (Hrsg.), Theologie und Handeln. Beiträge zur Fundierung der Praktischen Theologie als Handlungstheorie, Düsseldorf 1984.

42. Fürst, Walter (Hrsg.), Pastoralästhetik. Die Kunst der Wahrnehmung und Gestaltung in Glaube und Kirche, Freiburg/Br. 2002.

43. Gabriel, Karl, Christentum zwischen Tradition und Postmoderne, Freiburg/Br. 1992.

44. Gräb, Wilhelm, Lebensgeschichten – Lebensentwürfe – Sinndeutungen. Eine Praktische Theologie gelebter Religion, Gütersloh 1998.

45. Grethlein, Christian/Meyer-Blanck, Michael (Hrsg.), Geschichte der Praktischen Theologie, Leipzig 1999.

46. Grözinger, Albrecht, Praktische Theologie und Ästhetik. Ein Beitrag zur Grundlegung der Praktischen Theologie, München ²1991.
47. Ders., Praktische Theologie als Kunst der Wahrnehmung, Gütersloh 1995.
48. Ders./Pfleiderer, Georg (Hrsg.), „Gelebte Religion" als Programmbegriff Systematischer und Praktischer Theologie, Zürich 2002.
49. Gutmann, Hans-Martin, Ich bin's nicht. Die Praktische Theologie vor der Frage nach dem Subjekt des Glaubens, Neukirchen-Vluyn 1999.
50. Haslinger, Herbert (Hrsg.), Handbuch Praktische Theologie. 2 Bde., Mainz 1999/2000.
51. Hoekendijk, Johannes Christian, Die Zukunft der Kirche und die Kirche der Zukunft, Stuttgart – Berlin 1964.
52. Josuttis, Manfred, Die Einführung in das Leben. Pastoraltheologie zwischen Phänomenologie und Spiritualität, Gütersloh 1996.
53. Karrer, Leo, Aufbruch der Christen, Freiburg/Br. 1989.
54. Klie, Thomas, Zeichen und Spiel. Semiotische und spieltheoretische Rekonstruktion der Pastoraltheologie, Gütersloh 2003.
55. Klostermann, Ferdinand/Zerfaß, Rolf (Hrsg.), Praktische Theologie heute, München – Mainz 1974.
56. Knobloch, Stefan, Praktische Theologie. Ein Lehrbuch für Studium und Pastoral., Freiburg/Br. 1996.
57. Könemann, Judith, „Ich wünsche, ich wäre gläubig, glaub' ich". Zugänge zu Religion und Religiosität in der Lebensführung der späten Moderne, Opladen 2002.
58. Konferenz der bayerischen Pastoraltheologen (Hrsg.), Das Handeln der Kirche in der Welt von heute. Ein pastoraltheologischer Grundriss, München 1994.
59. Luther, Henning, Religion und Alltag. Bausteine zu einer Praktischen Theologie des Subjekts, Stuttgart 1992.
60. Mette, Norbert, Theorie der Praxis, Düsseldorf 1978.
61. Ders., Kirchlich distanzierte Christlichkeit, München 1982.
62. Ders., Praktisch-theologische Erkundungen, Münster 1998.
63. Ders./Blasberg-Kuhnke, Martina, Kirche auf dem Weg ins Jahr 2000, Düsseldorf 1986.
64. Meyer-Blanck, Michael/Weyel, Birgit, Arbeitsbuch Praktische Theologie, Gütersloh 1999.
65. Meyer-Wilmes, Hedwig/Troch, Lieve/Bons-Storm, Riet (Eds.), Feminist Perspectives in Practical Theology (Yearbook of the European Society of Women in Theological Research 6), Leuven – Mainz 1998.
66. Möller, Christian, Einführung in die Praktische Theologie, Tübingen/Basel 2004.
67. Müller, Josef, Pastoraltheologie. Ein Handbuch für Studium und Seelsoge, Graz u. a. 1983.
68. Nicol, Martin, Grundwissen Praktische Theologie. Ein Arbeitsbuch, Stuttgart 2000.
69. Rössler, Dietrich, Die Vernunft der Religion, München 1976.
70. Ders., Grundriß der Praktischen Theologie, Berlin-New York 1986.
71. Steck, Wolfgang, Praktische Theologie. Bd. I, Stuttgart 2000.
72. Steinhäuser, Martin/Ratzmann, Wolfgang (Hrsg.), Didaktische Modelle Praktischer Theologie, Leipzig 2002.
73. Steinmeier, Anne M., Schöpfungsräume. Auf dem Weg einer praktischen Theologie als Kunst der Hoffnung, Gütersloh 2003.
74. Ven, van der, Johannes A., Entwurf einer empirischen Theologie, Kampen – Weinheim 1990.
75. Widl, Maria, Pastorale Weltentheologie. Transversal entwickelt im Diskurs mit der Sozialpastoral, Stuttgart 2000.
76. Winkler, Eberhard, Praktische Theologie elementar. Ein Lehr- und Arbeitsbuch, Neukirchen-Vluyn 1997.
77. Wintzer, Friedrich, u. a., Praktische Theologie, Neukirchen-Vluyn 1997.

78. Zilleßen, Dietrich, u. a. (Hrsg.), Praktisch-theologische Hermeneutik, Rheinbach-Merzbach 1991.

    b) Aufsätze und Lexikonartikel

79. Failing, Wolf-Eckaart/Heimbrock, Hans-Günter, Ausblick: Von der Handlungstheorie zur Wahrnehmungstheorie und zurück, in: 39, 275–294.
80. Fuchs, Ottmar, Plädoyer für eine radikale Pluralitätsethik, in: ZMRW 77 (1993) 62–77.
81. Ders., Relationship between Practical Theology and Empirical Research, in: JET 14 (2001) 5–19.
82. Fürst, Walter, Zur gegenwärtigen Diskussion in der katholischen Praktischen Theologie, in: ETh 61 (2001) 399–414.
83. Gräb, Wilhelm, Von der Religionskritik zur Religionshermeneutik, in: ders. (Hrsg.), Religion als Thema der Theologie, Gütersloh 1999, 118–143.
84. Greinacher, Norbert, Praktische Theologie und die ökumenische Frage, in: PThI 15 (1995) 155–161.
85. Haslinger, Herbert, u. a., Zur Ouvertüre: Zu Selbstverständnis und Konzept dieser Praktischen Theologie, in: 50 (Bd. 1), 19–36.
86. Ders., Ein Modell zur Strukturierung praktisch-theologischer Inhalte, in: 50 (Bd. 2), 21–33.
87. Heimbrock, Hans-Günter, Öffnung zum Leben. Ein Forschungsbericht zur Phänomenologie in der neueren Praktischen Theologie, in: IJPT 4 (2000) 253–283.
88. Knobloch, Stefan, Seelsorge – Sorge um das Menschsein in seiner Ganzheit, in: 50 (Bd. 2), 35–46.
89. Lange, Ernst, Aus der „Bilanz 65", in: ders., Kirche für die Welt, München-Gelnhausen 1981, 63–160.
90. Luther, Henning, Identität und Fragment, in: 59, 160–182.
91. Ders., Praktische Theologie des Subjekts, in: 59, 9–20.
91a. Mette, Norbert, Zwischen Reflexion und Entscheidung. Der Beitrag Karl Rahners zur Grundlegung der praktischen Theologie, in: TrThZ 87 (1978) 26–43. 136–151.
92. Ders., Sehen – Urteilen – Handeln. Zur Methodik pastoraler Praxis, in: Diakonia 20 (1989) 23–29.
93. Ders., Praktische Theologie in der katholischen Theologie, in: 45, 531–563.
94. Ders., Praktische Theologie – Ästhetische Theorie oder Handlungstheorie?, in: 423, 37–46.
95. Ders., Zwischen Handlungs- und Wahrnehmungswissenschaft – zum handlungstheoretischen Ansatz der praktischen Theologie, in: PThI 22 (2002) 139–155.
96. Ders., Mission und die Paradoxien der Kirche als Organisation, in: Böhme, Michael u. a. (Hrsg.), Mission als Dialog. Zur Kommunikation des Evangeliums heute, Leipzig 2003, 169–187.
97. Ders., Gaudium et spes – die Pastoralkonstitution und das Pastoralkonzil, in: MThZ 54 (2003) 114–126.
98. Meyer-Blanck, Michael, Semiotik und Praktische Theologie, in: IJPT 5 (2001) 94–133.
99. Peukert, Helmut, Was ist eine praktische Wissenschaft?, in: 41, 64–79.
100. Schmidt-Rost, Reinhard, Kommunikation des Evangeliums, in: PThI 20 (2000) H. 2, 88–90.
101. Schweitzer, Friedrich, Praktische Theologie und Hermeneutik: Paradigma – Wissenschaftstheorie – Methodologie, in: van der Ven, Johannes A./Ziebertz, Hans-Georg (Hrsg.), Paradigmenentwicklung in der Praktischen Theologie, Kampen – Weinheim 1993, 19–47.
102. Spiegel, Egon, Beziehung, in: LexRP I, 161–165.
103. Steck, Wolfgang, Praktische Theologie als Topographie des zeitgenössischen Christentums –

Grundlagen, Gegenstandsbereich und Methodik eines praktisch-theologischen Theoriemo-
dells, in: PThI 22 (2002) 165–185.

104. Ven, van der, Johannes A., An Empirical or a Normative Approach to Practical-Theological
Research? A false Dilemma, in: JET 15 (2002) 5–33.
105. Ders., Religionsfreiheit und kirchliches Engagement. Kirche in den Niederlanden im dritten
Jahrtausend, in: Diakonia 33 (2002) 120–125.
106. Zwergel, Herbert A., Kommunikation, in: LexRP I,1077–1082.

3. Unterdisziplinen der Praktischen Theologie

a) Praktisch-theologische Gemeindetheologie (incl. Ekklesiologie)

107. Bäumler, Christoph, Kommunikative Gemeindepraxis, München 1984.
108. Ders./Mette, Norbert, Christliche Gemeindepraxis, in: 109, 9–38.
109. Dies. (Hrsg.), Gemeindepraxis in Grundbegriffen, München-Düsseldorf 1987.
110. Bensberger Kreis, „Offene Gemeinde". Memorandum deutscher Katholiken, in: Concilium
11 (1975) 289–295.
111. Boff, Leonardo, Die Neuentdeckung der Kirche, Mainz 1980.
112. Ders., Und die Kirche ist Volk geworden, Düsseldorf 1987.
113. Castillo, Fernando (Hrsg.), Die Kirche der Armen in Lateinamerika, Freiburg/Schweiz 1987.
114. Concilium 11 (1975) Heft 4: Basisgemeinden.
115. Copray. Norbert u. a. (Hrsg.), Die andere Kirche,. Basisgemeinden in Europa, Wuppertal
1982.
116. Diakonia 20 (1989) Heft 3: Christen leben in Gemeinden.
117. Döpfner, Josef Kardinal, Bericht bei Abschluss der Gemeinsamen Synode, in: Synode Heft 8
(1975) 89–96.
118. Ebertz, Michael N., Zur Lage der Kirchengemeinden heute. Anmerkungen aus soziologi-
scher Sicht, in: Bildungswerk der Erzdiözese Köln e.V. (Hrsg.), „Jenseits der City" – Stadt-
teil-Gespräche in Köln, Würzburg 1999, 23–31.
119. Ders., Aufbrüche in der Kirche, Freiburg/Br. 2003.
120. Eicher, Peter, Die Zeit der Basisgemeinde, in: 123, 78–99.
121. Fischer, Henry u. a., Gemeinde, Mainz 1970.
122. Fowler, James W., Die Gemeinde: Verschiedenartige Daseinsformen von Selbst und Glaube,
in: ders, Glaubensentwicklung, München 1989, 111–139.
123. Frankemölle, Hubert (Hrsg.), Kirche von unten, München – Mainz 1981.
124. Gabriel, Karl/Geller, Helmut, Ausblick: Entwicklungstrends in Kirchengemeinden, in: 126,
361–389.
125. Geller, Helmut (Hrsg.), Ökumene in Gemeinden, Frankfurt a. M. 1985.
126. Ders. u. a., Ökumene und Gemeinde. Untersuchungen zum Alltag in Kirchengemeinden,
Opladen 2002.
127. Glatzel, Norbert, Gemeindebildung und Gemeindestruktur, München – Paderborn – Wien
1976.
128. Gmelch, Michael, Gott in Frankreich. Zur Glaubenspraxis basisgemeindlicher Lebensge-
meinschaften, Würzburg 1988.
129. Greinacher, Norbert, Zielvorstellungen einer kirchlichen Gemeinde von morgen, in: 130,
126–141.
130. Ders. u. a. (Hrsg.), Gemeindepraxis. Analysen und Aufgaben, München – Mainz 1979.
131. Karrer, Leo (Hrsg.), Handbuch der praktischen Gemeindearbeit, Freiburg/Br. 1990.

132. Karrer, Otto u. a., Gemeinde, in: LThK2 IV, 643–645.

133. Kasper, Walter, Die pastoralen Dienste in der Gemeinde. Einleitung, in: 11 (Bd.I), 581–596.

134. Kehl, Medard, Die Kirche. Eine katholische Ekklesiologie, Würzburg 1992.

135. Kerstiens, Ferdinand, Gemeinden im Aufbruch, in: Orientierung 64 (2000) 25–28.

136. Klinger, Elmar/Zerfaß, Rolf (Hrsg.), Die Basisgemeinden – ein Schritt auf dem Weg zur Kirche des Konzils, Würzburg 1984.

137. Klostermann, Ferdinand, Prinzip Gemeinde, Wien 1965.

138. Ders., Gemeinde – Kirche der Zukunft. 2 Bde., Freiburg/Br. 1974.

139. Ders., Wie wird unsere Pfarrei eine Gemeinde?, Wien 1979.

140. Lehmann, Karl, Einleitung, in: 11 (Bd.I), 21–67.

141. Ders., Chancen und Grenzen der neuen Gemeindetheologie?, in: Internationale katholische Zeitschrift 6 (1977) 111–127.

142. Ludin, Walter, u. a. (Hrsg.), Wir Kirchenträumer. Basisgemeinden im deutschsprachigen Raum, Olten 1987.

143. Mette, Norbert (Hrsg.), Wie wir Gemeinde wurden, München – Mainz 1982.

144. Moltmann, Jürgen, Kirche in der Kraft des Geistes, München 1975.

145. PrTh 37 (2002) H. 1: Praktizierte Ökumene.

146. Rahner, Karl, Über die Zukunft der Gemeinden, in: Schriften XVI, 160–177.

146a. Raske, Michael, Basiskirchliche Initiativen in der Volkskirche, in: KafBl 108 (1983) 776f.

147. Roos, Lothar, Begriff und Gestalt der kirchlichen Gemeinde, in: LS 27 (1976) 299–307.

148. Schillebeeckx, Edward, Zukunft der Gemeinde, in: Sein und Sendung 12 (1980) 65–78.

149. Steinkamp, Hermann, Gemeindestruktur und Gemeindeprozeß. Versuch einer Typologie, in: 130, 77–89.

150. Ders., Selbst „wenn die Betreuten sich ändern", in: Diakonia 19 (1988) 78–89.

151. Werbick, Jürgen, Kirche. Ein ekklesiologischer Entwurf für Studium und Praxis, Freiburg/Br. 1994.

152. Wiedenhofer, Siegfried, Das katholische Kirchenverständnis. Ein Lehrbuch der Ekklesiologie, Graz 1992.

153. Wiederkehr, Dieter, Grundvollzüge christlicher Gemeinde, in: 131, 14–38.

154. Wieh, Hermann, Das Gemeindeverständnis des Konzils und der Synode, in: 123, 62–77.

155. Zerfaß, Rolf, Die Gemeindeanalyse als pastorales Praktikum, in: 130, 68–76.

156. Ders., Die kirchlichen Grundvollzüge – im Horizont der Gottesherrschaft, in: 58, 32–50.

157. Ders./Roos, Klaus, Gemeinde, in: HRPG 1, 132–142.

158. Zulehner, Paul M. u. a., Pfarranalyse, Wien 1997.

b) Theorie der Kirchenleitung/Kirchenentwicklung

159. Bäumler, Christoph, Menschlich leben in der verstädterten Gesellschaft. München 1993.

160. Belok, Manfred (Hrsg.), Zwischen Vision und Planung. Auf dem Weg zu einer kooperativen und lebensweltorientierten Pastoral, Paderborn 2002.

161. Bertsch, Ludwig, Laien als Gemeindeleiter. Ein afrikanisches Modell, Freiburg/Br. 1990.

162. Breitenbach, Günter, Gemeinde leiten. Eine praktisch-theologische Kybernetik, Stuttgart 1994.

163. Carr, Anne E., Frauen verändern die Kirche, Gütersloh 1990.

164. Dagens, Claude. Zum Inhalt des Gesprächs, in: 237, 84–86.

165. Ders., Eine Wende auf dem nachkonziliaren Weg der Kirche in Frankreich?, in: 237, 92–98.

166. Dannowski, Hans-Werner, u. a. bzw. Brandi-Hinrichs, Friedrich, u. a. (Hrsg.), Kirche in der Stadt. 11 Bde., Hamburg 1991 ff.

177. Dargel, Matthias, Management kirchlichen Wandels, in: ThPr 37 (2002) 270–294, hier: 294.
178. Diakonia 27 (1996) Heft 5: Lernerfahrung Weltkirche.
179. Diakonia 32 (2001) H. 1: Zukunft der Gemeindeleitung.
180. Diakonia 32 (2001) H. 5: Welche Kirche braucht die Stadt?
181. Diakonia 34 (2003) H. 5: Geld regiert die Kirche?
182. Engel, Ulrich, City-Seelsorge, Leipzig 1998.
183. Feiter, Reinhard, Den Glauben vorschlagen in der gegenwärtigen Gesellschaft, unveröffentl. Manuskript.
184. Fetzer, Joachim, u. a. (Hrsg.), Kirche in der Marktgesellschaft, Gütersloh 1999.
185. Fuchs, Ottmar, Ämter für eine Kirche der Zukunft, Luzern 1993.
186. Ders. u. a., Der pastorale Notstand, Düsseldorf 1992.
187. Garhammer, Erich/Zelinka, Udo (Hrsg.), Gemeindeleitung heute – und morgen?, Paderborn 1988.
188. Gemeinde Jesu – inmitten der Stadt, Recklinghausen 1998.
189. Gilbert, Christine, Eine Sichtbarkeit leben, die nicht vereinnahmt, in: 237, 154f.
190. Dies., Das Diözesanmodell von Evry, in: Diakonia 32 (2001) 28–32.
191. Göpfert, Michael/Modehn, Christian (Hrsg.), Kirche in der Stadt, Stuttgart 1981.
192. Greinacher, Norbert, Die Kirche in der städtischen Gesellschaft, Mainz 1966.
193. Greshake, Gisbert, Priester sein. Zur Theologie des priesterlichen Amtes, Freiburg ²2001.
194. Grünberg, Wolfgang, Die Kirchen und die Seele der Stadt – Was ist Stadtkirchenarbeit heute?, in: 247, 166–187.
195. Ders., Die Sprache der Stadt. Skizzen zur Großstadtkirche, Leipzig 2004.
196. Gutmann, Hans-Martin, Der gute und der schlechte Tausch. Das Heilige und das Geld – gegensätzliche ökonomische Beziehungen?, in: Ebach, Jürgen u. a. (Hrsg.), „Leget Anmut in das Geben". Zum Verhältnis von Ökonomie und Theologie, Gütersloh 2001, 162–225.
197. Haslinger, Herbert/Bundschuh-Schramm, Christiane, Lebensraum und Organisation, in: 50 (Bd. 2); 287–307.
198. Herzig, Andreas/Sauermost, Burkard (Hrsg.), „… unterm Himmel über Berlin". Glauben in der Stadt, Berlin 2001.
199. Heyl, Andreas v., Zwischen Burnout und spiritueller Erneuerung. Studien zum Beruf des evangelischen Pfarrers und der evangelischen Pfarrerin, Frankfurt a. M. u. a. 2003.
200. Hilberath, Bernd J., „Ich bin es nicht". Grundlegendes zur Aufgabe des priesterlichen Dienstes, in: Diakonia 29 (1998) 173–181.
201. Ders. u. a., Konkretion: Leitung, in: 50 (Bd. 2), 494–510.
202. Ders./Nitsche, Bernhard (Hrsg.), Ist Kirche planbar? Organisationsentwicklung und Theologie in Interaktion, Mainz 2002.
203. Höhn, Hans-Joachim, Kirche ohne Gemeinde. Auf der Suche nach neuen Formen kirchlicher Präsenz in der Großstadt, in: 242, 45–66.
204. Ders., Straßeneinsatz! Herausforderung einer Passantenpastoral, in: Diakonia 32 (2001) 339–345.
205. Huber, Wolfgang, Kirche in der Zeitenwende. Gesellschaftlicher Wandel und Erneuerung der Kirche, Gütersloh 1998.
206. Hünermann, Peter (Hrsg.), Und dennoch … Die römische Instruktion über die Mitarbeit der Laien am Dienst der Priester. Klarstellungen – Kritik – Ermutigung, Freiburg/Br. 1998.
207. Karle, Isolde, Der Pfarrberuf als Profession. Eine Berufstheorie im Kontext der modernen Gesellschaft, Gütersloh 2001.
208. Dies., Schule der Wahrnehmung – Professionstheoretische Perspektiven praktisch-theologischer Ausbildung, in: PThI 22 (2002) 186–197.
209. Karrer, Leo, Dialogische Strukturen in einer synodalen Kirche, in: 185, 50–66.

210. Kellner, Thomas, Kommunikative Gemeindeleitung, Mainz ²2000 (1998).
211. Kertelge, Karl u. a., Kirchliche Ämter u. Dienste, in: LThK3 VI, 86–97.
212. van Kessel, Rob, Gemeinde am Leben, Freiburg/Br. 1990.
213. Klemm, Sieglinde/Stollberg, Dietrich, Für das Pfarramt lernen, in: 72, 68–133.
214. Klostermann, Ferdinand, Die pastoralen Dienste heute, Linz 1980.
215. Ders., Gemeinde ohne Priester, Mainz 1981.
216. Köhl, Georg, Lern-Ort Praxis. Ein didaktisches Modell, wie Seelsorge gelernt werden kann, Münster 2003.
217. Körber, Manfred, Regionalentwicklung als Feld kirchlichen Handelns, Mainz 1998.
218. Kürschner-Pelkmann, Frank (Red.), Kirche in der Stadt. Die ökumenische Zukunft der Metropolen, Hamburg 2001.
219. Laie, in: H. J. Wetzler/B. Welte (Hrsg.), Kirchenlexikon Bd. 6, Freiburg/Br. 1851, 316.
220. Langendörfer, Hans, Politik ist nicht alles – Über die politische Präsenz der Kirchen, in: Vogel, Bernhard (Hrsg.), Religion und Politik. Ergebnisse und Analysen einer Umfrage, Freiburg/Br. 2003, 41–69.
221. Läufer, Erich u. a. (Hrsg.), Mysterium Kirche: Sozialkonzern oder Stiftung Christi?, Aachen 1996.
222. Lebendige Seelsorge 54 (2003) H. 3/4: Wie können wir unser Leben gestalten.
223. Lebendige Seelsorge 55 (2004) H. 1: Seelsorge hat Zukunft.
224. Lehmann, Karl, Die Zukunft der Seelsorge in den Gemeinden, Mainz 1995.
225. Lobinger, Fritz, Wie Gemeinden Priester finden, Wien 1998.
226. Marsch, Wolf-Dieter, Institution im Übergang. Evangelische Kirche zwischen Tradition und Reform, Göttingen 1970.
227. Mette, Norbert, Gemeinsam im Dienst einer evangelisierenden Pastoral, in: Hoffmann, Paul (Hrsg.), Priesterkirche, Düsseldorf 1987, 208–231.
228. Ders., Gemeinde im Kontext der modernen Großstadt, in: Ziebertz, Hans-Georg (Hrsg.), Christliche Gemeinde vor einem neuen Jahrtausend, Weinheim 1997, 215–231.
229. Ders., Laie. VI. Laien im kirchlichen Dienst, in: LThK3 VI, 596f.
230. Ders., Kirche als Unternehmen besonderer Art?, in: ThQ 182 (2002) 155–166.
231. Ders. u. Honsel, Bernhard, Mensch unter Menschen. Gespräch mit einem Pfarrer, in: Hoffmann, Paul (Hrsg.), Priesterkirche, Düsseldorf 1987, 317–326.
232. Ders./Kuhnke, Ulrich, Kirche in ökumenischer Bewegung, in: Michels, Eberhard/Weinrich, Michael (Hrsg.), Die Kirche im Wort. Arbeitsbuch zur Ekklesiologie, Neukirchen-Vluyn 1992, 247–262.
233. Ders./Schäfers, Michael, Kirche in der Stadt. Bestandsaufnahme und Problemanzeigen, in: Pastoraltheologie 79 (1990) 116–131.
234. Miggelbrink, Ralf, Einführung in die Lehre von der Kirche, Darmstadt 2003.
235. Müller, Hadwig, Hörende Christen sind ansprechende Christen, in: KatBl 123 (1998) 324–327.
236. Dies., Eine Kirche, die Gespräch wird. Die Initiative der französischen Bischöfe, in: Forum Weltkirche 118 (1999) Heft 6, 14–18.
237. Dies. u. a. (Hrsg.), Sprechende Hoffnung – werdende Kirche, Ostfildern 2001.
238. Dies. (Hrsg.), Freude an Unterschieden – Kirchen in Bewegung, Ostfildern 2002.
239. Muñoz, Ronaldo, Pueblo – comunidad – evangelio, Santiago de Chile 1994.
240. Pastoraltheologie 79 (1990) H. 3: Urbanes Christentum.
241. PThI 20 (200) H. 1: Organisationsentwicklung in der Kirche. Herausforderung der praktischen Theologie.
242. Purk, Erich (Hrsg.), Herausforderung Großstadt, Frankfurt a. M. 1999.
243. Ders. (Hrsg.), Ortswechsel. Auf neue Art Kirche sein, Stuttgart 2003.

244. Rahner, Karl, Strukturwandel der Kirche als Aufgabe und Chance, Freiburg/Br. 1972.

245. Sayer, Josef/Biesinger, Albert, Von lateinamerikanischen Gemeinden lernen, München 1988.

246. Schmidt, Eva Renate/Berg, Hans Georg, Beraten mit Kontakt. Gemeinde- und Organisationsberatung in der Kirche, Offenbach 1995.

247. Schmidt, Heinz/Zitt, Renate (Hrsg.), Diakonie in der Stadt, Stuttgart 2003.

248. Schmidt, Werner H., „Suchet der Stadt Bestes!" – Das Motto der Tagung im Kontext der Verkündigung Jeremias, in: 247, 16–24.

249. Schuster, Norbert/Wichmann, Martin (Hrsg.), Die Platzhalter. Erfahrungen von Gemeinde-leiterinnen und Gemeindeleitern, Mainz 1997.

250. Sievernich, Michael, Kirche in der großen Stadt. Pastoraltheologische Perspektiven, in: 242, 23–44.

251. Simon, Werner, Kirche in der Stadt, Berlin – Hildesheim 1990.

252. Ders. (Hrsg.), Weggemeinschaft mit den Menschen. Kirche in der Großstadt, Berlin – Hildesheim 1992.

253. Steinkamp, Hermann, Die sanfte Macht der Hirten. Die Bedeutung Michel Foucaults für die Praktische Theologie, Mainz 1999.

254. Stenger, Hermann M., Im Zeichen des Hirten und des Lammes. Mitgift und Gift biblischer Bilder, Innsbruck 2000.

255. Stierle, Wolfram, Geld hinkt nicht. Zur ökonomischen Anamnese akuter Verrenkungen im Kirchen-Marketing, in: Ebach, Jürgen u. a. (Hrsg.), „Leget Anmut in das Geben". Zum Verhältnis von Ökonomie und Theologie, Gütersloh 2001, 226–232.

256. Theobald, Michael/Simon, Werner (Hrsg.), Zwischen Babylon und Jerusalem. Beiträge zu einer Theologie der Stadt, Berlin – Hildesheim 1988.

257. ThPr 37 (2002): Management als kirchliche Praxis?

258. Thomé, Martin (Hrsg.), Theorie Kirchenmanagement, Bonn 1998.

259. van der Ven, Johannes A., Kontextuelle Ekklesiologie, Düsseldorf 1995.

260. Vietmeier, Alfons, Kirche: Wo, mit wem und wie bist Du da? Großstadtpastoral in Mexiko (und Hispanoamerika), in: Diakonia 32 (2001) 351–357.

261. Werbick, Jürgen, Laie. I–III, in: LThK3 VI, 589–594.

262. Zerfaß, Rolf, „… damit Gemeinde lebt – und wir". Perspektiven und Kriterien einer Kooperativen Pastoral, in: BiLi 71 (1998), 84–92.

262a. Zulehner, Paul M. u. a., „Sie werden mein Volk sein", Düsseldorf 1985.

263. Ders., Stadt ohne Gott? Zur Theologie der Stadt, in: 256, 40–51.

264. Ders., Aufbrechen oder untergehen. So geht Kirchenentwicklung. Das Beispiel des Passauer Pastoralplans, Ostfildern 2003.

265. Ders., Abschied von der Beteiligungskirche? Eine pastorale Fehlentwicklung, in: StdZ 224 (2003) 435–448.

266. Ders. Kirche im Umbau. Für eine Erneuerung im Geist des Evangeliums, in: HK 58 (2004) 119–124.

267. Ders./Lobinger, Fritz/Neuner, Peter, Leutepriester in lebendigen Gemeinden. Ein Plädoyer für gemeindliche Presbyterien, Ostfildern 2003.

c) Religionspädagogik/Katechetik

268. Baumann, Urs, „Postchristliche" Religiosität als Herausforderung an den Religionsunterricht, in: Schönberger Hefte 27 (1997), H. 3, 2–11.

269. Biehl, Peter, Die Gottebenbildlichkeit des Menschen und das Problem der Bildung – Zur Neufassung des Bildungsbegriffs in religionspädagogischer Perspektive, in: 270, 9–102.

270. Biehl, Peter/Nipkow, Karl Ernst, Bildung und Bildungspolitik in theologischer Perspektive, Münster 2003.

270a. Bitter, Gottfried u. a. (Hrsg.), Neues Handbuch religionspädagogischer Grundbegriffe, München 2002.

271. Blasberg-Kuhnke, Martina, Erwachsene glauben, St. Ottilien 1992.

272. Boschki, Reinhold, „Beziehung" als Leitbegriff der Religionspädagogik. Grundlegung einer dialogisch-kreativen Religionsdidaktik, Ostfildern 2003.

273. Comenius-Institut (Hrsg.), Die Perspektive wechseln. Kirchliche Arbeit mit Kindern – Beiträge zu einer Kultur des Aufwachsens. Positionen, Projekte, Reflexionen, Münster 2001.

274. Degen, Roland, Gemeindepädagogik, in: LexRP I, 682–687.

275. Exeler, Adolf, Religiöse Erziehung als Hilfe zur Menschwerdung, München 1982.

276. Fowler, James W., Stufen des Glaubens. Die Psychologie der menschlichen Entwicklung und die Suche nach Sinn, Gütersloh 1991 (amerik. Orignialausgabe: 1981).

277. Fuchs, Gotthard, Rhythmen der Christwerdung, in: KatBl 116 (1991) 245–254.

278. Ders., Erwachsen(d)der Glaube. Christliche Mystik im Religionsgespräch der Gegenwart, in: Informationen für Religionslehrer im Bistum Limburg 30 (2001) 255–261.

279. Funke, Dieter, Im Glauben erwachsen werden, München 1986.

280. Fürst, Walter u. a. (Hrsg.), „Selbst die Senioren sind nicht mehr die alten ..." Praktisch-theologische Beiträge zu einer Kultur des Alterns, Münster 2003.

281. Häring, Hermann, Die Geschichte Jesu als Grund und Ursprung religiöser Identität, in: Concilium 36 (2000) 219–230.

282. Heinrichs, Gesa, Identität oder nicht? Plädoyer für ein Denken der Differenz in der (Religions-)Pädagogik, in: Feuervogel 4 (1998) 31–37.

283. JRP 19 (2003): Die Gewalt und das Böse.

284. Kampmann-Grünewald, Andreas, Bildung als Ressource oder Ausschlusskriterium? Reflexionen kirchlichen Bildungsverständnisses in der Wissensgesellschaft, Ms. Münster 2003.

285. KatBl 129 (2004) H. 2: Riten – Rituale – Sakramente

286. Klein, Stephanie, Gottesbilder von Mädchen, Stuttgart 2000.

287. Dies., Biografieforschung, in: LexRP I, 201–204.

288. Dies., Lebenslaufforschung, in: LexRP II, 1173–1175.

289. Lutz, Bernd, Gemeindekatechese, in: LexRP I, 675–682.

290. Mette, Norbert, Identität ohne Religion?, in: 424, 160–178

291. Ders., Subjektwerden an und mit den anderen, in: EE 43 (1991) 620–630.

292. Ders., Das Kind in der Mitte (Mk 9,36). Eine Herausforderung für die katholische Schule, in: RPB 25/1990, 126–144.

293. Ders., Religionspädagogik, Düsseldorf 1994.

294. Ders., Der Beitrag des Religionsunterrichts zum Bildungsauftrag der Schule, in: 63, 143–156.

295. Ders., Identitätsbildung heute – im Modus christlichen Glaubens, in: KatBl 124 (1999) 397–405.

296. Ders., Identity Before or Identity Through Familiarization with Plurality? The Actual Discussion Concerning School Based Religious Education in Germany, in: Roebben, Bert/Warren, Michael (Eds.), Religious Education as Practical Theology, Leuven-Paris-Sterlin, VA 2001, 217–244.

297. Ders., Identität, in: LexRP 1, 847–854.

298. Ders., Erziehen zur „Ehrfurcht vor Gott" (Art 7 I LVerfNW) – eine unerledigte Anfrage an die Religionspädagogik, in: IJPT 9 (2005) H.1 (i.E.).

299. Ders./Rickers, Folkert, Religionspädagogik, in: Eicher, Peter (Hrsg.), Handbuch theologischer Grundbegriffe, München 2005 (i.E.).

300. Meyer-Blanck, Michael/Nastainczyk, Wolfgang, Katechese, Katechetik, in: LexRP I, 956–966.

301. Nipkow, Karl Ernst, Bildung in einer pluralen Welt. 2 Bde., Gütersloh 1998.

302. Ders., Pluralität, Pluralismus, in: LexRP II, 1520–1525.

303. Ders., God, Human Nature and Education for Peace. New Approaches to Moral und Religious Maturity, Aldershot 2003.

304. Ders./Schweitzer, Friedrich (Hrsg.), Zukunftsfähige Schule – in kirchlicher Trägerschaft?, Münster 2001.

305. Oser, Fritz/Gmünder, Peter, Der Mensch – Stufen seiner religiösen Entwicklung. Ein strukturgenetischer Ansatz, Gütersloh ²1988 (1984).

306. Peukert, Helmut, Reflexionen über die Zukunft religiöser Bildung, in: RPB 49/2002, 49–66.

307. Pohl-Patalong, Uta (Hrsg.), Religiöse Bildung im Plural, Schenefeld 2003.

308. Praktische Theologie 38 (2003) H. 1: Evangelische Bildungsverantwortung – neue Herausforderungen.

309. Preul, Reiner, Die Bildungsverantwortung der Kirche in Staat und Gesellschaft, in: 270a, 36–40.

310. Renz, Andreas/Leimgruber, Stephan (Hrsg.), Lernprozess Christen Muslime, Münster 2002.

311. Schweitzer, Friedrich, Lebensgeschichte und Religion, Gütersloh ⁵2004 (1987).

312. Ders., LER in Brandenburg – am Ende des Streits?, in: ThLZ 127 (2002) 1139–1146.

313. Ders., Postmoderner Lebenszyklus und Religion, Gütersloh 2003.

314. Ders. u. a., Entwurf einer pluralitätsfähigen Religionspädagogik, Gütersloh/Freiburg i. Br. 2002.

315. Siller, Hans Pius, Religion an der Schule – Fortsetzung, in: Impulse aus der Hauptabteilung Schule und Hochschule des Erzbistums Köln Nr. 50/1999, Beilage I–VI.

316. Werbick, Jürgen, Glaube im Kontext, Zürich-Einsiedeln – Köln 1983.

d) Seelsorgelehre

317. Baumgartner, Isidor (Hrsg.), Handbuch der Pastoralpsychologie, Regensburg 1990.

318. Beratung im kirchlichen Kontext, hrsg. vom Bereich Pastoral der Deutschen Bischofskonferenz und Deutschen Caritasverband, Bonn – Freiburg/Br. 2001.

319. Concilium 26 (1990) H. 5: Umgang mit Scheitern.

320. Diakonia 25 (1994) H. 1: Seelsorge ist Beziehung.

321. Drechsel, Wolfgang, Lebensgeschichte und Lebens-Geschichten. Zugänge zur Seelsorge in biographischer Perspektive, Gütersloh 2002.

322. Emeis, Dieter, Zwischen Ausverkauf und Rigorismus, Freiburg/Br. 1993.

323. Fürst, Walter, Kasualien, Kasualpraxis, in: 33 (Bd. 1), 806–808.

324. Gärtner, Stefan, Zonde? Pastoraaltheologische overwegingen over een onbegrijpelijk onderwerp, in: Nauta, Rein et al., Over zonde en zonden. Opstellen over de tragiek van het bestaan, Nijmegen 2002, 115–130.

325. Ders., Pastoral Care and Boundaries, in: Roebben, Bert/van der Tuin, Leo (Eds.), Practical Theology and the Interpretation of Crossing Boundaries. Essays in Honour of Professor M. P. J. van Knippenberg, Münster 2003, 119–132.

326. Ders., Orientierungslos? Seelsorge in der Postmoderne, in: Diakonia 35 (2004) 217–222.

327. Hauschildt, Eberhard, Alltagsseelsorge, Göttingen 1996.

328. Klein, Stephanie, Alltagsseelsorge, in: PThI 23 (2003) H. 1, 62–65.

329. Klessmann, Michael, Pastoralpsychologie. Ein Lehrbuch, Neukirchen-Vluyn 2004.

330. Knippenberg, van, Tjeu/Nauta, Rein, Diakonie als zielsorg – vraag en aanbod, in: van der

Ven, Johannes A./Houtepen, Anton W. J. (Hrsg.), Weg van de kerk, Kampen 1994, 139–158.

331. Maas, Frans, Met grenzen leven. Over de deugd van gematigdheid, in: Tijdschrift voor geestelijk leven 3 (1996), 247–261.

332. Müller, Philipp, Seelsorge, in: 33 (Bd. 2), 1537–1541.

333. Nauer, Doris, Seelsorgekonzepte im Widerstreit. Ein Kompendium, Stuttgart 2001.

334. Pietz, Hans-Wilhelm/Schibilsky, Michael, Die Lebensgeschichte in den Kasualien, in: 72, 178–228.

335. Poensgen, Herbert, Alles ist Fragment. Kritische Anfragen zu heilender Seelsorge in der Pastoral, in: ThPQ 145 (1997) 155–167.

336. Pohl-Patalong, Uta/Muchlinsky, Frank (Hrsg.), Seelsorge im Plural. Perspektiven für ein neues Jahrhundert, Hamburg 1999.

337. Poling, James Newton, Render unto God. Economic Vulnerability, Family Violence and Pastoral Theology, St. Louis 2002.

338. PThI 23 (2003) H. 1: Seelsorge der Zukunft.

339. Reuter, Wolfgang, Heilsame Seelsorge, Münster 2004.

340. Sadowski, Sigurd, Notfallseelsorge, in: PThI 23 (2003) H. 1, 190–200.

341. Scharfenberg, Joachim, Seelsorge als Gespräch, Göttingen 1972.

342. Ders., Einführung in die Pastoralpsychologie, Göttingen ²1994.

343. Scherer-Rath, Michael, Lebenssackgassen. Herausforderung für die pastorale Beratung und Begleitung von Menschen in Lebenskrisen, Münster 2001.

344. Schieder, Rolf, Seelsorge in der Postmoderne, in: WzM 46 (1994) 26–43.

345. van de Spijker, A.M.J.M.Hermann, Poimenik, in: 33 (Bd. 2), 1331 f.

346. ThPrQ 151 (2003) H. 4: Beziehungsfähigkeit – Schlüsselkompetenz der Seelsorge.

347. Wieners, Jörg (Hrsg.), Handbuch der Telefonseelsorge, Göttingen 1995.

348. Wiggermann, Karl-Friedrich, Mit Scheitern leben. Zu einer Praktischen Theologie der Lebensbewahrheitung *sub contrario*, in: ZThK 96 (1999) 424–438.

349. Wittrahm, Andreas, Seelsorge, Pastoralpsychologie und Postmoderne, Stuttgart 2001.

350. Zulehner, Paul M., Heirat – Geburt – Tod. Eine Pastoral zu den Lebenswenden, Wien 1976.

e) Homiletik/Kerygmatik

351. Bitter, Gottfried, Kerygmatik, in: LexRP I, 996–998.

352. Mette, Norbert, Gott, der das Heil aller Menschen will, in: Rosien, Peter (Hrsg.), Mein Credo. Persönliche Glaubensbekenntnisse, Kommentare und Informationen, Oberursel 1999, 126 f.

353. Süss, Paulo G., Glaubensverkündigung, Inkulturation und Befreiung, in: Orientierung 50 (1986) 231–234. 241–243.

354. Zerfaß, Rolf, Die Kompetenz des Verkündigers und ihr christologisches Fundament, in: PThI Folge 8, 1979, 38–56.

355. Ders., Homiletik, in: 33 (Bd. 1), 755–758.

356. Ders., Das Würzburger Curriculum, in: 72, 438–462.

f) Kirche und Medien

357. Albrecht, Horst, Die Religion der Massenmedien, Stuttgart 1993.

358. Concilium 29 (1993) H. 6: Die Massenmedien.

359. Derenthal, Birgt, Kirche und Medien. Aktuelle Herausforderungen, Diskussionsstand und Perspektiven (Staatsexamensarbeit Paderborn 2000).

360. Drägert, Christian/Schneider, Norbert (Hrsg.), Medienethik. Freiheit und Verantwortung, Stuttgart 2001.

361. Düsterfeld, Peter, Kommunikative Diakonie. Überlegungen zum Verhältnis der Kirche zu den Massenmedien, in: FUNK-Korrespondenz Nr. 13–14/31. März 1988, 1–6.

362. Fuchs, Ottmar, Kirche – Kabel – Kapital. Standpunkte einer christlichen Medienpolitik, Münster 1989.

363. Gräb, Wilhelm, Sinn fürs Unendliche. Religion in der Mediengesellschaft, Gütersloh 2002.

364. Janowski, Hans-Norbert, Die kanalisierte Botschaft. Religion in den Medien – Medienreligion, Gütersloh 1987.

365. Höhn, Hans-Joachim, Nicht instrumentalisieren lassen. Die Medienreligion und das Evangelium, in: HK 54 (2000) 291–296.

366. Preul, Reiner/Schmidt-Rost, Reinhard (Hrsg.), Kirche und Medien, Gütersloh 2000.

367. Rolfes, Helmut, Katholische Kirche und Medienethik, in: Communicatio Socialis 35 (2002) 381–393.

368. Schibilsky, Michael, Kirche in der Mediengesellschaft (epd-Dokumentation 21a), Frankfurt a. M. 1997.

369. Wörther, Matthias, Vom Reichtum der Medien. Theologische Überlegungen, praktische Folgerungen, Würzburg 1993.

g) Diakonik

370. Cornehl, Peter, Was ist ein konziliarer Prozeß?, in: Pastoraltheologie 75 (1986) 575–596.

371. Degen, Johannes, Diakonie und Restauration, Darmstadt 1975.

372. Eicher, Peter, Option für die Armen, in: NHthG² IV, 128–151.

373. Eigenmann, Urs, Am Rand die Mitte suchen. Unterwegs zu einer diakonischen Gemeindekirche der Basis, Fribourg/Brig 1990.

374. Fuchs, Gotthard, Kulturelle Diakonie, in: Concilium 24 (1988) 324–329.

375. Fuchs, Ottmar, Heilen und befreien, Düsseldorf 1990.

376. Gabriel, Karl/Treber, Monika (Hrsg.), Christliche Dritte-Welt-Gruppem: Herausforderung für die kirchliche Pastoral und Sozialethik, Bonn 1998.

377. Götzelmann, Arnd, Evangelische Sozialpastoral. Zur diakonischen Qualifizierung christlicher Glaubenspraxis, Stuttgart 2003.

378. Goldstein, Horst, „Genieß das Leben alle Tage". Eine befreiende Theologie des Wohlstandes, Mainz 2002.

379. Hengsbach, Friedhelm, Die andern im Blick. Christliche Gesellschaftsethik in den Zeiten der Globalisierung, Darmstadt 2001.

380. Ders. u. a. (Hrsg.), Reformen fallen nicht vom Himmel? Was kommt nach dem Sozialwort der Kirchen?, Freiburg/Br. 1997.

381. Käßmann, Margot, Gewalt überwinden. Eine Dekade des Ökumenischen Rates der Kirchen, Hannover 2000.

382. Kamphaus, Franz, „Die Wahrheit in Liebe tun". Zum Stellenwert der Caritas in der Gemeinde, in: 399, 515–525.

383. Kampmann-Grünewald, Andreas, Solidarität oder „Sozialkitt"? Der Strukturwandel freiwilligen gesellschaftlichen Engagements als Herausforderung christlicher Praxis, Mainz 2004.

384. Karrer, Leo, Zu Optionen finden? Kriterien *für* Optionen, in: O. Fuchs (Hrsg.), Pastralthe-

ologische Interventionen im Quintett. Zukunft des Evangeliums in Kirche und Gesellschaft, Münster 2001, 69–96.

385. Krockauer, Rainer, Abschieben oder Aufnehmen? Christen engagieren sich für Asylsuchende und Flüchtlinge, München 1990.

386. Lehmann, Karl, Gemeinde im Dienst der Caritas – Caritas im Dienst der Gemeinde, in: 399, 86–99.

387. Mette, Norbert, Der konziliare Prozeß – eine Herausforderung für die kirchlichen Sozialverbände (Arbeiterfragen 1/92), Herzogenrath 1992.

387a. Ders., Caritas, in: NHthG² I, 256–291.

388. Ders., „Heilsdienst" oder „Weltdienst"? Plädoyer für eine stärkere Integration von Praktischer Theologie und Christlicher Gesellschaftsethik, in: IJPT 1 (1997) 187–208.

389. Ders., Gemeinde werden durch Diakonie, in: 131, 198–214.

390. Ders., Grundprinzip Gemeindecaritas, in: Caritas 98 (1997) 149–161.

391. Ders., Vorrangige Option für die Armen – eine Herausforderung für Christen und Gemeinden in den Wohlstandsgesellschaften, in: 63, 205–220.

392. Ders., Konziliarer Prozess, in: LexRP I, 1093–1098.

393. Ders., Armut, in: Eicher, Peter (Hrsg.), Handbuch theologischer Grundbegriffe, München 2005 (i. E.)

394. Ders./Schäfers, Michael, Dialog im Kontext radikalisierter Modernität – christliche und kirchliche Praxis im Kontext der Zivilgesellschaft, in: 63, 97–114.

395. Ders./Steinkamp, Hermann (Hrsg.), Anstiftung zur Solidarität, Münster 1996.

396. Dies., (Kreative) Rezeption der Befreiungstheologie in der praktischen Theologie, in: Fornet-Betancourt, Raoul (Hrsg.), Befreiungstheologie. Bd. 3, Mainz 1997, 9–25.

397. Mette, Norbert u. a. (Hrsg.), Brücken und Gräben. Sozialpastorale Impulse und Initiativen im Spannungsfeld von Gemeinde und Politik, Münster 1999.

398. Moltmann, Jürgen, Diakonie im Horizont des Reiches Gottes, Neukirchen-Vluyn 1984.

399. Nordhues, Paul (Hrsg.), Handbuch der Caritas-Arbeit, Paderborn 1986.

400. Nuscheler, Franz u. a., Christliche Dritte-Welt-Gruppen. Praxis und Selbstverständnis, Mainz 1995.

401. Raiser, Konrad (Hrsg.), Löwen 1971 (Beiheft ÖR 18/19), Stuttgart 1971.

402. Ders. (Hrsg.), Ökumenische Diakonie – eine Option für das Leben (Beiheft zur ÖkR Nr. 57), Frankfurt a. M. 1988.

403. Schäfers, Michael, Prophetische Kraft der kirchlichen Soziallehre?, Münster 1998.

404. Schmitthenner, Ulrich (Hrsg.), Arbeitsbuch für Gerechtigkeit, Frieden und Bewahrung der Schöpfung. Seoul 1990, Wethen 1990.

405. Ders., Der Konziliare Prozess. Gemeinsam für Gerechtigkeit, Frieden und Bewahrung der Schöpfung, Idstein 1998.

406. Steinkamp, Hermann, Diakonie – Kennzeichen der Gemeinde Freiburg/Br. 1985.

407. Ders., Christliche Diakonie angesichts der 'Krise des Helfens', in: WzM 40 (1988) 306–316.

408. Ders., Gleichgeschaltet oder Gleiche vor Gott, in: Kramer, Hannes/Thien, Ulrich (Hrsg.), Gemeinde und Soziale Brennpunktarbeit, Freiburg 1989, 205–214.

409. Ders., Solidarität und Parteilichkeit, Mainz 1994.

410. Theißen, Gerd, Die Legitimitätskrise des Helfens und der barmherzige Samariter: G. Röckle (Hrsg.) Diakonische Kirche, Neukirchen-Vluyn 1990, 46–76.

411. Völkl, Richard, Diakonie und Caritas in den Dokumenten der deutschsprachigen Synoden, Freiburg 1977.

412. Weth, Rudolf, Diakonie, in: 109, 116–126.

413. Zerfaß, Rolf, Der Beitrag des Caritasverbandes zur Diakonie der Gemeinde, in: Caritas 88 (1987) 12–27.

414. Ziebertz, Hans-Georg, Sozialarbeit und diakonisches Handeln, in: Caritas 91 (1990) 564–575.

415. Zöller, Paul, Krisen als Chancen nutzen. Thesen zur Situation und zu den Perspektiven caritativer Organisationen, in: PThI 10 (1990) 213–224, hier: 221.

h) Praktische Theologie und Kunst

416. Ballard, Paul/Couture, Pamela (Eds.), Creativity, Imagination and Criticism. The Expressive Dimension in Practical Theology, Cardiff 2001.

417. Burrichter, Rita, Kunst und Religionspädagogik, in: LexRP I, 1139–1144.

418. JRP 13 (1996): Kunst und Religion.

419. Mennekes, Friedhelm, Nicht nur für Katholiken. Die Sakramentenkunst von Abigail O'Brien, in: St. Rosenthal (Hrsg.), Abigail O'Brien – Die sieben Sakramente und der ritualisierte Alltag/The Seven Sacraments and Ritualized Daily Life, Göttingen-München 2004, 97–99.

420. Pirner, Manfred L., Populäre Kultur und Religion, in: PrTh 38 (2003) 207–216.

421. PrTh 38 (2003) H. 3: Populäre Kultur und Religion.

422. Sundermeier, Theo, Kulturelle Sensibilität und Kreuzestheologie, in: M. Böhme u. a. (Hrsg.), Mission als Dialog, Leipzig 2003, 39–60.

4. Angrenzende Wissenschaften

a) Theologie

423. Abeld, Sönke/Bauer, Walter, u. a. (Hrsg.), „… was es bedeutet, verletzbarer Mensch zu sein". Erziehungswissenschaft im Gespräch mit Theologie, Philosophie und Gesellschaftstheorie, Mainz 2000.

424. Arens, Edmund (Hrsg.), Habermas und die Theologie, Düsseldorf 1989.

425. Ders. (Hrsg.), Anerkennung der Anderen, Freiburg/Br. 1995.

426. Ders. (Hrsg.), Kommunikatives Handeln und christlicher Glaube, Paderborn 1997.

427. Ders., Theologie als Wissenschaft. Die Bedeutung des handlungstheoretischen Ansatzes von Helmut Peukert, in: 423, 13–27.

428. Baum, Gregory, Compassion and Solidarity, Toronto 1987.

429. Barth, Karl, Die Kirchliche Dogmatik. IV/3.2, Zürich 1979.

430. Bauer, Christian/Hölzl, Michael (Hrsg.), Gottes und des Menschen Tod? Die Theologie vor der Herausforderung Michel Foucaults, Mainz 2003.

431. Biser, Eugen, Die Heilkraft des Glaubens, in: Concilium 34 (1985) 534–544.

432. Boff, Clodovis, Theologie und Praxis, München – Mainz 1983.

433. Boff, Leonardo, Gott kommt früher als der Missionar, Düsseldorf 1991.

434. Bonhoeffer, Dietrich, Widerstand und Ergebung, München [3]1985.

435. Ders., Das Wesen der Kirche, München 1971.

436. Brachel, Hans-Ulrich v./Mette, Norbert (Hrsg.), Kommunikation und Solidarität, Freiburg (Schw.)/Münster 1985.

437. Brighenti, A., Raices de la epistemologia y del método de la teología latinoamericana, in: Medellin 78 (1994) 207–254.

438. Campenhausen, Axel Frhr. von, u. a. (Hrsg.), Lexikon für Kirchen- und Staatskirchenrecht. 3 Bde., Paderborn 2000 ff.

439. Comblin, Jose, Das Bild vom Menschen, Düsseldorf 1987.

440. Ders., Der Heilige Geist, Düsseldorf 1988.

441. Ebach, Jürgen, Verstehen, Lernen und Erinnerung in der hebräischen Bibel, in: EE 38 (1986) 106–117.

442. Ellacuría, Ignacio/Sobrino, Jon (Hrsg.), Mysterium Liberationis. 2 Bde., Luzern 1995.

442a. Fischer, Klaus P., Strukturwandel der Kirche – Aufgabe und Chance? *Relecture* einer Programmschrift, in: Orientierung 68 (2004) 250–256.

443. Füssel, Kuno, Theologie der Befreiung, in: NHthG[2] IV, 200–211.

444. Fuchs, Gotthard, Roter Faden Theologie – eine Skizze zur Orientierung, in: KatBl 107 (1982) 165–180.

445. Gruber, Franz, Von Gott reden in geschichtsloser Zeit. Zur symbolischen Sprache eschatologischer Hoffnung, Freiburg/Br. 1997.

446. Gutiérrez, Gustavo, Theorie und Erfahrung im Konzept der Theologie der Befreiung, in: Metz, Johann B./Rottländer, Peter (Hrsg.), Lateinamerika und Europa, München – Mainz 1988, 48–60.

447. Ders., El dios de la vida, Lima 1989.

448. Gutmann, Hans-Martin/Mette, Norbert, Orientierung Theologie. Was sie kann, was sie will, Reinbek 2000.

449. Höhn, Hans-Joachim, Zerstreuungen. Religion zwischen Sinnsuche und Erlebnismarkt, Düsseldorf 1998.

450. Hoffmann, Paul, Das Erbe Jesu und die Macht der Kirche. Rückbesinnung auf das Neue Testament, Mainz 1991.

451. Klinger, Elmar, Kirche – die Praxis des Volkes Gottes, in: Fuchs, Gotthard/Lienkamp, Andreas (Hrsg.), Visionen des Konzils. 30 Jahre Pastoralkonstitution „Die Kirche in der Welt von heute", Münster 1997, 73–83.

452. Kolf-van Melis, Claudia, Tod des Subjekts? Praktische Theologie in Auseinandersetzung mit Michel Foucaults Subjektkritik, Stuttgart 2003.

453. Kräutler, Erwin, Die Hoffnung stirbt zuallerletzt, in: Arntz, Norbert (Hrsg.), Retten, was zu retten ist?, Luzern 1993, 33–53.

454. Küng, Hans, Projekt Weltethos, München [3]1991.

455. Ders., Vorwort, in: G. Klosinski (Hrsg.), Religion als Chance und Risiko, Bern 1994, 9–12.

456. Leutzsch, Martin, Zeit und Geld im Neuen Testament, in: Ebach, Jürgen u. a. (Hrsg.), „Leget Anmut in das Geben". Zum Verhältnis von Ökonomie und Theologie, Gütersloh 2001, 44–104.

457. Listl, Joseph/Pirson, Dietrich (Hrsg.), Handbuch des Staatskirchenrechts der Bundesrepublik Deutschland. 2 Bde., Berlin [2]1994 f.

458. Mette, Norbert/Müller, Hadwig, Theologie der Befreiung, in: Eicher, Peter (Hrsg.), Handbuch theologischer Grundbegriffe, München 2005 (i.E.).

459. Metz, Johann(es) Baptist, Zur Theologie der Welt, Mainz 1968.

460. Ders., Kirchliche Autorität im Anspruch der Freiheitsgeschichte, in: ders. u. a., Kirche im Prozeß der Aufklärung, München-Mainz 1970, 53–90.

461. Ders. Metz, Glaube in Geschichte und Gesellschaft, Mainz 1977.

462. Ders., Solidarität, in: 461, 204–211.

463. Ders., Unsere Hoffnung, ein Bekenntnis zum Glauben in dieser Zeit, in: Kehrt um und glaubt – erneuert die Welt (87. Deutscher Katholikentag vom 1. September bis 5. September 1982 in Düsseldorf), Düsseldorf 1982, 389–399.

464. Ders., Wohin ist Gott, wohin denn der Mensch?, in: Kaufmann, Franz-Xaver/ders., Zukunftsfähigkeit. Suchbewegungen im Christentum, Freiburg/Br. 1987, 124–147.

465. Ders., Religion ja – Gott nein, in: ders./T. R. Peters, Gottespassion, Freiburg/Br. 1991, 11–62.

466. Ders., .Zum Begriff der neuen Politischen Theologie 1967–1997, Mainz 1997.
467. Dcrs., Compassion, in: ders. u. a., Compassion. Weltprogramm des Christentums, Freiburg/Br. 2000, 9–18.
468. Peukert, Helmut, Sprache und Freiheit, in: Kamphaus, Franz/Zerfaß, Rolf (Hrsg.), Ethische Predigt und Alltagsverhalten, München-Mainz 1974, 44–75.
469. Ders., Wissenschaftstheorie – Handlungstheorie – Fundamentale Theologie, Frankfurt a.M. 1978 (Düsseldorf 1976).
470. Ders., Kontingenzerfahrung und Identitätsbildung. Bemerkungen zu einer Theorie der Religion und zur Analytik religiös dimensionierter Lernprozesse, in: Blank, Josef/Hasenhüttl, Gotthold (Hrsg.), Erfahrung, Glaube und Moral, Düsseldorf 1982, 76–102.
471. Ders., Kommunikatives Handeln, Systeme der Machtsteigerung und die unvollendeten Projekte Aufklärung und Theologie, in: 424, 39–64.
472. Ders., Reflexionen über die Zukunft von Bildung, in: ZfPäd 46 (2000) 507–524.
473. Ders., Erziehungswissenschaft – Religionswissenschaft – Theologie – Religionspädagogik. Eine spannungsgeladene Konstellation unter der Herausforderung einer geschichtlich neuartigen Situation, in: Groß, Engelbert (Hrsg.), Erziehungswissenschaft, Religion und Religionspädagogik, Münster 2004, 51–91.
474. Ders., Identität/Differenz, in: P. Eicher (Hrsg.), Handbuch theologischer Grundbegriffe, München 2005 (i. E.).
475. Pröpper, Thomas, Erlösungsglaube und Freiheitsgeschichte, München ²1988.
476. Ders., Evangelium und freie Vernunft, Freiburg/Br. 2001.
477. Ders., Das Faktum der Sünde und die Konstitution menschlicher Identität, in: 476, 153–179.
478. Rahner, Karl, Grundkurs des Glaubens, Freiburg/Br. ²1976.
479. Ders., Frömmigkeit früher und heute, in: Schriften VII, 11–31.
479a. Ders., Die Zukunft der Kirche hat schon begonnen, in: Arnold, Franz Xaver u. a. (Hrsg.), Handbuch der Pastoraltheologie. Bd. IV, Freiburg/Br. 1969, 744–759.
480. Ders., Erfahrung der Gnade. Meditation zu Pfingsten, Freiburg ²1977, hier zitiert nach Lehmann, Karl/Raffelt, Albert (Hrsg.), Rechenschaft des Glaubens. Karl-Rahner-Lesebuch, Freiburg – Zürich 1979, 260 f.
481. Ders., Erfahrungen eines katholischen Theologen, in: Lehmann, Karl (Hrsg.), Vor dem Geheimnis Gottes den Menschen verstehen, Freiburg/Br. 1984, 105–119.
482. Rainer, Michael J. (Red.), „Dominus Iesus". Anstößige Wahrheit oder anstößige Kirche?, Münster 2001.
483. Sander, Hans-Joachim, nicht ausweichen. Die prekäre Lage der Kirche, Würzburg 2002.
484. Ders., nicht verschweigen. Die zerbrechliche Präsenz Gottes, Würzburg 2003.
485. Ders., Das katholische Ich jenseits von Aporie und Apologie. Der Glaube an die Pastoralgemeinschaft Kirche, in: zur debatte 1/2003, 13–15.
486. Scharer, Matthias/Hilberath, Bernd J., Kommunikative Theologie, Mainz 2002.
487. Schillebeeckx, Edward, Menschen. Die Geschichte von Gott, Freiburg/Br. 1990.
488. Sölle, Dorothe, Es muss doch mehr als alles geben. Nachdenken über Gott, Hamburg 1992.
489. Venetz, Hermann J., So fing es mit der Kirche an, Zürich-Einsiedeln-Köln ²1981.
490. Walf, Knut (Hrsg.), Erosion. Zur Veränderung des religiösen Bewusstseins, Luzern 2000.
491. Wendel, Saskia, Postmoderne Theologie Zum Verhältnis von christlicher Theologie und postmoderner Philosophie, in: Müller, Klaus (Hrsg.), Fundamentaltheologie – Fluchtlinien und gegenwärtige Herausforderungen, Regensburg 1998, 193–214.
492. Dies., Foucault und/oder Theologie? Chancen und Gefahren einer theologischen Rezeption der Philosophie Michel Foucaults, in: 430, 51–63.

b) Andere Wissenschaften

493. Auffarth, Christoph, Ritual, in: Metzler Lexikon Religion. Bd. 3, Stuttgart – Weimar 2000, 219f.
494. Boneberg, Hemma, Übergangsriten, in: ebd., 540–542.
495. Donegani, Jean-Marie, Soziologische Bestimmungen der Gegenwart als Chance, in: 237, 218–235.
496. Ennuschat, Jörg, Kruzifix-Beschluss, in: LexRP I, 1131–1133.
497. Erikson, Erik H. Identität und Lebenszyklus, Frankfurt a. M. 1966.
498. Fischer, Dietlind/Schöll, Albrecht, Lebenspraxis und Religion. Fallanalysen zur subjektiven Religiosität von Jugendlichen, Gütersloh 1994.
499. Freire, Paulo, Pädagogik der Unterdrückten, Stuttgart 1971.
500. Fromm, Erich, Haben oder Sein, Stuttgart 1996.
501. Habermas, Jürgen, Theorie des kommunikativen Handelns. 2 Bde., Frankfurt a. M. 1981.
502. Ders., Metaphysik nach Kant, in: ders., Nachmetaphysisches Denken, Frankfurt a. M. 1988, 18–34.
503. Ders., Ein Gespräch über Gott und die Welt, in: ders., Zeit der Übergänge, Frankfurt a. M. 2001, 173–196.
504. Ders., Glauben und Wissen, Frankfurt a. M. 2001.
505. Kaufmann, Franz-Xaver, Kirche begreifen, Analysen und Thesen zur gesellschaftlichen Verfassung des Christentums, Freiburg/Br. 1979.
506. Ders., Religion und Modernität, Tübingen 1989.
507. Ders., Wie überlebt das Christentum?, Freiburg/Br. 2000.
508. Ders., Herausforderungen des Sozialstaates, Frankfurt a. M. 1997.
509. Keupp, Heiner, Jeder nach seiner Façon. Identitätskonstruktionen im Wandel, in: Ethik & Unterricht 13 (2002) H. 4, 9–11.
510. Ders./Höfer, Renate (Hrsg.), Identitätsarbeit heute, Frankfurt a. M. 1997.
511. Kohut, Heinz, Narzissmus, Frankfurt a. M. 1973.
512. Krappmann, Lothar, Soziologische Dimensionen der Identität, Stuttgart 2000 (1. Aufl. 1969).
513. Ders., Identität – ein Bildungskonzept?, in: Grohs, Gerhard, u. a. (Hrsg.), Kulturelle Identität im Wandel, Stuttgart 1980, 99–118.
514. Ders., Identität, in: Lenzen, Dieter (Hrsg.), Pädagogische Grundbegriffe. Bd. 1, Reinbek 1989, 715–719.
515. Lübbe, Hermann, Religion nach der Aufklärung, in: ders., Philosophie nach der Aufklärung, Düsseldorf 1980, 59–86.
516. Luhmann, Niklas, Die Organisierbarkeit von Religionen und Kirchen, in: Wössner, Jakobus (Hrsg.), Religion im Umbruch, Stuttgart 1972, 245–285.
517. Matthes, Joachim, Kirche und Gesellschaft. Einführung in die Religionssoziologie II, Reinbek 1969.
518. Ders., „Fremde Heimat Kirche": ein doppelsinniges Bild, in: ders. (Hrsg.), Fremde Heimat Kirche – Erkundungsgänge, Gütersloh 2000, 23–37.
519. Milanesi, Giancarlo, Religionssoziologie, Zürich – Einsiedeln – Köln 1976.
520. Moser, Tilmann, Von der Gottesvergiftung zu einem erträglichen Gott, Stuttgart 2003.
521. Peukert, Helmut, Bildung als Wahrnehmung des Anderen, in: Lohmann, Ingrid/Weiße, Wolfram (Hrsg.), Dialog zwischen den Kulturen, Münster – New York 1994, 1–14.
522. Rizzuto, Ana-Maria, The Birth of the Living God, Chicago 1979.
523. Schelsky, Helmut (Hrsg.), Zur Theorie der Institution, Düsseldorf 1970.
524. Weber, Max, Wirtschaft und Gesellschaft, Köln – Berlin 1964 (Studienausgabe).
525. Welsch, Wolfgang, Unsere postmoderne Moderne, Berlin [5]1997.

c) Sonstiges

526. Moser, Tilmann, Gottesvergiftung, Frankfurt a.M. 1976.
527. Richter, Jutta, Himmel, Hölle, Fegefeuer. Versuch einer Befreiung, Reinbek 1985.
528. Sartre, Jean-Paul, Die Wörter, Reinbek 1965.
529. Scherf, Dagmar (Hrsg.), Der liebe Gott sieht alles. Erfahrungen mit religiöser Erziehung, Frankfurt a.M. 1984.